应用型本科院校"十三五"规划教材/经济管理类

International Finance

国际金融学

（第3版）

主　编　郭　强　张米良
副主编　郭玉侠　刘莹莹
　　　　孙艳萍　林晓婵
参　编　于长福　黄　巍

哈尔滨工业大学出版社
HARBIN INSTITUTE OF TECHNOLOGY PRESS

内容简介

本书全面、系统地阐述了外汇及汇率、国际收支、国际储备、国际金融市场等基本理论和知识。本书注重对基本概念、基本原理和基础知识的理解和把握,以及对国际金融理论和实践在当代最新发展情况的介绍和分析。全书共分十二章,各章配有资料库、本章小结、自测题、阅读资料等内容,并通过资料库和案例分析把国际金融学理论和实践有机结合起来,用新的视野来研究国际金融问题。引导学生运用相关国际金融理论知识观察、分析和解决全球经济变化过程出现的种种现象和问题。

本教材适用于金融学、管理学、国际经济与贸易等经济管理类专业本科学生,以及金融从业人员在职培训和广大金融爱好者阅读和学习。

图书在版编目(CIP)数据

国际金融学/郭强,张米良主编. —3 版. —哈尔滨:
哈尔滨工业大学出版社,2018.1
ISBN 978-7-5603-6702-6

Ⅰ. ①国… Ⅱ. ①郭… ②张… Ⅲ. ①国际金融学-
高等学校-教材 Ⅳ. ①F831

中国版本图书馆 CIP 数据核字(2017)第 145274 号

策划编辑	杜 燕 赵文斌
责任编辑	刘 瑶
封面设计	卞秉利
出版发行	哈尔滨工业大学出版社
社　　址	哈尔滨市南岗区复华四道街 10 号 邮编 150006
传　　真	0451-86414749
网　　址	http://hitpress.hit.edu.cn
印　　刷	哈尔滨市工大节能印刷厂
开　　本	787mm×960mm 1/16 印张 21.75 字数 454 千字
版　　次	2010 年 2 月第 1 版 2018 年 1 月第 3 版
	2018 年 1 月第 1 次印刷
书　　号	ISBN 978-7-5603-6702-6
定　　价	42.80 元

(如因印装质量问题影响阅读,我社负责调换)

《应用型本科院校"十三五"规划教材》编委会

主　任	修朋月　竺培国
副主任	王玉文　吕其诚　线恒录　李敬来
委　员	（按姓氏笔画排序）

丁福庆　于长福　马志民　王庄严　王建华
王德章　刘金祺　刘宝华　刘通学　刘福荣
关晓冬　李云波　杨玉顺　吴知丰　张幸刚
陈江波　林　艳　林文华　周方圆　姜思政
庹　莉　韩毓洁　蔡柏岩　臧玉英　霍　琳

序

哈尔滨工业大学出版社策划的《应用型本科院校"十三五"规划教材》即将付梓,诚可贺也。

该系列教材卷帙浩繁,凡百余种,涉及众多学科门类,定位准确,内容新颖,体系完整,实用性强,突出实践能力培养。不仅便于教师教学和学生学习,而且满足就业市场对应用型人才的迫切需求。

应用型本科院校的人才培养目标是面对现代社会生产、建设、管理、服务等一线岗位,培养能直接从事实际工作、解决具体问题、维持工作有效运行的高等应用型人才。应用型本科与研究型本科和高职高专院校在人才培养上有着明显的区别,其培养的人才特征是:①就业导向与社会需求高度吻合;②扎实的理论基础和过硬的实践能力紧密结合;③具备良好的人文素质和科学技术素质;④富于面对职业应用的创新精神。因此,应用型本科院校只有着力培养"进入角色快、业务水平高、动手能力强、综合素质好"的人才,才能在激烈的就业市场竞争中站稳脚跟。

目前国内应用型本科院校所采用的教材往往只是对理论性较强的本科院校教材的简单删减,针对性、应用性不够突出,因材施教的目的难以达到。因此亟须既有一定的理论深度又注重实践能力培养的系列教材,以满足应用型本科院校教学目标、培养方向和办学特色的需要。

哈尔滨工业大学出版社出版的《应用型本科院校"十三五"规划教材》,在选题设计思路上认真贯彻教育部关于培养适应地方、区域经济和社会发展需要的"本科应用型高级专门人才"精神,根据前黑龙江省委书记吉炳轩同志提出的关于加强应用型本科院校建设的意见,在应用型本科试点院校成功经验总结的基础上,特邀请黑龙江省9所知名的应用型本科院校的专家、学者联合编写。

本系列教材突出与办学定位、教学目标的一致性和适应性,既严格遵照学科体系的知识构成和教材编写的一般规律,又针对应用型本科人才培养目标及与之相适应的教学特点,精心设计写作体例,科学安排知识内容,围绕应用讲授理论,做到"基础知识够用、实践技能实用、专业理论管用"。同时注意适当融入新理论、新技术、新工艺、新成果,并且制作了与本书配套的PPT多媒体教学课件,形成立体化教材,供教师参考使用。

《应用型本科院校"十三五"规划教材》的编辑出版,是适应"科教兴国"战略对复合型、应用型人才的需求,是推动相对滞后的应用型本科院校教材建设的一种有益尝试,在应用型创新人才培养方面是一件具有开创意义的工作,为应用型人才的培养提供了及时、可靠、坚实的保证。

希望本系列教材在使用过程中,通过编者、作者和读者的共同努力,厚积薄发、推陈出新、细上加细、精益求精,不断丰富、不断完善、不断创新,力争成为同类教材中的精品。

第3版前言

随着各国经济开放程度的不断提高,世界经济一体化进程不断深入,国与国之间的经济交往日益频繁。国与国之间无论是商品的流动,还是资本的流动,最终反映在经济层面都是债权债务的清偿。这种债权债务的关系首先表现出来的是一国的国际收支问题,国与国债权债务的清算又会引发外汇兑换和汇率问题,为债权债务的清算提供场所,促使国际金融市场出现,而为了满足债务清偿又需要一国拥有一定的国际储备。这些伴随着资本在全球范围内流动所产生的经济现象都属于国际金融范畴。国际金融学是研究国际货币关系、金融活动规律的学科。其主要的研究内容包括:由国际商品和资金往来所产生的国际收支问题,各种原因的国际交往所带来外汇、汇率及其管理问题,对各国经济和金融发展都有重要影响的国际资本流动问题,为规范各国货币金融交往而产生的国际货币制度问题等。可以说,国际金融是一门涉及面非常广泛的学科。特别是在2009年,全球金融海啸的蔓延、人民币持续升值、我国外汇储备突破2万亿美元、人民币国际化进程加快等,这一系列现象已成为人们普遍关注的热点问题,而要解释这些经济现象就需要我们通过学习国际金融学来了解和掌握相关的知识,探寻尚未发现的规律。

国际金融学是金融学专业的核心课程之一,是经济学、管理学专业的主干课程。相对于经济学或金融学中其他学科,国际金融学还是一门处于发展中的学科,很多理论还不够成熟。国内目前大多数国际金融教材,多是根源于国外的"国际经济学"的相关教材。这类教材多偏重理论研究,尤其是联系我国现实情况方面有所欠缺,不适合应用型本科院校的学生使用。因此,我们在借鉴其他学者研究成果的基础上,结合多年来教学成果,组织多位教师经过数次研究探索、切磋讨论和大胆尝试,编写了这本应用型本科《国际金融学》教材,期望有所创新。

与以往的相关教材相比,本教材在内容编排上有如下特色:

1. 实用性

本书的编写原则是"理论够用、实战能用"。在把国际金融基本理论阐述清楚的前提下,突出本书的实用性。比如,本书第十二章个人外汇买卖,专门介绍如何进行外汇交易、介绍各银行外汇买卖的规定。另外,每章都设有案例导入、资料库、自测题和阅读材料。通过具体案例的分析和讨论,有助于学生灵活地掌握国际金融业务的具体操作方法和技巧,为今后就业打下基础。

2. 学科交叉性

本书注重了学科的交叉性。比如,在第九章国际融资中,介绍了出口信贷、福费廷、国际借贷、国际租赁等知识；在第五章外汇风险中，介绍了一般企业防范外汇风险的技术方法和国际经济与贸易专业、管理学专业交叉的知识。同时，兼顾了金融学、管理学及国际贸易专业学生的需求。

3. 前沿性

和同类教材相比，本书的资料较新。资料库选用的资料多是近几年的资料，涉及的数据基本上都是2009年最新的数据，反映了学科的新动态。

本书由郭强、张米良担任主编，并对全书进行了总纂和定稿，由郭玉侠、刘莹莹、孙艳萍、林晓婵担任副主编。参加编写人员有于长福、黄巍。分工如下：郭强（第三章、第九章），张米良（第四章），郭玉侠（第二章、第十章），刘莹莹（第五章、第十二章），孙艳萍（第一章、第七章），林晓婵（第十一章），于长福（第六章），黄巍（第八章）。

在编写过程中，我们参考并引用了大量文献资料，在此向这些文献资料的作者深表谢意。

限于编写人员的水平，书中难免有错误和疏漏之处，恳请各位专家和读者批评指正，以便我们做进一步的修改和完善。

编者
2017年9月

目　录

第一章　国际收支概述 ... 1
- 第一节　国际收支概述 ... 2
- 第二节　国际收支调节 ... 10
- 第三节　西方国际收支理论 ... 20
- 第四节　我国的国际收支 ... 26
- 本章小结 ... 34
- 思考题 ... 35

第二章　外汇与外汇汇率 ... 37
- 第一节　外汇的内涵与作用 ... 38
- 第二节　外汇汇率 ... 40
- 第三节　汇率的决定与调整 ... 48
- 第四节　汇率制度 ... 52
- 第五节　汇率变动的影响因素及对经济的影响 ... 56
- 第六节　人民币汇率改革 ... 60
- 本章小结 ... 65
- 思考题 ... 66

第三章　外汇市场和外汇交易 ... 70
- 第一节　外汇市场 ... 70
- 第二节　外汇交易方式 ... 75
- 本章小结 ... 89
- 思考题 ... 89

第四章　国际储备 ... 91
- 第一节　国际储备概述 ... 92
- 第二节　国际储备管理 ... 101
- 第三节　我国国际储备的管理 ... 109
- 本章小结 ... 114
- 思考题 ... 115

第五章 外汇风险 ... 117
第一节 外汇风险概述 ... 117
第二节 外汇风险的分类 ... 119
第三节 外汇风险的管理 ... 125
本章小结 ... 132
思考题 ... 132

第六章 国际金融市场 ... 135
第一节 国际金融市场概述 ... 136
第二节 传统的国际金融市场 ... 145
第三节 欧洲货币市场 ... 151
第四节 衍生金融市场 ... 159
本章小结 ... 166
思考题 ... 166

第七章 国际资本流动 ... 169
第一节 国际资本流动概述 ... 170
第二节 国际资本流动的经济影响 ... 178
第三节 国际金融危机 ... 184
第四节 我国利用外资与对外投资 ... 193
本章小结 ... 197
思考题 ... 198

第八章 国际货币体系 ... 201
第一节 国际货币体系概述 ... 202
第二节 国际货币体系演变 ... 207
第三节 区域性货币体系 ... 218
本章小结 ... 224
思考题 ... 225

第九章 国际融资 ... 229
第一节 国际融资概述 ... 230
第二节 国际信贷 ... 234
第三节 出口信贷 ... 238
第四节 国际租赁 ... 245
第五节 国际债券 ... 252

  第六节 国际投资……255
  本章小结……259
  思考题……260

第十章 外汇管制……262
  第一节 外汇管制概述……263
  第二节 外汇管制的基本方式……269
  第三节 货币可兑换……272
  第四节 我国外汇管理体制……274
  本章小结……283
  思考题……283

第十一章 国际金融组织……286
  第一节 国际金融组织概述……287
  第二节 国际货币基金组织……289
  第三节 世界银行集团……296
  第四节 区域性国际金融组织……306
  本章小结……313
  思考题……314

第十二章 个人外汇买卖……315
  第一节 个人外汇买卖业务……316
  第二节 我国银行个人外汇买卖业务介绍……320
  本章小结……330
  思考题……330

参考文献……334

第一章 Chapter 1

国际收支概述

【学习目的与要求】

本章以国际收支账户分析作为切入点,通过系统分析西方国际收支的决定理论,全面深入地探讨关于国际收支的内在形成机制,并在此基础上提出实现国际收支均衡的调节政策与措施。

通过本章的学习,要求学生掌握国际收支的基本概念;了解主要国际收支决定理论、国际收支平衡表的基本内容、记账原则及其编制方法;掌握国际收支平衡与失衡,及其调节方法;了解我国的国际收支状况。

【案例导入】

我国国际收支主要状况

近年来,我国对外经济持续平稳发展,呈现稳中有进、稳中有好的态势,自20世纪90年代,除个别年份外,总体上,经常项目、资本和金融项目呈现出双顺差,促进了国际储备保持快速增长,其中,以货物贸易顺差增长最明显。特别是21世纪以来,双顺差规模出现迅速扩大的趋势。我国国际收支状况不断改善,跨境资本流动趋向均衡。

随着我国供给侧结构性改革的深化,经济增长质量和效益不断提高,我国仍然是具有竞争力、吸引力的境外长期资本重要投资目的地之一,加之我国外汇储备充裕,未来我国跨境收支均衡具有良好的稳健基础。随着我国经济逐步企稳,人民币贬值压力缓解,全口径跨境融资宏观审慎管理加强,企业外债去杠杆化基本结束,资本流动形势有望明显改善,资本和金融账户逆差有望收窄,从而带动我国国际收支继续改善。

第一节 国际收支概述

一、国际收支的内涵

关于"收支"这个概念大家都比较熟悉,一般精明的家庭主妇或主男都会对每月、每季甚至每年的收支情况进行逐次记录。企业、工厂更是如此,目的是为了对货币收支的来龙去脉有清晰的了解,以便做到收支相抵,或略有盈余,如果入不敷出,则分析其原因及对策。简单地说,国际收支(Balance of Payment)是上述概念在外延上的扩大,指的是一个国家或地区所有国际经济活动的收入和支出。具体而言,由于国际收支反映的对象——国际经济活动,在内容和形式上随世界经济发展而不断发展,国际收支概念的内涵也在不断发展。

16 世纪末 17 世纪初,由于地理大发现、工业革命的胜利,开始有了以国际贸易为主的国际经济活动的迅速发展。对于一国来说,为了能准确了解本国的国际经济活动情况,提出了国际贸易收支的统计要求,从而产生了"贸易差额"(Balance of Trade)的概念。它表示一国在一定时期内对外商品贸易的综合情况。这个时期是国际收支概念的萌芽时期。

随着世界经济的发展,资本主义国家国际经济交易的内容和范围不断扩大,尤其是 20 世纪 20 年代之后,国际资本流动在国际经济中扮演着越来越重要的角色,显然,在这种情况下,"贸易差额"这个概念已不能全面反映各国国际经济交易的全部内容,于是就出现了"外汇收支"(Balance of Foreign Exchange)的概念。此时的国际收支概念指的是一定时期内外汇收支的综合。各国经济交易只要涉及外汇收支,无论它是贸易或非贸易,还是资本借贷或单方面资金转移,都属于国际收支范畴。这也是目前许多国家仍在沿用的狭义的国际收支的含义。

第二次世界大战结束之后,国际经济活动的内涵、外延又有了新的发展。狭义的国际收支概念已经不能反映实际情况,因为它已不能反映一系列不涉及外汇收支的国际经济活动,如易货贸易、补偿贸易、无偿援助和战争赔款中实物部分、清算支付协定下的记账等,而这些在世界经济中的影响愈来愈大,于是国际收支概念又有了新的发展,形成了广义的国际收支概念。它是指在一定时期内(通常为一年),一国居民与非居民之间所发生的全部经济交易的系统记录。目前,世界各国普遍采用广义的国际收支概念。

二、国际收支内涵的理解

(一)国际收支是一个流量概念

当人们提及国际收支时,总是需要指明是属于哪一段时期的。这一报告期可以是一年,也可以是一个季度或一个月,但通常以一年作为报告期。

(二)国际收支记录的是一国居民与非居民之间的交易

居民是指在一个国家(或地区)的经济领土内具有经济利益的经济单位,包括自然人、法人和政府机构三类。自然人一般是根据其居住地点和居住时间来判断,凡是在一国居住时间长达一年以上的自然人,不论其国籍如何,都是该国的居民。据此,移民到属于其工作所在国的居民;逗留时间在一年以上的留学生、旅游者也属所在国的居民。但身在国外且代表本国政府的个人(包括官方外交使节、驻外军事人员等)一般被认为是该国的居民,是所在国的非居民。就法人组织而言,一个企业或者非盈利性团体在哪个国家成立注册的,就是哪个国家的居民。据此,跨国公司的母公司和子公司应该分别属于所在国的居民,母公司与子公司或者子公司与子公司之间的公司内贸易应该被记入国际收支。政府机构,包括在其境内的各级政府机构以及设在境外的大使馆、领事馆、军事机构等都是本国居民,凡设在该国的外国使领馆和国际组织机构都是该国的非居民。联合国、国际货币基金组织、世界银行等是任何国家的非居民。

(三) 国际收支是以交易为基础的广义概念

国际收支是居民与非居民之间所发生经济交易的货币记录。交易包含四种类型:①交换,即指一个经济体向另外一个经济体提供一种经济价值(包括货物、服务、收入等实际资源和金融资产)并从对方得到等值的回报。②转移,即指一个经济体向另外一个经济体提供经济价值,但没有得到任何补偿。③移居,是指一个人把住所从一个经济体搬迁到另一个经济体的行为。移居后,该个人原有的资产负债关系的转移会使两个经济体的对外资产、债务关系均发生变化,这一变化应记录在国际收支之中。④其他根据推论而存在的交易。在一些情况下,可以根据推论确定交易的存在,即使实际流动并没有发生,也需要在国际收支中予以记录。国外直接投资者收益的再投资就是一个例子。投资者的海外子公司所获得的收益中,一部分是属于投资者本人的,如果这部分收益用于再投资,则必须在国际收支中反映出来,尽管这一行为并不涉及两国间的资金与服务流动。

(四) 国际收支与国际借贷的区别和联系

人们常常把国际借贷(Balance of International Indebtedness)误认为就是国际收支,实际上它们两者之间既有联系又有区别。国际借贷表示的是一个国家在一定日期对外债权债务的综合情况,是一个存量概念。国际之间的债权债务在一定时期内必须进行清算和结算,此过程一定涉及国际间的货币收支问题,债权国要在收入货币后了结债权关系,而债务国要用支付货币来清偿债务,这就是国际收支问题。所以,国际收支表示的是一个国家在一定时期内对外货币收支的综合情况,是一个流量概念。因此,这两个概念是有区别的,但它们之间又是密切相关的,因为有了国际借贷,才会产生国际收支,国际借贷是国际收支的原因,国际收支是国际借贷的结果。

三、国际收支平衡表

一国与别国发生的一切经济活动,不论是否涉及外汇收支都必须记入该国的国际收支平衡表中。各国编制国际收支平衡表的主要目的,是为了有利于全面了解本国的涉外经济关系,并以此进行经济分析、制订合理的对外经济政策。

(一)国际收支平衡表的含义

国际收支平衡表也称国际收支差额表,是系统记录一国在一定时期内所有国际经济活动收入与支出的统计报表。

(二)国际收支平衡表的编制原则

国际收支平衡表是按照复式簿记法(Double Entry)来编制的。复式簿记法是国际会计的通行准则,其基本原理是:任何一笔交易发生,必然涉及借方(Debit)和贷方(Credit)两个方面,即有借必有贷,借贷必相等,因此,任何一笔交易都要以同一数额记两次,一次记在借方,一次记在贷方。凡是引起外汇收入或外汇供给的交易,即资产减少、负债增加,都列入贷方;凡是引起外汇支出或外汇需求的交易,即资产增加、负债减少,都列入借方。其据体规则如下:

①进口商品属于借方项目;出口商品属于贷方项目。

②非居民为本国居民提供服务或从本国取得的收入,属于借方项目;本国居民为非居民提供服务或从国外取得的收入,属于贷方项目。

③本国居民对非居民的单方面转移,属于借方项目;本国居民收到的国外的单方面转移,属于贷方项目。

④本国居民获得外国资产,属于借方项目;非居民获得本国资产或对本国投资,属于贷方项目。

⑤本国居民偿还非居民债务,属于借方项目;非居民偿还本国居民债务,属于贷方项目。

⑥官方储备增加,属于借方项目;官方储备减少,属于贷方项目。

(三)国际收支平衡表的主要内容

为了在世界范围内进行汇总和国家比较,国际货币基金组织提出了一套有关国际收支平衡表的项目分类建议。国际货币基金组织于1948年首次颁布了《国际收支手册》(第1版),以后又先后于1950年、1961年、1977年和1993年和2008年修改了手册,不断地充实了新的内容。目前,国际货币基金组织各成员国大都采用国际货币基金组织1995年颁布的《国际收支手册》(第5版)的国际收支概念和分类,并着手按新制定的第六版的分类和要求修改和充实本国的国际收支统计体系。编制和提供国际收支平衡表已成为国际货币基金组织成员国的一项义务,并成为参与其他国际经济组织活动的一项重要内容。

国际收支平衡表所包含的内容十分繁杂,各国又大多根据各自的不同需要和具体情况来编制,因此,各国国际收支平衡表的内容有很大差异,但其主要项目还是基本一致的。其大体上可分为三大类:经常项目(Current Account)、资本和金融项目(Capital and Financial Account)以及错误与遗漏(Errors and Omissions Account)项目。

1.经常项目

经常项目是本国与外国交往中经常发生的国际收支项目,它反映了一国与他国之间真实资源的转移状况,在整个国际收支中占有主要地位,往往会影响和制约国际收支的其他项目。它包括货物项目(Goods Account)、服务项目(Service Account)、收入项目(Income Account)和经常性转移项目(Current Transfer Account)四个子项目。

(1)货物项目

货物包括一般商品、用于加工的货物、货物修理、各种运输工具在港口购买的货物及非货币黄金。一般商品是指居民向非居民出口或从非居民那里进口的可移动货物;用于加工的货物包括跨越边境运到国外加工的货物的出口以及随之而来的再进口;货物修理包括向非居民提供的或从非居民那里得到的船舶、飞机等方面的修理活动;各种运输工具在港口购买的货物包括非居民在岸上采购的所有货物,如燃料、给养、储备、物资;非货币黄金包括不作为储备资产的黄金的进出口。

(2)服务项目

服务项目是指一个国家对外提供服务或接受服务所发生的收支。由于服务不像货物那样能够看得见、摸得着,所以服务项目又称为无形收支项目(Invisible Trade Account)。它包括下列具体项目:

①运输通信收支。它包括海陆空运商品和旅客运费的收支。有些国家对于运输工具的修缮费,港湾费与码头的使用费,船舶注册费等均纳入运输收支的项目。在通信方面,属于国际电报、电话、电传、卫星通信等服务项目引起的外汇收支都记入劳务账户下。

②保险收支。凡本国人向外国保险公司投保,则成为保险费的支出,如外国人向本国保险公司投保,则成为保险费的收入。

③旅游收支。它指本国居民到国外旅游或外国居民到本国旅游而产生的膳费、交通等服务性费用的收支。

④其他服务收支。如办公费、专利权使用费、广告宣传费、手续费、使领费等项目收支。

(3)收入项目

收入包括居民与非居民之间的两大类交易:

①职工报酬,即支付给非居民工人的工资、薪金和其他福利。

②投资收入,包括居民因持有国外金融资产或承担对非居民负债而造成的收入或支出。投资收入包括直接投资收入、证券投资收入和其他形式的投资收入,其中其他形式的投资收入是指其他资本如贷款所产生的利息。

(4)经常转移项目

经常转移属于单方面转移的一类。单方面转移项目是指单方面、无对等的交易,即在国际间移动后并不产生归还或偿还问题的一些项目。贷方记录本国从外国取得的单方转移收入,借方记录本国向外国的单方面转移支出。单方面转移包括经常转移和资本转移,其中经常转移放在经常项目里,资本转移放在资本与金融项目的资本项目中。经常转移包括所有非资本转移的转移项目,即包括排除下面三项的所有转移:①固定资产所有权的资产转移;②同固定资产收买/放弃相联系的或以其为条件的资产转移;③债权人取消对债务人的债务。

2. 资本和金融项目

资本与金融项目(大量文献中仍然习惯称为资本项目,不过要注意的是这与接下来介绍的子项目之一——资本项目含义不同),它反映一国资产所有权在国际转移的状况,它包括资本项目和金融项目两大部分。

(1)资本项目

资本项目(Capital Account)包括资本转移和非生产、非金融资产的收买和放弃。资本转移的内容在前面已作介绍。非生产、非金融资产的收买和放弃是指各种无形资产,如专利、版权、商标、经销权等以及租赁或其他可转让合同的交易。

(2)金融项目

金融项目(Financial Account)包括一国对外资产和负债所有权变更的所有交易。根据投资类型或功能分类,金融项目分为直接投资、证券投资、其他投资和储备资产四类。与经常项目不同,金融项目并不按借贷方总额来记录,而是按净额来记入相应的借方和贷方。

①直接投资(Direct Investment)。直接投资的主要特征是投资者对另一经济体的企业拥有永久利益,这一永久利益意味着直接投资者和企业之间存在着长期的关系,并且投资者对企业经营管理施加相当大的影响。直接投资在传统上主要采用在国外建立分支企业的形式,目前越来越多的投资者采用购买一定比例的股票的形式,如果是这样,一般要求这一比例最低为10%。

②证券投资(Portfolio Investment)。证券投资是指为了取得一笔预期的固定货币收入而进行的投资,它对企业没有发言权。证券投资资本交易包括股票、中长期债券、货币市场工具和衍生金融工具(如期权等)。投资的利息收支记录在经常项目中,本金还款记录在金融项目中。

③其他投资(Other Investment)。这是一个剩余项目,包括所有直接投资、证券投资或储备资产未包括的金融交易,比如长短期的贸易信贷、贷款、货币、存款以及应收款项和应付款项等。

④储备资产(Reserve Assets)。储备资产是指一个国家的金融当局(如中央银行或其他官方机构等)持有的储备资产及其对外债权,它包括用做货币的黄金、外汇、分配的特别提款权和在国际货币基金组织的储备头寸四个子项目。储备资产项目是一个记录储备变化,而不是流量状况的项目。每年年底,把一个国家金融当局所持有的储备资产与去年年底相比,而后把净差额记入储备资产项目之中。另外,在处理这个项目的符号时,我们会遇到最大的困难——概念上的困难,因为出于平衡整个账户的需要,人为地把储备资产的增加用负号表示,把储备资产的减少用正号表示,恰恰与一般意义上正负号的含义相反。

3. 错误与遗漏项目

错误与遗漏项目是一个人为设计的平衡项目,尽管它在某些国家不是最后一个项目,但却是作为余项在最后才计算的。经常项目和资本与金融项目之和,如果两者没有错误与遗漏,借贷双方应该相等,但这种情形是不太可能的。因为,每个国家的国际收支平衡表的统计数据总会出现一些遗漏。①资料来源不一。一国在编制国际收支平衡表时所汇集和应用的原始资料来自许多渠道,如海关统计、银行报告、企业报表等。②资料不全。某些数字如商品走私、资金外逃、私自携带现钞出入境等也属于国际收支范畴,难以掌握。例如,一个美国人从墨西哥用现金购买了价值1万美元的大麻(在途中却未能通过海关官员的检查),结果这1万美元落到了墨西哥的银行系统中,并被按惯例计入储备变动项目,但是这笔交易的另外一面却中断了。政府当局怀疑这些货是大麻,但在没有可靠的证据下,它不能记下这笔交易。③资料本身错漏。有关单位提供的统计数字也不是百分之百的准确无误,有的仅仅是估算数字。

因此,一般而言,一国经常项目加上资本与金融项目之后,借方与贷方间会有"缺口",此时,国际收支平衡表上"错误与遗漏"项目的数字,就是该"缺口"数目,方向(正负号)相反。

(四)国际收支平衡表编制实例

为了正确理解国际收支平衡表中的记账原则,理解各项目之间的关系,以A国为例,列举六笔经济交易来说明国际收支平衡表的记账方法。

(1)A国企业出口价值150万美元的设备,这导致该企业在国外银行存款相应增加。可记为:

借:在国外银行存款(其他投资)1 500 000
　　贷:商品出口 1 500 000

(2)A国居民运用其海外存款50万美元,用以购买外国某公司的股票。可记为:

借:证券投资 500 000
　　贷:在国外银行存款(其他投资)500 000

(3)外商以价值500万美元的设备投入A国,举办合资企业。可记为:

借:商品进口 5 000 000
　　贷:外国直接投资 5 000 000

(4)A国居民到外国旅游花销40万美元,这笔费用从该居民的国外存款账户中扣除。可记为:

借:服务进口 400 000
　　贷:在国外银行存款(其他投资)400 000

(5)A国政府动用外汇储备50万美元向外国提供无偿援助,并提供相当于50万美元的粮食和药品援助。可记为:

借:经常转移 1 000 000
　　贷:外汇储备 500 000
　　　　商品出口 500 000

(6)A国企业在国外投资所得利润140万美元。其中,70万美元用于当地的再投资,50万

美元用于购买当地商品运回国内,20万美元调回国内结集给政府以换取本国货币。可记为:
   借:商品进口 500 000
      对外直接投资 700 000
      外汇储备 200 000
   贷:投资收入 1 400 000

根据上述A国与其他国家的经济交易,可以编制该国的国际收支平衡表,见表1.1。

表1.1 A国国际收支平衡表   万美元

项目	借方	贷方	差额
货物	50+500	150+50	−350
服务	40	—	−40
收入	—	140	+140
经常转移	100	—	−100
经常账户合计	690	340	−350
直接投资	70	500	+430
证券投资	50	—	−50
其他投资	150	50+40	−60
官方储备	20	50	+30
资本与金融账户合计	290	640	+350
合计	980	980	0

四、国际收支平衡表的分析

国际收支平衡表的分析方法一般包括静态分析法、动态分析法和比较分析法。

(一)静态分析法

静态分析是指对某国在某一时期(一年或一季)国际收支平衡表进行账面上的分析。静态分析需要计算和分析平衡表中的各个项目及其差额;分析各个项目差额形成的原因及其对国际收支总差额的影响,找出国际收支总差额形成的原因。在实践中,各个项目差额形成有多方面的原因,只利用单一资料不能全面把握和认识其实际情况。因此,在分析各个项目差额形成的原因时,还应结合其他有关资料,进行综合研究。静态分析法可以从经常账户差额、资本与金融账户差额和总差额入手,逐一进行计算分析。

1. 经常账户差额分析

经常账户差额是指包括货物与服务在内的商品进出口之间的差额,它与消费、投资、政府支出一样,都是在开放经济条件下的国民收入的重要组成部分。它的计算方法为:经常账户差额=商品和服务出口−商品和服务进口。由于贸易账户差额在全部国际收支中的比重相当大,能够及时反映一个国家的经济发展状况和产业结构、产品在国际上的竞争力以及自我创汇的能力。因此,经常账户差额在国际收支中占有重要地位,常被看成整个国际收支的代表。

2. 资本与金融账户差额

资本与金融账户差额＝资本账户差额－金融账户差额。资本与金融账户项目包括长期资本项目和短期资本项目。长期资本包括直接投资、证券投资、贷款、延期收付款信用、国际租赁等。前三项是该账户的主要部分,直接投资对分析跨国公司具有重要意义,证券投资和贷款则反映对外债权和债务的关系变化。

短期资本项目包括银行、地方和部门借款,延期收付款和其他资本往来项目。20世纪90年代以后,短期资本在国际间的流动速度与规模都加大了,它不仅影响着国际汇率的变化,而且也对一个国家的经济、金融的稳定产生越来越重要的影响。

资本、金融账户与经常账户有着密切的联系,理论上,当一国的国际收支平衡时,资本、金融账户与经常账户的差额应当为零。即如果一个账户出现盈余或赤字,另一个账户必然出现赤字或盈余。利用金融资产的净流入可以为经常项目的赤字融资。但是,国外资本的流入具有不稳定性,尤其是短期资本的投机性流动容易影响一国的金融安全。而且,如果流入资本使用不当有可能产生债务危机,加剧经常项目的恶化。

3. 总差额

总差额＝经常账户差额＋资本与金融账户差额＋净误差与遗漏。在得出这个总差额后,就要分析这个差额的大小及产生原因,这一差额在平衡项目中是如何获得平衡的,它对外国官方的债权、债务关系和对官方储备资产会产生什么影响和后果等。总差额是一种使用广泛的指标,它是国际收支最后的缺口,该缺口要通过储备资产的增减来进行弥补,即总差额－储备资产增减额。在没有特别指明的情况下,国际收支的顺差或逆差指的就是总差额。总差额大于零,表明国际收支顺差,储备资产增加;总差额小于零,表明国际收支逆差,储备资产减少。

当国际收支呈现逆差时,要消耗国家储备资产,通常被认为对一国经济发展不利。储备不足,将会使该国对外支付困难、影响该国的货币信誉。但是,如果国际收支呈现顺差,而且差额很大,对一国的经济可能也有消极作用。因为储备资产的增加会导致中央银行增发货币,从而造成通货膨胀的压力。另外,储备资产的收益率低于长期投资的收益率,外汇储备的汇率波动也可能使储备资产遭受损失。

(二)动态分析法

动态分析法是指对一国若干连续时期的国际收支平衡表进行分析的方法。一国某一时期的国际收支往往同以前的发展过程有着密切联系。因此,在分析一国的国际收支时,需要将静态分析和动态分析结合起来进行。动态平衡是在较长计划时期内,实现期末国际收支的大体平衡。通常国际收支平衡是追求国际收支的长期动态平衡。

动态平衡的特点是:不以年度时间为限,以实现中期计划的经济目标为主,确定和实现国际收支平衡;国际收支平衡与经济发展紧密联系;通过对国际收支的调节,能够促进国民经济的发展。动态平衡与经济发展的客观实际比较相符,它允许一个国家,特别是处于经济起飞阶段的国家,在计划期内吸引外资和对外借债,使当年存在一定的逆差。只要这些债务有利于该国扩大出口,提高国际竞争力,并在整个计划期末可以实现大体的平衡,就可以认为这一阶段的国际收支是平衡的。

（三）比较分析法

比较分析法既包括对一国若干连续时期的国际收支表进行的动态分析,也包括对不同国家相同时期的国际收支平衡表进行的比较分析,尤其是对主要的经济大国的国际收支平衡表的分析。只有这样我们才能了解各国在世界经济中的地位,正确认识国际金融格局,这对调节本国的国际收支有重要作用。

【资料库】

据国家外汇管理局网站消息,2016年,我国国际收支继续呈现"一顺一逆",即经常账户顺差、资本和金融账户（不含储备资产）逆差。一是经常账户仍保持顺差,显著高于2014年度及以前各年度水平,显示我国对外贸易仍具有较强的竞争力。服务贸易逆差主要是旅行项下逆差增长,反映出随着我国经济发展和国民收入提高,更多国人走出国门旅游、留学,享受全球化及相关政策不断开放带来的便利。二是对外金融资产增加,境内主体继续配置境外资产。2016年,我国对外金融资产净增加规模创历史新高,通过QDII、RQDII和港股通等对外证券投资净增加近1 000亿美元,多增约30%；存贷款和贸易信贷等资产净增加约3 000亿美元,多增约1.5倍。三是各类来华投资均呈现净流入。2016年,外国来华直接投资净流入保持较高水平；来华证券投资净流入超过300亿美元,较上年多增约4倍；存贷款、贸易信贷等负债净流入约400亿美元,上年为净流出3 515亿美元。这一方面表明我国经济仍然具有较强的吸引力,另一方面,境内企业在2015年快速偿还对外债务并释放了相关风险后,2016年其融资需求已明显恢复。同时,随着我国金融市场对外开放和配套措施的出台,境外主体来华进行各类投资的动力亦有所增强。四是储备资产减少。2016年,我国储备资产减少4 436亿美元,其中,因国际收支交易形成的外汇储备（不含汇率、价格等非交易因素影响）下降4 487亿美元,在国际货币基金组织的储备头寸等增加50亿美元。

（资料来源：国家外汇管理局网站 http://www.safe.gov.cn/）

第二节 国际收支调节

国际收支平衡是各国努力追求的宏观经济目标之一,体现了一个国家经济发展的状况。国际收支调节是指编表国家在国际收支分析的基础上,根据本国经济发展需要调节国际收支各个项目的差额和总额,达到一定目标的国际收支平衡表是按照会计学的借方与贷方相互平衡的复式簿记原理编制而成的,因而借方总额与贷方总额是相等的。这是人为形成的账面平衡,而实际上的真实平衡则很少见。

一、国际收支的平衡与失衡

(一)国际收支平衡的判断标准

一国国际收支平衡表从形式上看总是平衡的。其中某些项目或账户可能出现盈余和赤字,但是总是会由其余项目或账户的赤字或盈余加以抵消。

然而,从国际收支的经济交易的实质来看,收入与支出并不总是平衡的。国际收支平衡表上的各个项目可划分为以下两种类型。

1. 自主性交易

自主性交易也称事前交易,是经济实体或个人出自某种经济动机和目的,独自进行的交易。自主性交易具有自发性,其交易的结果很难平衡,不是借方大于贷方,就是贷方大于借方。这样就使外汇市场出现供求不平衡和汇率的波动,并且给经济带来了一系列影响。

2. 调节性交易

调节性交易也称为事后交易,是在自主性交易收支不平衡之后进行的缺口弥补性交易。货币当局用调节性交易来弥补自主性交易不平衡所造成的外汇供求缺口。

从理论上说,一国国际收支的自主性交易所产生的借方金额和贷方金额相等或基本相等,就表明该国的国际收支平衡或基本平衡;如果自主性交易所产生的借方金额与贷方金额不相等,就表明该国的国际收支不平衡或失衡。从这两种不同性质经济交易的区分可看到,一国的国际收支,若其自主性交易收支不能相抵,则必须以调节性交易来弥补以维持平衡。但这种平衡是虚弱的、暂时的和形式上的平衡,不是真正意义的平衡,因为它既无法长期维持,也不一定或不可能解决该国国民经济发展中的不平衡,所以判断一国国际收支是否平衡,主要看其自主性交易是否平衡;如果一国的自主性交易自动相等或基本相等,不依靠调节性交易来调节,则说明这个国家的国际收支是平衡的,否则,就是国际收支失衡。

一般认为,经常项目和长期资本项目属于自主性交易,而官方储备项目则属于调节性交易。对于短期资本项目而言,从一国货币当局角度看,短期资本流动是为弥补自主性交易收支的不平衡,而向国外借贷或采取某种经济政策作用的结果,因而属于调节性交易;从短期资本交易的主体角度看,则是为追逐利润等而自主交易的,因而又属于自主性交易。由于短期资本交易的性质,国际金融在技术上难以区分,所以没有一个统一的衡量国际收支是否平衡的标准。一般要根据所分析的问题,采用不同的差额作为国际收支平衡与否具体统计口径,比如经常项目差额、资本与金融账户差额、总差额等。因此,一般所说的国际收支不平衡是针对各个具体的差额而言的。由于总差额反映经常项目差额与资本及金融账户差额之和,而且国际货币基金组织和我国都采用总差额,所以我们可以把全部短期资本都看作是自主性交易。

(二)国际收支平衡统计口径

国际收支平衡表是系统地记录一国在一定时期内各种对外往来所引起的全部国际经济交

易的统计报表。通过分析一国国际收支平衡表,可以判断该国在全球国际经济交易中所处的地位,该国整体的国际收支状况如何,该国货币汇率的未来走势如何,以及政府是否需要对外汇市场进行干预等。国际收支平衡表对本国和外国贸易商和投资者,本国和外国政府机构以及国际金融组织都具有非常重要的作用。那么如何根据国际收支平衡表来对一国在一定时期内的国际收支状况作出判断呢?通常采用的方法是国际收支差额分析法,即通过计算该国的贸易收支差额、经常账户差额、资本和金融账户差额以及综合差额,来分析和判断该国的国际收支状况。

1. 贸易收支差额

贸易收支差额是指包括货物与服务在内的进出口贸易之间的差额。如果这一差额为正,代表该国存在贸易顺差;如果这一差额为负,代表该国存在贸易逆差;如果这一差额为零,代表该国贸易收支平衡。在分析一国国际收支状况时,贸易收支差额具有特殊的重要性。对许多国家来说,由于贸易收支在全部国际收支中所占的比重较大,同时贸易收支的数字,尤其是货物贸易收支的数字,易于通过海关的途径及时收集,因此,贸易收支差额能够比较快地反映出一国对外经济交往的情况。贸易收支差额在国际收支中具有特殊重要性的原因还在于,它表现了一个国家(或地区)自我创汇的能力,反映了一国(或地区)的产业结构和产品在国际上的竞争力及在国际分工中的地位,是一国对外经济交往的基础,影响和制约着其他账户的变化。

2. 经常账户差额

经常账户差额是一定时期内一国货物、服务、收入和经常转移项目贷方总额与借方总额的差额。当贷方总额大于借方总额时,经常账户为顺差;当贷方总额小于借方总额时,经常账户为逆差;当贷方总额等于借方总额时,经常账户收支平衡。经常账户差额与贸易差额的主要区别在于收入项目余额的大小。由于收入项目主要反映的是资本通过直接投资或证券投资所取得的收入,因此,如果一国净国外资产数额越大,从外国得到的收益也就越多,该国经常账户就越容易出现顺差。相反,如果一国净国外负债越大,向国外付出的收益也就越多,该国经常账户就越容易出现逆差。

经常账户差额是国际收支分析中最重要的收支差额之一。如果出现经常账户顺差,则意味着由于存在货物、服务、收入和经常转移的贷方净额,该国的海外资产净额增加。换句话说,经常账户顺差意味着该国对外净投资增加。如果出现经常账户逆差,则意味着由于存在货物、服务、收入和经常转移的借方净额,该国的海外资产净额减少,即经常账户逆差表示该国对外净投资减少。

3. 资本和金融账户差额

资本和金融账户差额是国际收支账户中资本账户与直接投资、证券投资以及其他投资项目的净差额。该差额具有以下两层含义:第一,它反映了一国为经常账户提供融资的能力。根据复式记账的原则,国际收支中的一笔贸易流量通常对应一笔资金流量,当经常账户出现赤字时,必然对应着资本和金融账户的相应盈余,这意味着一国利用金融资产的净流入为经常账户提供了融资。因此，如果该差额越大，代表一国为经常账户提供融资的能力越强。第二，该差额还可以反映一国金融市场的发达和开放程度。随着经济和金融全球化的不断发展，资本和金融账户已经不仅仅局限于为经常账户提供融资，或者说，国际资本流动已经逐步摆脱了对国际贸易的依赖，而表现出具有相对独立的运动规律。资本和金融账户差额能够反映该国金融市场的开放程度以及这种独立的资本运动规律。

4. 综合差额

将经常账户差额与资本和金融账户差额进行合并，或者把国际收支账户中的官方储备与错误和遗漏剔除以后所得的余额，称为国际收支综合差额。它是全面衡量一国国际收支状况的综合指标，通常所说的国际收支差额往往就是指国际收支的综合差额。如果综合差额为正，则称该国国际收支存在顺差；如果综合差额为负，则称该国国际收支存在逆差；如果综合差额为零，则称该国国际收支平衡。国际收支综合差额具有非常重要的意义，可以根据这一差额判断一国外汇储备的变动情况以及货币汇率的未来走势。如果综合差额为正，该国外汇储备就会不断增加，本国货币将面临升值的压力；如果综合差额为负，该国外汇储备就会下降，本国货币将面临贬值的压力。中央银行可以运用这一差额判断是否需要对外汇市场进行干预，政府也可以根据这一差额确定是否应该进行经济政策的调整。

二、国际收支失衡的原因

国际收支均衡是一国政府所要着力实现的外部均衡目标，但在绝大部分情况下，国际收支均衡往往是一种特例或者偶然现象，而国际收支失衡则是一种常态或必然现象。

导致国际收支失衡的原因是多种多样的，有经济的因素，也有非经济的因素；有来自内部的因素，也有来自外部的因素；有实物方面的因素，也有货币方面的因素，等等。按照发生原因的不同，可将国际收支失衡的类型分为五种。

（一）周期性失衡

市场经济国家，由于受商业周期的影响，会周而复始地出现繁荣、衰退、萧条、复苏四个阶段。在周期的不同阶段，无论是价格水平的变化，还是生产和就业的变化，或两者的共同变化，都会对国际收支状况产生不同的影响。这种因商业周期循环使经济条件变动而发生的盈余和赤字交互出现的国际收支失衡，被称为周期性失衡。例如，在经济繁荣时期，由于进口的快速增长，往往会使一国经常账户出现赤字，而在经济萧条时期，国内市场需求的疲软往往会引起出口的增加和进口的减少，使一国经常账户出现盈余。对于资本和金融账户，经济繁荣时期投资前景看好，大量资本流入，将会使该账户出现顺差，反之，在经济萧条时期，则会出现逆差。第二次世界大战以来，由于各国经济关系的日益密切，各国的生产活动和经济增长受世界经济的影响日益加强，致使主要工业国的商业周期循环极易传播至其他国家，从而引起世界性的经济周期循环，导致各国出现国际收支周期性失衡。

(二)收入性失衡

一国的国民收入随着经济发展、变化而变动,这也会引起国际收支失衡。这种变动与失衡不能一概而论,应从中短期角度和长期角度两个方面具体分析。

一方面,一国国民收入的变化由商业循环的不同阶段所产生。如在高涨时期国民收入增加,在萧条时期国民收入减少。一般来讲,一国的国民收入增加,其商品、劳务的输入、捐赠、旅游等非贸易支出也可能随之增加,从而造成国际收支逆差。反之,国民收入减少,引起物价下跌,则有利于出口并使进口减少,从而逐步减少逆差,甚至出现顺差。

另一方面,一国国民收入的变化由长期经济发展的不同时期所产生。如一国在经济发展初期,进口大量生产设备,外汇支出随之增加,因在一定时期内尚未形成生产能力和出口能力,整个国民收入并无增加,从而出现国际收支逆差。但是,当这些进口设备逐步形成新的生产力时,国民收入有明显增长,出口随之不断扩大,必然会使国际收支得到改善,由逆差变为顺差。

(三)货币性失衡

一国货币价值变动(通货膨胀或通货紧缩)引起国内物价水平发生变化,从而使该国物价水平与其他国家比较发生相对变动,由此引起的国际收支失衡,称为货币性失衡。当一国的生产成本与物价水平普遍上升,使其相对高于其他国家,则该国的出口会受到抑制,而进口则会受到刺激,其经常账户收支便会恶化。另外,货币供应量的增加,还会引起本国利率下降和资本流出增加,从而造成资本和金融账户的逆差。两者结合在一起,会造成一国际收支逆差。反之,如果一国货币供应量的增长相对较少,则会发生与上述情况相反的结果,即国际收支盈余。第二次世界大战后,工业化国家虽然避免了像20世纪30年代那样严重的经济危机,却远远没有能够抑制由于需求大于供给而造成的物价上涨。物价上涨在发展中国家更加严重,通胀年率达50%或更高的奔驰型通货膨胀并非少见。西方国际金融学者一般认为,通货膨胀是造成战后国际收支失衡的最重要原因之一。

(四)结构性失衡

当国际分工格局或国际需求结构等国际经济结构发生变化时,一国的产业结构及相应的生产要素配置不能完全适应这种变化,由此发生的国际收支失衡,称为结构性失衡。世界各国由于自然资源和其他生产要素禀赋的差异而形成了一定的国际分工格局,这种国际分工格局随要素禀赋和其他条件的变化将会发生变化,任何国家都不能永远保持既定不变的比较利益。如果一个国家的产业结构不能随国际分工格局的变化而得到及时调整,便会出现结构性失衡。此外,从需求角度看,消费者偏好的改变、代替天然原料的合成材料的发明、出口市场收入的变化、产品来源及价格变化等都会使国际需求结构发生变化,一国的产业结构如不能很好地适应这种变化而得到及时调整,也会出现结构性失衡。

(五)投机和资本外逃造成的失衡

在短期资本流动中,不稳定投机与资本外逃是造成国际收支失衡的另一个原因,它们还会激化业已存在的失衡。投机性资本流动是指利用利率差别和预期的汇率变动来牟利的资本流动。投机可能是稳定的,也可能是不稳定的。稳定性投机与市场力量相反,当某种货币的需求下降,投机者就买进该货币,从而有助于稳定汇率。而不稳定的投机会使汇率累进恶化,投机造成贬值,贬值又进一步刺激投机,从而使外汇市场变得更加混乱。资本外逃与投机不同,它不是追求获利,而是害怕损失。当一个国家面临货币贬值、外汇管制、政治动荡或战争威胁时,在这个国家拥有资产的居民与非居民就要把其资金转移到他们认为稳定的国家,造成该国资本的大量外流。不稳定投资和资本外逃具有突发性、规模大的特点,在国际资本流动迅速的今天,往往成为一国国际收支失衡的重要原因。

除上述引起国际收支不平衡的几个基本因素外,政局动荡、自然灾害、气候变化等偶发因素,也会导致贸易收支的不平衡。国际游资在国际间的流动,也是引起一国国际收支不平衡的重要原因。国际游资指为追逐高利、躲避政治、经济风险而经常在各国际金融中心调出、调入的短期资本。在浮动汇率下,汇率的变化给资本流动带来巨大的风险和套利的机会,常常造成国际收支不平衡。

一般而言,经济结构性失衡和收入性失衡所引起的国际收支不平衡,具有长期性和持久性,而被称为持久性不平衡。其他因素所引起的国际收支不平衡仅具有临时性,而被称为暂时性不平衡。

三、国际收支失衡对一国经济的影响

一国的国际收支状况,是该国整个国民经济状况的反映;一国的国际收支失衡,包括盈余性失衡(顺差)或亏损性失衡(逆差),如果出现了经常性、巨额或连续的国际收支逆差或顺差,对该国经济有着重大的影响。

(一)国际收支逆差的影响

一国的国际收支出现逆差,一般会首先引起本币贬值;如果逆差严重,则会使本币汇率急剧下跌。该国货币当局如果要维护本币的地位,就要国际金融对外汇市场进行干预,即抛售外汇和买进本国货币。这不仅会消耗外汇储备,甚至还会造成外汇储备枯竭,从而严重削弱其对外支付能力;另外也会形成国内的货币紧缩形势,促使利率水平上升,影响本国经济的增长,从而导致失业的增加和国民收入增长率的相对与绝对下降。

如果一国国际收支逆差是贸易收支逆差所致,将会造成国内失业增加;如果资本流出大于资本流入,则会造成国内资金的紧张,利率上升,将影响到商品市场的需求,从而影响经济增长。在国际资本可自由流动的前提下,持续性国际收支逆差可能引发国际资本大量外逃,甚至使该国陷入金融危机。

(二)国际收支顺差的影响

虽然一般认为国际收支逆差对一国经济的危害更大,但持续性国际收支顺差会使外汇供过于求,迫使货币当局投放大量本币以维持外汇市场稳定,而本币投放量过多会破坏国内总需求、总供给的均衡,国内可供使用的资源就会相应减少,冲击国内经济的发展,引发通货膨胀。同时,本币持续坚挺也会威胁到该国出口企业的国际竞争力,加重国内失业问题。一国的国际收支发生顺差,意味着有关国家国际收支发生逆差,会导致国际贸易摩擦升级。此外,对于新兴经济体而言,持续的国际收支顺差意味着它将失去获取国际金融组织优惠贷款的权利。

通常一国的国际收支越是不平衡(逆差或顺差越大),对它的不利影响也越大。尽管国际收支逆差和顺差都会产生种种不利影响,相对而言,逆差所产生的影响更为显著。因为它会造成国内经济的萎缩、失业的大量增加和外汇储备的枯竭,因此,各国都更注重对逆差采取调节措施。对顺差的调节虽然不如对逆差紧迫,但从长期来看,不论顺差还是逆差,都需要进行调节。

正因为国际收支失衡既对一国的对外经济有直接的影响,又对一国的整个宏观经济有重大影响,所以有必要对国际收支进行调节。

四、国际收支调节

国际收支调节是指消除一国国际收支失衡的内在机制与作用的过程。国际收支作为国民经济的重要变量,与国民经济其他变量密切相关,它的失衡必然会对整个国民经济产生非常消极的影响,因此在开放经济条件下,各国在试图追求充分就业、物价稳定和经济增长的同时,都在努力实现国际收支均衡的目标。

(一)国际收支失衡的自动调节

1. 在国际金本位制下的国际收支自动调节机制

大卫·休谟的"价格-现金流动机制",详细地阐述了国际金本位制下国际收支的自动调节机制,认为在国际间普遍实行金本位制的条件下,一个国家的国际收支可以通过物价的涨落和现金(即黄金)的输出输入自动恢复平衡。金本位制下的国际收支自动调节过程见图1.1。

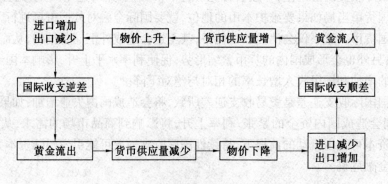

图1.1 金本位制下的国际收支自动调节

在信用货币流通的制度下,纸币流通使国际间货币流动失去直接清偿性,国际间的货币交换必须通过汇率来实现,因此"物价-金币流动机制"已不复存在。虽然如此,在出现国际收支失衡时,仍然会存在某些调节机制,具有使国际收支自动恢复均衡的作用。根据起作用的变量不同,可将自动调节机制分为四类:汇率调节机制、利率调节机制、价格调节机制和收入调节机制。

2. 纸币流通条件下的固定汇率制度国际收支自动调节机制

(1) 价格机制

当一国的国际收支出现顺差时,导致国内货币市场货币供给的增多,容易引起国内信用膨胀,利率下降,投资与消费相应上升,国内需求量增加,对货币形成一种膨胀式压力,使本国物价与出口商品价格随之上升,从而减弱本国出口商品的国际竞争能力,出口减少,进口增加,国际收支顺差逐步减少直至平衡。

(2) 利率机制

当一国国际收支发生逆差时,该国货币市场货币存量减少,银根趋紧,利率上升。利率的上升表明本国金融资产收益率的上升,从而对本国金融资产的需求相对上升,对外国金融资产的需求随之下降。这些均导致本国资本停止外流,同时外国资本流入本国以谋求较高利润。因此,国际收支逆差由于金融项目的日趋好转从而走向平衡,从而使国际收支逆差得以调整。当一国国际收支发生顺差时,该国货币市场货币存量增加,银根松动,利率水平逐渐下降。利率水平的下降导致资本外流增加,从而使得顺差逐渐减少,国际收支趋于平衡。

(3) 收入机制

收入机制是指国际收支逆差时,国民收入水平会下降。国民收入下降会引起社会总需求的下降,进口需求下降,贸易收支得到改善。另外,国民收入的下降不仅能改善贸易收支,国民收入下降也会使对外劳务和金融资产的需求都不同程度地下降,改善经常项目收入和资本与金融账户收支,从而使国际收支状况得到改善。

纸币流通条件下的固定汇率制度下的国际收支自动调节机制见图1.2。

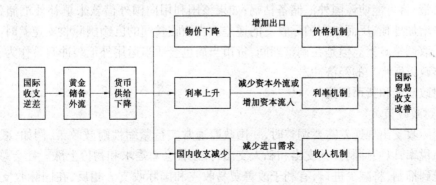

图1.2 固定汇率制度下的国际收支自动调节机制

3. 纸币流通条件下的浮动汇率制度国际收支自动调节机制

当一国国际收支出现顺差时,本国货币市场上外汇供给大于外汇需求,供求关系的改变导致本币升值,本国出口商品以外币表示的国际市场价格上涨,进口商品价格下降,因此,出口减少,进口增加,贸易顺差改善,国际收支趋向平衡。当一国国际收支出现逆差时,本国货币市场上外汇供给大于外汇需求,本币贬值,出口商品的外币表示价格下降,进口商品价格上升,出口增加,进口减少,贸易逆差得到改善,国际收支状况趋向平衡。

纸币流通条件下的浮动汇率制度的国际收支自动调节机制见图1.3。

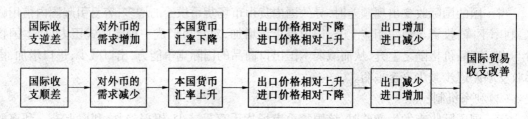

图1.3 浮动汇率制度的国际收支自动调节机制

(二)国际收支失衡的政策调整

当一国国际收支出现不平衡时,往往不能完全依赖经济体系的自动调节来恢复国际收支平衡。各国货币当局一般会主动采取适当的政策和措施来平衡国际收支。

1. 外汇缓冲政策

所谓外汇缓冲政策,是指一国政府为应对国际收支不平衡,把黄金外汇储备作为缓冲体,通过中央银行在外汇市场上买卖,来消除国际收支不平衡所形成的外汇供求缺口,从而使收支不平衡所产生的影响仅限于外汇储备的增减,不会导致汇率的急剧变动和进一步影响本国的经济。外汇缓冲政策是一种简便易行、收效很快的调节方法。它既可以缓解本国货币汇率受暂时性不平衡所造成的波动,又有利于本国对外贸易和投资的顺利进行。其局限性在于一国的外汇储备数量是有限的,因此它不适合于调节长期、巨额的国际收支逆差。如果完全依靠外汇缓冲政策,将可能使该国外汇储备枯竭;如果该国利用向国外借款来填补外汇储备的不足,又会大量增加外债,反而加剧国际收支的逆差。当面临长期的巨额国际收支逆差时,一国政府通常将采取调整政策。但是在调整期间,货币当局也会适当运用外汇缓冲政策作为辅助手段,缓解调整政策所带来的经济冲击。

2. 财政政策和货币政策

(1)财政政策

在国际收支出现逆差需要调整时,一国政府通常实行紧缩性财政政策,例如,减少财政支出和提高税率,以便抑制公共支出和私人支出,抑制社会总需求和物价上涨。社会总需求和物价上涨受到抑制,将减少进口,有利于改善贸易收支和国际收支。相反,在国际收支出现顺差的情况下,政府则会实行扩张性财政政策,以扩大总需求,从而有利于消除贸易收支和国际收支的盈余。但是一国最终会实行什么样的财政政策,主要取决于国内经济的需要。

(2)货币政策

货币政策也称金融政策。它是西方国家普遍、频繁采用的间接调节国际收支的政策措施。调节国际收支的货币政策,主要有贴现政策和改变存款准备金比率的政策。

①贴现政策。它是中央银行通过改变其对商业银行等金融机构持有的未到期票据进行再贴现时所取利息计算的比率,即再贴现率,来影响金融市场利息率的政策。金融市场利息率的升降,既影响资本流出的规模,也影响国内的投资、消费需求和贸易收支,从而影响国际收支。贴现政策是西方国家最普遍、最频繁采用的间接调节国际收支的政策措施。

②改变存款准备金比率的政策。商业银行等金融机构要依法按其吸收存款的一定比率,向中央银行缴存保证存户提现和中央银行控制货币量的特定基金。这个比率的高低,决定着商业银行等金融机构可用于贷款资金规模的大小,因此决定着信用的规模与货币量,从而影响总需求和国际收支。

一定的财政和货币政策有助于扭转国际收支的失衡,但它也有明显的局限性,因为它往往同国内经济目标发生冲突。例如,为消除国际收支逆差,而实行紧缩财政金融政策,会导致经济增长放慢甚至出现负增长,使失业率上升;当为消除国际收支盈余,而实行扩张性财政金融政策时,又会加快物价上涨导致通货膨胀。因此,通过调整财政和货币政策,实现国际收支的平衡,会使一国的财政和货币政策处于两难境地。

3. 汇率政策

汇率政策是指一国通过调整汇率来实现国际收支平衡的政策。在固定汇率制度下,当国际收支出现严重逆差时,实行货币法定贬值。本币贬值,以外币表示的本国出口商品价格降低,从而提高本国出口商品的竞争力,增加出口。同时,以本币表示的进口商品价格升高,进口减少,从而改善国际收支。当国际收支出现巨额顺差时,则在他国压力下实行货币法定升值,以减少和消除国际收支顺差。

汇率的调整在国际上是受到一定限制的。国际货币基金组织认为,只有在各会员国国际收支失衡时才允许调整汇率。其判断的标准是,假定汇率保持不变,要维持平衡就必须实施紧缩的财政政策,从而造成国内失业加剧,国内经济失衡;如果要实现充分就业,就要实施扩张性财政政策,从而进一步使国际收支恶化。这时,当国内均衡和国际均衡发生矛盾时,国际货币基金组织才认为具备调整汇率的条件。

4. 直接管制

直接管制是指政府通过发布行政命令,对国际经济交易进行行政干预,以使国际收支达到平衡。直接管制包括金融管制、财政管制和贸易管制。金融管制是从外汇方面限制国际经济交易,如外汇管制等。财政管制包括关税与出口信贷、出口补贴等奖出限入的政策。贸易管制是直接对进出口贸易进行限制,如实行进口配额、进口许可证贸易保护等措施。直接管制通常能起到迅速改善国际收支的效果,能按照本国的不同需要,对进出口贸易和资本流动区别对待。但是,它并不能真正解决国际收支失衡问题,只是将显性国际收支赤字变为隐性国际收支赤字。一旦取消管制,国际收支赤字仍会重新出现。此外,实行直接管制政策,既为国际经济组织所反对,又会引起他国报复。

综上所述,当一国国际收支不平衡时,必须针对形成的原因采取相应的政策措施。如果国际收支不平衡是由季节性变化等暂时性原因形成,可运用外汇缓冲政策;如果国际收支不平衡是由国内通货膨胀加重而形成的货币性不平衡,可运用货币贬值的汇率政策;如果国际收支不平衡是由国内总需求大于总供给而形成的收入性不平衡,可运用财政货币政策,实行紧缩性政策措施;如果国际收支不平衡由经济结构性原因引起,可进行经济结构调整并采取直接管制措施。

【资料库】

国际收支调节与货币政策

顺差和逆差要根据国内总供求的状态来确定。但这只是一种短期均衡。从长期来看,一个发展中国家不易出现逆差。这是因为:①虽然逆差能暂时弥补总供求的不平衡,但其代价是外汇储备的减少;②逆差就是储备的减少,储备减少不利于盯住汇率的实施,不利于外汇市场的稳定和国内经济的稳定;③根据储备与国内货币供应量的关系,逆差具有紧缩性质;④根据静态的国民账户,逆差不利于当年的经济增长。20世纪发展中国家的金融危机证明了上述观点。

正统理论认为,国际收支不平衡,不论顺差还是逆差都对经济不利,但实际上并非如此。一国的货币政策最终服从于经济的稳定增长,而稳定表现为物价稳定和较低的失业。如果一国的国际收支平衡能完成上述任务,一国政府就会将平衡国际收支作为最终政策目标;如果国际收支的不平衡能完成上述目标,则政府就不会将平衡国际收支当做最终货币政策目标。最后,根据国际收支与货币供给的关系,一国的货币政策的执行会受到国际收支的影响,国际收支顺差将导致货币供给增多,而逆差将使货币供给减少。所以,在货币政策工具的使用过程中要将国际收支的差额计算在内,这样才能保证货币政策最终目标按时按量地得到实现。

(资料来源:股市360财经频道讯.)

第三节 西方国际收支理论

西方国际收支理论是国际经济学中的重要理论,它始终伴随着世界经济形势和经济思想的发展而发展。国际收支调节理论主要是用来说明一国国际收支的失衡原因和调节方法的理论。为了说明一国国际收支的调节过程和调节原因,西方经济学家主要从影响国际收支的内在因素和外部因素进行研究,在一些相关因素中选择最有影响的因素进行说明。在这一节里我们将重点介绍几种国际收支理论。

一、"物价-黄金流动机制"理论

1752年,英国经济学家休谟·大卫论述了"物价-黄金流动机制"理论。这个理论认为,在金本位制下,一国国际收支持续出现逆差(支付大于收入),其汇率会下跌到黄金输出点,从而引起黄金外流。但是这种现象不会出现太久,因为黄金外流会引起货币供给减少和物价下跌。物价下跌,有利于出口贸易,而不利于进口贸易,从而使国际收支恢复平衡。如果一国国际收支出现顺差,则会引起黄金流入。黄金流入会引起货币供给增加和物价上涨。物价上涨不利于商品出口而有利于进口,因而会导致国际收支顺差逐渐消失和国际收支平衡。这个理论的政策含义是:市场机制能够自发地调节国际收支,因而政府无须采取措施调节国际收支。

休谟的在金本位体制下国际收支自动调节理论,在当时作为一种进步思想,打破了重商主义的束缚。但是这一理论的假定条件是进出口的弹性,而休谟对此并没有进行进一步研究。这个问题被以后的马歇尔、勒纳和罗宾逊夫人等人解决了。

二、弹性分析理论

弹性分析理论产生于20世纪30年代,是由英国经济学家马歇尔提出,后经英国经济学家琼·罗宾逊夫人和美国经济学家勒纳等人发展而形成的。它是一种适用于纸币流通制度的国际收支理论。弹性分析法以金本位制崩溃后的浮动汇率制为基础,分析一国当局所实行的货币贬值对该国国际收支差额的影响,它着重于由汇率贬值来改善贸易逆差所需的弹性条件和汇率贬值对于贸易条件影响这两个方面的研究。

(一)弹性分析理论的前提条件

弹性分析理论研究的是贸易收支的均衡条件,贸易收支的均衡条件对整个国际收支均衡而言是一种局部均衡,它成立的前提条件是:①收入、其他商品的价格、消费偏好、进出口需求曲线本身的位置等其他经济条件保持不变,只考虑汇率变动对进出口的影响;②不考虑资本流动,贸易收支就是国际收支;③初始的国际收支是平衡的;④所有贸易商品的供给弹性无穷大,因而按国内货币表示的出口商品价格不随着需求增加而上涨,与出口相竞争的外国商品价格也不因需求减少而下降。当进口需求减少时,以外国货币计算的进口商品价格下降;当进口替代商品需求上升时,与进口商品相竞争的商品价格也不上升。

(二)弹性分析理论的主要内容

弹性分析理论主要研究货币贬值对贸易收支的影响。它有意忽略劳务进出口与国际间的资本移动,假设国际收支等于贸易收支,把问题集中到贸易差额的分析上,考察货币贬值对贸易收支的影响。由于假定进出口商品的供给有完全的弹性,贸易收支是出口值与进口值的对比,既而,出口值=出口商品数量×出口商品价格,进口值=进口商品数量×进口商品价格,其中进、出口值均以外币表示。

进出口商品的供求弹性,是指进出口商品的供求数量对进出口价格变化反应的程度。弹性大,说明进出口商品价格能在较大程度上影响进出口商品的供求数量;弹性小,说明进出口商品价格变化对进出口商品供求数量的影响较小。如果以 E_x 代表出口需求弹性,E_m 代表进口需求弹性,国家汇率贬值会出现三种不同结果。

①当 $E_x+E_m>1$ 时,贬值可以增加出口,减少进口,改善贸易收支。

②当 $E_x+E_m=1$ 时,贬值会使进出口商品数量发生变化,但进出口金额不变,贸易收支逆差不会改变。

③当 $E_x+E_m<1$ 时,贬值导致出口收入下降,而且出口收入的金额小于进口支出的金额,贸易收支进一步恶化。

由此可见,只有第一种情况即 $E_x+E_m>1$ 时,采取贬值才能达到改善贸易收支逆差的目的,这就是著名的"马歇尔-勒纳条件"。

(三)弹性分析理论的评述

弹性分析理论产生于 20 世纪 30 年代大危机和金本位制崩溃时期。由于它迎合了当时西方各国政府制定政策的需要,弥补了古典国际收支调节理论失效后西方国际收支调节理论上的空白,并且曾取得了一定的实际效果,因此被经济学界广泛接受。这一理论的重要贡献在于纠正了货币贬值一定有改善贸易收支作用的片面看法,指出了只有在一定的进出口供求弹性条件下,货币贬值才有改善贸易收支的作用和效果。弹性分析理论的局限性如下:

①这个理论把国际收支仅局限于贸易收支,没有考虑劳务进出口和国际间的资本移动。这是一个重大缺陷。因为劳务进出口和国际间的资本移动在当代的国际收支中的地位与作用日益重要。

②弹性分析理论以小于充分就业(即国内外都有大量闲置资源未被充分利用)为条件,因而做出了供给有完全弹性的假定。这种假定使这个理论有着很大的局限性:它只适用于周期的危机和萧条阶段,而不适用于周期的复苏与高涨阶段。

③国际收支初始为平衡状态的假设,与实际情况并不相符。因为货币贬值的目的是为了消除已有的贸易逆差,因此初始的状态不可能是平衡的。

④弹性分析理论是一种比较静态的分析方法,它忽视了汇率变动效应的时滞问题。因为在短期里,由于市场信息的收集和扩大出口商品和进口替代品的数量都要经过一段时间才能实现,贬值并不能立即引起贸易额的变化,从进出口商品价格的变动到贸易额的增减需要经过一段时间。这就是所谓的 J 曲线效应。曲线开始会下降,然后才上升。

由于时滞的存在,在货币贬值初期,出口数量不会立刻增加,进口数量也不会马上减少,而以本币表示的进口价格会立即提高,以本币表示的出口价格却提高较慢。这时,出口值会小于进口值,贸易收支仍会恶化。在中期,出口数量增加,外汇收入增加,进口减少,外汇支付减少,国际收支开始改善。只有经过一段时间之后,贸易收支会逐渐好转。但是到了后期,效果可能又变坏。因为货币贬值使进口原材料价格提高,这类产品的生产成本提高,使货币贬值所带来的产品出口的价格优势被抵消。

⑤弹性分析理论采用局部均衡,就是假定其他条件不变。然而,实际上其他条件并非不变,前述的继发性通货膨胀以及国民收入与利率等都在发生变化。

三、吸收分析理论

（一）吸收分析理论的背景

吸收分析理论主要分析收入和支出在国际收支调节中的作用,它把国际收支差额归结为国内总产出与总支出的差额。吸收分析理论也称为支出理论。这一理论形成于20世纪50年代,是由詹姆斯·米德和西德里·亚历山大在对弹性理论的激烈争论中提出的。这个理论产生的历史背景首先是西欧国家正在恢复经济,国际收支危机严重,其次是凯恩斯主义理论已成为西方国家经济学的主流学派。

（二）吸收分析理论的主要内容

吸收分析理论实际上是凯恩斯理论在国际收支上的具体运用。这个理论是以凯恩斯的国民收入方程式为基础的。凯恩斯的国民收入方程式为

$$Y = C + I + G$$

式中,Y为国民收入;C为私人消费;I为私人投资;G为政府支出。这个方程原是凯恩斯对封闭型经济进行考察和分析的均衡方程式。

后来,凯恩斯的追随者又从开放型经济进行考察和分析,把对外贸易也包括在方程式之内,因而,上述均衡方程式便成为

$$Y = C + I + G + (X - M)$$

式中,X为出口收入;M为进口支出;$X - M$为贸易收支差额。假定支出(亚历山大称为吸收,吸收理论因此得名),即$C + I + G$为A,并把国际收支B抽象为贸易收支,则$Y = C + I + G + (X - M)$变为$Y = A + B$,变形得$B = Y - A$。这个式子表明以下含义:

第一,国际收支 = 总收入 − 总吸收。

第二,如果总吸收等于总收入,则国际收支平衡;如果总收入大于总吸收,是国际收支顺差;如果总收入小于总吸收,则是国际收支逆差。

第三,方程式的左端B为果,右端$Y - A$为因。

这一理论认为,国际收支盈余是总吸收相对于总收入不足的表现,而国际收支逆差则是总吸收相对过大的反映。由$B = Y - A$方程式可知,消除国际收支逆差的方法是:增加总收入,或减少总吸收,或二者兼用。

吸收分析理论的重要贡献是:它把国际收支同国内经济联系起来,为实施通过国内经济的调整来调节国际收支的对策奠定了理论基础,因此具有重要的实践意义。这个理论的明显缺陷是忽视了在国际收支中处于重要地位的国际间资本移动等因素。

四、货币分析理论

(一)货币分析理论的背景

货币分析理论是随着现代货币主义广泛兴起,在20世纪60年代末到70年代中后期流行的一种国际收支理论,其代表人物是蒙代尔和约翰逊。货币分析理论实际上是将封闭经济条件下的货币主义原理应用到开放经济中,从而发展了国际收支货币理论。

货币分析理论抛弃了以前国际收支理论的分析方法,不以国际收支的某个具体项目为研究对象,不追求局部均衡,而是以国际收支平衡表的平衡项目为研究对象,强调国际收支的整体平衡。因此,这一理论将国际收支的研究范围从贸易收支扩大到资本项目,从而更接近于国际经济活动的实际。

(二)货币分析理论的主要内容

货币分析理论认为国际收支是一种货币现象,强调货币供给与货币需求之间的关系在国际收支不平衡的产生和调节过程中的作用。

货币分析理论的观点是,当货币需求大于货币供给时,超额的货币需求将由外国的货币流入进行满足,会导致国际收支出现顺差;货币需求小于货币供给时,超额的货币将向国外流出,会导致国际收支出现逆差;货币需求与货币供给处于平衡状态时,国际收支处于平衡状态。

货币分析理论认为,一国的货币供给有两个来源:国内银行体系创造的信用和由经常项目收支顺差与资本项目收支顺差所形成的国外资金流入。货币需求只能从这两个方面得到满足。如果国内货币供给不能满足货币需求,只能靠从国外取得资金来满足。国外资金流入,直到货币供给与货币需求恢复平衡,从而使国际收支平衡。随着国外资金流入和货币供给增加,货币供给会大于货币需求,国际收支也可能会出现顺差。这时,人们就会扩大商品进口和对外投资,把资金移到国外,国内的货币供给便会减少。随着这些活动的增加,国际收支将出现逆差。

货币分析理论的基本结论:国际收支是一种货币现象;货币政策是调节国际收支的主要手段和工具,主张通过控制货币供应量的增长,来调节国际收支的不平衡。

(三)对货币分析理论的评述

货币分析理论的观点有以下一些特点:①它实际上是休谟的物价现金流动机制理论在现代条件下的进一步发展,是新的国际收支自动平衡理论;②它比弹性分析理论和吸收分析理论的进步之处是,考虑到了资本的国际间移动对国际收支的影响;③它使人们在国际收支的分析中开始重视货币因素,强调国际收支的顺差或逆差会引起货币存量的变化,从而影响一国的经济。

货币分析理论也有以下局限:①它研究的是长期货币供求平衡在国际收支上的平衡效果,即长期的国际收支调节问题,忽视了短期国际收支不平衡所带来的影响;②将货币因素视为决定性因素,忽略了国民收入、进出口商品结构、贸易条件等对国际收支的影响。

弹性分析理论、吸收分析理论和货币分析理论不仅为许多国家所重视,也是国际货币基金组织调节国际收支方案的理论依据。例如,当某会员国国际收支处于严重不平衡,要求国际货币基金组织提供高档信贷部分贷款时,国际货币基金组织往往要求该会员国采取大规模削减财政赤字、严格控制信贷、进行货币贬值等措施,以改善国际收支。国际货币基金组织的这些要求,就是以货币分析理论为基础,认为货币供求是决定国际收支的首要因素,强调实行以控制国内信贷为主的政策。国际货币基金组织的要求也反映了吸收分析的理论,即以控制国内需求为主,以及运用弹性分析理论,用货币贬值来促进出口的论点。

【资料库】

国际收支弹性理论的应用

根据实际情况,汇率变化真正对贸易收支产生影响需要一段时间,目前国际上一般认为存在半年至一年的时滞,并且期间一般会有"J曲线效应"。也就是说,自 2005 年 7 月 21 日人民币汇率一次性升值以后,到 2006 年上半年,随着人民币汇率形成机制的不断完善,人民币汇率双向浮动的运行,笔者认为这对我国的外贸收支客观上发挥了一定作用,尽管其效应在我国各地区存在差异。本书选取我国某市 2006 年上半年和 2005 年上半年可比期的外贸收支数据(见表1、表2)及有关情况,考察在美元兑换人民币的中间价从 2005 年 7 月 21 日汇改前的约 8.27 上升为 2006 年上半年约 8.02 的情况下,某市外贸收支的变化情况。

表1 某市 2005 年上半年和 2006 年上半年跨境贸易收支统计

	2005 年上半年/亿美元	2006 年上半年/亿美元	增长量/亿美元	增长率/%
出口	102	144	42	41.2
进口	91	132	41	45.1
进出口差额	11	12	1	9.09

(资料来源:某市跨境外汇收支统计.)

表2 某市 2005 年上半年和 2006 年上半年外贸进出口统计

	2005 年上半年/亿美元	2006 年上半年/亿美元	增长量/亿美元	增长率/%
出口	123.8	151.6	27.8	22.5
进口	114.2	147.0	32.8	28.7
进出口差额	9.6	4.6	−5.0	−52.1

(资料来源:某市海关统计.)

> 表1和表2的数据差异,主要由于前者是资金流统计,后者是物流统计,二者统计口径不同,同时也存在物流与资金流在时间上的差异等。用两组数据进行分析,有利于分析中的相互对比。
>
> 从表1和表2的数据直观地看,两者存在趋势上的异同。其相同点在于汇制改革前后,出口的增长率均小于进口,大致表明本币汇率升值显现出了"抑出扬入"效应。不同点在于,表1中的数据显示汇制改革后某市2006年上半年的贸易顺差同比不减反增;表2中的数据则显示汇制改革后某市的贸易顺差同比减少。结合两个表格数据的不同表现,笔者初步分析认为,表1中贸易顺差的增长可能表明"J曲线效应"的影响尚未完结,但根据历史数据可知,顺差的增幅已有所减少。若按2005年顺差占出口的比例推算,2006年贸易顺差将达到15亿美元以上,可见顺差趋于收敛。表2则直接表现出本币升值对贸易收支理论的影响方向,并且表2数据变化超前于表1的特性,也符合目前国际贸易实践中物流一般先于资金流的内在联系。
>
> (资料来源:边东海.中国货币市场[M].)

第四节 我国的国际收支

一、我国国际收支概述

1. 新中国成立后到20世纪70年代

在传统的计划经济体制下,忽视商品经济和市场调节的作用,加之帝国主义的封锁,我国对外经济的范围和程度极其狭小,只有少量的外贸和少量经济援助(无息或低息的),没有对外资本往来。在新中国成立后的相当长时期内,我国都未编制国际收支平衡表,在实践中注意外汇收支平衡,而只编制"国家外汇收支平衡表"。就外汇收支平衡表的内容来说,它是建立在狭义的国际收支概念基础上的,即仅反映我国在报告期内已发生的外汇收支情况,而不能反映我国对外经济交往的全部内容,因为它仅包括已实现外汇收支的国际经济交易,而不包括已经发生的及未实现外汇收支的国际经济交易。

2. 20世纪70年代末至20世纪80年代初

1978年十一届三中全会后,我国对外贸易和非贸易收支取得了巨大发展:从引进外资开始到对外投资的出现,我国与国外私人、政府、国际金融机构已有广泛的金融关系,这样,国际收支中的资本项目日益重要;完整的国际收支概念产生了,通过国际收支平衡表全面考察我国对外经济关系和国际经济地位成为必要;加之我国于1980年4月和5月分别恢复了在国际货币基金组织和世界银行的合法地位,依照国际货币基金组织的要求,我国有义务向其报送我国的国际收支平衡表。这样,1981年6月,我国国家进出口管委、国家外汇管理总局、中行总行、国家统计局等单位联合制订并公布了《国际收支统计制度》,在以往"国家外汇收支平衡表"的基础上,增加了资本项目,编制了我国国际收支平衡表。这是我国认识和处理国际收支问题的开端,它标志着我国已进入编制国际收支平衡表阶段。

3. 20 世纪 90 年代初以来

1992 年十四大召开以后,为了在社会主义市场经济条件下加强国际收支的宏观管理,中国人民银行于 1993 年 12 月 28 日发布了《关于进一步改革外汇管理体制的公告》,明确规定要加强对外汇收支和国际收支平衡情况及变化趋势的分析、预测,逐步完善我国国际收支的宏观调控体系。1996 年 12 月,我国按照国际货币基金组织第八条款的要求,实现了经常项目下的货币可兑换。

二、我国国际收支的特点

经济增长、增加就业、稳定物价和国际收支平衡是我国宏观经济调控的主要目标。这四个方面的目标有着内在的一致性。只有协调统一,才能使经济运行的质量和效益最好,才能实现可持续的健康快速增长。在开放型经济条件下,国内均衡和对外均衡之间存在着密切的相互决定、相互影响的关系。如果增长、就业和物价没有达到均衡状态,必然会反映到国际收支上来;如果国际收支很不平衡,就不可能真正充分利用两个市场、两种资源,也就不可能真正扩大就业,促进经济社会协调发展。在国际收支上,我国的政策目标是:基本平衡,略有盈余。改革开放以来,我国的国际收支呈现出以下特点。

(一) 国际收支规模迅速扩大

随着我国国际交往的扩大,我国国际收支总额(借方总额与贷方总额之和)1982 年是 521 亿美元,1992 年是 2 334 亿美元,2004 年增加到 13 327 亿美元,2010 年中国国际收支交易呈现恢复性增长,全年国际收支交易总规模为 5.6 万亿美元,较上年增长 36%。2011 年我国涉外经济活动继续保持较快增长,全年国际收支交易总规模为 6.95 万亿美元,较上年增长 22%,创历史新高。

(二) 贸易收支在我国国际收支中处于重要地位

1982 年,贸易收支总额(出口贸易额与进口贸易额之和)为 380 亿美元,占国际收支总额的 73%。2008 年相应数字为 30 257 亿美元和 67.2%。2011 年贸易收支总额为 36 421 亿美元,比上年增长 22.5%。贸易收支在我国国际收支中处于重要地位,贸易收支状况往往决定着国际收支的状况。一般来说,如果贸易收支为顺差,则国际收支为顺差;如果贸易收支为逆差,则国际收支为逆差。

(三) 资本输出/输入在国际收支中的地位日益重要

随着我国利用外资规模的扩大,资本与金融项目总额(借方总额与贷方总额之和)不断扩大,1982 年仅为 67.74 亿美元,2004 年增长到 5 759 亿美元,2011 年增长到 2.58 万亿美元。20 世纪 90 年代之后,中国已经初步形成了跨境资本双向流动的格局,主要表现在以下几个方面。

1. 资本流动已经达到相当规模

2008年,外国来华直接投资流入1 609亿美元;2008年,我国证券投资净流入427亿美元;截至2008年年末,我国外债余额为3 742亿美元。2011年,全国新批设立外商投资企业27 712家,同比增长1.12%;实际使用外资金额1 160.11亿美元,同比增长9.72%。

2. 对外资本输出逐渐增多

截至2004年,中国境外投资非金融类经营机构已超万家。2008年我国对外直接投资556亿美元,比2007年增长194%。2011年我国境内投资者共对全球132个国家和地区的3 391家境外企业进行了非金融类直接投资,累计实现直接投资600.7亿美元,同比增长1.8%。目前中国已经紧追美国、法国、日本和德国,成为全球第5大对外投资国。

3. 利用外资的渠道日益多元化

由最初的外商投资设立企业和借用外国政府贷款,扩大到项目融资,国际商业贷款,境外发行债券和股票,境内发行外资股,外资兼并收购中资企业,受让境内上市企业的国有股等多种形式。

4. 资本项下交易规模迅速扩大

2011年,中国的资本项目交易发生额(借方总额与贷方总额之和)为58亿美元,交易规模逐年增大。

(四)早期国际收支顺差与逆差交替出现,国际收支的波动比较大

1982年和1983年,国际收支为顺差;1984~1986年,国际收支连续三年出现逆差;1987年和1988年转为顺差;1989年出现逆差;进入20世纪90年代,国际收支状况基本良好,仅在1992年出现逆差,以后各年份均为顺差;进入21世纪后,顺差额更是大幅持续增长。

三、我国国际收支统计数据的采集

国际收支核算全面反映了一个国家的国际收支状况。它的结果不仅对于一国宏观经济管理和决策具有重要作用,还是世界其他国家了解一国涉外经济发展状况的主要途径。各国对其准确性、及时性和全面性的要求随着经济全球化进程的加快而不断提高。如今,国际收支统计体系作为一国对外经济的预警器,已成为当今世界各国调控宏观经济与预测经济发展的主要决策支持体系。

(一)我国国际收支统计体系的特点

1. 主要实行交易主体申报制

在国际收支申报办法中,对各自涉及的国际收支交易进行了详细划分,并在大多数的申报制度中要求由交易主体根据交易的性质,按不同的国际收支交易分类进行申报。新办法要求以交易主体进行申报为主,是因为只有交易主体才能够真正了解发生交易的性质。所以,交易主体能够根据国际收支制定的详细国际收支交易分类,进行准确申报,从而保证国际收支交易信息的准确性。

2. 统计体系独立完整

1996年前,中国的国际收支统计数据主要来自各政府行政主管部门,数据质量和报表公布频率受到很大限制。新的国际收支办法实行后,逐步开始建立以银行间接申报为主、企业直接申报为辅,独立与行政管理部门统计的国际收支统计数据采集体系,并且新的国际收支统计体系针对我国经济现状,设计了六个子申报系统,涵盖了我国的所有涉外经济领域,是一套相对完整的统计体系。

3. 与国际接轨程度高

在设计新的国际收支统计体系之前,中国的国际收支统计人员对世界各国的统计体系进行了全面考察和研究,并结合中国实际经济发展水平和基金组织最新要求,设计了中国现行的国际收支统计体系。在新的统计体系中所采用的统计方法与发达国家,如德国、荷兰、法国等欧洲国家所采用的方法基本一致。这些国家现行的国际收支统计方法已历经几十年的发展,在各方面已趋于成熟。我国的国际收支统计体系就是在这些国家的统计体系的基础上开发建立的,因此起点较高,同时也保证了我国统计数据的国际可比性。

(二)我国国际收支统计的数据收集框架

从1996年开始,我国依据《国际收支统计申报办法》陆续推出了一系列新的国际收支统计申报制度,建立了一套较为完整的、系统的数据收集体系。目前,我国的国际收支统计数据收集框架包括以下内容。

1. 金融机构的逐笔间接申报

当居民通过境内金融机构进行付汇时,需要向国际收支统计部门申报每笔与非居民发生交易的内容。国际收支统计部门将申报信息进行汇总,用于汇编国际收支平衡表。

2. 金融机构的汇总统计

除代客户进行逐笔间接申报外,金融机构还单独汇总统计通过其进行的金额较小、频繁发生的现金、旅游支票及信用卡的兑换数据,作为国际收支统计数据的补充。

3. 金融机构对境外资产负债及损益的申报统计

金融机构除代客户进行国际收支交易申报外,作为特殊的企业,应向国际收支统计部门直接申报其自身的资产负债及损益变化情况。

4. 直接投资企业的直接申报统计

由于直接投资企业存在大量的关联交易和内部交易,因此,对直接投资企业的经营状况设计了单独的统计制度,即中国境内外商投资企业以及境外有直接投资的企业,需直接向国际收支统计部门申报其投资者权益、直接投资者与直接投资企业之间的债权债务状况以及分红派息情况。

5. 证券投资统计

证券投资统计包括两方面内容:一是中国境内的证券交易所及其机构须向国际收支部门

申报居民与非居民之间发生的证券交易以及相应的分红派息情况;二是中国在境外上市公司需直接申报有关其证券的交易情况和分红派息情况。

6. 境外账户统计

境外账户统计包括向外汇管理局申报的境外账户余额和向外汇管理局提供的银行对账单等信息。

【资料库】

我国的国际收支

《2016年中国国际收支报告》显示,2016年全年,我国经常账户顺差1 964亿美元,较上年下降1 078亿美元。其中,货物贸易顺差4 941亿美元,较上年下降821亿美元,下降14%;服务贸易逆差2 442亿美元,较上年增加259亿美元,增长12%。我国经常账户顺差与GDP之比为1.8%,较上年下降0.9个百分点,依然处于合理水平。其中,货物贸易顺差与GDP之比为4.4%,下降0.8个百分点;服务贸易逆差与GDP之比为2.2%,增加0.2个百分点。货物贸易顺差虽然较2015年的历史高位有所下降,但仍显著高于2014年度及以前各年度水平,显示我国对外贸易仍具竞争力。而服务贸易逆差主要是旅行逆差增长,反映出随着居民收入水平提升、相关政策更加开放,国内居民境外旅游、留学等花费逐步增加,但旅行逆差增幅趋缓,2016年仅增长6%,增幅较上年下降6个百分点,经常账户顺差收窄仍然处于合理区间。

(资料来源:《2016年中国国际收支报告》)

以下数据来源:国际外汇管理局官方网站

中国国际收支平衡表(年度表)

单位:亿美元

项目	2012	2013	2014	2015	2016
1. 经常账户	2 154	1 428	2 360	3 042	1 964
贷方	23 933	25 927	27 434	26 193	24 546
借方	−21 779	−24 445	−25 074	−23 151	−22 583
1.A 货物和服务	2 318	2 354	2 213	3 579	2 499
贷方	21 751	23 556	24 629	23 602	21 979
借方	−19 432	−21 202	−22 416	−20 023	−19 480
1.A.a 货物	3 116	3 590	4 350	5 762	4 941
贷方	19 735	21 486	22 438	21 428	19 895

借方	-16 619	-17 896	-18 087	-15 666	-14 954
1.A.b 服务	-797	-1 236	-2 137	-2 183	-2 442
贷方	2 016	2 070	2 191	2 174	2 084
借方	-2 813	-3 306	-4 329	-4 357	-4 526
1.A.b.1 加工服务	256	232	213	203	184
贷方	257	233	214	204	185
借方	-1	-1	-1	-2	-2
1.A.b.2 维护和维修服务	0	0	0	23	32
贷方	0	0	0	36	52
借方	0	0	0	-13	-20
1.A.b.3 运输	-469	-567	-579	-467	-468
贷方	389	376	382	386	338
借方	-859	-943	-962	-853	-806
1.A.b.4 旅行	-519	-769	-1 833	-2 049	-2 167
贷方	500	517	440	450	444
借方	-1 020	-1 286	-2 273	-2 498	-2 611
1.A.b.5 建设	86	68	105	65	42
贷方	122	107	154	167	127
借方	-36	-39	-49	-102	-85
1.A.b.6 保险和养老服务	-173	-181	-179	-38	-88
贷方	33	40	46	50	41
借方	-206	-221	-225	-88	-129
1.A.b.7 金融服务	0	-5	-4	-3	11
贷方	19	32	45	23	32
借方	-19	-37	-49	-26	-20
1.A.b.8 知识产权使用费	-167	-201	-219	-209	-228
贷方	10	9	7	11	12
借方	-177	-210	-226	-220	-240

1.A.b.9 电信、计算机和信息服务	108	95	94	131	127
贷方	162	171	202	245	254
借方	−55	−76	−107	−114	−127
1.A.b.10 其他商业服务	87	99	282	189	147
贷方	510	572	689	584	580
借方	−424	−473	−407	−395	−432
1.A.b.11 个人、文化和娱乐服务	−4	−6	−7	−12	−14
贷方	1	1	2	7	7
借方	−6	−8	−9	−19	−21
1.A.b.12 别处未提及的政府服务	−1	0	−10	−15	−20
贷方	10	12	11	11	12
借方	−10	−12	−20	−20	−32
1.B 初次收入	−199	−784	133	−411	−440
贷方	1 670	1 840	2 394	2 232	2 258
借方	−1 869	−2 624	−2 261	−2 643	−2 698
1.B.1 雇员报酬	153	161	258	274	207
贷方	171	178	299	331	269
借方	−18	−17	−42	−57	−62
1.B.2 投资收益	−352	−945	−125	−691	−650
贷方	1 500	1 662	2 095	1 893	1 984
借方	−1 851	−2 670	−2 219	−2 584	−2 634
1.B.3 其他初次收入	0	0	0	7	3
贷方	0	0	0	8	6
借方	0	0	0	−2	−2
1.C 二次收入	34	−87	14	−126	−95
贷方	512	532	411	359	309
借方	−447	−619	−397	−486	−404
2.资本和金融账户	−1 283	−853	−1 692	−912	263

2.1 资本账户	43	31	0	3	-3
贷方	45	45	19	5	3
借方	-3	-14	-20	-2	-7
2.2 金融账户	-1 326	-883	-1 691	-915	267
资产	-3 996	-6 517	-5 806	95	-2 174
负债	2 670	5 633	4 115	-1 010	2 441
2.2.1 非储备性质的金融账户	-360	3 430	-514	-4 345	-4 170
资产	-3 030	-2 203	-4 629	-3 335	-6 611
负债	2 670	5 633	4 115	-1 010	2 441
2.2.1.1 直接投资	1 763	2 180	1 450	681	-466
2.2.1.1.1 资产	-650	-730	-1 231	-1 744	-2 172
2.2.1.1.1.1 股权	-728	-882	-1 424	-1 039	-1 484
2.2.1.1.1.2 关联企业债务	78	153	193	-705	-688
2.2.1.1.2 负债	2 412	2 909	2 681	2 425	1 706
2.2.1.1.2.1 股权	2 145	2 654	2 108	2 118	1 642
2.2.1.1.2.2 关联企业债务	267	255	573	307	64
2.2.1.2 证券投资	478	529	824	-665	-622
2.2.1.2.1 资产	-64	-54	-108	-732	-1 034
2.2.1.2.1.1 股权	20	-25	-14	-397	-385
2.2.1.2.1.2 债券	-84	-28	-94	-335	-649
2.2.1.2.2 负债	542	582	932	67	412
2.2.1.2.2.1 股权	299	326	519	150	189
2.2.1.2.2.2 债券	243	256	413	-82	223
2.2.1.3 金融衍生工具	0	0	0	-21	-47
2.2.1.3.1 资产	0	0	0	-34	-69
2.2.1.3.2 负债	0	0	0	13	22
2.2.1.4 其他投资	-2 601	722	-2 788	-4 340	-3 035
2.2.1.4.1 资产	-2 317	-1 420	-3 289	-825	-3 336

2.2.1.4.1.1 其他股份	0	0	0	0	0
2.2.1.4.1.2 货币和存款	-1 048	-74	-1 856	-550	-435
2.2.1.4.1.3 贷款	-653	-319	-738	-475	-1147
2.2.1.4.1.4 保险和养老金	0	0	0	-32	-3
2.2.1.4.1.5 贸易信贷	-618	-603	-688	-460	-1008
2.2.1.4.1.6 其他	3	-423	-8	692	-743
2.2.1.4.2 负债	-284	2 142	502	-3 515	301
2.2.1.4.2.1 其他股权	0	0	0	0	0
2.2.1.4.2.2 货币和存款	-594	758	814	-1 226	102
2.2.1.4.2.3 贷款	-168	934	-343	-1 667	-196
2.2.1.4.2.4 保险和养老金	0	0	0	24	-6
2.2.1.4.2.5 贸易信贷	423	449	-21	-623	162
2.2.1.4.2.6 其他	54	0	52	-24	239
2.2.1.4.2.7 特别提款权	0	0	0	0	0
2.2.2 储备资产	-966	-4 314	-1 178	3 429	4 437
2.2.2.1 货币资金	0	0	0	0	0
2.2.2.2 特别提款权	5	2	1	-3	3
2.2.2.3 在国际货币基金组织的储备头寸	16	11	10	9	-53
2.2.2.4 外汇储备	-987	-4 327	-1 188	3 423	4 487
2.2.2.5 其他储备资产	0	0	0	0	0
3. 净误差与遗漏	-871	-629	-669	-2 130	-2 227

本章小结

1. 国际收支是指一个国家或地区所有国际经济活动的收入和支出。随着世界经济的发展，国际经济活动在内容和形式上不断得到拓展，相应的，国际收支的内涵也在不断丰富。

2. 国际收支是一个流量概念，而与之关联的国际借贷却是一个存量概念。

3. 各国国际收支平衡表的内容有所差异，但主要项目基本一致，包括经常项目，资本与金融项目，错误与遗漏项目三大类。

4. 国际收支平衡表是各国经济分析的重要工具。分析国际收支平衡表一般可采用静态分析、动态分析和比较分析三种方法。

5. 西方国际收支理论主要包括"物价-黄金流动机制"理论、吸收分析理论、弹性分析理论和货币分析理论。

6. 我国的国际收支建国后经历了三个阶段的发展,呈现出总规模不断扩大、贸易收支占主体、收支波动幅度大等特点。

思 考 题

一、选择题

1. 在国际收支平衡表中,最基本的项目是(　　)

A. 资本项目　　　　　　B. 经常项目

C. 平衡项目　　　　　　D. 官方储备项目

2. 在国际收支平衡表中,储备资产项目为500亿美元,表示(　　)

A. 有500亿美元资产　　　B. 增加了500亿美元资产

C. 减少了500亿美元资产　D. 以上都不对

二、简答题

1. 简述国际收支概念的发展和演变。

2. 如何编制国际收支平衡表?编制原则有哪些?

3. 国际收支平衡表的项目是如何分布的?

4. 如何分析国际收支平衡表?

【阅读资料】

美国总统特朗普早在竞选期间就许诺要降低美国贸易赤字,推动美国经济增长,创造更多薪金优厚的美国就业机会,但是这说来容易做来难,造成外贸赤字巨大的一个长期性问题根本就不是短期内能够解决的。

美国人口统计局的数据显示,2016年当中,美国的贸易赤字达到了5 020亿美元的近四年最高点。至此,美国已经连续第四十一年外贸赤字了,上次盈余还要回溯到遥远的1975年。其实,白宫面前的问题说不上复杂——尽管美国制造的商品就其绝对数量而言并没有减少,但是制造业在全美经济当中所占据的百分比却已经大幅度下滑了。

美国人从其他国家大量购买汽车、手机、电脑、电视、玩具和服装,他们购买的外国货大大超过了外国人购买的美国货。事实上,这些商品当中,除了汽车之外,其他已经很少在美国本土生产了。

这一结构性的改变开始于1990年代晚期,因为一系列自由贸易协定的签署和中国加入全球贸易体系而大大加速。目前,美国工业就业总人数大约是1 230万,而世纪之交时还有1 700万以上。不过,制造业就业机会的减少,贸易并不是唯一的原因,甚至都不是最主要的原因。必须看到的是,企业大量采用了新技术,提升了劳动生产率的同时,也减少了他们对人力的需求。

无论如何,迄今为止,特朗普已经高调举行了一系列会议,与全美最大企业的管理层会面,希望将制造业和其他部门的就业机会迁回国内。特朗普现在是将赌注押在了企业税削减和监管放松上,希望藉此留住美国企业，吸引外国企业。

　　著名经济学家托内尔森(Alan Tonelson)多年来一直鼓吹振兴美国制造业的贸易政策，赞扬特朗普政府是第一届明确将降低外贸赤字作为首要目标的政府。他说，太长的时间里，华盛顿都是无视或者拖延的立场，坐视美国工业基础被侵蚀。托内尔森相信，从政治层面提倡制造业本土化的潮流将很快遍布全球，企业的管理层会迅速领会。他认为，特朗普政府完全可能迅速取得一些进展——他指出，其实汽车生产大面积转向墨西哥，只是1994年北美自由贸易协定签署后才开始的。不过，正如通用汽车首席执行官巴拉(Mary Barra)上个月所指出的，大车厂往往需要投入很大一笔资金去建设，而且建设周期会长达数年，要企业下这样的决心并不容易。托内尔森也承认，收效可能不会有特朗普预期的那样快。"当你面对着一个如此巨大，而且又是累积了那么长时间的问题，想要迅速迎来转折点显然是不现实的。"

　　2016年当中，美国的商品贸易赤字是7 500亿美元。不过，在旅游业、金融服务业也和知识产权等服务领域，美国却享有可观的盈余。服务盈余2016年达到了2 478亿美元，使得总赤字降低到了5 020亿美元。美国服务业确实强大，但问题是，许多国家都不愿意将自己一些敏感的国内市场向华尔街等美国服务业开放。
（资料来源：金融界网站）

第二章
Chapter 2

外汇与外汇汇率

【学习目的与要求】

本章主要介绍外汇的相关知识。通过本章的学习,要求掌握外汇汇率的概念、汇率的标价方式、汇率的种类、汇率制度、汇率的决定、影响汇率变动的因素以及汇率变动的经济效应,了解人民币的历史演变及现实表现。

【案例导入1】

随着中国改革开放的不断深入,中国加入世界贸易组织后,经营国际贸易的企业越来越多,国际贸易结算业务不断扩大。如何进行结算风险的防范日益成为中国外贸企业面临的严峻课题。宁波金田消防器材有限公司总经理张跃强所在的公司主要为外企贴牌代工生产灭火器零部件,结算货币以美元及欧元为主。"在贸易结算上我们公司是吃过亏的。曾有一单生意,付款周期为2~3个月,以欧元结算。由于当时欧元的汇率波动较大,贬值明显,欧元对人民币的汇率从签订单时的1:8.1降到付款时的1:7.9。这一汇率差使公司损失了近10%的成本价,这笔生意的利润几乎全被汇率价差吃掉了。"张跃强说。

中国银行投资银行与资产管理部分析师丁孟表示,国际贸易结算中的常见风险包括政治风险、信用风险和货币风险。其中,货币风险即汇率风险是长期而广泛地影响国际贸易活动的风险因素。国际贸易结算中的货币风险将使外贸企业的经营损益产生不稳定性和不可捉摸性,进而影响其财务状况和经营成果。一国货币汇率变动主要受该国国际收支、通货膨胀、外汇供求平衡状况、经济发展、与他国政治经济关系、经济周期、经济政策和外汇政策等因素的影响。当被问及该公司采取何种对策来应对汇率风险时,张跃强回答,主要为约定汇率和研判汇率两种方法,其中研判汇率即对持有的外币升值与否作出判断,暂不换汇,但这种情况并不多。丁孟指出,应对货币风险的方法主要有进行套期保值交易、提前或推迟外汇收付、订立外汇保值条款以及利用保险制度等。(资料来源:国际商报)

【案例导入2】

2016年下半年,澳元兑美元汇价将大幅下滑,但短期看,汇价很难真正反转。近期铁矿石和钢材价格的疯狂飙涨令澳元多头倍受鼓舞,加上澳洲国内经济数据表现普遍积极,澳洲联储继续按兵不动,澳元多头意欲扩大战果。需要强调的是CPI并非新推宽松政策的绊脚石,经济增长前景仍旧是重要参考依据。若本周美联储政策会议后美元走软或美国一季度GDP表现不佳,澳元兑美元还是有可能冲击0.79~0.80区域。而德商银行资深技术分析师Axel Rudolph的观点则认为,只要0.7597不失守,澳元兑美元多头力量占优。近期,澳元兑美元创高点0.7836,距离2014年下跌以来形成的价格区间38.2%黄金分割位0.7850仅一步之遥,随后汇价下行调整。目前汇价已下破3月份高点位于0.7722,下方下一目标位为3月中旬的相对高点0.7680,下破之后,可能挑战此前2个多月形成的支撑线0.7656。若汇价成功下破上周创出的低点0.7697,多头总体压力可能会持续加大。(东方财富网)

第一节 外汇的内涵与作用

一、外汇的概念

外汇(Foreign Exchange),即国际汇兑,是国际经济活动得以进行的基本手段,是国际金融最基本的概念之一。我们可以从动态(Dynamic)和静态(Static)两个不同的角度理解外汇的含义。

动态的外汇是指把一国货币兑换为另一国货币以清偿国际间债权债务关系的实践活动或过程。从这个意义上说,外汇同于国际结算。

静态的外汇是指国际间为清偿债权债务关系而进行的汇兑活动所凭借的手段和工具。静态的外汇概念是从动态的汇兑行为中衍生出来并广为运用的,它有广义与狭义之分。各国外汇管理法令所称的外汇就是广义的外汇。如我国1996年1月29日颁布、并同年4月1日开始实施的《中华人民共和国外汇管理条例》第三条规定,外汇是指以外币表示的可以用做国际清偿的支付手段和资产,它们是:①外国货币,包括纸币、铸币;②外汇支付凭证,包括票据、银行存款凭证等;③外币有价证券,包括政府债券、公司债券、股票等;④特别提款权;⑤其他外汇资产。而狭义的外汇,也就是我们通常所说的外汇,它是指外国货币或以外国货币表示的能用于国际结算的支付手段。

照此推理,以外币表示的有价证券由于不能直接用于国际间支付,故不属于外汇;同样,外国钞票也不能算作外汇。外钞只有携带回发行国并贷记在银行账户上后,才能称作外汇。在这个意义上,只有存放在国外银行的外币资金,以及将对银行存款的索取权具体化了的外币票据,才构成外汇。具体来看,外汇主要指以外币表示的银行汇票、支票、银行存款等。其中银行存款是狭义外汇概念的主体,这不仅因为各种外币支付凭证都是对外币存款索取权具体化了的票据,还因为外汇交易主要是运用国外银行的外币存款来进行的。人们通常就是在这一狭义意义上使用外汇的概念。

二、外汇的基本特征

不是所有的外国货币都能成为外汇的。一种外币成为外汇有三个前提条件：第一，自由兑换性，即这种外币能自由地兑换成本币；第二，可接受性，即这种外币在国际经济交往中被各国普遍地接受和使用；第三，可偿性，即这种外币资产是能得到补偿的债权。这三个前提条件是外汇的三大特征，只有满足这三个条件或符合这三个特征的外币及其所表示的资产才是外汇。

三、外汇的作用

（一）促进国际间经济、贸易的发展

用外汇清偿国际间的债权债务，不仅能节省运送现金的费用，降低风险，缩短支付时间，加速资金周转，更重要的是运用这种信用工具，可以扩大国际间的信用交往，拓宽融资渠道，促进国际经贸的发展。

（二）调剂国际间资金余缺

世界经济发展不平衡导致资金配置不平衡。有的国家资金相对过剩，有的国家资金严重短缺，客观上存在着调剂资金余缺的必要。而外汇充当国际间的支付手段，通过国际信贷和投资途径，可以调剂资金余缺，促进各国经济的均衡发展。

（三）外汇是一个国家国际储备的重要组成部分，也是清偿国际债务的主要支付手段

外汇跟国家黄金储备一样，作为国家储备资产，一旦国际收支发生逆差时可以用来清偿债务。

【资料库】

自由外汇和记账外汇

目前，按照外汇在国际支付时所受到限制程度的不同可分为两大类：自由外汇和记账外汇。自由外汇就是不需要货币发行国外汇当局批准，可以自由兑换成其他国家货币，或者可以向第三国自由办理支付的外国货币及其支付手段，如美元、英镑、欧元、日元等，这些国家经济发达，国际储备充足，国内金融市场完善，基本上取消了外汇管制。记账外汇或称为"协定外汇"、"双边外汇"，是指两国政府在所签订的为双边贸易而开立的清算账户下使用的外汇。这种外汇，未经货币发行国外汇当局批准，不能兑换成其他国家货币，也不能对第三国进行支付，只能在特定的两国间使用，它是一种记账形式的国际债权，不能在国际市场上流通转让。严格地说，只有自由外汇才是真正意义上的外汇，记账外汇不是真正意义上的外汇。1996年底，我国的人民币成为一种在经常项目下可自由兑换的记账外汇，将来随着我国经济进一步发展会向自由外汇过渡。

(资料来源：韩玉珍.国际金融[M].)

第二节 外汇汇率

一、外汇汇率的概念

外汇汇率(Foreign Exchange Rate)又称为外汇汇价,是一个国家的货币折算成另一个国家货币的比率,即两种不同货币之间的折算比率。也就是说,在两国货币之间,用一国货币所表示的另一国货币的相对价格。

二、外汇汇率的标价方法

确定两种不同货币之间的比价,先要确定用哪个国家的货币作为标准,人们是以外国货币表示本国货币的价格,还是以本国货币表示外国货币的价格,这就涉及汇率的标价方法问题。目前,在国际上有三种标价方法:直接标价法(Direct Quotation)、间接标价法(Indirect Quotation)和美元标价法(US Dollar Quotation)。

(一)直接标价法

直接标价法是以一定单位(1个外币单位或100个、10 000个、100 000个外币单位)的外国货币作为标准,折算为一定数额的本国货币来表示其汇率。

在这一标价法下,外币的数量固定不变,折合本币的数量则随着外币币值和本币币值的变化而变化。外国货币好似"商品",称为单位货币。本国货币好似货币,称为计价货币,两者对比后的直接标价法,则表示银行买卖一定单位的外币应付或应收多少本币。在这种方式下,外汇汇率的涨落与本币标价额的增减是一致的,更准确地说,本币标价额的增减"直接"表现了外汇汇率的涨跌。

目前,世界上绝大多数国家都采用直接标价法。例如,我国2008年10月9日公布的外汇牌价中,每100美元价值人民币683.10元,这一标价方法就是直接标价法。

国际上绝大多数国家(除英国和美国外)都采取直接标价法。美国长期以来也一直采用直接标价法,但在第二次世界大战后,美元在国际支付和国际储备中逐渐取得统治地位,为了与国际外汇市场上对美元的标价一致,美国从1978年9月1日起,除对英镑继续使用直接标价法以外,对其他货币一律改用间接标价法公布汇价。

(二)间接标价法

间接标价法指用若干数量的外币表示一定单位的本币,或是以一定单位的本币为标准,折算成若干单位外币的一种汇率表示方法。

在这一方式下,本币好似"商品",作为单位货币,外币好似"货币",作为计价货币,两者对比后的汇率,表示银行买卖一定单位的本币应收或应付多少外汇。

在这种标价法下,本币的数量固定不变,折合成外币的数额则随着本币和外币币值的变动而变动;本国货币的数额固定不变,汇率的高低或涨跌都以相对的外国货币数额的变化来表示。此种关系正好与直接标价法下的情形相反。一定单位的本币折算出的外币增多,说明外币贬值,本币升值。

由于直接标价法下汇率涨跌的含义和间接标价法下汇率涨跌的含义正好相反。所以,在引用某种货币的汇率,说明其汇率涨跌时,必须明确来源于哪个外汇市场,即采用哪种标价法,以免混淆。

(三)美元标价法

直接标价法和间接标价法都是针对本国货币和外国货币之间的关系而言的。相对于某个国家或某个外汇市场而言,本币以外其他各种货币之间的比价则无法用直接或间接标价法来表示。事实上,第二次世界大战以后,特别是欧洲货币市场兴起以来,国际金融市场之间外汇交易量迅速增长,为便于国际间外汇业务交易,银行间的报价都以美元为标准来表示各国货币的价格,至今已成习惯。例如,从瑞士苏黎世向德国银行询问欧元的汇率,法兰克福经营外汇银行的报价,不是直接报瑞士法郎对欧元的汇率,而是报美元对欧元的汇率。这种非本币之间以一种国际上的主要货币或关键货币(Key Currency)作为汇价标准的标价方法被称为美元标价法。世界各金融中心的国际银行所公布的外汇牌价,都是以美元对其他主要货币的汇率。非美元货币之间的汇率则通过各自对美元的汇率套算,作为报价的基础。目前,各大国际金融中心已普遍使用。

【资料库】

人民币汇率查询(2017 年 4 月 21 日)

类别	最新价	涨跌幅
美元对人民币汇率	6.682 3	0.00%
英镑对人民币汇率	8.808 4	−0.07%
欧元对人民币汇率	7.374 7	0.02%
人民币对日元汇率	6.297 6	0.07%

(资料来源:金投外汇网)

三、外汇汇率的分类

汇率的种类很多,从不同角度,一般可将汇率进行如下分类:

(一)按银行业务操作情况

外汇汇率按银行业务操作情况不同,分为买入汇率(Buying Rate)和卖出汇率(Selling

Rate)。

外汇买卖一般均集中在商业银行等金融机构。它们买卖外汇的目的是为了追求利润,方法就是贱买贵卖,赚取买卖差价。商业银行等金融机构买进外汇时所依据的汇率叫做买入汇率,也称买价(Bid Price);卖出汇率时所依据的汇率叫做卖出汇率,也称卖价(Asked Price)。由此可见,买入、卖出是从银行的立场出发的。买入汇率、卖出汇率相差的幅度一般在0.1%~0.5%,各国不尽相同。两者之间的差额,即为商业银行买卖外汇的利润。

外国银行所公布的买入和卖出汇率有三大特点:第一,大银行所确定的买入和卖出汇率差价比较小,一般为0.2%~0.3%;小银行所规定的差价比较大,一般超过0.2%~0.3%。第二,发达国家的银行确定的买入与卖出差价小,发展中国家的银行一般差价大。第三,主要储备货币的买入与卖出差价小;非主要储备货币的差价则相对要大一些。

在外汇市场上挂牌的外汇牌价一般均列有买入汇率和卖出汇率。在直接标价法下,较低的价格为买入价,较高的价格为卖出价。例如,2008年10月10日,中国人民银行公布的外汇牌价 USD 100 = RMB (682.08 – 684.82),前者(682.08)是银行从客户手中买入100美元时向客户付出的人民币数额,后者(684.82)是银行卖出100美元时向客户收取的人民币数额,其差价为2.74元人民币。而在间接标价法下则相反,价格较低的是卖出价,价格较高的是买入价。例如,2008年10月10日,伦敦市场上英镑兑美元的汇率为 GBP 1 = USD (1.707 1—1.707 5),则前者(1.707 1)是银行收取英镑即卖出美元的价格,为卖出价,即卖出1.707 1美元向客户收取1英镑,后者(1.707 5)是银行付出英镑买入美元的价格,为买入价,即买入1.707 5美元付1英镑。

(二)按交易工具划分

外汇汇率按交易工具划分,可分为电汇汇率(Telegraphic Transfer Rate,T/T Rate)、信汇汇率(Mail Transfer Rate,M/T Rate)和票汇汇率(Demand Draft Rate,D/D Rate)。

1. 电汇汇率

以电报、电传等解付方式买卖外汇时所使用的汇率,即银行卖出外汇后,立即用电报、电传等方式通知国外分支行或代理行付款给收款人,此种情况下所使用的汇率称为电汇汇率。一般说来,电汇汇率较其他汇率高,这主要是因为银行卖出外汇后用电汇方式付款,使实际付款时间缩短,而且银行不能利用汇款资金,加之国际电报、电传收费较高,所以其汇率最高。为了避免汇率波动所带来的风险,现在进出口商一般在贸易合同中均规定交付货款时采用电汇方式,银行同业间的外汇或资金划拨,更是使用电汇方式。外汇市场所公布的汇率也多为电汇汇率。

2. 信汇汇率

以信函解付方式买卖外汇时所使用的汇率称为信汇汇率。在信汇方式下,汇出的外汇须在外汇凭证邮寄到国外后,对方银行才能在委托付款行的存款账户内支用,故委托汇出行可以在这段时间内利用客户的外汇资金。因此,信汇汇率一般低于电汇汇率。信汇方式通常在香港和东南亚地区用于邻近国家或地区之间的交易。

3. 票汇汇率

银行买卖外汇票据时所使用的汇率称为票汇汇率。由于票据从售出到付款也有一段间隔时间,票汇汇率自然也就比电汇汇率低。票汇汇率又可分为即期票汇汇率和远期票汇汇率。即期票汇汇率几乎与信汇汇率持平;远期票汇汇率是以即期票汇率为基础,扣除票据远期付款的贴现利息后所得出的汇率,且远期票据的付款期限越长,汇率越低。

(三)按交割时限划分

外汇汇率按交割时限划分,可分为即期汇率(Spot Exchange Rate)和远期汇率(Forward Exchange Rate)。

交割是指双方各自按照对方的要求,将卖出的货币解入对方指定的账户的处理过程。即期汇率又称现汇汇率,是指外汇买卖的双方在成交后的两个营业日内办理交割手续时所使用的汇率。远期汇率又称期汇汇率,是指外汇买卖的双方事先约定,据以在未来约定的期限办理交割时所使用的汇率。

银行一般都直接报出即期汇率,但对于远期汇率则有两种报价方法。一种方法叫做完整汇率(Outright Rate)报价方法,又称直接报价方法,是直接将各种不同交割期限的远期买入价、卖出价完整地表示出来。此种报价方法与即期汇率报价方法相同。

例如,某日伦敦外汇市场英镑兑美元的汇率为:

即期汇率	一个月远期汇率	三个月远期汇率	六个月远期汇率
1.620 5/15	1.623 5/50	1.626 5/95	1.634 5/90

这种方法通常用于银行对客户的报价上。在银行同业交易中,瑞士、日本等国也采用这种方法。该种方法一目了然,但也有其缺陷,如改动比较费事。因此,在银行同业间往往采用另一种方法,即远期差价报价方法。

远期差价报价方法,又称掉期率(Swap Rate)或点数汇率(Points Rate)报价方法,是指不直接公布远期汇率,而只报出即期汇率和各期的远期差价,然后再根据即期汇率和远期差价来计算远期汇率。某一时点上远期汇率与即期汇率的汇率差称为掉期率或远期价差,这种远期价差又可分为升水(Premium)和贴水(Discount)两种。升水表示远期汇率比即期汇率高,或期汇比现汇贵;贴水表示远期汇率比即期汇率低,或期汇比现汇贱。还有一种情况叫做平价(At Par),表示远期汇率与即期汇率相同。升贴水的幅度一般用点数来表示。

例如,某日伦敦外汇市场英镑兑美元的远期汇率为:

即期汇率	1.620 5/15
一个月掉期率	20/35
三个月掉期率	60/80
六个月掉期率	140/175

用远期差价或掉期率来表示远期汇率的方法简明扼要。虽然在即期汇率变动的同时,远

期汇率也进行着相应变动,但通常远期差价比较稳定,用远期差价或掉期率报价比直接报价方法要省事。

由于直接标价法和间接标价法的不同,升水和贴水的表示方法也不一样。现举例说明如下。

1. 在直接标价法下

(1)升水举例

瑞士市场,即期汇率:USD 1 = CHF 1.452 0/40,一个月远期汇率:USD 1 = CHF 1.456 0/90,说明美元的远期汇率高于即期汇率,美元升水,升水点数为 40/50。

(2)贴水举例

加拿大市场,即期汇率:USD 1 = CAD 1.041 0/20,三个月远期汇率:USD 1 = CAD 1.035 0/70,说明美元的远期汇率低于即期汇率,美元贴水,贴水点数为 60/50。

2. 在间接标价法下

(1)升水举例

纽约市场,即期汇率:USD 1 = CHF 2.117 0/80,一个月远期汇率:USD 1 = CHF 2.111 0/30,说明瑞士法郎的远期汇率高于即期汇率,瑞士法郎升水,升水点数为 60/50。

(2)贴水举例

伦敦市场,即期汇率:GBP 1 = USD 1.530 5/15,一个月远期汇率:GBP 1 = USD 1.532 5/50,说明美元的远期汇率低于即期汇率,美元贴水,贴水点数为 20/35。

通过以上举例可以看出,在不同的标价法下,根据即期汇率和远期差价计算远期汇率的方法不一样,可归纳为:

在直接标价法下

$$远期汇率 = 即期汇率 + 升水点数$$
$$远期汇率 = 即期汇率 - 贴水点数$$

在间接标价法下

$$远期汇率 = 即期汇率 - 升水点数$$
$$远期汇率 = 即期汇率 + 贴水点数$$

银行公布升贴水点数时,不必直接说明这是升水还是贴水。根据风险与收益的关系,外汇买卖成交后交割的期限越远风险越大,银行的兑换收益也就要求越高。因此,远期外汇的买卖差价总是大于即期外汇的买卖差价。根据这一原则,按照远期点数的排列关系,即可判断出这是升水还是贴水。在直接标价法下,远期点数按"小/大"排列则为升水,按"大/小"排列则为贴水;间接标价法下刚好相反,按"小/大"排列为贴水,按"大/小"排列则为升水。

例如,伦敦外汇市场,英镑兑美元的汇率则可公布为:

即期汇率	一个月远期差价	二个月远期差价	六个月远期差价
1.620 5/15	20/35	60/80	140/175

由于伦敦市场采用的是间接标价法,且英镑兑美元一个月的远期差价为 20/35,表示一个月远期美元贴水,于是伦敦外汇市场英镑对美元一个月的远期汇率为

        1.6205   1.6215
       +0.0020   +0.0035
       =1.6225   =1.6250

即 GBP 1 = USD 1.622 5/50。计算后我们可以发现,英镑兑美元即期的买卖差价为 10 点,而一个月远期的买卖差价则扩大为 15 点。

如果我们将上例中的伦敦外汇市场改为纽约外汇市场,其他条件均不变,这样,一个月的远期差价 20/35 表示一个月远期英镑升水,于是纽约外汇市场英镑兑美元一个月的远期汇率为

        1.6205   1.6215
       +0.0020   +0.0035
       =1.6225   =1.6250

即 GBP 1 = USD 1.622 5/50。虽然伦敦和纽约两个外汇市场英镑对美元汇率的标价方法不一样,但计算结果完全一致。于是,在根据即期汇率和远期差价计算远期汇率时,不论采用何种标价法,我们都可以归纳为:当远期点数按"小/大"排列时,远期汇率=即期汇率+远期变动点数;当远期点数按"大/小"排列时,远期汇率=即期汇率−远期变动点数。

(四)按汇率计算方法划分

按汇率计算方法划分,可分为基准汇率和套算汇率。由于外国货币种类繁多,而且各国货币制度不尽相同,因而在制订汇率时,本国货币不能对所有外国货币都单独制订汇率,而只能选择某一货币为关键货币,并制订出本币对关键货币的汇率,这一汇率就称为基本汇率(Basic Rate),它是确定本币与其他外币之间汇率的基础。作为关键货币,应具备以下特点:①在本国国际收支中使用最多;②在外汇储备中所占比重最大;③可以自由兑换,且为国际上普遍接受。目前,大多数国家都把美元当做关键货币,把本币对美元的汇率称为基本汇率。

实际上,在国际外汇市场上,几乎所有的货币都与美元有一个兑换率。正因如此,其他任何两种无直接兑换关系的货币都可以通过美元计算出它们之间的兑换比率,这种计算出来的汇率,被称作交叉汇率(Cross Rate)或套算汇率。简言之,交叉汇率是指两种货币通过各自对第三种货币的汇率而算得的汇率。这有两层含义:一是各国在制订基本汇率后,本币对其他外币的汇率就可通过基本汇率套算出来;二是由于世界外汇市场上主要是按美元标价法公布汇率的,美元以外的其他任何两种无直接兑换关系的货币必须通过其各自与美元的汇率进行套算。

那么,如何进行汇率的套算呢?交叉汇率的套算一般使用联算法(Chain Method)。其运算的关键在于必须界定两种货币的地位,即确定哪个货币是被报价货币,因为报价货币与被报价货币地位的不同,最后计算出来的汇率是完全不同的。只有明确了被报价的货币,才可能知

道套算出来的汇率所代表的意义。我们用例子来说明套算汇率的运算方式。

1. 两种货币对第三种货币均为直接标价法

已知：

$$USD\ 1 = CHF\ 1.458\ 0/90$$
$$USD\ 1 = CAD\ 1.732\ 0/30$$

求：CHF 1 = CAD ?

此例所求的是1瑞士法郎兑加拿大元的汇率，瑞士法郎是被报价货币，即需要利用已知的两个汇率套算出银行买卖此货币的价格。当报价银行从顾客手中买入瑞士法郎、付给顾客加拿大元时，实际上是该银行从顾客手里收进瑞士法郎后，在国际外汇市场上先将瑞士法郎兑换成美元，再将美元兑换成加拿大元付给顾客。即：报价银行买入瑞士法郎，卖出加拿大元。

(1)报价银行在市场上用1.459 0的价格买入瑞士法郎而卖出美元；

(2)报价银行在市场上用1.732 0的价格买入美元，卖出加拿大元。

即：CHF 1 = CAD 1.732 0 ÷ 1.459 0 = 1.187 1。

同理，可知报价银行卖出瑞士法郎，买入加拿大元。

(1)报价银行在市场上用1.733 0的价格买入加拿大元而卖出美元；

(2)报价银行在市场上用1.458 0的价格买入美元，卖出瑞士法郎。

即：CHF 1 = CAD 1.733 0 ÷ 1.458 0 =1.188 6；CHF 1 = CAD 1.187 1/86。

2. 两种货币对第三种货币，一为直接标价法，一为间接标价法

已知：

$$GBP\ 1 = USD\ 1.655\ 0/60$$
$$USD\ 1 = CAD\ 1.732\ 0/30$$

求：GBP 1 = CAD ?

此例所求的是1英镑兑加拿大元的汇率，英镑是被报价货币，即需要利用已知的两个汇率套算出银行买卖此货币的价格。当报价银行从顾客手中买入英镑、付给顾客加拿大元时，实际上是该银行从顾客手里收进英镑后，在国际外汇市场先将英镑兑换成美元，再将美元兑换成加拿大元付给顾客。即：报价银行买入英镑，卖出加拿大元。

(1)报价银行在市场上用1.655 0的价格买入英镑而卖出美元；

(2)报价银行在市场上用1.732 0的价格买入美元，卖出加拿大元。

即：GBP 1 = CAD 1.655 0 × 1.732 0 = 2.866 5。

同理，可知报价银行卖出英镑，买入加拿大元。

(1)报价银行在市场上用1.733 0的价格买入加拿大元，卖出美元；

(2)报价银行在市场上用1.656 0的价格买入美元，卖出英镑。

即：GBP 1 = CAD 1.733 0 × 1.656 0 = 2.869 8；GBP 1 = CAD 2.866 5/98。

3. 两种货币对第三种货币均为间接标价法

已知：

　　　　GBP 1 ＝ USD 1.655 0/60
　　　　AUD 1 ＝ USD 0.681 0/20

求：GBP 1 ＝ AUD ?

此例所求的是 1 英镑兑澳大利亚元的汇率，英镑是被报价货币，即需要利用已知的两个汇率套算出银行买卖此货币的价格。当报价银行从顾客手中买入英镑、付给顾客澳大利亚元时，实际上是该银行从顾客手里收进英镑后，在国际外汇市场先将英镑兑换成美元，再将美元兑换成澳大利亚元付给顾客。即：报价银行买入英镑，卖出澳大利亚元。

（1）报价银行在市场上用 1.655 0 的价格买入英镑而卖出美元；

（2）报价银行在市场上用 0.682 0 的价格买入美元，卖出澳大利亚元。

即：GBP 1 ＝ AUD 1.655 0 ÷ 0.682 0 ＝ 2.426 7。

同理，可知报价银行卖出英镑，买入澳大利亚元。

（1）报价银行在市场上用 0.681 0 的价格买入澳大利亚元而卖出美元；

（2）报价银行在市场上用 1.656 0 的价格买入美元卖出英镑。

即：GBP 1 ＝ AUD 1.656 0 ÷ 0.681 0 ＝ 2.431 7；GBP 1 ＝ AUD 2.430 2/17。

从上述运算过程，可以总结出如下运算规律：

第一，两种汇率的标价法相同，即其标价的被报价货币相同时，要将分号左右的相应数字交叉相除；

第二，两种汇率的标价法不同，即其标价的被报价货币不同时，要将分号左右的数字同边相乘。

（五）按外汇资金的用途划分

按外汇资金的用途划分，可分为贸易汇率和金融汇率。贸易汇率和金融汇率是多种汇率中的两种具体形式。贸易汇率（Commercial Rate）是指用于进出口贸易及其从属费用收支、结算的汇率；金融汇率（Financial Rate）是指用于国际资本流动和非贸易外汇收支、结算的汇率。将汇率分为贸易汇率和金融汇率，是为了将不同用途和性质的外汇区分开来，分别采用不同的汇率调控措施，从而达到鼓励出口，限制进口，控制国际资本流动，改善国际收支的目的。

（六）按交易对象划分

按交易对象划分，可分为同业汇率和商人汇率。同业汇率（Inter-Bank Rate）是银行同业之间进行外汇交易时所使用的汇率。由于银行同业间的外汇交易一般有最低交易金额的限制，故同业汇率又称为外汇的批发价。同业汇率的买卖差价一般较小。

商人汇率（Merchant Rate）是银行与顾客之间进行外汇交易时所使用的汇率，又称为外汇的零售价。商人汇率是根据同业汇率适当增（卖出价）、减（买入价）而形成的，故其买卖差价一般较大。

【资料库】

中国银行远期结售汇牌价

货币名称	货币代码	交易期限	买入价	卖出价	中间价	汇率日期
英镑	GBP	1周	877.154 6	889.282 3	883.218 45	2017-04-21
英镑	GBP	二十天	878.074 4	890.221	884.147 7	2017-04-21
英镑	GBP	一个月	878.597 4	891.029 2	884.813 3	2017-04-21
英镑	GBP	两个月	881.022 8	893.51	887.266 4	2017-04-21
英镑	GBP	三个月	883.465	895.985 8	889.725 4	2017-04-21
英镑	GBP	四个月	885.409 3	897.946 8	891.678 05	2017-04-21
英镑	GBP	五个月	887.608 9	900.159 8	893.884 35	2017-04-21
英镑	GBP	六个月	889.448 7	902.194 6	895.821 65	2017-04-21
英镑	GBP	七个月	891.367 5	904.322 3	897.844 9	2017-04-21
英镑	GBP	八个月	893.241 5	906.233 3	899.737 4	2017-04-21
英镑	GBP	九个月	895.171 7	908.294 9	901.733 3	2017-04-21
英镑	GBP	十个月	897.134 0	910.422 6	903.778 65	2017-04-21
英镑	GBP	十一个月	898.991 3	912.476 2	905.733 75	2017-04-21
英镑	GBP	十二个月	901.197 7	914.612 6	907.905 15	2017-04-21

注：每100外币兑换人民币。

（资料来源：中国银行.）

第三节 汇率的决定与调整

各国货币之间的比价（即汇率），从根本上讲是各种货币价值的体现。也就是说，货币具有的或代表的价值决定汇率水平的基础，汇率在这一基础上受其他各种因素的影响而变动，形成现实的汇率水平。而在不同的货币制度下，各种货币所具有的或者所代表的价值是不同的，即汇率具有不同的决定因素，并且影响汇率水平变动的因素也不相同。

一、金本位制下汇率的决定与变动

（一）金本位制概述

我们知道，金本位制（Gold Standrad System）是从19世纪初到20世纪初资本主义国家实行的货币制度。1816年，英国《金本位法》的颁布标志着金本位制最早在英国诞生。此后，德国及其他欧洲国家、美国等也陆续实行了金本位制。金本位制具体包括金铸币本位制、金块本位制和金汇兑本位制三种形式，其中金铸币本位制是典型的金本位制，后两种是削弱了的变形的金本位制。

典型的金本位制具有的基本特点是:各国货币均以黄金铸成,金铸币有一定的质量和成色,有法定的含金量;金币可以自由铸造、流动和输出入,有无限法偿能力;辅币与银行券可以按其票面价值自由兑换为金币。

(二)汇率的决定因素:铸币平价

在金币本位制下,决定两国货币汇率的基础是铸币平价(Mint Par)。所谓铸币平价是两国货币所含纯金量之比,而含金量为铸币的质量乘以其成色。例如,1英镑的质量曾是123.274 47格令(Grain,金衡制的一种计量单位,1克=15.432 32格令),成色为22开(Karat,24为纯金),折成纯金为113.001 6格令(123.274 47×22/24);1美元的质量曾是25.8格令,成色为90%,折成纯金为23.22格令(25.8×90/100)。根据两种货币所含纯金量对比计算,英镑和美元的铸币平价是4.866 5(113.001 6/23.22)。也就是说,1英镑的含金量是1美元含金量的4.866 5倍,或者说1英镑的含金量与4.866 5美元的含金量相同。因此,英镑与美元的基础汇率被定为:GBP 1=USD 4.866 5,这是建立在两国法定货币的含金量基础上的,一般是不会轻易改动的。

(三)汇率变动的因素:供求关系及黄金输送点

铸币平价是决定汇率的基础,但是汇率并不总是等于铸币平价,而是围绕着铸币平价上下波动。其中,影响汇率波动最直接的因素就是供求关系变化。正如商品价格取决于商品的价值,但受供求关系影响围绕价值上下波动一样,在外汇市场上,汇率也是以铸币平价为中心,在外汇供求关系的作用下上下浮动。当某种货币供不应求时,其汇价就会上涨,超过铸币平价;当某种货币供大于求时,其汇价就会下跌,低于铸币平价。在金本位制下,外汇供求关系变化的主要原因在于国际间债权债务关系的变化,尤其是由国际贸易引起的债权债务清偿。当一国出现加大贸易顺差时,外国对该国货币的需求旺盛,同时本国的外汇供给增加,导致本币汇率上涨;反之,则导致本币汇率下跌。

当然,金本位制下的汇率波动并非无限制的。无论上涨还是下跌都有一个界限——黄金输送点(Gold Points)。由于金本位制度下金币可以自由铸造并输入输出,使得黄金可以作为支付手段用于国际间的债务清偿。当外汇市场上的汇率上涨到一定程度时,本国债务人用本币购买外汇的成本会超过黄金直接输出国境用于支付的成本(主要为运输费等),从而引起黄金输出,引起黄金输出的这一汇率界限被称为"黄金输出点"。当外汇市场上的汇率下跌到一定程度时,本国拥有外汇债权者用外汇兑换本币所得会少于用外汇在国外购买黄金再运回国内所得,从而引起黄金输入,引起黄金输入的这一汇率界限为称为"黄金输入点"。黄金输出点和输入点构成了金本位制下汇率波动的上、下限。

例如,在铸币平价下决定的英镑与美元的基础汇率为GBP 1=USD 4.866 5,假如运送1英镑或4.866 5美元的黄金的费用(包括运输、保险、包装等费用)需要0.03美元,那么黄金输出

49

点为4.896 5(4.866 5+0.03)美元,黄金输入点为4.836 5(4.866 5-0.03)美元。也就是说,1英镑兑换到的美元,最多为4.896 5美元,最少为4.836 5美元。否则会引起黄金在两国间的输出输入,最终把汇率拉到这个水平上来。可用图2.1来说明这一例。

图2.1 金本位制下汇率的决定与波动

二、纸币本位制下汇率的决定和变动

(一)纸币本位制概述

金本位制崩溃后,各国相继实行了纸币流通制度(Paper Money System)。因纸币本身不再具有价值,故最初只能以代用货币的面目出现,国家以法令形式赋予它流通和支付职能。纸币流通制度经历了两个阶段:规定法定含金量时期,即纸币流通条件下的固定汇率制时期;1978年4月1日以后无法定含金量时期,即纸币流通条件下的浮动汇率制时期。

(二)固定汇率制下汇率决定因素:货币平价

这里所讨论的纸币流通条件下的固定汇率制时期汇率的决定基础,实质上就是布雷顿森林体系下决定汇率的基础。在布雷顿森林体系下,美元与黄金挂钩,其他国家货币与美元挂钩,各国货币不可直接兑换黄金,只能先按照固定汇率兑换美元,再以美元的黄金官价向美国兑换黄金。各国货币汇率的决定基础仍然是两国货币所代表的含金量之比,被称为"货币平价"。这与金本位制下各国货币所真实含有的含金量之比,即铸币平价是有本质区别的。此时的各国货币的含金量只是一种虚设的价值,是各国政府以法令形式规定的本国货币所代表的(而不是具有的)含金量。

这一时期,汇率也有一定的波动幅度。国际货币基金组织规定,成员国货币在外汇市场的汇率和金价的波动幅度,在法定比价即货币平价±1%的范围内,超过时各国政府有义务进行干预,以维持其货币汇率的稳定。

(三)浮动汇率制下汇率决定因素:货币购买力

随着20世纪70年代布雷顿森林体系的崩溃,西方主要工业国家放弃了固定汇率制,而实行浮动汇率制。1976年,国际货币基金组织推行"黄金非货币化"政策。1978年4月1日起,各国纸币均不再规定法定含金量。由于各国货币不再规定法定的含金量,确定各国货币之间的比价依据是其所代表的实际价值——各国货币的实际购买力,即纸币可实现的实际价值。这取决于流通中的货币量,若流通中的货币量超过实际需要量,则物价上涨,纸币对内贬值,其实际购买能力下降;若流通中的货币量少于实际需要量,则物价下跌,纸币对内升值,其实际购买力上升。

一个国家不同的物价状况反映了其货币对内价值的不同。在纸币制度下,两国货币之间的汇率取决于它们各自在国内所代表的实际价值,也就是说,货币对内价值决定对外价值。而货币的对内价值又是用其货币购买力来衡量的。因此,货币购买力就成为纸币制度下汇率决定的基础。

【资料库】

金本位制的崩溃

金本位制的蜕化及其最后崩溃是在第一次世界大战结束后,资本主义国家曾试图恢复金本位制。但在战后的形势下,要重新实行金币流通已不可能。这样,各国重新实行的只能是蜕化了的金本位制,如金块本位制或金汇兑本位制。在金块本位制下,虽然名义上仍以金币作为本位货币,但实际流通的只是纸币和银行券。银行券已不能直接兑换金币,而只能向中央银行兑换金块。例如,英国在1925年规定,在用银行券兑换黄金时,每次最低限度为400盎司的金块,约值1 700英镑。法国1928年规定的最低兑现额则为215 000法郎。这实际上是对兑换黄金实行限制。在金汇兑本位制下,同样只实行纸币和银行券流通,但银行券不能与黄金兑现,而只能兑换外汇。

1929～1933年,资本主义国家发生了有史以来最严重的经济危机,并引起了货币信用危机。货币信用危机从美国的证券市场价格猛跌开始,并迅速扩展到欧洲各国。奥地利、德国和英国都发生了银行挤兑风潮。大批银行因此破产倒闭。1931年7月,德国政府宣布停止偿付外债,实行严格的外汇管制,禁止黄金交易和黄金输出,这标志着德国的金汇兑本位制从此结束。欧洲大陆各国的银行大批倒闭,使各国在短短两个月内就从伦敦提走了将近半数的存款,英国的黄金大量外流。在这种情况下,1931年9月,英国不得不宣布英镑贬值,并被迫最终放弃了金本位制。一些以英镑为基础实行金汇兑本位制的国家,如印度、埃及、马来西亚等,也随之放弃了金汇兑本位制。其后,爱尔兰、挪威、瑞典、丹麦、芬兰、加拿大等国实行的各种金本位制都被放弃。

1933年春,严重的货币信用危机刮回美国,挤兑使大批银行破产。联邦储备银行的黄金储备一个月内减少了20%。美国政府被迫于3月6日宣布停止银行券兑现,4月19日又完全禁止银行和私人贮存黄金和输出黄金,5月政府将美元贬值41%,并授权联邦储备银行可以用国家债券担保发行通货。这样,美国实行金本位制的历史也到此结束。最后放弃金本位制的是法国、瑞士、意大利、荷兰、比利时等一些欧洲国家。它们直到1936年八九月份才先后宣布放弃金本位制。至此,金本位制终于成为资本主义货币制度的历史。

金本位制崩溃后,资本主义国家普遍实行了纸币流通的货币制度,各国货币虽然仍规定有含金量,但纸币并不能要求兑现。纸币流通制度的实施,为各国政府过度发行纸币、实行通货膨胀政策打开了方便之门。

(资料来源:互动百科网.)

第四节 汇率制度

汇率制度(Exchange Rate Regime or Exchange Rate System)又称汇率安排(Exchange Rate Arrangement),是指一国货币当局对本国汇率变动的基本方式所做的一系列安排或规定。汇率制度制约着汇率水平的变动。传统上,按照汇率变动的幅度,汇率制度被分为两大类型:固定汇率制和浮动汇率制。

一、固定汇率制度

固定汇率制度(Fixed Exchange Rate System)是指政府用行政或法律手段确定、公布、维持本国货币与某种参考物(黄金、某国货币和一篮子货币)之间固定比价的汇率制度。在固定汇率制度下,汇率浮动幅度不能超过规定界限的汇率。当汇率的波动幅度超过限度时,官方有义务出面加以干预和维持,因此,这种汇率制度具有相对稳定性。

(一)国际金本位制和布雷顿森林体系下的固定汇率制

从国际货币体系的演进来看,在世界范围内实行固定汇率制度的国际货币体系有两个:国际金本位体系和布雷顿森林体系。在这两种货币制度下,汇率决定于金平价(铸币平价和法定平价),各国货币之间的汇率依靠自身的调节机制或货币主管当局运用各种手段进行干预与控制,汇率在基本固定的或很小的幅度内波动。在国际金本位制度下,各国货币之间的固定汇率由各国货币的铸币平价决定;布雷顿森林体系下的固定汇率制也可以说是以美元为中心的固定汇率制,它是美元与黄金挂钩,其他货币与美元挂钩的"双挂钩"制度。

在黄金非货币化后的牙买加体系下,一些国家所采用的固定汇率制度与布雷顿森林体系下的固定汇率制度存在根本性区别:一是不再规定本国货币的含金量;二是规定本国货币与一外币或一篮子货币的固定比价。此外,从世界范围来看,在布雷顿森林体系下,所有国家货币之间的汇率都是两两固定的,而在现行的货币体系下,一国实行固定汇率制度则主要是将本国货币与某一关键货币(如美元等)实行固定比价,而该国货币与其他货币之间,以及关键货币与其他货币之间的汇率都是可能浮动的。

(二)固定汇率制度下的特例——货币局制

货币局制是指在法律中明确规定本国货币与某一外国可兑换货币保持固定的兑换比率,且本国货币的发行受制于该国外汇储备的一种汇率制度。由于这一制度中的货币当局被称为货币局,而不是中央银行,这一汇率制度就相应的被称为货币局制。最早货币局制产生于1859年的毛里求斯,最初实行该制度的是英、法等国的海外殖民地。第二次世界大战以后,随着殖民地的纷纷独立,除加勒比的多米尼加等六个海岛国家外,原来实行这种制度的国家均建立了自己的中央银行制度。但后来,特别是20世纪90年代,又有几个国家和地区建立了这种制度。第二次世界大战后实行货币局制度的国家和地区见表 2.1。

表 2.1 第二次世界大战后实行货币局制度的国家和地区

国家和地区	阿根廷	波黑	文莱	保加利亚	吉布提	爱沙尼亚	中国香港	立陶宛
实行的时间	1991 年	1996 年	1967 年	1996 年	1949 年	1991 年	1983 年	1993 年
盯住的货币	美元	德国马克（欧元）	新加坡元	德国马克（欧元）	美元	德国马克（欧元）	美元	美元

注:2002 年初,阿根廷宣布放弃货币局制度,改行经济比索化和浮动汇率制。

货币局制下的货币发行必须以一定的(通常为 100%)外汇储备为基础。此外,货币当局必须无条件地按照固定汇率接受市场对本国货币所盯住的外汇的买卖要求。货币局制作为高度规则化的金融制度,其管理与操作非常简便,运行规则可以为普通公众所监督,对于缺乏中央银行管理经验的小型开放经济有着很强的吸引力。我国香港地区实行的就是货币局制,即联系汇率制。

(三) 维持固定汇率的措施

1. 贴现政策

当本币汇率上涨,有超过波动上限趋势时,则该国可以降低再贴现率和再贷款率等基准利率,增加本币供应,抑制其汇率上涨;当本币汇率下降,出现低于波动下限时,则该国可进行反向操作。

2. 动用外汇储备

该国货币当局在本币汇率下跌超过波动下限时,就在市场上出售其外汇储备资金,收购本币,以平抑汇率下跌趋势;反之,则向外汇市场抛售本币,收购外汇,增加外汇储备,以降低本币汇率。

3. 外汇管制

一国外汇储备规模是有限的,一旦遇到本币汇率波动剧烈,又无力大量向市场上投放外汇时,就可以借助于直接限制外汇支出、举借外债等直接管理手段。

4. 货币的法定贬值与升值

当一国收支危机特别严重,以上手段仍不能减少对外汇的需求时,该国政府可实行货币法定贬值;反之,则可以法律的形式规定本币升值。

二、浮动汇率制度

浮动汇率制度(Floating Exchange Rate System)是一国货币与他国货币汇率不固定,由外汇市场的供求状况决定,自发涨落。政府不承担将汇率维持在极小波动幅度的义务。1973 年布雷顿森林体系崩溃后,各国纷纷放弃固定汇率制,实行浮动汇率制。目前,浮动汇率制已成为世界大多数国家,尤其是发达国家普遍实行的汇率制度。

（一）按政府是否对外汇市场进行干预分类

1. 自由浮动

自由浮动(Free Floating)又称清洁浮动(Clean Floating)，是指货币当局不采取任何干预措施，任其随外汇市场供求变化而波动。但是，这是纯理论上的划分。在实践中，各国政府为了本国的经济利益，在其本币汇率波动幅度过大，可能危及其经济正常发展时，往往会直接或间接地干预外汇市场，以稳定其本币汇率，而没有任何一个国家能让其货币汇率完全听任市场决定。

2. 管理浮动

管理浮动(Managed Floating)又称肮脏浮动(Dirty Floating)。当本币汇率波动影响本国经济发展时，政府会采取各种措施加以干预，使其汇率水平有利于本国经济的稳定发展，这就是管理浮动汇率制。需要说明的是，管理浮动汇率制与布雷顿森林体系下的可调整盯住汇率制有本质的区别，相比之下，管理浮动汇率制下汇率的变动更有弹性。

（二）按浮动方式分类

1. 单独浮动

单独浮动(Independent Floating)指一国货币不与其他任何国家货币发生固定联系，其汇率根据外汇市场的供求变化自行调整。如美国、英国、日本、加拿大、澳大利亚、西班牙等发达国家及少数发展中国家都实行单独浮动。单独浮动可以较好地反映一国的外汇供求状况及货币管理的变化。

2. 联合浮动

联合浮动(Joint Floating)又称共同浮动或集体浮动，是介于固定汇率制和浮动汇率制之间的一种汇率制度。它是指国家集团成员国约定中心汇率，各成员国货币汇率围绕中心汇率在很小的幅度内浮动，即实行固定汇率制，同时对非成员国货币实行共升或共降的浮动汇率。例如，从1999年1月1日欧元正式启动到2002年2月28日期间，欧元区国家原有货币与欧元同在，其彼此间保持固定汇率制，但与其他货币则实行浮动汇率。

（三）按汇率调整幅度分类

1. 盯住浮动

大多数国家采用盯住浮动(Pegged Floating)的汇率制度。根据盯住目标可分为盯住单一货币浮动和盯住一篮子货币浮动。

(1)盯住单一货币浮动

盯住单一货币浮动是指将本国货币与某一外国货币挂钩。一些国家由于历史、地理等因素，其对外贸易、金融往来主要集中于某一发达国家，或主要使用某一外国货币。为了稳定这种贸易、金融管理模式，免受相互间货币汇率频繁变动的不利影响，这些国家通常使用本国货币盯住该发达国家货币。

(2)盯住一篮子货币浮动

盯住一篮子货币主要是盯住特别提款权,或者按照本国同主要贸易伙伴国的贸易币种选择和设计的一篮子货币。这种做法使得汇率不受一国操纵,同时,由于组成一篮子的货币汇率有升有降,可以互相抵消,使得盯住国家货币汇率波动幅度减缓,从而减少汇率波动带来的风险,如泰国实行盯住一篮子货币(其中美元占80%)的汇率制度,波动幅度为3%。

2. 弹性浮动

弹性浮动(Elastic Floating)根据浮动弹性限度可分为两类:

(1)有限弹性浮动

有限弹性浮动又称有限灵活利率,指一国货币的汇率以一种货币或一组货币为中心而上、下浮动。它不同于前面所介绍的盯住单一货币浮动汇率,该汇率制度一般不存在汇价波动的幅度问题,即使有波动,其幅度也非常小,不超过1%。盯住一组货币浮动是指由某些国家组成集团,在集团内部各成员国之间实行固定汇率并规定波动幅度,对其他国家货币汇率则实行联合浮动的一种汇率制度。

(2)较大弹性浮动

较大弹性浮动又称灵活的汇率,指一国货币的汇率不受波动幅度的限制,在独立自主的原则下对汇率进行调整。它包括单独浮动汇率制度以及按一组指标调整的汇率制度。后者是指根据国际收支、通货膨胀、贸易条件、外汇储备水平等因素设立一套指标,并根据这套指标的动态变化,及时调整货币的汇率水平。

【资料库】

表1 选择固定汇率制度和浮动汇率制度国家的不同特点

项目	选择固定汇率制的国家	选择浮动汇率制的国家
经济规模	小	大
对外贸易依存度	高	低
贸易伙伴国的集中程度	较为集中	较为分散
控制通货膨胀的意图	与低通胀国家结成货币同盟	防止从外部输入通胀、自主选择本国通胀率

(资料来源:金融时报,2005-12-25.)

第五节　汇率变动的影响因素及对经济的影响

一、汇率变动的影响因素

（一）国际收支状况

当一国的国际收支出现顺差时，就会增加该国的外汇供给和外国对该国货币的需求，进而引起外汇的汇率下降或顺差国货币汇率的上升；反之，当一国国际收支出现逆差时，就会增加该国的外汇需求和本国货币的供给，进而导致外汇汇率的上升或逆差国货币汇率的下跌。在国际收支这一影响因素中，经常性收支尤其是贸易收支，对外汇汇率起着决定性的作用。

（二）物价水平和通货膨胀

通货膨胀是影响汇率变动的一个长期、主要而又有规律性的因素。通货膨胀可以通过以下三个方面对汇率产生影响：

1. 商品和服务贸易

一国发生通货膨胀，该国出口商品、服务的国内成本就会提高，进而必然影响其国际价格，削弱该国商品和服务在国际市场的竞争力，影响出口外汇收入。同时，在汇率不变的情况下，该国的进口成本会相对下降，并且能够按已上涨的国内物价出售，由此便使进口利润增加，进而会刺激进口，外汇支出增加。这样，该国的商品、劳务收支会恶化，由此也扩大外汇市场供求的缺口，推动外币汇率上升或本币汇率下降。

2. 国际资本流动

一国发生通货膨胀，必然使该国的实际利率降低，投资者为追求较高的利率，就会把资本移向海外，这样，又会导致资本项目收支恶化。资本的过多外流，导致外汇市场外汇供不应求，外汇汇率上升或本币汇率下跌。

3. 人们的心理预期

一国通货膨胀不断加重，会影响人们对该国货币汇率走势的心理预期，继而产生有汇惜售、物价而沽与无汇抢购的现象，其结果会刺激外汇汇率的上升，本币汇率的下跌。

（三）利率差异

一国利率水平的高低，是反映借贷资本供求状况的主要标志，即汇率的预期变动。一国利率水平相对提高，会吸引外国资本流入该国，从而增加对该国货币的需求，该国货币汇率就趋于上浮。反之，一国的利率水平相对降低，会直接引起国内短期资本流出，从而减少对该国货币的需求，该国货币汇率就会下浮。

但是，利率政策对汇率影响程度还必须看一国通货膨胀的状况。通货膨胀一般可分为三种形式：

①在温和的通货膨胀下,实际利率的上升或下降都会起到吸收或排斥短期资本的作用,从而导致该国货币汇率的上浮与下浮。利率和本国货币汇率呈正相关的关系,利率提高,其货币汇率就上浮;反之,利率降低,汇率就下浮。人们往往通过国际间短期资本的转移来牟取高额利润。

②在严重的通货膨胀下,国际短期资本流动的主要动机在于保值。高利率不再表示较高的利息收入;相反,则表示较高的通货膨胀率。利率与本国货币汇率呈负相关的关系。利率一旦提高,其货币汇率就下浮;反之,利率一旦降低,其货币汇率就上浮。

③在恶性通货膨胀下,利率再高也会失去吸引外资的魅力,此时利率与本国货币汇率明显呈负相关关系。

(四)经济增长的差异

在其他条件不变的情况下,一国经济增长率相对较高,其国民收入增加相对也会较快,这样会使该国增加对外国商品劳务的需求,结果会使该国对外汇的需求相对于其可得到的外汇供给来说趋于增加,该国货币汇率下跌。但要注意以下两种特殊情况:

①对于出口导向型国家,经济增长主要是由出口增长推动的,经济较快增长伴随着出口的高速增长,此时出口增加往往超过进口增加,这样会出现本国货币汇率不跌反而上升的现象。

②如果国内外投资者把该国较高的经济增长率视作经济前景看好、资本收益率提高的反映,则会导致外国对本国投资的增加,如果流入的资本能够抵消经常项目的赤字,该国的货币汇率也可能不跌反升。

(五)中央银行干预

在开放的市场经济下,中央银行介入外汇市场直接进行货币买卖,对汇率的影响是最直接的,其效果也是极明显的。

通常中央银行干预外汇市场的措施有四种:
①直接在市场上买卖外汇;
②调整国内财政、货币等政策;
③在国际范围公开发表导向性言论以影响市场心理;
④与国际金融组织和有关国家配合或联合,进行直接或间接干预。

(六)预期因素

按照阿夫达里昂的汇兑心理学,一国货币之所以有人要,是因为它有价值,而其价值大小就是人们对其边际效用所作的主观评价。主观评价与心理预期实际上是同一个问题。心理预期对货币汇率的影响极大,甚至已成为外汇市场汇率变动的一个关键因素,只要人们对某种货币的心理预期一变化,转瞬之间就可能会诱发大规模的资金运动。

影响外汇市场交易者心理预期变化的因素很多,主要有一国的经济增长率、国际收支、利率、财政政策、政治局势等。

二、汇率变动对经济的影响

汇率变动会引起货币升值或贬值的变化,不同的变化对经济的影响是不同的。

(一)一国货币贬值对经济的影响

1. 贬值对国际资本流动的影响

(1)贬值对长期国际资本流动的影响

一般情况下,贬值会鼓励长期资本流入。因为一国汇率下调,使得同样的国外投资可购得比以前更多的生产资料和服务,从而有利于吸引外商到该国进行投资和追加投资。不过,在既定利润率的条件下,一国货币汇率下跌也使得外商汇回母国的利润减少,因而也可能出现不愿追加投资或抽回资本的情况。因此,一国货币汇率下跌能否真正达到吸引外资的目的,还取决于对外商在汇率下跌前后获利大小的比较,以及贬值后经济状况恶化、货币发生危机的可能性等因素的影响。

(2)贬值对短期资本流动的影响

一般来说,贬值会导致短期资本外逃。短期资本逐利性强,流动性大,尤其游资,极具投机性。因此,一旦贬值使金融资产的相对价值降低,短期资本就会抽逃。同时,贬值还会造成一种通货膨胀预期,影响实际利率水平,诱发投机性资本外逃。

2. 贬值对国内物价的影响

①从进口来看,贬值导致进口商品价格上升,若进口的多是原材料、中间产品,而且这些物品弹性小,必然导致进口成本的提高,由此引发成本推进型通货膨胀。

②从出口来看,贬值会刺激出口,但若贬值的前提是国内经济状况不好,则在短期内会加剧国内市场的供求矛盾,甚至引起出口商品国内价格的高涨,由此也会影响其他相关产品的物价上涨。

③从货币发行量来看,如果贬值增加了出口,改善了贸易收支,通常也会导致该国外汇储备的增加,中央银行同时必须投放相同价值的本币,在没有有效的对冲操作的条件下,必然会增大该国通货膨胀的压力。因此,一国如果要想使贬值发生正效应,必须采取相应的货币政策予以搭配。

3. 贬值对国内利率水平的影响

①贬值会扩大货币供应量,促使利率水平下降。因为贬值会鼓励出口,增加外汇收入,增加本币投放;同时,会限制进口,外汇支出减少,货币回笼也会减少。

②贬值会使居民手持现金的实际价值下降,导致全社会储蓄水平下降,因此只有增加现金持有额,才能维持原先的实际需要水平,同时,也会促使居民把某些金融资产转换成现金,导致金融资产价格的下降,这样,国内利率水平又会趋于上升。因此,利率下跌究竟是提高还是降低一国的利率,要视各国的具体情况而定。但一般来说,汇率下跌随之而来的多是利率上升。

4. 贬值对产业结构与就业水平的影响

①贬值会增加出口行业的利润,由此会促进资金等生产要素从非出口厂商和部门转向出口厂商和部门,推动出口行业的发展,同时,也会"牵引"其他相关行业趋于繁荣,增加就业。

②贬值会使一部分需求由进口商品转向国内产品,进口替代行业也因此获得发展的机会,就业机会也会进一步被创造出来。

③贬值能够吸引更多的外国投资,改变投资结构,同样会提供更多的就业机会。

不过,贬值能否产生这种就业效应,还必须具备一个条件,即工资基本不变或变动幅度要小于汇率变动的幅度。

5. 贬值对国民收入的影响

贬值会对国民收入产生积极影响,导致国民收入的增加,但前提条件是,贬值能够改善国际收支状况。

6. 贬值对国际经济关系的影响

从国际角度来看,汇率的变动是双向的,本国货币贬值或本国货币汇率下调,就意味着他国货币升值或外汇汇率上升,因而会导致他国国际收支的恶化,经济增长缓慢,从而招致其他国家的不满、抵制甚至报复,掀起货币竞相贬值的风潮或加强贸易保护主义,其结果将会导致国际经贸关系的恶化。因此,一国货币在贬值前,还必须权衡贬值后可能带来的方方面面的影响,最后作出抉择。

(二)一国货币升值的影响

1. 对贸易的影响

本币汇率的升值不利于出口商,但却有利于进口商,因为两者的成本变化正好相反。就国家整体讲,外汇储备充裕、外汇持续呈显著增长态势时,如目前我国的情况,本币汇率的升值显然有利于进出口贸易的平衡发展。此时,本币汇率的升值对经济的不利影响也较小。

2. 对产业结构的影响

一般而言,本币汇率的升值对低层次产品出口商的影响更大,因为正是这部分企业更大程度上依赖于价格竞争,对高端产品出口商的影响则小得多。因而对于快速发展国家说来,汇率的升值也是促使本国的经济结构向良性方向转变的重要因素。

3. 汇率变化对资本流动的影响

对于本币汇率升值国家,往往资本流入量会减少。因为如果外商投入的资本是现汇,当兑换为被投资国货币时所得资金将相应减少,需要的总投资额会因此增加。与之正好相反,本币汇率升值国家到其他国家投资时,被投资国同样的实物生产规模,所需要投入的以投资国货币计算的资本额将可以相应减少。由此,资本流出的意愿相应增大。

4. 汇率变化对外汇资产和外汇负债的影响

如果本币汇率升值,国家各类社会主体所握有的外汇资产就是要在国外运用的,直接地讲,汇率的升值对此就并无影响。因为汇率的升值并不是影响外国货币购买力的因素。这些外汇资产,在其所在国或别国,不管是用于实体性的直接投资、金融投资,还是用于消费,仍然具有和以前一样的购买力。但是,如果企业、个人等主体将外汇汇回国内卖给中央银行,或者卖给本国的银行换得本币资金,其所能换得的本币资金额就将相应减少。

【资料库】

广场协议的梦魇

1985年9月22日,美国财长及中央银行行长会同英、法、德(前西德)、日四国财长和央行行长达成了"广场协议"。此协议一经签订,日元在3个月内就从1美元兑240日元上升到1美元兑200日元,到1988年甚至戏剧性地攀升至1美元兑120日元的高位。

为了抵消日元升值对本国出口贸易的负面效应,日本政府从1987年2月到1989年5月一直实行2.5%的超低利率。在超低利率刺激下,日本国内泡沫空前膨胀。日经平均股价在4年中上涨了2倍。

1989年末最后一天,日本市场交易创下接近4万日元的历史最高股价,人们认为"明年股价可望达到5万日元"。然而以这一天为转折点,1990年市场交易的第一天,股价就落入了地狱。

再来看看日本的房地产热。自1985年起,日本六大城市土地价格每年以两位数上升,1987年住宅用地价格竟上升了30.7%,商业用地更跳升了46.8%。土地价格的急剧上升造成土地担保价值上升,土地所有者能借此从金融机构借到更多的钱,并以此本金再去购买别的土地。然而,到了1997年,住宅用地价格比最高价时已下降了52%,商业用地更是下降了74%。泡沫的崩溃造成土地交易几乎无法成交,而金融机构则被坏账紧紧包裹无法动弹。

日元升值使得海外企业和土地等资产价格以及金融资产相对比较便宜,于是日本企业和投资家意气风发地大量接收已开始出现泡沫破灭征兆的美国国内资产。美国则借由美元贬值等因素成功转移了泡沫破裂成本和外债负担,充分利用这个缓冲期发展以信息产业为龙头的新经济。

20世纪90年代,日元再演币值上升风云,1995年一度达到1美元兑换80日元,此番升值对制造业产生了实实在在的影响。企业通过加强管理提高生产率的余地几乎全部消失,日元升值已经达到了日本经济无法承受的水平。随后,在美国的干预下,日元开始贬值并引发了"抛售日本"狂潮,日本经济的增长潜力笼罩在阴影中。泡沫破裂后,由于日元贬值造成日本银行资本充足率下降,再加上日本金融体系中固有的信息不透明等问题,使银行体系受到市场的严厉惩罚,一些大银行纷纷破产或重组。自此,日本从"十年衰退"状态进入"退休日本"状态。

(资料来源:环球外汇网)

第六节 人民币汇率改革

人民币是中国的法定货币,人民币汇率是指人民币对外币的比价。人民币汇率采用直接标价法,多数情况下以100单位外币为标准折合人民币。现行的人民币汇率是以人民币对美元的汇率为基准汇率。人民币与其他货币之间的汇率通过各自与美元的汇率套算而来。人民币每天通过中国银行挂牌公布,具体分为买入价、卖出价和中间价。买卖价差约为0.5%。目前人民币汇率挂牌的货币都是可自由兑换的货币。表2.3为中国银行公布的2017年4月21

日人民币外汇牌价(单位:每100外币兑换的人民币数额)。

表2.3 中国银行公布的人民币外汇牌价(日期:2017年4月21日)

货币名称	现汇买入价	现钞买入价	现汇卖出价	现钞卖出价	中行折算价
英镑	877.94	850.6	884.1	884.1	882.25
港币	88.38	87.67	88.72	88.72	88.52
美元	687.45	681.81	690.21	690.21	688.23
瑞士法郎	687.7	666.48	692.54	692.54	689.94
新加坡元	491.31	476.16	494.76	494.76	492.71
瑞典克朗	76.17	73.82	76.79	76.79	76.68
丹麦克朗	98.7	95.66	99.5	99.5	99.29
挪威克朗	79.39	76.94	80.03	80.03	79.92
日元	6.291	6.095	6.335 1	6.335 1	6.300 7
加拿大元	509.17	493.06	512.74	513	511.51
澳大利亚元	517.07	500.97	520.7	520.7	518.15
欧元	734.8	711.91	739.96	739.96	738.21
澳门元	85.98	83.09	86.3	89.07	86.04
菲律宾比索	13.77	13.35	13.89	14.53	13.81
泰国铢	19.95	19.33	20.11	20.73	19.99
新西兰元	481.28	466.44	484.66	490.6	481.68
韩国元	0.604 1	0.582 8	0.608 9	0.631 1	0.605
卢布	12.19	11.44	12.29	12.75	12.27

一、人民币汇率的历史演变

从1948年中国人民银行成立并发行人民币至今,人民币汇率经历了大致五个时期的历史演变过程。

(一)国民经济恢复时期(1949~1952年)

这是我国汇率制度的过渡时期。1949年初至同年10月,中国人民银行相继在华北、华东、华南等地区制订并公布人民币对外币的比价。当时的汇率是由各地区的人民银行分别制订的,存在地区差异。直至1950年7月,国民经济总体状况没有大的好转,国家外汇资金较为短缺,人民币汇率遵循"奖出限入,照顾侨汇"的基本原则。1950年中期,国民经济有了较大改善,于 1950 年 7 月 8 日取消了在天津、上海、广州分别挂牌公布人民币汇率的做法,在全国实行统一的人民币汇率。此后,随着经济的恢复与发展,人民币不断贬值状况得以遏制,在主要资本主义国家通货膨胀率不断上涨的趋势下,人民币汇率进行了相应的上调。

(二)计划经济时期(1953～1978 年)

在此期间,国民经济进入社会主义建设阶段,有较强的计划性,生产、流通过程由国家直接管理。另外,1973 年以前资本主义各国按照布雷顿森林协议的规定,实行固定汇率制,保持汇率稳定。基于以上原因,国家不再利用汇率的变动对进出口贸易进行调节。同时,人民币被动变动的压力也不大。

1973 年布雷顿森林体系崩溃后,西方国家实行浮动汇率制。因此,人民币汇率的定值方法也作了相应改革,采用了盯住"一篮子货币"浮动的形式,所选货币都是对外贸易中经常使用的货币,如美元、英镑等。

(三)改革开放时期(1978～1993 年)

1978 年,我国开始实行对外贸易经营权下放的外贸体制改革。为了鼓励出口,抑制进口,就必须降低人民币汇率。然而,以日常消费品、劳务来衡量,人民币具有较大的购买力,使得非贸易汇率存在上调压力。为解决这一矛盾,从 1981 年 1 月 1 日起,人民币实施双重汇率制,即公布的牌价用于非贸易项目结算,而贸易外汇内部结算价用于进出口贸易的结算。

20 世纪 80 年代上半期,由于物价水平逐渐上升,而同期美元日益坚挺,人民币高估现象严重,对中国对外经济贸易产生了阻碍。在此条件下,我国于 1985 年 1 月 1 日起正式取消了贸易外汇内部结算价,实行单一汇率。并且,基于国内通货膨胀压力,人民币汇率不断下调。

(四)1994 年汇率改革时期(1994～2005 年)

1994 年 1 月 1 日,我国宣布进行外汇体制改革,人民币官方汇率与市场汇率并轨。以 1993 年底的外汇公开市场汇率 1 美元折合人民币 8.7 元作为人民币市场汇率,并实行以市场供求为基础的、单一的、有管理的浮动汇率制度。"有管理"主要是通过银行结售汇制度及外汇周转头寸管理制度体现,当然,进出口核销制度的推出也是一项重要内容。1994 年的改革是对外汇管理体制的一次根本性变革,我国建立了银行间外汇市场,它稳定运行,保障了银行结售汇体制的有效运行。1996 年对外汇体制改革继续深化,企业感触最深的一点就是可以不经过计划审批,只要凭着有效证件,就可以到外汇指定银行购买外汇。1996 年 11 月 27 日,中国人民银行正式致函国际货币基金组织,宣布自 1996 年 12 月 1 日起实行人民币经常项目可兑换,人民币汇率形成进一步迈向市场化。1997 年亚洲金融危机爆发,中国政府审时度势,承担了人民币币值稳定的责任,受到了国际上的一致好评,但自身的经济发展也受到了一定影响,外汇市场也不例外。应该说,人民币汇率的"浮动"主要是体现在 1994 年到 1997 年这一时期,1997 年后,则是"稳定"地盯住美元。因此,尽管汇率政策服从货币政策的总体需要,但汇率政策的倒逼作用越来越大,货币政策的独立性越来越弱。特别是随着人民币汇率对外汇资源的配置主要从贸易领域扩大到贸易与资本流动并存的时候,外汇管理的难度和潜在的汇率风险也越来越大。

(五)2005年汇率改革时期(2005年至今)

由于中国经济持续高速增长,对外开放度提高,以及人民币升值预期强化等导致外汇储备快速增加,外汇占款不断提高,中央银行不得不大规模发行票据对冲,提高了宏观经济调控成本,使得盯住美元的汇率制度的成本上升。经济增长、固定资产投资、进出口等保持高速态势,物价涨幅等则持续下滑,为汇率机制改革提供了稳定的经济环境。而美元持续反弹,欧元和日元回软也为改变盯住美元汇率制度创造了良机。加之2002年以来,人民币升值的压力不断加大,这些都促成了中国对原有的汇率制度进行改革。

2005年7月21日,中国对汇率进行了进一步调整,不在以盯住美元为主,而是实行了以市场供求为基础、参考一篮子货币进行调节、有管理的浮动汇率制度。预计在未来的几年,随着入世后金融市场的全面开放,我国的汇率制度将会进一步深化,宏观监管的力度会加强,市场对外汇需求的调节作用越来越大,人民币汇率的浮动的幅度会加大。人民币汇率不再盯住单一美元,而是按照我国对外经济发展的实际情况,选择若干种主要货币,赋予相应的权重,组成一个货币篮子。同时,根据国内外经济金融形势,以市场供求为基础,参考一篮子货币计算人民币多边汇率指数的变化,对人民币汇率进行管理和调节,维护人民币汇率在合理均衡水平上的基本稳定。

二、人民币汇率的新问题:人民币升值

(一)人民币升值的背景

自2002年以来,国际社会,特别是美、日、欧盟成员国等,出于政治的、经济的目的,极力敦促人民币升值,有的国家还派官员到中国游说人民币升值,有的甚至试图利用会议通过议案的形式向中国施压。在这种态势下,人民币继亚洲金融危机之后又遇到了一次更大的压力,人民币汇率的走向再次成为世界关注的焦点。从实际国情来看,随着中国经济的快速增长,出口和外汇储备大幅增加,人民生活显著改善,外资大量涌入,对人民币需求较以前明显上升,购买力也大大提高,因此,人民币在长期内的确存在升值的压力。

(二)人民币升值的阶段

自2005年7月21日人民币汇率改革以来,人民币汇率的走势基本上是在不断升值的。通过详细考察,可以将这个升值过程大致分为三个阶段:

1. 第一阶段是平稳升值阶段(2005年7月21日~2006年5月15日)

2005年7月21日,中国人民银行改进人民币汇率形成机制,延续了2005年7月以来人民币汇率波动性不断扩大的发展态势。汇改初期,每月各日人民币对美元汇率中间价波动的标准差基本在0.30以下。2005年7~12月,仅有8月份该值大于0.30,7月和11月份均在0.20

以下。而进入2006年以来,随着汇率中间价确定方式的调整,人民币汇率波幅明显扩大。3月份各日人民币对美元汇率中间价波动的标准差达到0.96,4、5月份维持在0.50以上。因此,如果说人民币汇率2006年5月15日破"8"可以理解为人民币汇率波动区间正在逐渐加大的信号更为准确。

2. 第二阶段是人民币汇率振荡调整阶段(2006年5月15日~2006年7月19日)

在1∶8左右人民币汇率进行一段时间的振荡调整是在情理之中的。不过,由于我国国际收支顺差的扩大,美元的贬值,人民币升值的方向不会改变,因此经过一段时间的振荡之后,人民币兑美元汇率于2006年7月19日再次破"8"后,真正进入"7"的轨道,并开始加速升值。

3. 第三阶段是人民币加速升值阶段(2006年7月19日至今)

人民币真正进入"6"的轨道,开始加速升值。人民币汇率破"8"后,并没有减轻人民币汇率未来继续升值的预期,反而加快了升值速度。主要原因是由于出口增速远高于进口,我国贸易顺差继续扩大。中国2006年6月底,外汇储备已经达到9 411亿美元,2006年10月份我国贸易顺差再创历史新高。2006年10月份单月贸易顺差突破200亿美元,同时也是历史上单月顺差规模首次突破200亿美元。1~10月份累计顺差规模达到1 336亿美元,是2005年全年的1.3倍。截止2009年6月末,国家外汇储备余额为21 316亿美元,同比增长17.84%。2009年6月末,人民币汇率为1美元兑6.831 9元人民币。因此,我们认为高额贸易顺差的持续是导致人民币升值加速的主要原因。

(三)人民币升值的经济分析

1. 人民币汇率制度改革成本

由于人民币改革后有一定的升值,面临的成本大概有以下几点:一是可能减少外部需求和出口,并影响到实现短期的经济增长目标;二是可能增加国外直接投资成本,不利于吸引外商直接投资;三是可能造成结构性调整所带来的短期失业问题。

2. 人民币汇率制度改革收益的考察

汇率改革的收益是多方面的。第一,将汇率调整到与实际均衡汇率运动趋势保持一致的水平上,同时也意味着得到了与国际经济资源配置效率最优的汇率价格。它有利于各个产业的平衡发展,有利于长期的资源配置和经济增长。第二,汇率积极调整,把汇率调整的主动权交到了货币管理当局手中,同时也留给货币当局一定的政策调整空间,有利于宏观经济稳定。第三,汇率改革提升了人民币购买力,有助于提高人民生活福利水平。同时汇率升值带来的收入增加更利于农民和城市的第三产业从业人员。第四,汇率改革等于向市场宣布,中国货币当局是以国际收支平衡而不是以狭隘的贸易顺差为政策目标的。

第二章 外汇与外汇汇率

【资料库】

全球贸易保护愈演愈烈,逼人民币升值意欲何为?

2009年,在全球贸易保护愈演愈烈的风潮中,逼迫人民币升值的老调又被西方重弹,欧美各方对中国外贸施压的行动,正隐隐升级。为什么西方国家这么热衷于人民币升值呢?

表面上看,西方国家在放任美元、欧元贬值的同时要求人民币升值的主要原因,无非是为了减少对我国的贸易逆差。但实际上,重弹人民币升值的老调意在转移视线,推卸责任,让包括中国在内的世界各国为美国巨额的贸易赤字、财政赤字"买单"。为摆脱金融危机,美国正在利用其美元的霸权地位,以及美元作为国际贸易计价货币的便利,执行"弱势美元"政策,放任美元贬值,而无理地要求其他国家货币升值。因为美元贬值的最大受益者是美国,受害者则是世界各国及正在脆弱复苏的全球经济。

毫无疑问,人民币升值不利于世界经济复苏,因为目前全球经济复苏情况不稳,世界主要经济体国家的汇率不应该突然改变。如果中国急剧拉高人民币汇率,将严重扭曲经济发展的正常轨迹,西方国家也并不能因此减少贸易逆差,一方面其他制造业大国将随即填补中国制造留下的空白,另一方面需以更高的价钱进口必需的中国产品,因此贸易赤字将进一步扩大。另外,一旦因为人民币急剧升值导致中国经济陷入低谷,西方国家以中国为主要市场的相关企业势必遭受重大损失。所以,迫使人民币升值来解决自身问题的做法既不利人,也不利己,更不公平。

从理论上看,以贸易平衡状况论断人民币汇率没有意义,在美元本位的国际货币体系下,双边贸易失衡是常态,从来都不是汇率的问题。从现实情况看,货币汇率对改善顺差影响甚小,不论是当年的德国,还是现在的欧元区,以及日本等国,都延续了几十年对美国贸易顺差的贸易地位。这些国家和地区货币兑美元的汇率机制都是完全浮动的,但对改善双边贸易的失衡没有任何作用。

中国出口大量劳动密集型产品,但中国仅是制造环节,处于营销环节的西方国家的进口商获得了大量利润。正如西方需要逐步强化金融监管、改变过度消费习惯、强化实体经济一样,中国也需循序渐进地实施外贸结构、经济结构调整和汇率改革。当前,中国政府已经着手转变经济增长方式,调整收入分配结构和扩大内需,但这需要时间,不可能一蹴而就。

目前,中国实行的是以市场供求为基础的、单一的、有管理的浮动汇率制度,这既符合中国实际情况,又体现了对国际社会的高度负责。在当前全球应对金融危机的大背景下,保持人民币汇率在合理、均衡水平上的基本稳定,不仅有利于亚洲地区经济的稳定发展,还有利于世界经济的稳定发展。

未来,中国将根据经济发展水平、经济运行状况和国际收支状况,在深化金融改革中进一步探索和完善人民币汇率形成机制。这项改革是一项涉及多方面的系统工程。从根本上讲,世界经济的持续发展需要一个稳定的国际货币环境。我们更希望看到美元、日元、欧元等主要国际储备货币的汇率保持相对稳定,从而减少汇率波动给全球经济带来的不确定性。

(资料来源:人民日报海外版,2009-11-20.)

本章小结

1.外汇的含义可以从动态和静态两个不同的角度来理解。一种外币资产成为外汇必须具备三个前提条件:第一,自由兑换性;第二,可接受性;第三,可偿性。

2. 外汇汇率又称外汇汇价,是一个国家的货币折算成另一个国家货币的比率,即两种不同货币之间的折算比率。根据不同角度,汇率可以分为多种类型,如买入汇率与卖出汇率,即期汇率与远期汇率,贸易汇率与金融汇率,基准汇率与套算汇率等。

3. 汇率是不同国家货币之间的比价,货币具有的或代表的价值决定汇率水平的基础,汇率在这一基础上受其他各种因素的影响而变动,形成现实的汇率水平。在不同的货币制度下,各国货币所具有的或者所代表的价值是不同的,即汇率具有不同的决定因素,并且影响汇率水平变动的因素也不相同。在金本位制下,铸币平价是决定汇率的基础,汇率围绕铸币平价在黄金输出入点内上下波动。纸币购买力是决定纸币本位制下汇率的基础。

4. 按照汇率变动的幅度,汇率制度被分为两大类型:固定汇率制度和浮动汇率制度。国际金本位体系和布雷顿森林体系下各国多采用固定汇率制度,而目前,浮动汇率制已成为世界各国尤其是发达国家普遍实行的汇率制度。

5. 一国汇率变动会受到国际收支、利率水平、物价水平、经济增长等因素影响。而汇率的变动反过来也会对一国经济发展造成影响。

6. 我国人民币汇率制度经历了计划经济时期、改革开放时期、1994 年以及 2005 年两次汇率改革正逐步成熟和完善。

思 考 题

一、单选题

1. 金币本位制下,汇率决定的基础是( )
A. 法定平价　　　　B. 铸币平价
C. 通货膨胀率　　　D. 利率水平

2. 在金币本位制下,汇率波动的界限是( )
A. 黄金输出点　　　B. 黄金输入点
C. 黄金输送点　　　D. 铸币平价

二、计算题

1. 1992 年 2 月 15 日,伦敦外汇市场上英镑兑美元的即期价格为:
GBP 1 = USD 1.837 0/1.838 5,六个月后美元发生升水,升水幅度为 177/172 点,威廉公司卖出六月期远期美元 3 000,问折算成英镑是多少?

2. 如果你向中国银行询问英镑/美元的汇价。中国银行答道:"1.710 0/10"。请问:
(1)中国银行以什么汇价向你买进美元?
(2)你以什么汇价从中国银行买进英镑?
(3)如果你向中国银行卖出英镑,汇率是多少?

3. 如果你是银行,向客户报 1 美元 = 0.9380/85 瑞士法郎,客户立即卖给你 100 万美元。问

(1)你以什么价买入美元?
(2)随后又有一客户向你买美元,你的报价为(　　)。
A.0.939 0　　B.0.937 0　　C.0.937 5　　D.0.938 0

三、简答题
1.按照不同的划分标准,汇率有哪些类型?
2.汇率变动的影响因素有哪些?
3.汇率变动对经济的影响有哪些?

【阅读资料1】

香港联系汇率制

联系汇率是与港元的发行机制高度一致的。香港没有中央银行,是世界上由商业银行发行钞票的少数地区之一。而港元则是以外汇基金为发行机制的。外汇基金是香港外汇储备的唯一场所,因此是港元发行的准备金。发钞银行在发行钞票时,必须以百分之百的外汇资产向外汇基金交纳保证,换取无息的"负债证明书",以作为发行钞票的依据。换取负债证明书的资产,先后是白银、银元、英镑、美元和港元,实行联系汇率制度后,则再次规定必须以美元换取。在香港历史上,无论以何种资产换取负债证明书,都必须是十足的,这是港元发行机制的一大特点,实行联系汇率制则依然沿袭。

联系汇率制度规定,汇丰、渣打和中银三家发钞银行增发港元时,须按7.8港元等于1美元的汇价以百分之百的美元向外汇基金换取发钞负债证明书,而回笼港元时,发钞银行可将港元的负债证明书交回外汇基金换取等值的美元。这一机制又被引入同业现钞市场,即当其他持牌银行向发钞银行取得港元现钞时,也要以百分之百的美元向发钞银行进行兑换,而其他持牌银行把港元现钞存入发钞银行时,发钞银行也要以等值的美元付给它们。这两个联系方式对港元的币值和汇率起到了重要的稳定作用,这是联系汇率制的另一特点。

但是,在香港的公开外汇市场上,港元的汇率却是自由浮动的,即无论在银行同业之间的港元存款交易(批发市场),还是在银行与公众间的现钞或存款往来(零售市场),港元汇率都是由市场的供求状况来决定的,实行市场汇率。联系汇率与市场汇率、固定汇率与浮动汇率并存,是香港联系汇率制度最重要的机理。一方面,政府通过对发钞银行的汇率控制,维持着整个港元体系对美元汇率的稳定联系;另一方面,通过银行与公众的市场行为和套利活动,使市场汇率一定程度地反映现实资金供求状况。联系汇率令市场汇率在1:7.8的水平上做上下窄幅波动,并自动趋近,不需要人为去直接干预;市场汇率则充分利用市场套利活动,通过短期利率的波动,反映同业市场情况,为港元供应量的收缩与放大提供真实依据。

联系汇率真正成为香港金融管理制度的基础,是在经历了一些金融危机和1987年股灾之后的事情。主要是香港金融管理当局为完善这一汇率机制,采取了一系列措施来创造有效的管理环境,如与汇丰银行的新会计安排,发展香港式的贴现窗,建立流动资金调节机制,开辟政府债券市场,推出即时结算措施等;此外,还通过货币政策工具的创新,使短期利率受控于美息的变动范围,以保障港元兑美元的稳定。而对于联系汇率制最有力的一种调节机制,还在于由历史形成的,约束范围广泛的和具有垄断性质的"利率协议"。其中还包括了举世罕见的"负利率"规则,它通过调整银行的存、贷利率,达到收紧或放松银根,控制货币供应量的目的,因此至今仍然是维护联系汇率制度的一项政策手段。

(资料来源:上海证券报,2008-10-6.)

【阅读资料2】

"布雷顿森林"崩溃史为何不能重返金本位制

环球外汇8月15日讯 英国公投决定退出欧盟,令全球最大的经济体再度面临遏制本币飙升的压力,这些国家央行刺激经济的难度也随之加大。近日,美联储(Fed)前主席格林斯潘(Alan Greenspan)在接受彭博社采访时提出,为了应对可能出现的恶性通货膨胀,建议重归金本位。

诸多影响力人物和学者之所以重提"金本位",实际上并不是支持即刻恢复"金本位",而是以此来表达对现有主权信用货币运行逻辑的无奈和担忧,以及对黄金作为非信用资产,扮演货币属性的肯定。如果看不到这一点,就容易将此类提法和观点迅速否认或嘲讽,而得不到任何有用的信息。

"布雷顿森林"体系的崩溃历程:

1945年,布雷顿森林国际货币体系(Bretton Woods system)的提出者、时任美国前财政部助理部长怀特(Harry Dexter White)在国会称,美元是黄金的等价物,美国任何时候都不会面临以固定价格自由买卖黄金的困境。布雷顿森林体系下,其他国家货币与美元固定汇率挂钩,而美元与黄金挂钩,各国确认1944年1月美国规定的35美元/盎司的黄金官价,黄金含金量为0.888 671克/美元。

时至今日,对于布雷顿森林体系很多人依旧表示怀念,且坚信这是自1946年至1971年8月15日(布林顿森林体系崩溃之日)期间货币稳定的黄金时代。但是事实并非如此。

虽然国际货币基金组织(IMF)于1946成立,但是满足其第八条款(各国货币可以与美元以固定汇率自由兑换)的9个欧洲国家直到1961年才落实这一条款。彼时,由于美国正逐渐失去黄金储备的霸主地位(违背了怀特1945年作出的承诺),布雷顿森林体系已面临着巨大的压力。

最根本的问题是,美国不能同时保证向世界提供充足的美元和保持其所需的黄金兑换承诺的大量黄金储备。经济学家特里芬(Robert Triffin)在1960年国会证词中赤裸裸地揭露了这一逻辑。特里芬解释称,将国家货币作为国际储备货币使用是荒谬之举。这给世界货币体系构成了内置不稳定性因素。

当世界开始囤积美元(而不是黄金)作为储备,这就将美国置于进退两难的境地。外国人把过剩的美元借给美国,这就增加了美国短期负债,意味着美国应提高其黄金储备以维持黄金的可兑换性。但是这就存在一个难题:即如果确实如此,全球美元"短缺"状况将依然存在;如果并非如此,美国则最终将无望实现"用更少黄金兑换更多美元"的保证,这在国际经济学界被称为"特里芬难题"。

特里芬解释称,如果各国不采取协调一致的国际行动来改变系统,则将最终走入死胡同。美国需要紧缩、货币贬值、或实施贸易和外汇管制来防止所有的黄金储备的损失。而这可能会导致全球金融恐慌,并引发世界各地推出保护主义措施。

那么,如何阻止这种情况的发生呢?在特里芬证词不久后上任的美国总统肯尼迪(John F. Kennedy)并不支持美元贬值,同样也不支持财政紧缩。相反,正如特里芬预期的一样,美国则诉诸于税收、监管、干预黄金市场、央行交换安排,和针对银行和外国政府道德游说的相关手段。

尼克松(Richard Nixon)总统任职期间,通货膨胀快速上升,1970年升至接近6%高位,全球美元储备大幅上涨。与此同时,外国央行持有的美国货币黄金个股自几年前的50%跌至仅22%。

因此,1971年5月,当时的联邦德国政府不再保持其货币德国马克与美元汇率挂钩。由于美元贬值,全球抛售美元,德国马克随着无情的资本流入不断大幅提升。经过激烈的内部争论,德国政府于5月10日提出让马克自由兑换。尽管这一举动成功地遏制了投机性资金流入德国,但并未阻止其资金持续流入美国。

当时，IMF执行总裁施魏泽（Pierre-Paul Schweitzer）建议美国加息或贬值美元，但尼克松政府财政部长康纳利（John Connally）怒斥了这一提议。由于马克实行浮动汇率后，日本成为投机资本的最新目的地，康纳利转而指责日本"控制经济"。

随后美元加速抛售，法国甚至派出一艘战舰从纽约联储的金库中取出法国黄金。

最终，尼克松采取了康纳利的建议，视其为大胆而果断的举措。8月15日，尼克松在全国电视台宣布新的经济政策。包括削减税收，冻结90天工资和价格，10%的进口附加费，关闭黄金对外兑换窗口；美国将不再赎回外国政府所持有的美元等措施。康纳利按照尼克松总统优先考虑的方案，残忍对一群欧洲官员坦言"美元是我们的货币，却是你们的问题"。

布雷顿森林体系最终走向瓦解，怀特认为这正是美元国际霸权地位的终结。1942年，怀特写道，一些人相信不与黄金兑换的普遍接受的货币符合国家主权的存在。然而，稍加思考则发现其并不可行。除非确信可以将美元以固定价格兑换成黄金，否则的话，各个国家都不会接受美元来支付货物或服务。

在证明上述论点正确与否之前，全球经济恐将面临惊涛骇浪。全球经济是否会陷入20世纪30年代螺旋式的保护主义？或者重新建立不与黄金挂钩的国际货币体系？

对此的解答是，目前以美元为基础的非系统的弹性已经远远超过布雷顿森林体系的黄金交换标准，而这正是怀特所始料未及的。而真正的替代品，即经典的金本位制（利率是由跨境黄金所驱动），或者正如凯恩斯在布雷顿森林体系中所主张的超国家货币，则可能在政治上过于激进。因此，预计未来很长一段时间，全球金融体系仍将限于美元主导的货币体系之下。"重返金本位"只是看起来很美，但实际上完全没有可操作性的"乌托邦"式设想而已。

（环球外汇网）

第三章
Chapter 3

外汇市场和外汇交易

【学习目的与要求】

本章主要阐述外汇市场的含义、构成及特征,介绍外汇交易的种类及主要交易方式。通过本章的学习,要求学生了解外汇市场的概况,掌握外汇交易的计算过程。

【案例导入】

张先生有一笔1万美元的投资用款,由于对国外股票不熟悉,对外汇存款收益也不满意,于是选择了实盘外汇买卖。当前银行普遍开设了个人外汇买卖业务,因此,张先生很顺利地完成了外汇买卖的准备工作。接下来张先生根据专业人员的分析最终决定在4月18日以1∶1.226 0的汇率卖出美元,买入欧元。这样,账上的1万美元变成了8 156.6欧元。五一休假期间,张先生外出旅游,黄金周过后,他通过对欧元走势进行分析,最终决定在5月10日以1.280 5的汇率将手中欧元兑成了美元,8 156.6×1.280 5=10 444.5美元。这样,张先生在短短三周便获利444.5美元,收益率超过4.4%。

第一节 外汇市场

一、外汇市场的概念

外汇市场(Foreign Exchange Market)是指经营外币和以外币计价的票据等有价证券买卖的市场,是金融市场的主要组成部分。国际上由于贸易、投资、旅游等经济往来,而产生货币的收支关系。但各国货币制度不同,要想在国外支付,必须先以本国货币购买外币;与此同时,从国外收到外币支付凭证也必须兑换成本国货币才能在国内流通。这样就发生了本国货币与外国货币的兑换问题。

一个国家中央银行为执行外汇政策,调节外汇汇率,会参与外汇的买卖。另外,买卖外汇的商业银行、专营外汇业务的银行、外汇经纪人、进出口商,以及其他外汇供求者都经营各种现汇交易及期汇交易,这一切外汇业务组成了一国的外汇市场。

外汇市场的功能主要表现在三个方面:

(一)实现购买力的国际转移

国际贸易和国际资金融通至少涉及两种货币,国与国之间债权债务关系的清算就需要不同货币的相互兑换,而这种兑换就是在外汇市场上进行的。外汇市场所提供的就是这种购买力转移交易得以顺利进行的经济机制,它的存在使各种潜在的外汇售出者和外汇购买者的意愿能联系起来。当外汇市场汇率变动使外汇供应量正好等于外汇需求量时,所有潜在的出售和购买愿望都得到了满足,外汇市场处于平衡状态。同时,由于发达的通信工具已将外汇市场在世界范围内连成一个整体,使得货币兑换和资金汇付能够在极短时间内完成,购买力的这种转移变得迅速和方便。

(二)提供资金融通

外汇市场向国际间的交易者提供了资金融通的便利。外汇的存贷款业务集中了各国社会闲置资金,从而能够调剂余缺,加快资本周转。外汇市场为国际贸易的顺利进行提供了保证。当进口商没有足够的现款提货时,出口商可以向进口商开出汇票,允许延期付款,同时以贴现票据的方式将汇票出售,拿回货款。外汇市场便利的资金融通功能也促进了国际借贷和国际投资活动的顺利进行。

(三)为外汇保值和投机提供场所

由于市场参与者对外汇风险的判断和偏好的不同,有的参与者宁可花费一定的成本来转移风险,而有的参与者则愿意承担风险以实现预期利润。由此产生了外汇保值和外汇投机两种不同的行为。在金本位制和固定汇率制下,外汇汇率基本上是平稳的,因而就不会形成外汇保值和投机的需要及可能。而在浮动汇率下,外汇市场的功能得到了进一步的发展,外汇市场的存在既为套期保值者提供了规避外汇风险的场所,又为投机者提供了承担风险、获取利润的机会。

二、外汇市场的类型

(一)从外汇市场的组织形式上划分

1. 有形市场

有形市场,又称具体的外汇市场。它有具体的、固定的交易场所,并在规定的营业时间内进行外汇交易。

2. 无形市场

无形市场,又称抽象的外汇市场。它没有具体的、固定的交易场所,没有统一的营业时间,所有的交易通过电话、电报、电传或计算机终端等组成的通信网络达成外汇交易。

(二)从外汇市场的构成上划分

1. 外汇批发市场

外汇批发市场又包含两个层次:一是外汇银行同业间的外汇交易市场。其作用在于弥补银行与客户交易产生的买卖差额的需要,进而避免由此引起的汇率变动风险,调整银行自身外汇资金的余缺。二是外汇银行与中央银行之间的外汇交易市场。中央银行通过与银行的外汇交易达到干预外汇市场的目的。

2. 外汇零售市场

外汇零售市场是指外汇银行与客户之间的交易。客户出于各种动机,向银行买卖外汇,在此过程中,银行实际是在外汇最终供给者与最终需求者之间起中介作用,赚取外汇的买卖差价。

(三)从外汇市场的交易范围划分

1. 国内外汇市场

国内外汇市场受本国当局的外汇管制,交易的币种仅限于本币和少数几种外币。

2. 国际外汇市场

国际外汇市场基本不受政府的外汇管制,交易的类型、币种、数量等几乎不受限制。伦敦、东京、纽约、新加坡等都是国际性的外汇市场。

三、外汇市场的参与者

外汇市场的参与者,主要包括外汇银行、外汇银行的客户、外汇经纪商、交易中心和中央银行与监管机构。

(一)外汇银行

外汇银行(Exchange Bank)又称外汇指定银行,是指根据《中华人民共和国外汇法》由中央银行指定可以经营外汇业务的商业银行或其他金融机构。外汇银行大致可以分为三类:专营或兼营外汇业务的本国商业银行、在本国的外国商业银行分行及本国与外国的合资银行、经营外汇业务的其他金融机构。我国的外汇指定银行包括了四大国有控股商业银行、交通银行等全国性的股份制商业银行,以及具有外汇经营资格的外资银行在华分支机构。目前,各地方商业银行和信用社大多还不具备外汇指定银行的资格。

(二)外汇银行的客户

在外汇市场中,凡与外汇银行有外汇交易关系的公司和个人,都是外汇银行的供应者、需求者和投机者,在外汇市场上占有重要的地位。它们中既有为进行国际贸易、国际投资等经济交易而买卖外汇者,也有零星的外汇供求者,如国际旅游者、留学生等。我国外汇银行的顾客主要是有外汇需要的各类企业,由于生产经营和国际贸易的需要而产生了外汇的需求和供给。随着中国国门的开放和人们收入的普遍提高,个人在外汇交易中的地位开始变得越来越重要。

(三) 外汇经纪商

外汇经纪商指介于外汇银行之间、外汇银行和其他外汇市场参与者之间,进行联系、接洽外汇买卖,从中赚取佣金的经纪公司或个人。目前,中国外汇市场上外汇经纪商的角色已经出现,随着中国外汇市场的发展,外汇经纪商的作用将会逐步扩大。

(四) 交易中心

大部分国家的外汇市场都有一个固定的交易场所,交易中心为参与交易的各方提供了一个有规则和次序的交易场所和结算机制,便利了会员之间的交易,促进了市场的稳定与发展。位于上海外滩的中国外汇交易中心是我国外汇交易的固定交易场所。

(五) 中央银行与监管机构

外汇市场上另一个重要的参与者是各国的中央银行。这是因为各国的中央银行都持有相当数量的外汇余额作为国际储备的重要构成部分,并承担着维持本国货币金融市场的职责。随着中国外汇储备的逐步增加,中央银行在中国外汇市场的作用日益重要,大量的外汇储备成为中央银行干预外汇市场的重要保证。另外,由于外汇市场的重要性,各国一般由专门的监管机构来规范外汇市场的发展。我国外汇市场的监管机构为国家外汇管理局。

四、外汇市场的特征

近年来,外汇市场之所以能为越来越多的人所青睐,成为国际上投资者的新宠,这与外汇市场本身的特点密切相关。

1. 有市无场

西方工业国家的金融业基本上有两套系统,即集中买卖的中央操作和没有统一固定场所的行商网络。股票买卖是通过交易所买卖的。如纽约证券交易所、伦敦证券交易所、东京证券交易所,分别是美国、英国、日本股票主要交易的场所,集中买卖的金融商品,其报价、交易时间和交收程序都有统一的规定,并成立了同业协会,制定了同业守则。投资者则通过经纪公司买卖所需的商品,这就是"有市有场"。而外汇买卖则是通过没有统一操作市场的行商网络进行的,它不像股票交易有集中统一的地点。但是,外汇交易的网络却是全球性的,并且形成了没有组织的组织,市场是由大家认同的方式和先进的信息系统联系,交易商也不具有任何组织的会员资格,但必须获得同行业的信任和认可。这种没有统一场地的外汇交易市场被称为"有市无场"。目前,全球外汇市场每天成交额超过3万亿美元。如此庞大的巨额资金,就是在这种既无集中的场所,又无中央清算系统的管制,以及没有政府的监督下完成清算和转移的。

2. 循环作业

由于全球各金融中心的地理位置不同,亚洲市场、欧洲市场、美洲市场因时间差的关系,连成了一个全天 24 小时连续作业的全球外汇市场。只有星期六、星期日以及各国的重大节日,外汇市场才会关闭。这种连续作业,为投资者提供了没有时间和空间障碍的理想投资场所,投资者可以寻找最佳时机进行交易。比如,投资者若在上午纽约市场上买进日元,晚间香港市场开市后日元上扬,投资者在香港市场卖出,不管投资者本人在哪里,都可以参与任何市场、任何时间的买卖。因此,外汇市场可以说是一个没有时间和空间障碍的市场。

【资料库】

表1 世界主要外汇交易市场开收盘时间表

地区	市场	当地开收盘时间	非夏令时时段		夏令时(DST)	
			换算为北京时间的开、收盘时间			
			开盘	收盘	开盘	收盘
大洋洲	惠灵顿	9:00~17:00	05:00	13:00	04:00	12:00
			2008/4/06~2008/9/28		2007/9/30~2008/4/06	
	悉尼	9:00~17:00	07:00	15:00	06:00	14:00
亚洲	东京	9:00~15:30	08:00	14:30	08:00	14:30
	香港	9:00~16:00	09:00	16:00	09:00	16:00
	新加坡	9:30~16:30	09:30	16:30	09:30	16:30
欧洲	法兰克福	9:00~16:00	16:00	23:00	15:00	22:00
	苏黎世	9:00~16:00	16:00	23:00	15:00	22:00
	巴黎	9:00~16:00	16:00	23:00	15:00	22:00
	伦敦	9:30~16:30	17:30	(次日)00:30	16:30	23:30
			2008/10/26~2009/3/29		2008/3/30~2008/10/26	
北美洲	纽约	8:30~15:00	21:00	(次日)04:00	20:00	(次日)03:00
	芝加哥	8:30~15:00	22:00	(次日)05:00	21:00	(次日)04:00

(资料来源:和讯网外汇投资专栏.)

3. 零和游戏

在股票市场上,某种股票或者整个股市上升或者下降,那么,某种股票的价值或者整个股票市场的股票价值也会上升或下降。例如,某只股票价格从 30 元下跌到 15 元,因此该公司全部股票的价值也随之减少了一半。然而,在外汇市场上,汇价的波动所表示的价值量的变化和股票价值量的变化完全不一样,这是由于汇率是指两国货币的交换比率,汇率的变化也就是一种货币价值的减少与另一种货币价值的增加。比如 1971 年,1 美元兑换 360 日元,2012 年 6

月,1美元兑换78.72日元,这说明日元币值上升,而美元币值下降,从总的价值量来说,变来变去,不会增加价值,也不会减少价值。因此,有人形容外汇交易是"零和游戏",更确切地说,是财富的转移。近年来,投入外汇市场的资金越来越多,汇价波幅日益扩大,促使财富转移的规模也越来越大,速度也越来越快,以全球外汇每天3.2万亿美元的交易额来计算,上升或下跌1%,就是320亿的资金要换新的主人。尽管外汇汇价变化很大,但是,任何一种货币都不会变为废纸,即使某种货币不断下跌,它总会代表一定的价值,除非宣布废除该种货币。

第二节 外汇交易方式

一、即期外汇交易

(一) 即期外汇交易的概念

即期外汇交易(Spot Transaction)也称为现汇交易,是指外汇银行与其客户或与其他银行之间的外汇买卖成交后,原则上于当日或在两个营业日内办理交割(即收付)的外汇业务。

理解这个概念需要我们从以下几个方面来把握:

①这里需要指出,成交日是指达成外汇买卖的协议日,而交割日是指实际办理外汇收付日。

②即期外汇交易的交割日包括三种情况:当日交割(Value Today),指在成交当日进行交割。1989年前的香港市场。隔日交割(Value Tomorrow),指在成交后第一个营业日内交割。某些国家,如加拿大由于时差的原因采用这种方式。标准交割日(Value Spot)指在成交后第二个营业日交割。目前大多数的即期外汇交易都采取这种方式。(见图3.1)

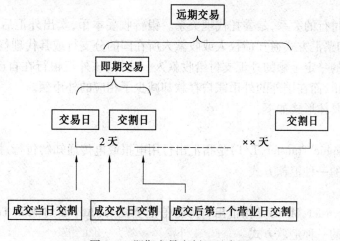

图3.1 即期交易交割日示意图

③在两个营业日间,如果出现假日,则交割日期顺延。不同外汇市场的交割习惯有所不同。如伦敦、纽约、苏黎世等欧美外汇市场的惯例是成交后第二个营业日办理交割;东京外汇市场是在成交后第一个营业日办理交割;香港外汇市场对港元与美元的兑换当日交割,对日元、新加坡元、马来西亚元和澳大利亚元次日办理交割,对其他币种在成交后第二个营业日办理交割。一般而言,居民和旅客的外币现钞、旅行支票及其他小额外汇交易,在当日成交和交割。银行同业间的外汇买卖,在两个营业日内收付。

④进行即期外汇买卖主要有以下几方面作用:一是可以满足临时性的付款需要;二是可以调整各种外汇的头寸比例,以避免汇价带来的风险;三是利用不同外汇市场汇率差进行投机活动。

(二)即期外汇交易的应用

1. 顺汇方式的外汇买卖

顺汇(Favourable Exchange)是一种汇款方式,是指汇款人委托银行以某种信用工具(如汇票等),通过其国外分行或代理行将款项付给收款人的一种支付方式。其过程是银行在国内收进本币,在国外付出外汇。因其汇兑方向与资金流向一致,称为顺汇。在顺汇方式下,客户用本国货币向外汇银行购买汇票等于该银行卖出外汇。

顺汇所涉及的当事者有:

①汇款人(Remitter),通常为债务人或付款人。

②收款人(Payee),是指债权人或受益人。

③汇出行(Remitting Bank),是受汇款人委托向收款人汇款的银行。

④解付行(Paying Bank),是受汇出行委托,接收汇出行的汇款并向收款人解付款项的银行,也称汇入行。

汇出行与解付行的关系,是委托代理关系。银行收妥本币,卖出外汇后,按照客户的要求采用电汇、信汇和票汇方式通知债权人或收款人所在国的分支行或其代理行,按当天汇率将其外币存款账户上的一定金额的外汇支付给收款人。这样,该外汇银行在自己账户上增加了客户支付的本国货币,而在国外的外币账户存款却减少了相应的外币额。

顺汇的三种具体形式如下:

(1)电汇

电汇(Telegraphic Transfer,T/T)是指汇出行用电报或电传通知解付行,指示它对收款人支付一定数量款项的一种汇款方式。

(2)信汇

信汇(Mail transfer,M/T)是指汇出行邮寄信汇委托书(Advice of Mail Transfer)给解付行,委托其解付汇款的一种汇款方式。

(3)票汇

票汇(Demand Draft,D/D)是指汇出行开立的以解付行为付款人的银行即期汇票,指示国外解付行凭票向收款人支付一定金额款项的汇款方式。通常这种汇票可在外汇银行中买到。它可由购买者邮寄给收款人,也可直接带出国,凭票要求付款。购买汇票时,填写一份申请书即可。

2. 逆汇方式的外汇买卖

逆汇(Adverse Exchange)即托收方式,是指由收款人(债权人)出票,通过银行委托其国外分支行或代理行向付款人收取汇票上所列款项的一种支付方式。由于这种方式的资金流向与信用工具的传递方向相反,因此称之为"逆汇"。

对外汇银行来说,在逆汇方式下,客户向银行卖出汇票,等于银行付出本币,买进外汇。外汇银行接受收款人的托收委托后,就应通知其国外分支行或代理行,按照当日汇率向付款人收取一定金额的外币,并归入其开在国外银行的外汇账户上。其结果是,该银行国内本币存款账户余额减少了,而在其外币存款账户上却增加了相应的外币金额。

二、远期外汇交易

(一)远期外汇交易的概念

远期外汇交易(Forward Foreign Exchange Transaction)又称期汇交易,指外汇买卖成交后,根据合同规定,在约定的到期日,按约定的汇率办理收付交割的外汇交易。常见的远期交易时限主要是一个月、二个月、三个月、六个月或一年。

远期外汇交易的出现,给从事外贸交易的顾客提供了规避风险的渠道和手段。因为通常从事贸易的进出口商,在报价完成到实际收付外汇之间,往往需要一段时间,而这段时间的汇率波动带来的风险便需要交易者自行承担。若进出口商在取得合约时,便与银行做远期外汇锁定汇率,即可规避此汇率风险。

远期外汇买卖的特点是:

①双方签订合同后,无需立即支付外汇或本国货币,而是延至将来某个时间。
②买卖规模较大。
③买卖的目的,主要是为了保值,避免外汇汇率涨跌的风险。
④外汇银行与客户签订的合同须经外汇经纪人担保。

此外,客户还应缴存一定数量的押金或抵押品。当汇率变化不大时,银行可把押金或抵押品抵补应负担的损失。当汇率变化使客户的损失超过押金或抵押品时,银行就应通知客户加存押金或抵押品,否则,合同就无效。客户所存的押金,银行视其为存款予以计息。

(二)远期外汇交易的应用

远期外汇买卖交易能为企业、银行、投资者规避风险,具体包括以下几个方面:

1. 进出口商通过远期外汇交易,以避免汇率变动风险

汇率变动是经常性的,在商品贸易往来中,时间越长,由汇率变动所带来的风险也就越大,而进出口商从签订买卖合同到交货、付款又往往需要相当长时间(通常达 30~90 天,有的更长),因此,有可能因汇率变动而遭受损失。进出口商为避免汇率波动所带来的风险,就会想尽办法在收取或支付款项时,按成交时的汇率办理交割。

【案例 3.1】 某一美国出口商向英国进口商出口价值 100 万英镑的商品,约定 3 个月后付款。双方签订合同日期为 2008 年 10 月 2 日,当天银行即时外汇行情 1 英镑兑换 1.730 5 美元。按此汇率,出口该批商品可换得 173.05 万美元。但 3 个月后,若美元汇价升至 1 英镑兑换 1.728 5 美元,则出口商只可换得 172.85 万美元,比按原汇率计算少赚了 2 000 美元。可见,美元上升或英镑贬值将对美国出口商造成压力。因此,美国出口商在订立买卖合同时,就按 1 英镑元兑换 1.729 5 美元的汇率,将 3 个月的 100 万英镑期汇卖出,即把双方约定远期交割的 100 万英镑外汇售给美国的银行,届时就可收取 172.95 万美元的货款,从而避免了汇率变动的风险。

【案例 3.2】 某一香港进口商向美国出口商买进价值 10 万美元的商品,约定 3 个月后交付款,如果买货时的汇率为 1 美元兑换 7.764 6 港元,则该批货物买价为 77.646 万港元。但 3 个月后,美元升值,港元对美元的汇率为 1 美元兑换 7.774 6 港元,那么这批商品价款就上升为 77.746 万港元,进口商得多付出 1 000 港元。所以,香港的进口商为避免遭受美元汇率变动的损失,在订立买卖合约时就向美国的银行按 1 美元兑换 7.766 0 港元买进这 3 个月的美元期汇,以此避免美元汇率上升所承担的成本风险,因为届时只要付出 77.66 万港元就可以了。

2. 外汇银行为了平衡外汇头寸而进行远期交易

远期外汇持有额就是外汇头寸(Foreign Exchange Position)。前面我们讨论了进出口商为避免外汇风险而进行期汇交易,实质上就是把汇率变动的风险转嫁给外汇银行。外汇银行之所以有风险,是因为它在与客户进行了多种交易以后,会产生一天的外汇"综合持有额"或总头寸(Overall Position),而银行往往难以实现买卖平衡,必然会出现外汇的多头或空头。这样,外汇银行就处于汇率变动的风险之中。为此,外汇银行就设法把它的外汇头寸予以平衡,即要对不同期限不同货币头寸的余缺进行抛售或补进,由此求得外汇头寸的平衡。

3. 远期外汇投机

在没有外汇管制的情况下,如果一国的利率低于他国,该国的资金就会流往他国以谋求高息。假设在汇率不变的情况下,纽约投资市场利率比伦敦高,两者分别为 3.8% 和 2.2%,则英国的投资者为追求高息,就会用英镑现款购买美元现汇,然后将其投资于 3 个月期的美国国库券,待该国库券到期后将美元本利兑换成英镑汇回国内。这样,投资者可多获得 1.6% 的利息,但如果 3 个月后,美元汇率下跌,投资者就得花更多的美元去兑换英镑,因此就有可能换不回投资的英镑数量而导致损失。为此,英国投资者可以在买进美元现汇的同时,卖出 3 个月的美元期汇,这样,只要美元远期汇率贴水不超过两地的利差(1.6%),投资者的汇率风险就可以消除。当然如果超过这个利差,投资者就无利可图,而且还会遭到损失。

(三)远期汇率的影响因素

由于远期外汇交易的交割日不同于即期交易的交割日,因此,远期汇率必须考虑两种货币的利率差,以交割期时间长短作适当的调整。在充分流通的外汇市场与货币市场里,远期外汇汇率与即期外汇汇率的差异必可充分地反映两种货币的利率差;也就是远期外汇汇率是即期汇率加上两种货币的利率差所共同计算出来的。因此,影响远期外汇价格变动因素包含以下三个部分:①即期汇率价格;②买入与卖出货币间的利率差;③合约期限的长短。

下面以实例说明。

【案例3.3】 出口商在6个月(180天)后会得到货款EUR 100 000,则出口商通过即期市场及资金借贷以规避此远期外汇风险的操作如下。

市场现状:(为方便说明,市场价格为单向报价)

(1)即期汇率EUR/USD为0.850 0;

(2)美元年利率为6.5%;

(3)欧元年利率为4.5%。

出口商为规避此汇率风险,所采取的步骤如下:

(1)出口商先行借入欧元,并在即期市场预先卖出EUR 100 000以规避6个月后出口收到的欧元外汇风险,借入欧元的期间为6个月,年利率为4.5%,同时可使用因卖出欧元所获的美元资金6个月,年利率为6.5%。

(2)借入欧元100 000的利息成本为:

EUR 100 000×4.5%×180/360=EUR 2 250

EUR 2 250×0.85EUR/USD=USD 1 912.5

(3)卖出即期欧元所享用美元6个月的利息收益为:

USD 85 000×6.5%×180/360=USD 2 762.5

(4)客户通过上述方式规避外汇风险的损益如下:

USD 85 000(卖出即期欧元所得的美元金额)+USD 2 762.5(使用美元6个月的利息收益)−USD 1 912.5(借入欧元6个月的利息成本)= USD 85 850

USD 85 850/EUR 100 000=0.858 5(此即远期外汇的价格)

由上述计算中,可求出以即期交易方式规避远期外汇风险的价格计算,据此便可求得远期外汇价格。此外,从案例中我们还能看出,作为高利率的货币美元远期是贬值的(贴水),而低利率的货币欧元远期是升值的(升水)。这是由于美元利率高,吸引大量投资者持有美元,在持有美元的同时,为了规避将来美元贬值的风险,所以向银行卖出远期美元。受供求关系影响,未来美元贬值,而欧元则相反。所以我们判断一种货币将来的升水、贴水状况,首先应该看该货币的利率状况。低利率的货币未来升水,高利率的货币未来贴水。

运用上述的计算方式,可以得出远期升(贴)水额的计算公式:

升(贴)水额=即期汇率×两国利率差×月数/12

升(贴)水年率=升(贴)水额×12/即期汇率×月数×100%

(四)远期汇率升贴水的计算实例

【案例3.4】 已知美元的年利率为2.5%,日元年利率为0.5%,2008年10月3日,1美元兑换104.86日元,问三个月后美元升贴水额?美元升贴水年率?1美元兑日元远期外汇价格?

由前面所学内容可知,美元是高利率的货币,所以未来美元贴水额为:

美元贴水额=即期汇率×两国利率差×月数/12=
 104.86×(2.5%-0.5%)×3/12=0.524 3

美元贴水年率=升(贴)水额×12/(即期汇率×月数)×100%=
 0.524 3×12/(104.86×3)×100%=2%

三个月后1美元兑换104.33日元(104.86-0.524 3=104.33)。

三、套期保值交易

(一)套期保值的含义和类型

套期保值(Hedging)是指预计将来某一时间要支付或收入一笔外汇时,买入或卖出同等金额的远期外汇,以避免风险的交易行为。对于进出口企业而言,由于国际贸易中签约与交货的时间间隔较长,这期间汇率变动势必会给其中一方带来损失。出口收入的外币汇率下滑时,出口商的收入就会缩水;进口支付的外币汇率上升时,进口商就会增加开支而蒙受损失。为了规避因汇率大幅度变动所造成的风险,保障进出口贸易商品资金收汇安全就产生了外汇的套期保值交易。

外汇套期保值可分为买入套期保值和卖出套期保值。买入套期保值是指国际贸易的进口商,在进口商品的时候,为了防止外汇汇率上升带来的损失,而买入远期合约;卖出套期保值是指国际贸易的出口商,在出口商品时,为了避免外汇汇率下降带来的损失,而卖出远期合约。

(二)套期保值计算

【案例3.5】 某日外汇市场行情为:

即期汇率 GBP/USD=1.767 5/05

三个月掉期率 12/16

假定美国进口商从英国进口价值100万英镑的货物,三个月后付英镑,若美国进口商预测三个月后英镑兑美元升值到1.777 5/05,问:

(1)如不保值,美国进口商损失多少?

(2)如何做套期保值?

如本案例所述,如果美国进口商不做套期保值,它将蒙受英镑升值带来的损失。

即期兑换1 000 000英镑需要1 770 500美元(1 000 000×1.770 5=1 770 500),而三个月

后兑换 1 000 000 英镑则需要 1 780 500 美元(1 000 000×1.780 5 =1 780 500),美国进口商多付出了 10 000 美元。

为此,美国进口商在和英国出口商签订合同的同时,与美国银行签订远期外汇交易合同,买入套期保值。

三个月银行报价=(1.767 5+0.001 2)—(1.770 5+0.001 6)=1.768 7—1.772 1
则届时换英镑需要 1 772 100 美元(1 000 000×1.772 1 =1 772 100)。与不做套期保值相比节约 8 400 美元(1 780 500-1 772 100 =8 400)。

【案例3.6】 某日外汇市场行情
即期汇率 USD/JPY=104.92/22
三个月掉期率 15/17
假定美国出口商向日本出口价值 1 000 万日元的货物,三个月后收入日元,若美国出口商预测三个月后日元贬值到 106.28/48,问:
(1)如不保值,美国出口商损失多少?
(2)如何做套期保值?
如本案例所述,如果美国出口商不做套期保值,它将蒙受日元贬值带来的损失。
即期收入 1 000 万日元可兑换 95 038 美元(10 000 000/105.22≈95 038),而三个月后收入 1 000 万日元则可兑换 93 914 美元(10 000 000/106.48≈93 914),美国出口商少收入了 1 124 美元。

为此,美国出口商在和日本进口商签订合同的同时,与美国银行签订远期外汇交易合同,卖出套期保值。

三个月银行报价=(104.92+0.15)—(105.22+0.17)=105.07—105.39
则兑换日元需要 94 885 美元(10 000 000/105.39≈94 885)。与不做套期保值相比多收入 971 美元(94 885-93 914=971)。

【资料库】
饲料厂买入豆粕期货进行套期保值操作

2004 年 2 月,国内豆粕价格受禽流感蔓延的冲击下跌到 2 760 元/吨附近。某饲料厂和某养殖场签订 4 月份饲料供货合同,需用豆粕 1 000 吨。由于当时的豆粕价格相对于用进口大豆加工成豆粕的价格来说,明显偏低,饲料厂担心后期豆粕价格出现回升,导致其生产成本增加。为了锁定其后期的豆粕采购成本,饲料厂决定买入大连豆粕 0405 合约进行套期保值。

2月11日,饲料厂以2 720元/吨的价格买入100手(1手=10吨)豆粕0405合约。到了4月份,豆粕价格正如饲料企业所预料出现了上涨,现货价格上涨到3 610元/吨,而此时0405豆粕合约价格也上涨到了3 550元/吨。4月5日,该饲料厂以3 610元/吨的价格在现货市场买入1 000吨豆粕,同时在期货市场以3 570元/吨卖出豆粕0405合约。从盈亏情况来看,现货价格的上涨导致饲料厂的原料价格采购成本上升了85万元,每吨比2月份上涨了850元,但期货市场每吨盈利850元,买入套期保值操作产生了85万元的利润,从而弥补了现货市场的损失,豆粕的采购价格被锁定在2 760元/吨。

该饲料厂最终的套期保值效果(不考虑手续费等交易成本)如下表所示:

	现化市场	期货市场
2月11日	豆粕现货采购价格2 760元/吨	买入100手0405豆粕合约,期货价格为2 720元/吨。
4月5日	买入1 000吨豆粕,现货价格为3 610元/吨。	卖出100手0405豆粕合约平仓,期货价格为3 570元/吨。
盈亏变化情况	(2 760元/吨−3 610元/吨)×1 000吨=−85万元	(3 570元/吨−2 720元/吨)×1 000吨=85万元
	期货市场的盈利完全弥补了现货市场的亏损	

案例点评:

此例中,期货市场的盈利完全弥补了现货市场的亏损,套期保值获得成功,避免了原料价格上涨带来的损失。

在实际操作中,此例也可能出现另一种情况:假如4月份豆粕价格没有如饲料厂预料的那样上涨,反而下跌,那么饲料企业现货采购成本将降低,而在期货市场的操作将出现亏损。在这种情况下,也许有人会提出,在期货市场进行套期保值交易反倒赔了钱,若不进行期货套期保值而是等到4月份直接购买现货岂不更好?事实上,这种观点忽略了两个问题:第一,饲料厂基于成本收益核算后,对2 760元/吨的现货价认可的情况下,才在期货市场上进行买入套期保值的,按照这个成本生产出来的产品还是有盈利的;第二,饲料厂在做决策的时候无法预知后市的涨跌。所以说,进行套期保值操作,无论后市价格上涨或下跌,饲料厂都可以提前确定豆粕采购成本,从而锁定利润、稳定生产。

利用期货市场的另一个好处在于节省仓储成本和资金成本。饲料厂如果在2月份直接购买现货,一方面需要为存储豆粕花费人力和物力,同时还要占用大量资金。而通过期货市场买入期货合约则不必考虑仓储问题,而且只需要占用相当于总货款的一小部分作为保证金,就可以获得对100%货物的控制权。总之,无论从规避价格变动风险还是从节省资金和仓储成本的角度来看,套期保值交易对企业现货经营来说都是经济、有效的辅助工具;对于操作熟练的企业来说,套期保值交易甚至可以成为现货经营中不可或缺的一部分。

(资料来源:金融界网站)

四、套汇交易

套汇交易(Arbitrage)是套汇者利用同一货币在不同外汇中心或不同交割期上出现的汇率差异,为赚取利润而进行的外汇交易。

一般来说,要进行套汇必须具备以下三个条件:

①存在不同的外汇市场和汇率差价。

②套汇者必须拥有一定数量的资金,且在主要外汇市场拥有分支机构或代理行。

③套汇者必须具备一定的技术和经验,能够判断各外汇市场汇率变动及趋势,并根据预测迅速采取行动。

利用同一货币在不同市场的汇率差异进行的套汇叫做地点套汇。利用同一种货币在不同交割期上的汇率差异进行的套汇叫做时间套汇。前面所讨论的利用远期外汇市场与即期外汇市场的差价进行的"买空"和"卖空"都属于时间套汇的范畴。我们现在只讨论地点套汇。地点套汇可分为直接套汇和间接套汇两种方式。

(一)直接套汇

直接套汇(Direct Arbitrage)又称两角套汇(Two Points Arbitrage),是指利用同一时间两个外汇市场的汇率差异,进行贱买贵卖,以赚取汇率差额的外汇买卖活动。

【案例3.7】 纽约市场和苏黎世市场在某一时间内的汇率分别为:

伦敦 GBP 1 = USD 1.767 5/85

纽约 GBP 1 = USD 1.762 5/45

从上述汇率可以看出,伦敦的美元比纽约的便宜,套汇者选择在伦敦买入美元,同时在纽约卖出美元。具体操作如下:在伦敦市场套汇者支付1英镑,买进1.767 5美元。同时在纽约市场付出1.764 5美元,收回1英镑。做1英镑的套汇业务可以赚取0.003美元。

套汇可促使不同市场汇率差异缩小。在案例3.7中,套汇过程一方面会扩大伦敦市场美元(汇率较低)的需求,使其汇率上涨。另一方面会增加纽约市场美元(汇率较高)的供应,使其汇率下跌。加上先进的通信与支付系统,各市场存在的价格偏差很快会被纠正,这说明当今国际外汇市场上地点套汇的机会很小。尽管如此,由于不同市场的汇率调整存在时滞,精明的套汇者仍可抓住短暂的机会获利。

(二)间接套汇

间接套汇(Indirect Arbitrage)又称三角套汇(Three Points Arbitrage),是指利用三个不同地点的外汇市场中三种货币之间的汇率差异,同时在这三个外汇市场上进行外汇买卖,以赚取汇率差额的一种外汇交易。

【案例3.8】 在某日的同一时间,纽约、苏黎世、伦敦三地外汇市场的现汇行情如下:

纽约　　USD 1 = CHF 1.616 0/70

苏黎世　GBP 1 = CHF 2.406 0/70
伦敦　　GBP 1 = USD 1.532 0/30

如果有 100 万美元能否套汇,如果能套汇,通过套汇交易能赚多少钱?

进行间接套汇可按四个步骤进行:

①求出各市场的中间汇率;

②将汇率的不同标价方法变成同一标价法,且基准货币的单位为 1;

③将各汇率相乘,只要乘积不等于 1,就有套汇机会;

④寻找套汇的路线。

由于三个市场等式左右两边都有美元,那么从哪个市场开始套汇就显得很重要。如果做反了不仅不能获利,还会亏本。那么如何寻找套汇路线呢? 可以通过第三步各汇率的乘积来看:如果乘积大于 1,在等式左边找所持货币;如果乘积小于 1,则从等式右边找所持货币。

具体套汇过程:首先判断三个市场是否存在套汇的机会,原理是:在其中某一个市场投入 1 个单位货币,经过中介市场,收入的货币不等于 1 个单位,说明三个市场汇率存在差异。判断方法如下:

先求出三个市场的中间价格:

纽约　　USD 1 = CHF 1.616 5

苏黎世　GBP 1 = CHF 2.406 5

伦敦　　GBP 1 = USD 1.532 5

将上述三个标价改成同一标价法且基准货币的单位为 1,然后相乘。

纽约市场为间接标价,苏黎世市场为直接标价,伦敦市场为间接标价,所以将苏黎世市场变为 CHF 1 = GBP 1/2.406 5,然后相乘,即

$$1.6165 \times 1/2.4065 \times 1.5325 \approx 1.0294 \neq 1$$

汇率乘积不等于 1,即有套汇机会。乘积为 1.029 4 大于 1,所以等式左边找所持货币,即从纽约市场开始兑换。

套汇者动用 100 万美元套汇。在纽约按 USD 1 = CHF 1.616 0 兑换成 161.6 万瑞士法郎,在中介市场苏黎世将 161.6 万瑞士法郎按 GBP 1 = CHF 2.407 0 兑换成英镑 67.137 5 万,在伦敦按 GBP 1 = USD 1.532 0 兑换成美元。套汇结果为 102.854 6 万美元,套汇利润 2.854 6 万美元。

五、套利交易

(一)套利交易的概念

套利交易(Interest Arbitrage)是指利用不同国家或地区短期利率的差异,将资金由利率较低的国家或地区转移到利率较高的国家或地区进行投放,以从中获得利息差额收益的一种外汇交易。套利活动的前提条件是套利成本或高利率货币的贴水率必须低于两国货币的利率

差,否则交易无利可图。在实际外汇业务中,所依据的利率是欧洲货币市场各种货币的利率,其中主要是以 LIBOR(London Inter-Bank Offer Rate,伦敦银行同业拆放利率)为基础。

一般按在套利时是否还要作反方向交易轧平头寸,套利交易可分为以下两种形式:

1. 不抵补套利

不抵补套利(Uncovered Interest Arbitrage)指把资金从利率低的货币转向利率高的货币,从而牟取利率的差额收入。这种交易不必同时进行反方向交易轧平头寸,但这种交易要承担高利率货币贬值的风险。

2. 抵补套利

抵补套利(Covered Interest Arbitrage)是指把资金调往高利率货币国家或地区的同时,在外汇市场上卖出远期高利率货币,即在进行套利的同时做掉期交易,以避免汇率风险。实际上这就是套期保值,一般的套利保值交易多为抵补套利。

(二)套利交易的计算实例

【案例3.9】 某日香港外汇市场,美元存款利率为1%,澳元存款利率为3%。澳元兑美元即期汇率为:AUD 1 = USD 0.921 8,远期 6 个月汇率为 AUD 1 = USD 0.921 2。

根据上述条件,套利者以 1 000 万美元进行套利,利润多少?

分析:套利者以 1 000 万美元套利,则

(1)套利者首先兑换高息货币澳元 1 084.83 万(1 000 万÷0.921 8≈1 084.83 万)。

(2)将 1 084.83 万澳元按年息3%存款6个月,半年后本利和为 1 101.10 澳元(1 084.83 万×(1+3%×6/12)≈1 101.10 万)。

(3)将 1 101.10 万澳元按远期汇率兑换成美元 1 014.34 万(1 101.10×0.921 2≈1 014.34)。

(4)将 1 000 万美元按年息1%投资存款6个月,半年后本利和为 1 005 万美元(1 000 万×(1+1%×6/12)= 1 005 万)。

(5)获利9.34 万美元(1 014.34 – 1 005 = 9.34 万)。

【资料库】

两角套汇:赚取两地不同货币差价

两角套汇,是利用两地间的汇率差价,在一个外汇市场上以低价买入一种货币,同时在另一个外汇市场以高价卖出该种货币,以赚取利润。由于是在两个市场之间,套汇者直接参加交易,所以又叫直接套汇。

经典案例:

举例来说,在伦敦外汇市场上,英镑对美元的即期汇率为:£ 1 = $ 1.98 或 $ 1 = £ 0.505;而在纽约外汇市场上,英镑与美元的即期汇率为:£ 1 = $ 2.00 或 $ 1 = £ 0.5。很明显,在伦敦外汇市场上,由于英镑是本国货币,供给充足,英镑的价格低。在纽约外汇市场,英镑是外汇,供给不足,所以英镑价格高。同理,美元在纽约外汇市场上价格低,在伦敦外汇市场上价格高。

> 如果某一套汇者在伦敦花 1 980 美元买 1 000 英镑,同时在纽约卖 1 000 英镑收 2 000 美元。这简单的一买一卖使套汇者就赚得 20 美元。
>
> 一些套汇者在伦敦用美元低价买英镑,英镑需求增加,推动英镑的价格上涨。套汇者在纽约卖英镑,英镑供给增加,促使英镑的价格下跌。可见套汇者的投机行为会自发地把伦敦和纽约两个外汇市场的价格拉平,自发地使两个外汇市场的供求关系协调一致起来,使两个外汇市场更有效地运行。由此来看,套汇对调节外汇供求关系来说是不可缺少的,套汇活动是正当的。在买卖外汇时是要花手续费的,套汇者的净利润等于毛利润减去买卖外汇时所花的手续费。
>
> (资料来源:理财播报)

六、外汇期权交易

(一)外汇期权的概念及类型

1. 外汇期权的概念

期权,从字面上来看,"期"是未来的意思,"权"是权利的意思。期权(Option)就是指一种能在未来某特定时间以特定价格买入或卖出一定数量的某种特定商品的权利。期权实际上是一种权利,是一种选择权,期权的持有者可以在该项期权规定的时间内拥有选择买或不买、卖或不卖的权利,可以实施该权利,也可以放弃该权利,而期权的卖出者则只负有期权合约规定的义务。

外汇期权是期权的一种,相对于股票期权、指数期权等其他种类的期权来说,外汇期权买卖的是外汇。外币期权交易是指期权交易的买方与卖方商定,期权买方以支付期权费为代价,取得在规定期内按协议价格买入或卖出一定数量外币的权力。一般这个"外币"是外汇。外币期权交易于 20 世纪 80 年代初随着国际金融业务的拓展、计算机的广泛应用,商品期权业务和在股票期权的基础上发展起来,现已成为防止外汇风险的一种重要手段。

2. 外汇期权的特点

(1)外汇期权有更大的灵活性

外汇期权合约的买方购买的是一种权利即选择权。在合约的有效期内或约定的到期日,如果汇率对合约买方有利,买方即可行使期权,按约定汇率买进或卖出外汇。如果汇率对合约买方不利,买方则可放弃期权。因此,外汇期权弥补了远期外汇交易的某些弱点,更具灵活性。

(2)期权费不能收回,且费率不固定

期权费亦称权利金、保险费,即外汇期权的价格。期权交易的买方获取选择权,意味着卖方出售了这种权利,所以卖方要收取一定金额作为补偿。期权费在期权交易成交时由合约买方支付给合约卖方,无论买方在有效期内是否行使期权,期权费均不能收回。

(3)外汇期权交易的对象是标准化合约

通常,期权交易中期权合约的内容实现标准化,如货币数量、到期日等。

(4)安全性高

因为在外汇交易不确定的情况下,期权可避免汇率方面的风险。

3. 外汇期权的类型

(1)按履约方式划分

①美式期权,指自选择权合约成立之日算起,到到期日的截止时间之前,买方可以在此期间内之任一时点,随时要求卖方依合约的内容,买入或卖出约定数量的某种货币。

②欧式期权,指期权买方于到期日之前,不得要求期权卖方履行合约,仅能于到期日的截止时间,要求期权卖方履行合约。

美式期权的买方可于有效期内选择有利的时点履行合约,比欧式期权更具有灵活性。对于卖方而言,所承担的汇率风险更大(期权也可以理解为买方支付一定权利金将汇率风险转嫁给卖方)。所以美式期权的权利金比欧式期权高。

(2)按双方权利的内容分类

①看涨期权,也称择购期权、买权(Call Option),是指期权合约的买方有权在有效期内或到期日之截止时间按约定汇率从期权合约卖方处购进特定数量的货币。这种期权之所以称为看涨期权,一般是进口商或投资者预测某种货币有上涨之趋势,购买期权是为避免汇率风险。

②看跌期权,也称择售期权、卖权(Put Option),是指期权买方有权在合约的有效期内或到期日之截止时间按约定汇率卖给期权卖方特定数量的货币。这类期权之所以称为看跌期权,一般是出口商或有外汇收入的投资者,在预测某种货币有下跌趋势时,为避免收入减少,按约定汇率卖出外汇以规避风险。

(3)按交易方式划分

按交易方式可以分为有组织的交易所交易期权和场外交易期权。通常情况下,期权交易是在交易所内进行的,交易的期权合约都是标准化的。到期日、名义本金、交割地点、交割代理人、协定价格、保证金制度、头寸限制、交易时间以及行权规定都是由交易所事先确定的,参与者需要的只是同意交易中合约的价格和数量。在交易所交易的期权由于已经标准化,因而可以进入二级市场买卖,具有流动性。在场外交易市场(也可称为柜台交易)交易的期权主要是适合个别客户的需要,其合约不像交易所期权那样标准化,通常通过协商达成,且根据客户的需要可以对期权进行特制。目前,场外交易市场的期权合同也在向标准化发展,其目的是为了提高效率,节约时间。

4. 期权费及其决定因素

作为一种选择权,外汇期权对合约买方而言是非常灵活的。如果汇率对其有利,可以行使期权,按约定汇率买进或卖出外汇;如果汇率对其不利,则可放弃期权。而对合约卖方而言则不然,只要合约买方需要实现自己的权利,合约卖方都必须按合约约定的价格和数量出售或购买外汇。也就是说,期权合约买卖双方的权利与义务是不对等的。正是这种不对等使得期权合约卖方在卖出期权合约时要向期权合约买方收取取得选择权的代价,即期权费。

期权费也称权利金,在期权交易中扮演着重要角色,一般由以下因素决定。

(1) 合约的有效期

合约的有效期越长，权利金越高。因为期权合约的有效期越长，期权买方从汇率变动中牟取的机会越多，而期权卖方承担的汇率风险越大，需要收取作为补偿的权利金越高。

(2) 协议日与到期日的差价

对于看涨期权而言，较低的协议价可能要收取较高的期权费，因为期权本身是合约买方看涨的，并且在合约到期时买方有权执行也有权不执行。如果执行，卖方的损失可能会超过它转卖所得的利润；如果买方不执行，卖方就必须承担汇率风险，即未必能以协议时价位买回合约外汇。当然，较高的协议价格对于看涨期权而言其期权费可能就会要少些。对于美式期权，由于买方选择执行合约的日期更灵活自由，合约买方也就需要支付相对更多的期权费。

(3) 预期汇率的波动幅度

如果在有效期内作为标的物的货币价格越不稳定，期权卖方承担的风险越大。预期波动幅度较大时，权利金较高；当汇率相对稳定时，权利金较低。

(4) 期权供求状况

一般而言，外汇期权市场上的供求关系对期权费也有直接影响。期权买方多卖方少，期权费自然收得高些；期权卖方多买方少，期权费就会便宜一些。

(5) 期权的约定汇率

买权的约定汇率越低，对买方越有利，卖方蒙受损失的可能性越大，要求较高的权利金作为补偿；反之，买权的约定汇率越高，买方获利的机会越小，所愿意支出的权利金越小，说明买权的权利金与契约价格呈反向变动。卖权的买方在约定汇率较高时，获利较大，卖方所要求的权利金也越高，所以卖权的权利金与期权约定汇率是同向变动的。

(二) 外汇期权交易计算实例

【案例3.10】 美国某企业从法国进口一套设备，需在三个月后向法国出口商支付120万欧元，该企业拟向美国银行申请美元贷款以支付这笔进口货款，若按当时 USD 1 = EUR 1.2 的汇率计算，该企业需申请 USD 100 万贷款，为固定进口成本和避免汇率变动的风险，该企业向银行支付 USD 10 000 的期权费购买一笔期权，规定期权价为 USD 1 = EUR 1.2。假设三个月后，根据汇率变化分别出现下列三种情况：

USD 1 = EUR 1.15；USD 1 = EUR 1.25；USD 1 = EUR 1.2，则企业如何操作？

分析：(1) 假设三个月后美元兑欧元汇率由 USD 1 = EUR 1.2 下跌至 USD 1 = EUR 1.15，此时该进口企业行使期权，按合约汇率 USD 1 = EUR 1.2 进行交割，支付 USD 100 万购进 EUR 120 万，加上 USD 1 万期权费，共支付 USD 101 万。但若该进口商没有购买期权，按当时即期汇率购买 EUR 120 万，则需支付 USD 120 万(120÷1.15 = 104.34 万)才能买进 EUR 120 万。通过利用期权交易，尽管进口商支付了 USD 1 万期权费，但有效避免了 USD 3.34 万(104.34 万 − 101 万 = 3.34 万)的外汇风险损失。

(2) 假设三个月后美元兑欧元汇率由 USD 1 = EUR 1.2 上升至 USD 1 = EUR 1.25，此时该进口商应放弃行使期权，在市场上按 USD 1 = EUR 1.25 汇率直接购买 EUR 120 万，且只需支付 USD 96 万(120 万÷1.25＝96 万),加上期权费 USD 1 万,共支出 USD 97 万。而执行期权则要支出 USD 101 万(100 万+1 万＝101 万期权费),所以放弃期权。

(3)假设三个月后美元兑欧元汇率三个月后仍为 USD 1＝EUR 1.2,此时该进口商执行期权与否的结果是一样的,虽付出了 USD 1 万期权费,但固定了成本,这也是期权买方的最大损失。即付出 USD 101 万(100 万+1 万＝101 万期权费)购买 EUR 120 万。

本章小结

1. 外汇市场是世界上最大的金融市场。外汇市场几乎全天都有交易在进行,且交易量庞大,估计每天约有数万亿美元的规模。

2. 外汇市场类型依据不同标准分为有形市场和无形市场;外汇批发市场和外汇零售市场;国内外汇市场和国际外汇市场。

3. 外汇市场参与者主要是外汇银行、外汇银行的客户、中央银行、外汇经纪商、交易中心和中央银行与监管机构。

4. 外汇交易形式主要包括即期交易、远期交易、套期保值交易、套汇交易、套利交易、外汇期权交易等。

思 考 题

一、选择题

1. 已知纽约外汇市场 1 美元＝7.735 5 港元,纽约市场利率为 5%,香港市场利率为 6.5%,三个月后,港元远期汇率将(　　),实际远期汇率为(　　)。

A. 贴水,7.764 5　　　B. 升水,7.764 5　　　C. 贴水,7.706 65　　　D. 升水,7.706 5

2. 直接套汇是在(　　)交易中进行的。

A. 即期外汇　　　B. 远期外汇　　　C. 货币期货　　　D. 掉期外汇

3. 一般情况下,利率较高货币远期会(　　)。

A. 升水　　　B. 贴水　　　C. 不确定

二、计算题

1. 已知即期 1 美元兑换 122.20 日元,银行年利率为美国 8.5%,日本 3.5%,问美元将来升水还是贴水? 三个月后美元兑日元的比价? 升贴水年率?

2. 即期 1 英镑兑换 1.671 6 美元,三个月英镑贴水 0.001 6,美国出口商收到 10 万英镑,预计三个月后 1 英镑贬值到 1.660 0 美元。问

(1)如不保值,损失多少?

(2)如何套期保值?

3. 伦敦:1 英镑兑换 3 马克;香港:1 英镑兑换 12.5 港元;法兰克福:1 港元兑换 0.2 马克。100 万港元能否套汇,如何套汇?

4. 假设美国年利率为 9%,英国利率为 7%,若英国一套利者以 100 万英镑存入银行六个

月,即期 1 英镑兑换 1.98 美元,未来美元贴水 0.01,问如何套利,赚多少钱?

5. 某企业三个月支付 60 万法郎,为降低风险购买期权,期权价为 1 美元兑换 6 法郎,期权费为 1 000 美元,当 1 美元分别兑换 5.9 法郎、6 法郎和 6.1 法郎,是否执行期权?结果如何?

【阅读资料】

纽约金融市场

纽约是世界最重要的国际金融中心之一。第二次世界大战以后,纽约金融市场在国际金融领域中的地位进一步加强。美国凭借其在战争时期膨胀起来的强大经济和金融实力,建立了以美元为中心的资本主义货币体系,使美元成为世界最主要的储备货币和国际清算货币。西方资本主义国家和发展中国家的外汇储备中大部分是美元资产,存放在美国,由纽约联邦储备银行代为保管。一些外国官方机构持有的部分黄金也存放在纽约联邦储备银行。纽约联邦储备银行作为贯彻执行美国货币政策及外汇政策的主要机构,在金融市场的活动直接影响到市场利率和汇率的变化,对国际市场利率和汇率的变化有着重要影响。世界各地的美元买卖,包括欧洲美元、亚洲美元市场的交易,都必须在美国,特别是在纽约的商业银行账户上办理收付、清算和划拨,因此纽约成为世界美元交易的清算中心。此外,美国外汇管制较松,资金调动比较自由。在纽约,不仅有许多大银行,而且商业银行、储蓄银行、投资银行、证券交易所及保险公司等金融机构云集,许多外国银行也在纽约设有分支机构,1983 年世界最大的 100 家银行在纽约设有分支机构的就有 95 家。这些都为纽约金融市场的进一步发展创造了条件,加强了它在国际金融领域中的地位。

纽约金融市场按交易对象划分,主要包括外汇市场、货币市场和资本市场。

纽约外汇市场是美国,也是世界上最主要的外汇市场之一。纽约外汇市场并无固定的交易场所,所有的外汇交易都是通过电话、电报和电传等通信设备,在纽约的商业银行与外汇市场经纪人之间进行。这种联络就组成了纽约银行间的外汇市场。此外,各大商业银行都有自己的通信系统,与该行在世界各地的分行外汇部门保持联系,又构成了世界性的外汇市场。由于世界各地时差关系,各外汇市场开市时间不同,纽约大银行与世界各地外汇市场可以 24 小时保持联系。因此它在国际间的套汇活动几乎可以立即完成。

纽约货币市场即纽约短期资金的借贷市场,是资本主义世界主要货币市场中交易量最大的一个。除纽约市金融机构、工商业和私人在这里进行交易外,每天还有大量短期资金从美国和世界各地涌入和流出。和外汇市场一样,纽约货币市场也没有一个固定的场所,交易都是供求双方直接或通过经纪人进行的。在纽约货币市场的交易,按交易对象可分为:联邦基金市场、政府库券市场、银行可转让定期存单市场、银行承兑汇票市场、商业票据市场等。

纽约资本市场是世界最大的经营中、长期借贷资金的资本市场。它可分为债券市场和股票市场。纽约债券市场交易的主要对象是政府债券、公司债券和外国债券。纽约股票市场是纽约资本市场的一个组成部分。在美国,有十多家证券交易所按证券交易法注册,被列为全国性的交易所。其中纽约证券交易所、NASDAQ 和美国证券交易所最大,它们都设在纽约。

(资料来源:百度百科.)

第四章 Chapter 4

国际储备

【学习目的与要求】

本章主要阐述了国际储备的相关知识。通过本章学习,要求学生掌握国际储备、国际清偿力、基金组织的储备头寸、特别提款权等基本概念;理解国际储备的构成、作用和国际储备的管理原则及影响国际储备规模的因素;了解国际储备管理的基本方法,并能够运用所学知识分析我国国际储备问题。

【案例导入1】

乌克兰国际储备因国际组织支持增至167亿美元

乌克兰国家通讯社2017年4月6日援引乌克兰国家银行新闻报道,乌国际储备因国际货币基金组织和欧盟的宏观财政援助而增加至167亿美元。

报道称,2017年4月5日乌克兰国家银行收到国际货币基金组织为补充国际外汇储备而发放的当期拨款资金,"第四期贷款资金为10亿美元,以不同货币分别发放:3.67亿特别提款权,2亿英镑,1.46亿欧元,9 200万美元。"此外,欧盟给乌克兰发放了第三期宏观财政援助计划的第二笔6亿欧元拨款。

"这样一来,国际储备就从3月的151亿美元增加到目前的167亿美元。这样的储备水平相当于未来3.6个月的进口量,足以满足乌克兰、目前政府的运作以及国家银行的义务。"

据报道,4月3日IMF董事会完成乌克兰的中期贷款计划(EFF)的第三次审查,同意向乌克兰发放10亿美元拨款。

(资料来源:商务部网站)

【案例导入2】

随着经济全球化进程的加快,国际贸易多元化合作日益紧密,国际贸易结算发生在更加广阔的范围。近几年,中国进出口贸易大国优势日益显著。2009年,中国成为全球第一大贸易出口国;2013年,中国首次超越美国,成为世界第一大货物贸易国,且这一地位在2014年和2015年连续保持。然而,在贸易量和贸易额快速增长的同时,国际贸易结算风险也伴之而来。外贸企业如果不具备足够的贸易结算风险防控意识和能力的话,是难以抵挡国际贸易的大风大浪的。

自2015年11月人民币加入特别提款权(SDR)货币篮子以来,中国在推动扩大SDR使用方面卓有成效。自2016年4月起,中国开始发布以美元和SDR为报告货币的外汇储备、国际收支和国际投资头寸数据。受访专家表示,扩大SDR的国际认可度,使人民币真正得到国际市场的认可,只有这样,才能逐步推进国际贸易结算以人民币为计价货币。如此一来,中国外贸企业在贸易结算时可以大大提升抵御汇率风险的能力,人民币加入SDR的作用也才能真正体现出来。

(资料来源:国际商报)

第一节 国际储备概述

一、国际储备的内涵

国际储备(International Reserves)也称官方储备,指一国货币当局为弥补国际收支逆差、维持本国货币汇率的稳定以及应付各种紧急支付而持有的为世界各国所普遍接受的资产。

一般来说,作为一国的国际储备具有以下三个特点:

①官方持有性。作为国际储备资产,必须是一国货币当局所持有的,而不是其他机构或经济实体所持有的。

②普遍接受性。作为国际储备资产,必须能在国际间清算国际收支差额时被各国所普遍接受的。

③充分流动性。作为国际储备资产,必须能在各种资产形式间自由兑换,而且是能够随时变现对外进行支付的。

二、国际储备的构成

国际储备的构成是指用于充当国际储备资产的资产种类。不同历史时期,资产种类各有不同。根据国际货币基金组织的统计标准,目前国际储备包括四种形式:黄金储备、外汇储备、在国际货币基金组织的储备头寸和特别提款权。其中,前两种储备资产是各国普遍拥有的,而后两种的拥有是有条件的,只有国际货币基金组织的成员国才有第三项储备资产,得到特别提款权的分配且并未使用时,才能有第四项储备资产。

(一)黄金储备

作为国际储备的黄金是指一国政府持有的货币性黄金,即作为金融资产的黄金,不包括非货币用途的黄金。因此,并不是作为一国政府所持有的全部黄金都是国际储备。

黄金作为国际储备的历史由来已久。在金本位制和布雷顿森林体系下,黄金作为主要的国际储备货币在国际经济交往中发挥着重要的作用。但由于黄金的开采量受自然条件的限制,而且私人窖藏、工业与艺术用途的黄金需求不断增长,黄金难以满足世界贸易和国际投资的扩大对国际储备的需要。自1976年起,根据国际货币基金组织的《牙买加协议》,黄金同国际货币制度和各国货币脱钩,黄金不再成为货币制度的基础,也不准用于政府间的国际收支差额清算。目前,黄金储备在国际储备总额中的比重已降至不足5%左右,但主要发达国家的黄金比重仍较高,这主要体现了目前黄金在各国间严重分布不均的情况(见表4.1)。

虽然黄金作为国际储备的地位不断下降,但是基金组织在统计和公布各成员国的国际储备时,依然把黄金储备列入其中。其主要原因是黄金长期以来一直被认为是最后的支付手段,它的贵金属特性使它易于被人们所接受,加之世界上发达的黄金市场,各国货币当局可以方便地通过向市场出售黄金来获得所需的外汇,平衡国际收支。

表4.1 世界各国官方黄金储备

更新时间:2016年7月

	公吨	占总外储%		Tons	reserves
1 United States	8,133.5	74.6%	51 Malaysia	36.4	1.5%
2 Germany	3,380.2	67.9%	52 Peru	34.7	2.2%
3 IMF	2,814.0		53 Jordan	34.5	8.6%
4 Italy	2,451.8	67.6%	54 Slovakia	31.7	40.9%
5 France	2,435.6	62.7%	55 Azerbaijan	30.2	17.4%
6 China	1,808.3	2.1%	56 Syria	25.8	5.7%
7 Russia	1,481.4	14.9%	57 Ukraine	24.9	7.2%
8 Switzerland	1,040.0	6.2%	58 Sri Lanka	22.5	14.1%
9 Japan	765.2	2.4%	59 Morocco	22.0	3.4%
10 Netherlands	612.5	61.2%	60 Afghanistan	21.9	11.9%
11 India	557.8	5.9%	61 Nigeria	21.4	2.6%
12 ECB	504.8	26.4%	62 Serbia	18.4	7.0%
13 Turkey	464.1	15.6%	63 Cyprus	13.9	63.2%
14 Taiwan	422.7	3.7%	64 Bangladesh	13.8	1.9%

15 Portugal	382.5	71.0%	65 Tajikistan	13.1	90.2%
16 Saudi Arabia	322.9	2.1%	66 Cambodia	12.4	6.0%
17 United Kingdom	310.3	8.7%	67 Qatar	12.4	1.3%
18 Lebanon	286.8	22.4%	68 Ecuador	11.8	18.0%
19 Spain	281.6	19.3%	69 Czech Republic	9.9	0.5%
20 Austria	280.0	42.7%	70 Mauritius	9.9	8.4%
21 Kazakhstan	234.6	31.8%	71 Ghana	8.7	7.4%
22 Belgium	227.4	36.2%	72 Paraguay	8.2	4.8%
23 Venezuela	206.2	61.7%	73 United Arab Emirates	7.5	0.4%
24 Philippines	196.0	9.2%	74 Myanmar	7.3	3.8%
25 Algeria	173.6	4.7%	75 Guatemala	6.9	3.1%
26 Thailand	152.4	3.4%	76 Macedonia	6.8	11.0%
27 Singapore	127.4	1.9%	77 Tunisia	6.8	3.5%
28 Sweden	125.7	8.1%	78 Latvia	6.6	7.3%
29 South Africa	125.2	10.5%	79 Nepal	6.1	2.8%
30 Mexico	121.2	2.6%	80 Ireland	6.0	7.6%
31 Libya	116.6	5.7%	81 Lithuania	5.8	14.9%
32 Greece	112.7	58.9%	82 Bahrain	4.7	3.1%
33 Korea	104.4	1.1%	83 Kyrgyz Republic	4.3	8.6%
34 BIS	104.0		84 Brunei Darussalam	4.1	4.4%
35 Romania	103.7	10.1%	85 Colombia	3.5	0.3%
36 Poland	102.9	3.8%	86 Slovenia	3.2	14.4%
37 Iraq	89.8	6.4%	87 Aruba	3.1	13.9%
38 Australia	79.9	5.4%	88 Hungary	3.1	0.4%
39 Kuwait	79.0	8.5%	89 Bosnia and Herzegovia	3.0	2.3%
40 Indonesia	78.1	2.9%	90 Guinea	2.4	21.8%
41 Egypt	75.6	18.0%	91 Luxembourg	2.2	8.3%
42 Brazil	67.2	0.7%	92 Mozambique	2.2	3.9%
43 Denmark	66.5	4.1%	93 Hong Kong	2.1	0.0%
44 Pakistan	64.5	12.2%	94 Iceland	2.0	1.2%
45 Argentina	61.7	8.0%	95 Papua New Guinea	2.0	3.9%

46 Finland	49.1	17.8%	96 Trinidad and Tobago	1.9	0.8%
47 Belarus	43.0	39.2%	97 Haiti	1.8	3.5%
48 Bolivia	42.5	14.1%	98 Mongolia	1.8	4.8%
49 Bulgaria	40.3	6.5%	99 Albania	1.6	2.0%
50 WAEMU	36.5	11.2%	100 Yemen	1.6	1.2%

资料来源：世界黄金协会(WGC)官网。

(二) 外汇储备

外汇储备是一国货币当局所持有的可兑换货币和以其表示的支付手段和流动性资产。外汇储备是当今国际储备的主体，这是因为就金额而言，它超过所有其他类型的储备。一般来讲，作为储备货币应具有以下几个条件：第一，在国际货币体系中占据重要地位；第二，能自由兑换成其他国家货币，是国际贸易中普遍接受的国际计价手段和支付手段；第三，价值相对稳定，中央银行和企业界对其购买力的稳定具有信心。

在国际金本位制时，英镑成为最早的国际储备货币，第二次世界大战后美元取代英镑成为最重要的国际储备货币。从 20 世纪 70 年代开始，随着布雷顿森林体系的崩溃，国际储备货币呈现多元趋势，充当储备货币的主要有美元、英镑、法国法郎、日元、德国马克等。1999 年欧元启动后，欧元对美元在国际储备货币中的霸主地位发起挑战，未来国际储备货币可能主要形成美元、日元、欧元三足鼎立的新格局，国际储备多元化的趋势也更加显著。建立多种货币储备体系，是在黄金非货币化进程中为解决储备充足性与储备货币币值稳定性之间的矛盾而采取的一种选择。其主要原因如下：

（1）美国经济实力的相对削弱和美元危机的不断爆发

1971 年、1973 年两次宣布美元贬值，给持有美元储备资产的国家尤其是发展中国家造成重大损失。美元国际信誉急剧下降，人们不再理所当然地认为美元是最安全的货币。从 20 世纪 60 年代起，日本和联邦德国在许多重要产业领域向美国发起有力竞争。这一变化突出反映在其相互间经常账户的顺、逆差上，使得联邦德国马克和日元兑美元的汇率呈现较大幅度上升，美元已无法再继续单独承担国际储备货币的职能。各国中央银行为了避险趋利，纷纷抛售美元，购进其他货币资产，以减少或避免其储备资产实际价值的下降。

（2）日元、德国马克等货币的地位上升

随着战后日本、西欧各国经济的恢复与发展，相应的，这些国家的货币也被人们不同程度地看好而成为硬通货。当美元信用逐渐削弱而使美元危机迭生时，这些硬货币也就成了人们作为中心储备货币的最佳选择。因此，许多国家在预期到美元贬值时，就纷纷将美元储备兑换成日元、德国马克、瑞士法郎等硬货币，甚至还抢购黄金，从而使国际储备资产分散化和多元化。1979 年 11 月，美国对伊朗资产的冻结，又加速了储备货币多元化的进程。石油输出国为避免储备美元的风险，将大量的石油美元从美国调往日本和欧洲，并兑换成日元、德国马克和

其他硬货币。这样储备货币中美元的比重就不断下降,而其他硬货币的比重则不断增加。据统计,至1979年底,美元在诸多储备货币中所占的比重从1973年的84.6%降为1979年的65.1%,而其他货币所占比重则由1973年的15.4%上升为34.9%。到20世纪70年代末期,国际储备构成已包括美元、英镑、法国法郎、瑞士法郎、荷兰盾、日元和欧洲货币单位以及黄金等,一个新的、系统的、多元化的国际储备体系建立起来了。

(3) 主要货币汇率和利率波动逐渐加大,风险增强

1973年,主要西方国家货币汇率开始实行浮动汇率制,过去长期实行固定汇率所掩盖的美国与日本、西欧等国家之间经济实力对比的变化,通过其货币汇率变动表现出来。美元利率虽然高于联邦德国马克和日元,但因其汇率下跌幅度较大,使其实际总收益率呈现下降。由于主要货币收入与风险关系的变化而产生国内外资产组合结构调整的需要,各国采取主动性风险分散化战略促进了储备货币的多元化。为了防止外汇风险,保持储备货币的价值,各国就有意识地把储备货币分散化,以此分散风险,减少损失。这种主观保值行为也推动了国际储备体系走向多元化。

(三) 国际货币基金组织中的储备头寸

国际货币基金组织规定,一个国家加入该组织时,需缴纳一定的资金,我们称之为份额。按该组织现在的规定,认缴份额的25%须黄金和以可兑换货币缴纳,其余75%用本国货币缴纳。当成员国发生国际收支困难时,有权以本国货币抵押的形式向该组织申请可兑换货币。提用的数额分为五档,每档占其认缴份额的25%,即会员国可使用的最高限额为份额的125%,最低为0,条件逐档严格。由于第一档提款额就等于该成员国认缴的可兑换货币额,因此条件最为宽松。在实践中只要提出申请,便可提用这一档。该档提款权为储备部分提款权,其余四档为信用提款权。所谓储备头寸在国际货币基金组织的储备头寸,是指一成员国在基金组织的储备部分提款余额,再加上向基金组织提供的可兑换货币贷款余额(见表4.2)。

表4.2　成员国在基金组织的储备地位及可能的借入储备

成员国在基金组织的储备地位	向基金组织提供的可兑换货币贷款余额 第一档(储备头寸)提款权:占份额25%	成员国在基金组织的普通提款权
成员国在基金可能的借入的储备	第二档(信用)提款权:占份额25% 第三档(信用)提款权:占份额25% 第四档(信用)提款权:占份额25% 第五档(信用)提款权:相当于占份额25%	提用条件逐档严格

(四)特别提款权

特别提款权(Special Drawing Rights,SDRs)是国际货币基金组织创设的一种储备资产和记账单位,亦称"纸黄金"(Paper Gold)。它是基金组织分配给成员国的一种使用资金的权利。成员国在发生国际收支逆差时,可用它向基金组织指定的其他成员国换取外汇,以偿付国际收支逆差或偿还基金组织的贷款,还可与黄金、自由兑换货币一样充当国际储备。但由于其只是一种记账单位,不是真正货币,使用时必须先换成其他货币,不能直接用于贸易或非贸易的支付。因为它是国际货币基金组织原有的普通提款权以外的一种补充,所以称为特别提款权。

特别提款权的创立经过了一个长时间的酝酿过程。20世纪60年代初爆发的美元第一次危机,暴露出以美元为中心的布雷顿森林体系的重大缺陷,使越来越多的人认识到,以一国货币为支柱的国际货币体系是不可能保持长期稳定的。从20世纪60年代中期起,改革二战后建立的国际货币体系被提上了议事日程。以美、英为一方,为了挽救美元、英镑日益衰落的地位,防止黄金进一步流失,补偿美元、英镑、黄金的不足,适应世界贸易发展的需要应创新的储备货币。而以法国为首的西欧六国则认为,不是国际流通手段不足,而是"美元泛滥",通货过剩。因此,强调美国应消除它的国际收支逆差,并极力反对创设新的储备货币,主张建立一种以黄金为基础的储备货币单位,以代替美元与英镑。1964年4月,比利时提出了一种折中方案:增加各国向基金组织的自动提款权,而不是另创新储备货币来解决可能出现的国际流通手段不足的问题。基金组织中的"十国集团"采纳了这一接近于美、英的比利时方案,并在1967年9月基金组织年会上获得通过。1968年3月,由"十国集团"提出了特别提款权的正式方案,但由于法国拒绝签字而被搁置起来。美元危机迫使美国政府宣布美元停止兑换黄金后,美元再也不能独立作为国际储备货币,而此时其他国家的货币又都不具备作为国际储备货币的条件。这样就出现了一种危机,若不能增加国际储备货币或国际流通手段,就会影响世界贸易的发展。于是,提供补充的储备货币或流通手段就成了基金组织最紧迫的任务。因此,基金组织在1969年的年会上正式通过了"十国集团"提出的储备货币方案。

按国际货币基金组织的规定,基金组织的成员国可以自愿参加特别提款权的分配,成为特别提款账户参加国。成员国参加后如要退出,只需事先以书面通知,就可随时退出。

基金组织规定,每五年为一个分配特别提款权的基本期。第24届基金年会决定了第一次分配期,即自1970年至1972年,发行95亿特别提款权,按成员国所摊付的基金份额的比例进行分配,份额越大,分配得越多。这次工业国共分得69.97亿,占总额的74.05%。其中美国分得最多,为22.94亿,占总额的24.63%。这种分配方法使急需资金的发展中国家分得最少,而发达国家则分得大部分。发展中国家对此非常不满,一直要求改变这种不公正的分配方法,要求把特别提款权与援助联系起来,并要求增加它们在基金组织中的份额,以便可多分得一些特别提款权。

成员国分得特别提款权以后,即视为本国储备资产,如果发生国际收支逆差即可动用。使用特别提款权时需通过国际货币基金组织,由它指定一个参加国接受特别提款权,并提供可自由使用的货币,主要是美元、德国马克、法国法郎、日元和英镑。还可以直接用特别提款权偿付国际货币基金组织的贷款和支付利息费用;参加国之间只要双方同意,也可直接使用特别提款权提供或偿还贷款、进行赠予,以及用于远期交易和借款担保等各项金融业务。

特别提款权的利息开始时较低,1970年间仅为1.5%,1974年6月起提高到5%。以后,特别提款权利率的计算方法,大致是根据美、德、日、英、法五国金融市场短期利率加权平均计算而得,每季度调整一次。

【资料库】

人民币2016年10月1日成功加入IMF特别提款权货币篮子

国际货币基金组织(IMF)亚洲及太平洋部副主任马库斯·罗德劳尔近日接受新华社记者专访时表示,中国在很多领域都能提高生产率,加大改革力度可以推动中国经济在中期内保持中高速增长。

罗德劳尔说,中国经济非常复杂,推进改革并不容易。经济增长虽然面临很多挑战,但政府已采取措施应对。IMF相信中国政府将坚定不移地推进改革,并逐步兑现改革承诺。

罗德劳尔表示,中国改革取得的成效显著。根据IMF的测算,中国经济结构改革成果占二十国集团(G20)所有成员经济改革成果的50%以上,表明中国经济结构改革方面已取得巨大进展。

他同时指出,中国生产率的提升空间仍然很大。罗德劳尔说,中国的户籍制度改革使得大量农民加入城市劳动大军,将促进生产率每年提高0.3%-0.5%,而公共事业、电信、医疗等服务行业的继续开放则可促进生产率每年提高1%~1.3%。

IMF在今年10月发布的《世界经济展望》报告中预计,未来中国经济增速仍将高于发达国家,在此带动下,中国人均GDP也将向发达国家逐步靠拢。罗德劳尔认为,继续深化改革可以推动中国经济在中期内维持5.5%~6%的增速。

人民币今年10月1日成功加入IMF特别提款权货币篮子,IMF总裁拉加德发表声明说,这反映了人民币在国际货币体系中的地位不断上升,有利于建立一个更强劲的国际货币金融体系。

对此,罗德劳尔强调,人民币进入IMF特别提款权货币篮子将推动中国加快改革步伐,未来中国应进一步提高外汇储备和汇率政策透明度。他表示,中国已成功改革汇率系统,使其更为灵活,人民币汇率现在参考一篮子货币,而不是只盯住美元。

对于房地产市场问题,罗德劳尔认为,中国部分大城市出现房价过快上涨是不可持续的,需警惕可能出现的泡沫,并采取措施控制风险。

IMF近期发布的《全球金融稳定报告》提醒中国信贷持续快速增长给金融稳定带来新的风险,但报告也指出,中国政府最近的改革努力促进了更平衡的经济增长,中国经济和金融体系的抗风险能力因此提高。

IMF支持中国采取综合政策措施应对债务问题,充分肯定中国将"去产能、去库存、去杠杆、降成本、补短板"作为一项完整系统工程推进的正确做法和由此取得的成就。罗德劳尔对此表示,目前中国仍有空间和工具控制企业债务问题,如加强预算管理等。他相信中国能够控制住企业债务增长,让企业更有竞争力。

(资料来源:钢企网)

三、国际清偿力与国际储备

与国际储备相近而又不同的一个概念是国际清偿力(International Liquidity)。国际清偿力的含义比国际储备要广泛一些,它不仅包括货币当局持有的各种国际储备资产,而且包括该国从国际金融机构和国际资本市场融通资金的能力、该国商业银行所持有的外汇、其他国家希望持有这个国家资产的愿望,以及该国提高利率时可以引起资金流入的程度等。实际上,一个国家的国际清偿力是指该国弥补国际收支逆差而无需采取调整措施的能力。

按照国际储备的内涵和特征,广义的国际储备可以划分为自有储备、借入储备和诱导储备,三者之和就是我们所说的国际清偿力。通常所讲的国际储备就是狭义的国际储备,即指自有储备,包括货币性黄金、外汇储备、在国际货币基金组织的储备头寸和特别提款权四大组成部分;借入储备则包括备用储备、借款总安排、互惠信贷协议等几种形式组成;诱导储备主要指商业银行的对外短期可兑换货币资产。

(一)备用信贷

备用信贷(Stand-by Credit)是成员国在国际收支发生困难或预计要发生困难时,同基金组织签订的一种备用借款协议。这种协议通常包括可借用款项的额度、使用期限、利率、分阶段使用的规定、币种等。协议一经签订,成员国在需要时便可按协议规定的方法提用,无需再办理新的手续。备用信贷协议中规定的借款额度,有时并不被完全使用。对于未使用部分的款项,只需缴纳约1%的年管理费。有的成员国与基金组织签订了备用信贷协议后,甚至根本不去使用它。凡按规定可随时使用仍未使用的部分,计入借入储备。

备用信贷协议的签订,对外汇市场上的交易者和投机者,具有一种心理上的作用。它一方面表明政府干预外汇市场的能力得到了扩大,另一方面又表明了政府干预外汇市场的决心。因此,协议的本身,有时就能起到调节国际收支的作用。

(二)借款总安排

借款总安排(General Agreement to Borrow)是另一种短期信贷的来源。1962年由基金组织同十个工业发达国家(十国集团)设立一笔折合60亿美元的资金,由十国管理。鉴于会员国大量借款有可能耗尽基金组织的资金,借款国可向基金组织和十国集团同时申请,经十国集团的2/3多数和基金组织同意,由基金组织向有关国家借入,再转贷给贷款国,贷款期限为3~5年。贷款国如发生国际收支困难时随时收回贷款。1983年2月,十国集团决定将该集团借款总额安排协定的资金增加到170亿特别提款权,并于1984年吸收瑞士作为该集团的正式会员国,同时同意沙特阿拉伯作为联系国,联系的信贷额度为15亿特别提款权,共计为185亿特别提款权。借款总额安排现已成为基金组织增加对会员国贷款所需资金的一种重要来源,其中基金组织担任贷款中介的角色。然而,这种贷款设施并不能成为会员国扩大国际清偿力的永久源泉,一旦会员国归还贷款,国际储备仍恢复到原来水平。

(三) 互惠信贷协议

互惠信贷协议(Swap Arrangements)是指两个国家签订的使用对方货币的协议。在这种协议下,当其中一国发生国际收支困难时,便可按协议规定的条件(通常包括最高限额和最常使用期限)自动地使用对方的货币,然后在规定的期限内偿还。这种协议同备用信贷协议一样,从中获得的储备资产是借入的,可以随时使用。两者的区别是互惠信贷协议不是多边的,而是双边的,它只能用来解决协议国之间的收支差额,而不能用做清算同第三国的收支差额。美国在20世纪60年代分别同十多个国家签订过双边互惠信贷协议,以期减缓当时外汇市场上对美元的压力。

(四) 商业银行的对外短期可兑换货币资产

本国商业银行的对外短期可兑换货币资产,尤其是在离岸金融市场或欧洲货币市场上的资产,虽然其所有权不属于政府,也未被政府所借入,但因为这些资金流动性强、对政策的反应十分灵敏,故政府可以通过政策的、新闻的、道义的手段来诱导其流动性方向,从而间接达到调节国际收支的目的。故这些资产又被称为诱导性储备资产。

总的来说,国际清偿力包括国际储备、借入储备以及诱导储备资产之和(见表4.4)。

表4.4 国际清偿力图解

国际清偿力的构成要素		
自由储备 (国际储备)	借入储备	诱导储备 (借入储备的广义范畴)
1. 黄金储备 2. 外汇储备 3. 在基金组织的储备头寸 4. 在基金组织的特别提款权	1. 备用信贷 2. 借款总安排 3. 互惠信贷 4. 其他类似的安排	商业银行的对外短期可兑换货币资产

四、国际储备的作用

为保持一国经济的稳步发展,维持一国金融体系的良好运转,一国毫无例外地要保持一定数量的国际储备。国际储备的主要作用可体现在以下三个方面。

(一) 弥补国际收支逆差,平衡国际收支

一国在对外经济交往中,不可避免地会发生国际收支逆差,如果这种国际收支逆差得不到及时纠正,会影响一国经济的稳步发展,因此,国际收支的逆差必须及时纠正。而国际储备是弥补国际收支逆差的有力保证。如果国际收支逆差是暂时性的,则可通过使用国际储备予以解决,而不必采取影响整个宏观经济的财政或货币政策来调节;如果国际收支逆差是长期的、巨额的或根本性的,则国际储备可以起到一种缓冲作用,使政府有时间渐进地推进其财政货币

调节政策,避免因猛烈的调节措施可能带来的社会震荡。

(二)干预外汇市场,稳定本国货币汇率

国际储备可用于干预外汇市场,影响外汇供求,将汇率维持在一国政府所希望的水平。在浮动汇率制下,汇率的波动是经常的,汇率的频繁波动会严重影响有关国家的经济发展与稳定,因此,各国动用国际储备干预外汇市场就显得十分必要。通过出售储备、购入本币,可使本国货币汇率上升;反之,通过购入储备、抛出本币,可增加市场上本币的供应,从而使本国货币汇率下跌。由于各国货币金融当局持有的国际储备总是有限的,因而外汇市场干预职能对汇率产生短期的影响。但是,由于汇率的波动在很多情况下是短期因素引起的,故外汇市场干预仍能对稳定汇率乃至稳定整个宏观金融和经济秩序起到积极作用。

(三)增强本币信誉,提高国际地位

一国持有国际储备的多少,表明一国平衡国际收支、维持汇率稳定的实力。充足的国际储备,可以加强一国的资信,支持本币汇率的稳步上升,从而提升一国在国际经济中的地位。

第二节 国际储备管理

国际储备管理,是指一国政府及货币当局根据一定时期内本国国际收支状况及经济发展的要求,对国际储备规模的适度化、结构的最优化及储备资产运用高效化等方面所进行的调节与控制。一般讲,国际储备管理主要集中在国际储备的规模管理和结构管理两个方面。

一、国际储备规模管理

(一)国际储备规模管理的内涵

国际储备规模管理就是根据本国国情(现状和发展需要),确认某一阶段国际储备的适度规模。所谓"适度",就是不能不足,也不能过多。

如果一国国际储备不足或过低,容易发生支付危机或债务危机,影响本国干预外汇市场的能力,金融危机到来时可能导致本币过度贬值。同时反映本币偿债能力有限,影响一国在国际金融市场上的信誉和举债能力,不利于一国经济的稳定增长。那么,国际储备规模是不是越多越好呢?这也未必。国际储备过多,将人为地减少本国国民经济对其资源、物资的有效利用。国际储备的来源主要是出口商品换取的外汇资金,这部分储备资产实质是国内的物资以资金形式存放在国外。因此,外汇储备越多,意味着从国内抽出的物资越多,这是一种变相的物资闲置,是资源浪费。此外,过多的国际储备意味着货币投放量很大,将对一国的通货膨胀带来压力。对于发展中国家而言,如果国际储备过多,国际社会认为该国具有充裕的资金,就可能失去享受国际金融组织低利息优惠贷款的机会,从而难以借助国际力量加快本国经济发展。

（二）影响一国国际储备规模的因素

综合来说，要保持适度的国际储备规模应考虑如下因素。

1. 国际收支差额

国际储备的主要作用之一是弥补国际收支逆差，因此，一国的国际收支状况对该国的储备需求具有决定性影响。一般来说，一国国际储备需求与其国际收支逆差呈正方向变化，逆差出现的频率越高，数额越大，对国际储备的需求量也就越大。另一方面，一国国际储备需求与其国际收支顺差呈反方向变化，一国若出现持续性顺差，对国际储备的需求就相应的逐渐减少。如果一国国际收支平衡，则国际储备维持正常状况即可。多数发展中国家因受经济结构不平衡、经济政策失当以及不合理的国际经济秩序的影响，国际收支出现逆差，迫使它们提高国际储备需求水平。

2. 外汇管制与汇率制度的安排

如果一国经济开放度低，对外实行严格的外汇管制，一切外汇收支都按计划或需经批准，则用汇量必然受到限制，在这种情况下，对外汇储备的需求一般会小些；反之，对外汇储备的需求会大些。与外汇管制相关的一个措施，便是一国对汇率制度的安排。

如前文所述，外汇储备的一个主要作用是平衡国际收支，另一个主要作用就是干预汇率，因此，储备需求与汇率制度是密切关联的。一国是实行固定汇率制，还是选择管理浮动汇率制，会影响到国际储备需求水平的高低。在一国实行固定汇率制的情况下，由于汇率的波动受到事先约定的波幅的限制（波幅较小），且一国不愿意经常性地改变汇率水平，则该国金融当局就有干预外汇市场的义务。因此，相对来讲，它就需要持有较多的外汇储备，以应付国际收支可能产生的突发性巨额逆差或外汇市场上恶性投机的冲击，维持汇率波动的界限。如果一国实行管理浮动汇率制，则政府的灵活性较大，相对可以持有少量国际储备。当今世界汇率制度的主流是管理式浮动汇率制，加上现实中汇率频繁波动。因此，各国对市场的干预时时存在，甚至因诸如热钱（Hot Money）等投机的全球化，单靠某个国家已无法对外汇市场进行良好的驾驭，因此，一个国际性的干预机制——联合干预逐渐形成并日趋成熟。可见，即使在较为灵活的汇率制度下，保持适度的外汇储备也是必需的。

3. 对外资信与融资能力

一般来说，一国有良好的对外信誉和形象，可以在必要时较容易或迅速地筹措到各种外汇资金。那么，该国对储备的需求会小些；反之，对储备的需求会大些。与此相关，一国在国际金融市场上的融资能力的高低与储备需求也存在密切关系。如果一国有能力通过各种方式（如借款、发行债券、设立基金、争取国际金融组织优惠贷款等）获得所需的资金，就可补充其国际清偿力抵消可能出现的资金缺口，则对储备的需求减少；反之，对储备的需求相应增加。可以说，储备需求与对外资信及融资能力呈负相关的关系。这里需注意，从发展中国家来看，由于其对外资信较差，融资能力较弱，因此对储备的需求是主动而强烈的，但是正因为其资信较差、融资能力较弱，在国际金融市场上并不易得到所需要的资金，因此，对储备的需求更多的是

"一厢情愿"。这是制约发展中国家发展的一个重要问题。目前在发展中国家有三种解决措施:一是吸引外商直接投资;二是签订区域性或多边互惠信贷协议;三是尽量争取国际货币基金组织和世界银行的支持。

4. 国际收支调节政策

弥补国际收支逆差的措施是多方面的。如在逆差时除可向外部融资以外,还可实行系列调节政策,即支出转换政策和支出削减政策,或者说通过紧缩的财政、货币政策(包括汇率政策)和贸易政策来平衡国际收支。这些政策调节代价(即成本)越高,持有储备的收益就越大,该国对储备的需求也就越大。而储备需求与调节效率则呈反方向变化,这些政策调节国际收支差额的效率越高,储备需求就越小;反之,这些政策的效率越低,储备需求就越高。

5. 持有储备的机会成本

持有储备实际上是成本与收益的统一。持有储备显然具有持有效益,如弥补国际收支逆差、干预汇率等,而且储备资产首先是一种外汇资产,存放在外国银行也有利息收入。同时,储备资产又是一种外国实际资源的象征,可用于向国外购买生产必需品或消费品,也可用于进口物资推动经济增长与提高投资收益。而"贮藏"它就等于这段时间放弃对这种实际资源的使用权,丧失由此带来的效益,这就是持有储备的机会成本。例如,动用储备进口物资所带来的国民经济增长和投资收益率,高于国外存款的利息收益,其差额就构成了持有储备的机会成本。又如,持有储备而导致国内货币供应量增加、物价上涨,也构成持有储备的一种成本。如果我们把因持有储备而放弃的对一定资源的使用权,用资本边际生产力来表示,则持有储备的机会成本就等于一国资本生产力与储备收益之差。可见,一国持有储备的机会成本相对较高,则储备的需求量就相应低些;反之,储备的需求量可相应高些。即一国储备需求与持有储备的成本呈负相关的关系。

6. 金融市场的发达程度

金融市场是储备的重要来源渠道,发达的金融市场使得金融当局可通过市场操作获取所需的储备,也可以通过金融机构迅速地"借入储备",即发达的金融市场存在一种迅速把民间资金或社会资金转换为中央银行直接持有的机制,我们称为储备转换机制。因此,金融市场越发达,储备转换机制越完善,货币当局对储备的需求"冲动"就减少;反之,对储备的需求"冲动"就增加。

7. 对外汇储备的经营与管理水平

一国如果具有系统和专业化的经营与管理机构,可以根据市场变化的要求,快速地决定某一时期本国需要的主要储备货币或对储备货币进行转换、组合,并确保储备在保值的基础上增值,亦即该国的储备经营与管理水平较高,则该国可相对减少储备需求;反之,可相应的增加储备需求。

8. 与他国政府或国际性金融组织的协调程度

如果一国与他国或国际性金融组织在经济、金融、货币等方面的协调合作较好,而且还可通过订立某些协议(如互惠信贷协议、备用信贷协议等)互为支持帮助,则可减少储备需求;反之,会增加储备需求。例如,欧盟各成员国由于在关税、金融、货币等方面的政策与合作较为协调一致,不少国际收支和汇率上的问题可通过协商来解决,因此,它们的外汇储备并不多。

9. 是否为储备货币发行国

如果一国是储备货币发行国,则该国可直接用本国货币来支付短期逆差,也可对外直接投资去获取更高的投资报酬,因此降低对储备的需求;反之,则要增加储备需求。当今世界最重要的国际储备货币是美元、欧元、日元、英镑等。美国是世界上最重要的储备货币发行国,美元是当前最重要的储备货币,是关键货币。因此,尽管美国的国民生产总值最大,开放度与市场化极高,但其外汇储备并非最多。

此外,一定时期的偶发或突发事件的频率与重要程度,如战争、自然灾害、外交风波、贸易制裁以及重大的政治经济体制改革等,也会对储备需求产生不同程度的影响。对经济增长与当期收入水平的偏好、财富效应的高低、一国承受国际收支政策调节的能力以及与之相关的政府采用调节政策的意愿等因素,同样对储备需求产生或多或少的影响。

由上分析可见,影响适度国际储备量的因素是很多的,而且每个因素都从不同方向、不同角度对适度国际储备量产生不同的影响。由此,又引申出另外一些问题,即各个因素的具体影响力多大,在这些因素影响下的适度储备量该通过什么样的方法或途径来确定等较为复杂与关键的问题。

(三)确定国际储备适度量的参考指标

在长期实践中,一些学者通过研究计算得出一些可信的数据;某些国际机构通过考察发现货币当局采取的某些特定举措,均可以作为确定国际储备量是否适度的参考指标。这些参考指标或举措如下:

1. 国际储备/进口额:25%

美国经济学家特里芬(Triffin)在1960年出版的《黄金与美元危机》一书中指出:一国的国际储备应与其贸易进口额保持一定比例,根据他的验证,一国的国际储备与进口额的比例一般以40%为合理,低于30%就需要采取措施调节,而20%则为最低限。如按全年储备对进口额的比例计算,约为25%,即一国储备量应以满足三个月进口用汇为宜,这一指标成为大多数国家确定储备适度量的重要参考。但是,这一参考指标也存在明显缺陷,因决定国际储备量包含许多变量函数,它不仅受进口额,还受出口、非贸易往来、资本流动等因素的影响,仅将进口额作为唯一的变量,过于笼统和机械,有失偏颇。各国具体情况不同所需储备水平也不同,以一个指标适用于不同类型的国家是不适宜的。因此,各国可以其作为参考,仍需结合具体情况加以估算确定。

2. 国际储备/外债:50%

一国国际储备占外债的比例是衡量一国资信和对外清偿力的重要指标。这项指标是从满足国际社会对国内经济要求角度而设计的,国际经济界认为:一般国际储备应相当于该国对外债务总额的1/2为宜。但这一观点也是有缺陷的,它只注意了外债的总额,忽视了外债的期限结构。一个国家的外债有长期、中期和短期之分。如果短期外债比重大,短期内还本付息所需的外汇就多,国际储备就应多些;如果中长期债务比重大,则短期内国际储备量就较少。

3. 适度国际储备区间:下限为经常储备量,上限为保险储备量

国际储备的区间波动在理论上分为四种储备:一为最低储备量,指当一国国际收支逆差,如只利用调节政策与对外融资时,则国际储备为零;二为最高储备量,指一国国际收支逆差、汇率波动剧烈时,该国不利用调节政策与对外融资政策,而完全依据国际储备来调节国际收支与维持汇率的稳定所需的储备量;三为保险储备量,指一国既能满足国际收支逆差的弥补,又能保证国内经济增长所需的实际资源投入的储备量;四为经常储备量,指保证一国正常经济增长所需进口不致因储备不足而受影响的储备量。据此,适度储备量可做一个区间,即以保证一国最低限度进口贸易总量所需的储备量(经常储备量)为下限,以一国经济增长幅度最大时可能出现的进出口贸易量与其他国际支付所需的储备量(保险储备量)为上限,在此区间各国货币当局进行灵活管理,优化配置。

(四)选择、确定衡量适度国际储备量的方法与模型

适度储备量是受多重因素影响的,每个影响因素都可以形成一定风格的决定理论(包括方法、模型),因此,在这里所探讨的问题是国际储备的若干理论问题之一。在西方国际储备理论中,对储备需求的定量测算方法主要有三种,即利用经验法则的比例分析法,利用多元回归与相关分析建立的储备需求函数,以及确定适度储备量的成本-收益分析法。

1. 比例分析法

比例分析法是一种简单的测量储备需求量的方法。该分析法的特点是把储备与某个或某些数量相比,得出一个比例结果。此结果就可以作为衡量储备是否适度的一个标准。早在19世纪初,人们就已运用该法来探讨储备需求的若干问题,一些著名的经济学家亦从该法入手创立了影响颇为深远的储备需求理论。1802年,亨利·桑顿在其所著《大不列颠货币信用的性质和影响》中指出,一国的黄金储备应该用于对外贸易提供融资,把储备与贸易联系起来。在金本位制度盛行之后,人们便十分关注储备与货币供应量之间的关系。第二次世界大战期间及其战后,人们又把目光转向储备与贸易的关系上,其典型代表人物是美国的经济学家罗伯特·特里芬,他认为储备需求会随国际贸易的发展而增加,推导出储备对进口的比例可作为衡量国际储备充分性的标准。1960年,特里芬在其著名的论著《黄金与美元危机》中再次强调了该论点,提出了迄今仍有广泛影响的"一国储备量应以满足三个月的进口额为宜"的结论,即被人们所称道的"特里芬法则"。该法则的特点是把储备与进口这个变量挂起钩来,因此,亦称为储备-进口比例计算法。

除了典型的储备与进口的比例法外,还有以下两种比较重要:

①结合进口支付和外债还本付息的比例法。该法在一些具有较多外债的国家和地区比较流行。它是在特里芬比例法的基础上,按外债余额的10%作为适度的储备额。

②结合外商投资资金回流的综合比例法。该法考虑了外商直接投资资金汇出对外汇储备的影响,是对上述两种比例法的补充。

比例法的最大优点是简便易行,但因选择的变量有限,因而计算的结果准确性不足,因此,该法可作为一种参考,但不能作为唯一的衡量适度储备的标准。

2. 储备需求函数

从20世纪60年代后半期开始,一些西方经济学家广泛采用各种经济计量模型,对影响储备需求的各种因素进行回归与相关分析,构成储备需求函数,用以确定一国的储备需求量。其特点是系统考察影响储备的各因素及其对储备需求的作用力的大小。储备需求函数有三个模式,即弗兰德斯(M. J. Flanders)模式,弗伦克尔(J. A. Frenkel)模式,埃尤哈(M. A. Iyoha)模式。

3. 成本-收益分析法

成本-收益分析法是20世纪60年代以来西方一些学者用以研究适度储备需求量的一种新方法。该法可以从全球的角度和一国的角度来分析储备的适度水平,一般情况下常用于后者。其特点是通过对一国持有储备的成本和收益进行分析,进而根据储备持有成本和收益的均衡求出储备的适度水平。它的主要代表人物是海勒(H. R. Heller)和阿加沃尔(J. P. Agarwal),并形成了两种主要的分析模式:海勒模式和阿加沃尔模式。

尽管提出国际储备适度规模问题已有相当一段历史,但系统地展开研究还只是近十几年的事。人们普遍认为,如何具体确定最适度国际储备水平确实是一个极其复杂的问题,从各种历史的数据中进行分析,可以得出一定的经验,但客观现实的发展,往往不会是历史的简单重复,因此研究还有待于进一步深入。

【资料库】

国际货币基金组织在评估成员国时,认为一国实行下列举措即被视为储备不足:①在国内实行高利率政策,其目的在于抑制资本外流,鼓励国际资金流入,以保证储备的需要。②加强对经常项目下收支与资本项目下支出的管制,以减少国际收支逆差的增加。③将加大储备的积累作为经济政策实施的主要目标。④持续的对外汇率不稳。⑤新增的储备不是来自经常项目下收入与资本投资的增加,而来自对外借款。与此同时,国际货币基金组织还采取历史分析法,利用实际储备增减趋势、特里芬的"国际储备/进口"比率和国际储备与国际总差额比率的增减趋势等指标加以综合测评,来确定成员国的国际储备规模。

(资料来源:全球金融稳定报告.)

二、国际储备结构管理

(一)国际储备结构管理的内涵

国际储备结构管理是指各国货币当局对储备资产所进行的最佳配置,是黄金储备、外汇储备、国际货币基金组织的储备头寸和特别提款权四部分储备资产持有量及其构成要素之间保持合理比例,以便分散风险,获取收益,充分发挥国际储备资产应有的作用。

事实上,在基金组织的储备头寸和特别提款权由于其数量取决于一国向基金组织缴纳份额的多寡,受基金组织控制,其数量相对固定,变化很小。受自然界黄金储备量的下跌限制,人类可能的黄金保有量增长速度不能跟上国际支付的发展速度。既然除外汇储备之外的其他三种储备资产不可能随世界经济的发展和国际经贸的规模对国际支付能力的需求而同步增长,那么就不应该要求作为国际储备的四个组成部分保持某种相对固定的比例。

(二)国际储备结构管理的原则

1. 安全性

安全性即储备资产持有国必须充分利用国际金融市场的各种工具和业务,确保储备资产价值稳定、有效可靠,而不能频繁波动,一直蒙受损失并影响对外支付。

2. 流动性

流动性即储备资产应有足够规模,随时兑现以满足对外支付需要。国际储备是一种支付准备金,必须保持充足的流动性,也就是要有足够规模的储备资产能随时满足对外支付需要,如支付进口商品、服务的价款,偿还到期外债本息,境内外资企业合法利润的汇出,本国企业对外直接投资等对外汇资金的需要。

3. 盈利性

盈利性即要求管理当局能充分利用国际金融市场的工具和业务,合理地运作储备资产,以求不断增值。正常情况下,一国可预见的对外支付规模总有限度,为了有较好的收益,则只需将部分储备资产以流动性较强的形式保存,其余则应以流动性差,但收益率较高的形式体现。

在现实运作中,以上三项原则之间存在一定矛盾。流动性越高的储备形式,其盈利性往往越低;安全性强,则流动性相对可能较差。因此,需要根据各方面情况协调统筹安排。一种管理措施的实施只能有利于某一种原则,同时又有损于另一项原则。然而也应该看到,这三项原则之间也存在一致性。就安全性和盈利性而言,资金的安全离不开资金的盈利。资金的安全是相对的,风险是绝对的。

由此可见,对国际储备的管理来说,在保证流动性和安全性的前提下,又要尽可能追求盈利性。如果这三项原则之间相互矛盾,只能作出妥协,则储备资产的流动性无疑应放在首位。

(三)国际储备结构管理的内容

1. 国际储备资产形式的管理

在贯彻储备管理三项原则基础上,做好以下一级、二级和三级储备资产形式的组合和安排。

(1)一级储备资产

其流动性最高,但盈利性最低,其载体主要为国外银行存款、外币商业票据和短期政府债券。货币当局根据季节或具体的短期对外支付需要,在外汇储备资产中安排一定比重的一级储备。

(2) 二级储备资产

其盈利性高于一级储备资产,但流动性低于一级储备资产,其载体主要为 2~5 年期外国政府中期债券。二级储备资产必要时可通过贴现方式变为现金,弥补一级储备资产的不足。

(3) 三级储备资产

其盈利性高于二级储备资产,而流动性低于二级储备资产,其载体主要为外国政府长期债券。一国货币当局根据本国对外债务结构与期限可持有一定数量的三级储备。

至于流动性的这三个档次在储备资产中如何安排,应视各国的具体情况而定。大体来说,一国应当拥有足够的一级储备来满足储备的交易性需要。这部分储备随时可以动用,充当经常性干预外汇市场的手段。一旦满足这种交易性需要,货币当局就可以将剩余的储备资产主要在各种二级储备与高收益储备之间进行组合投资,以期在保持一定的流动性条件下获得尽可能高的预期收益率。

值得注意的是,一国在安排储备资产的流动性结构中,还应将黄金、特别提款权和储备头寸考虑进去。从流动性程度看,成员国在国际货币基金组织的储备头寸随时可以动用,类似于一级储备。特别提款权的使用尽管不附带限制条件,但必须向国际货币基金组织申请,并有国际货币基金组织安排接收特别提款权、提供可兑换外汇国家,这一过程需要一定时间,所以将特别提款权视同二级储备。而黄金的投机性最强,一国货币当局往往只有在被认为是合适的价格水平上才愿出售,以换得所需要的储备货币。因此,黄金应列为高收益、低流动性的储备资产。

2. 外汇储备币种结构的管理

在目前的国际货币体系下,国际储备结构管理的核心是对外汇储备结构的管理,即确定外汇储备中各种储备货币的比例。在确定各种储备货币比例时要考虑以下三种因素:

(1) 储备货币的品种选择

在一般情况下,应尽可能地增加硬货币的储备量,减少软货币的储备量。但还必须注意,并非硬货币保持得越多越好。这是因为:①硬货币的利率一般较软货币低,保持硬货币可避免汇率风险,但要损失一定的利息收入。因此,一国应先权衡"利息"与"风险"的得失,然后再确定持有何种货币及其量的大小。②一国储备中货币总是有"软"有"硬"的,如果都是硬货币,到支付时,还需兑换成软货币,这既会面临汇率风险,也会增加一定的兑换费用。③硬货币与软货币的区分是相对的,即硬货币在某一时期可能会变"软",如果全部保持硬货币,一旦硬货币变成软货币时,就要承受汇率损失。因此,软硬货币如何组合,还需以辩证的观点,从长期与短期的汇率波动状况中作全面考察与选择。

(2) 储备货币的汇率选择

各国货币当局应根据各种储备货币汇率变动的幅度进行选择。一般来说,应尽可能增加汇率波动幅度较小的货币储备量,减少汇率波动幅度较大的货币储备量。由于在短期内国际金融市场汇率变动频繁,加之政府的干预,因此汇率的变动趋势很难预测,这时,可以比较各种储备货币长期汇率波动的平均幅度来选择,以减少汇率波动带来的贬值风险。

(3)储备货币中的需求选择

它包括两方面:一是指根据本国对外贸易结构和其他金融活动对储备货币的支付需求进行选择,即对某种储备货币需求大,就尽可能增加其储备量;反之,就减少储备量。二是指根据本国干预外汇市场、维持本国货币汇率稳定对储备货币的需求进行选择。如果一种货币用于干预市场多,就需较多储备;反之,需较少储备。一些储备货币发行国,尽管它能用本国货币支付逆差,但还要选择其他国家的货币作为国际储备,以备随时干预外汇市场。

第三节 我国国际储备的管理

随着我国改革开放的深入,对外经济交往在国民经济中的地位和作用不断提高,我国对外贸易发展迅速,国际储备出现了前所未有的增长,国际储备问题日益重要。同时,外汇体制改革也给我国国际储备及管理带来了新的问题。

一、我国国际储备状况

我国于1980年正式恢复了在国际货币基金组织和世界银行的合法席位,次年正式对外公布了国家黄金外汇储备,并逐步形成了我国的国际储备体系。我国国际储备的构成与世界其他国家一样,由黄金储备、外汇储备、国际货币基金组织中的储备头寸和特别提款权构成。

我国国际储备体系的基本情况如下:

(一)黄金储备

由于国民党统治集团在逃离大陆时将所搜刮的黄金都运到台湾地区,新中国成立之初几乎没有官方黄金储备。20世纪50年代起,我国的黄金生产逐步恢复,1985年生产能力已达到217万盎司。但人民币的发行从一开始就不以黄金为发行储备,而国民经济的恢复和发展又需要大量的资金,因此,我国的黄金储备长期处于较低水平。1978年至1980年我国的黄金储备规模为1 280万盎司,1982年至1997年稳定在1 267万盎司的水平上。1997年以来,我国的黄金储备规模有所上升,增加到1 929万盎司水平,2009年又调整到3 389万盎司,居世界第六位。

(二)外汇储备

自改革开放以来,我国的外汇储备统计口径发生了变化,外汇储备规模不断扩大。

1. 我国外汇储备统计口径发生了变化

1992年下半年以前,我国外汇储备统计口径包括国家外汇库存部分和中国银行外汇结存部分。前者指我国对外贸易和非贸易收支的历年差额总和,后者是中国银行的外汇自有资金加上中国银行在国内外吸收的外币存款,以及向国际金融市场筹集到的外汇资金减去中国银行在国内外的外汇贷款和投资。而从1992年下半年起,我国外汇储备统计口径重新作了调整,即去除了中国银行外汇结存部分。

其主要原因:第一,在外汇储备中,中国银行外汇结存额增长相对稳定,没有出现太大的波动,这说明我国外汇储备的年度波动反映的主要是国家外汇库存的波动,而且中国银行外汇结存在外汇储备额中所占的平均比重为2/3,在这种情况下,外汇表现出的波动幅度往往掩盖着国家外汇库存更加剧烈的波动。国家外汇库存的波动特征主要反映我国国民经济发展和国际收支格局的不稳定。第二,这也主要考虑到中国银行是专业银行,行使商业银行的职能,其外汇头寸由该行的对外负债和外汇资金组成,是中国银行支付准备,国家不能无偿和随意使用。第三,把中国银行外汇头寸记入国际外汇储备,使外汇储备统计缺乏真实性和可比性,不利于正确估价国际收支和宏观经济状况。第四,被批准经营外汇业务的银行增加了,若将中国银行的外汇头寸纳入国际外汇储备,而把其他专业银行外汇头寸排除在外,也不合理。而且这也与国际货币基金组织的统计口径有差距。

2. 我国外汇储备规模增长迅速

从表4.5中可以看出,1980年以前,我国对外汇实行"量入为出,略有节余"的高度计划性管理,方法简单,外汇结存量很少。1952年至1974年,大多数年度的外汇储备均在4.2亿美元以内。1975年以后,外汇储备开始增长。而1994年以前,我国外汇储备规模波动较大,如1982年、1983年、1984年分别是69.86亿美元、89.01亿美元和82.20亿美元,而1981年和1985年则分别是27.08亿美元和26.44亿美元,到了1986年则仅为20.72亿美元,这反映出刚改革开放时我国国际收支的不稳定性。但从1994年外汇体制改革之后,我国外汇储备呈现了持续大幅度增长之势,在我国国际储备总额中的比例屡破纪录。虽然中间有一定的曲折,受1997年金融危机的影响,1998年、1999年和2000年外汇储备额增长放缓,但是,到了2002年以后,我国外汇储备迅猛增长,到2006年3月底,达到8 750.70亿美元,超过日本,首次成为世界上第一大外汇储备国。截至2016年12月31日,我国外汇储备规模为30 105.17亿美元,较11月底下降410.81亿美元。2016年外汇储备累计下降3 198.44亿美元,储备量逼近"3万亿"关口,尽管有所下降,但仍居世界榜首。

表4.5 我国历年外汇储备状况　　　　　　10亿美元

年末	外汇储备	年末	外汇储备	年末	外汇储备
1952年	0.108	1971年	0.037	1990年	11.093
1953年	0.090	1972年	0.236	1991年	21.712
1954年	0.088	1973年	−0.081	1992年	19.443
1955年	0.180	1974年	0.000	1993年	21.199

续表4.5

年末	外汇储备	年末	外汇储备	年末	外汇储备
1956年	0.117	1975年	0.183	1994年	51.620
1957年	0.123	1976年	0.581	1995年	73.597
1958年	0.070	1977年	0.952	1996年	105.049
1959年	0.105	1978年	0.167	1997年	139.890
1960年	0.046	1979年	0.840	1998年	144.959
1961年	0.089	1980年	-1.296	1999年	154.675
1962年	0.081	1981年	2.708	2000年	165.574
1963年	0.119	1982年	60986	2001年	212.165
1964年	0.166	1983年	8.901	2002年	286.407
1965年	0.105	1984年	8.220	2003年	403.251
1966年	0.211	1985年	2.644	2004年	609.932
1967年	0.215	1986年	2.072	2005年	818.872
1968年	0.246	1987年	2.923	2006年	1 066.30
1969年	0.483	1988年	3.372	2007年	1 528.25
1970年	0.088	1989年	5.550	2008年	1 946.88
2009年	2 399.15	2010年	2 847.34	2011年	3 181.15
2012年末	3 311.59	2013年末	3 821.32	2014年末	3 843.02
2015年末	3 330.36	2016年末	3 010.52		

(资料来源:国家外汇管理局网站.)

3. 我国外汇储备增长的原因

(1)从国际收支角度看

我国外汇储备增长受到经常项目顺差与资本金融项目顺差双重影响。在经常项目中,主要有对外贸易、非贸易往来(包括货运、港口供应和服务、旅游、投资等)和无偿转让。对于对外贸易,1994年以后,我国一直保持顺差,特别是1997年顺差的增幅近230%;对于非贸易往来,1993年之后,由此前的顺差转为逆差,且每年的数额有所增加;无偿转让的内容主要有与国际组织往来,无偿援助和捐款、侨汇及居民其他收入等,其值一直表现为顺差,但数额相对较小。因此,我国经常项目顺差的主要原因是对外贸易顺差。

在资本往来项目中,主要有长期资本往来(包括直接投资、股票债券和各种中长期借贷款)和短期资本往来(包括短期贷款、延期收付款等)。近十年来,我国资本往来项目一直保持较大的顺差增幅,其措施主要是外商直接投资和举借外债。与经常项目顺差相比,资本往来项目的顺差占了绝大比重,已成为我国外汇储备大幅增长最主要的原因。由于经常项目顺差形成的债权性外汇储备具有良好的稳定性,而资本往来项目顺差形成的债务性储备不稳定,因此,我国外汇储备的来源结构存在一定的隐忧。

(2) 从政策体制角度看

①外汇体制改革对外汇储备的影响。官方汇率与外汇调剂市场汇率的并轨致使人民币贬值,出口增加,对外贸易出现顺差;《中华人民共和国外汇管理条例》实施,境内机构的经常项目外汇收入必须全部结汇,用汇须持有效凭证和商业单据购汇,且外汇指定银行的外汇结算周转实行比例幅度管理,超过周转头寸的外汇必须在外汇市场上卖出,这样,企业和外汇指定银行实际上拥有独立处置外汇的权利,中央银行必须被动进行外汇吞吐,表现出外汇储备不断增长的情况。将外商投资企业纳入银行结售汇体系,也大大增加了我国的外汇储备。

②由于国内经济快速增长以及国家相继出台一系列鼓励出口的政策,使我国在更大范围、更广领域和更高层次上参与国际经济技术和竞争,进一步扩大了商品和服务贸易;通过实施市场多元化战略,发挥我国的比较优势,巩固传统市场,开拓新兴市场,对外贸易保持高速增长,使外汇储备持续增加。

③国家进一步吸引外商直接投资,提高利用外资的质量和水平。通过逐步开放服务领域以及多种形式利用中长期国外投资等措施,使国际资本更加看好中国,促使我国外汇储备保持高速增长。

(三) 在国际货币基金组织的储备头寸和特别提款权

我国在国际货币基金组织的储备头寸和持有的特别提款权数额相对较小,1980 年分别为 1.5 亿和 0.72 亿特别提款权;到了 1981 年,特别提款权分配,我国分配到 2.368 亿特别提款权;从 20 世纪 90 年代起,我国向国际货币基金组织认缴份额不断增加,储备头寸也随之有较大幅度增加,但数额仍十分有限。2009 年 7 月,新一轮的特别提款权分配,我国获得 90 亿特别提款权。

二、我国外汇储备的规模管理

我国学术界对我国的外汇储备适度规模的意见不统一。

一种观点认为我国的外汇储备量不应该过高。理由如下:

①利用外资是我国一项不可动摇的基本国策。在利用外资的同时增加外汇储备,等于以高价借入,低价借出。外汇储备过多与利用外资的方针相抵触。

②我国的经济工作具有计划性,对外经贸活动都有严格的管理,这意味着我国平衡国际收支的能力较强,因而只需要相对低一些的储备量。

③人民币汇率由国家通过行政手段统一制订,因而我国不需要保持像西方国家干预资产功能所需的那部分外汇储备。

④中国商业银行的国际声誉很好,在国际金融市场上筹措应急资金能力较强。

⑤满足弥补国际收支赤字的手段而持有的交易性储备具有规模节约的特征。我国进出口规模大,由此所持有的国际储备量可相对少一些。

⑥近几年,外汇储备激增不仅对国内货币供给和市场造成压力,干扰了货币政策,而且还导致一部分经由财政购汇所形成的国外资产发生变化,从而造成可支配财政收入相应减少或发生波动。

⑦储备过多还意味着利用外资的成本相对增加,潜在的汇率风险和储备管理的难度也进一步加大。

最多的批评来自外汇储备增长过快,导致外汇占款增加过多,外汇占款渠道的货币发行过量,会在一定程度上引发通货膨胀。

另一种观点认为我国应拥有充裕的外汇储备。理由如下:

①我国进口的突发性较强,而出口商品在国际市场上竞争能力较弱,故国际收支稳定性较弱,需要持有多一些的储备。

②我国仍处在长期的偿还外债的高峰期。

③我国人均国内生产总值和国民收入仍处于较低水平,国内经济自身"造血"功能较差。

④在经常项目的非贸易领域,我国还处于逆差状态,一时还难以扭转。

⑤我国在国际储备之外的国际清偿力还较小,应对国际支付主要还是靠国际储备,尤其是外汇储备。

⑥我国目前外汇储备额较多的成因是多方面的,除了国际收支的顺差之外,也与外汇管制较严有关,如强制结汇制等,待管制逐步放宽,情况就会改变。

⑦充裕的外汇储备是继续深化改革、扩大开放必不可少的物质准备和条件,实现人民币资本项目下的可兑换、支持多种具备条件的所有制企业发展我国的对外直接投资、扩大对外开放国内金融市场等要稳妥地进行,都必须有充裕的外汇储备作为依托。

⑧我国缺乏西方发达国家的货币联合干预的条件,若国内金融市场发生较大动荡,需靠我们自己稳定局面。

⑨香港地区是当今世界上重要的国际金融中心,多年来都被评为世界上自由度最大的市场,然而多年的实践证明,冲击香港稳定的因素不少。为支持香港维护稳定和繁荣,我国内地也应有较多的外汇储备。

至于外汇储备资金的运作收益,自然是要考虑的。但首先应看到,掌握外汇储备的是中央银行,其不同于任何企业之处在于不是简单地通过运作资金取得收益,而是要确保整个经济、金融的稳定发展,如以比较充裕国际储备防范金融危机的爆发,确保深化各项改革和扩大开放,从而有力促进国民经济持续稳定地以较高速增长,绝非简单的资金运营收益所能比拟的。所以,我国中央银行和国际外汇管理局在实际管理中所表现的情况是,我国政府倾向于保持较为充裕的国际储备(主要是外汇储备)。

三、我国外汇储备的结构管理

对于黄金储备,我们还是应该持有基本稳定的观点。这是因为黄金价值稳定,在一定程度上起到保值作用,一定量的黄金还有利于提高国家资信。但由于黄金的流动性差,黄金用于国际支付,要经过出售过程,势必延误时间。况且黄金不能生息,保存黄金还要负担管理费用等。因此,黄金亦不宜过多持有。

在国际货币基金组织的储备头寸和基金组织分配的特别提款权这两个部分在我国现有的国际储备中占比很小。由于其来源具有特殊性,通常其数量多少及在整个国际储备中占比多少,并非全为我国所控制。因此,对它们的管理应集中在使用方面。基金组织的储备头寸,基本用于偿还国际货币基金组织对我国的各类贷款,如基金组织的备用信贷、信托基金贷款等。对于分配的特别提款权,基本将其用于缴纳我国在国际货币基金组织中不断增长的份额。

所以,加强我国外汇储备的结构管理是重点。而外汇储备结构管理重点要放在坚持储备货币分散化策略。我国国际储备主要由外汇储备构成,外汇储备必然面临外汇汇率变动带来的风险。同时,当今国际金融市场经常动荡不安,各种投资工具的利率水平受西方国家货币政策的影响也变动不定,从而使我国持有的国际储备资产的预期收益发生增减。因此,我国应坚持储备货币分散化策略,通过各种货币升值与贬值的相互抵消,保持储备资产价值的稳定。

在实行储备货币分散化时,一个重要问题是选用哪些货币作为储备货币,各种储备货币的比重又如何确定。第二节所述的各国确定外汇储备货币比例的方法,我国都可以参考。此外,还有一个非常重要的因素不可忽视,那就是欧元的启动与广泛使用对我国储备货币构成的影响。我们认为,欧元的前身即欧洲货币单位(ECU)已是世界三大储备货币之一,已运作的欧元作为欧洲货币单位的继承与发展,其地位和作用只会加强而不会减弱。因此,我国不但要重视欧元,而且要摆正它在储备体系中的位置,增加其在储备货币总量中的份额。

目前,在我国外汇储备中,美元储备比例过大,它使我国面临的储备风险十分巨大。因此,在未来我国储备货币构成中,应降低美元份额,增加日元份额,高度重视欧元,提高欧元在我国储备资产中的比重。

最后,必须注意的一点是,因我国内地与香港实行"一国两制",因而也就有"一国两币"。按香港特区基本法的规定,港元仍是香港特别行政区的法定流通货币,港元仍是可自由兑换货币,而且特区政府还必须采取相应的措施,捍卫港元的稳定。因此,尽管理论界对一国到底最后会有几种货币流通颇有争议,但我们还是把港元视为外汇。所以,在我国未来储备体系的构建中,必须考虑这一因素的影响。

本章小结

1. 国际储备也称官方储备,指一国货币当局为弥补国际收支逆差、维持本国货币汇率的稳定以及应付各种紧急支付而持有的、为世界各国所普遍接受的资产。国际储备资产必须具有三个特征:官方持有性、普遍接受性和充分流动性。国际储备具有以下几个方面的作用:弥补国际收支逆差,平衡国际收支;增强本币信誉,提高国际地位;干预外汇市场,稳定本国货币汇率。

2.各国的国际储备主要由黄金储备、外汇储备、在国际货币基金组织的储备头寸和特别提款权四个方面构成。

3.国际储备的管理包括量的管理和质的管理两个方面。其中量的管理又包括需求和供给两方面;国际储备质的管理即结构管理,主要是指外汇储备的结构管理,即确定各种储备货币的比例。在确定各种储备货币的比例时应考虑到:储备货币的品种选择;储备货币中的需求选择;储备货币的汇率选择。

4.我国于1981年正式对外公布了国际黄金外汇储备。改革开放以来,我国国际储备体系的发展具有几个明显的特点:长期以来实行稳定的黄金储备政策,外汇储备规模不断扩大,外汇储备货币实行以美元为主的多元化结构,在国际货币基金组织的储备头寸和特别提款权比例较小。我国储备资产的管理也包括规模管理和结构管理两个方面,其中规模管理由国际储备的需求和供给共同决定。目前,我国国际储备的供给相对充裕,我国的实际情况也要求持有较高水平的国际储备量。但国际储备的适度规模是一项动态指标,在考察和确定特定时期我国国际储备的适度规模时,必须充分考虑到同期我国国际收支的运行状况及其变化趋势。在储备资产的结构管理方面,我国目前还存在较多的问题,需要进一步改进。

思 考 题

一、选择题

1.国际储备主要由(   )构成。

A.黄金储备　　　　　　B.外汇储备
C.国际货币基金组织储备　　D.SDRs

2.国际储备管理首要原则是(   )。

A.流动性　　　　　　B.盈利性
C.可得性　　　　　　D.安全性

二、简答题

1.简述国际储备的含义及其作用。
2.国际储备由哪几部分构成?
3.国际储备多元化对国际经济有哪些影响?
4.影响一国国际储备规模的因素主要有哪些?

三、思考题

近年来,我国的国际储备数量增长非常迅速,请结合我国实际情况,谈谈"外汇储备世界第一"对我国的影响?

【阅读资料】

美国、日本：双层次的储备管理体系

美国和日本采取由财政部和中央银行共同管理外汇储备的管理体系。

1. 美国的储备管理体系

美国的储备管理体系由财政部和美联储共同管理。美国的国际金融政策实际上是由美国财政部负责制定的，美联储则负责国内货币政策的决策及执行。在外汇储备管理上，两者共同协作，以保持美国国际货币和金融政策的连续性。事实上，从1962年开始，财政部和美联储就开始相互协调对外汇市场的干预，具体的干预操作由纽约联邦储备银行实施，它既是美联储的重要组成部分，也是美国财政部的代理人。从20世纪70年代后期开始，美国财政部拥有一半左右的外汇储备，而美联储掌握着另一半。

美国财政部主要通过外汇平准基金（ESF）来管理外汇储备。其管理过程是：①早在1934年，美国《黄金储备法》即规定财政部对ESF的资产有完全的支配权。目前，ESF由三种资产构成，包括美元资产、外汇资产和特别提款权，其中外汇部分由纽约联邦储备银行代理，主要用于在纽约外汇市场上投资于外国中央银行的存款和政府债券。②ESF在特殊情况下还可以与美联储进行货币的互换操作，从而获得更多可用的美元资产。此时，ESF在即期向美联储出售外汇，并在远期按照市场价格买回外汇。③ESF所有的操作都要经过美国财政部的许可，因为财政部负责制定和完善美国的国际货币和国际金融政策，包括外汇市场的干预政策。此外，美国《外汇稳定基金法》要求财政部每年向总统和国会就有关ESF的操作作报告，其中还包括财政部审计署对ESF的审计报告。

美联储主要通过联邦公开市场委员会（FOMC）来管理外汇储备，并与美国财政部保持密切的合作。其管理过程是：①美联储通过纽约联邦储备银行的联邦公开市场账户经理作为美国财政部和FOMC的代理人，主要在纽约外汇市场上进行外汇储备的交易。②美联储对外汇市场干预操作的范围和方式随着国际货币体系的变化而变化。这可分为三个阶段：第一阶段是布雷顿森林体系时期，美联储更多的是关注黄金市场上美元能否维持平价，而不是外汇市场；第二阶段是1971年以后，浮动汇率制度开始形成，美联储开始积极干预外汇市场，当时主要采用和其他国家中央银行的货币互换的方式；第三阶段是1985年《广场协议》之后，美联储对外汇市场的干预很少使用货币互换，而是采取直接购买美元或外汇的方式进行。

2. 日本的储备管理体系

日本财务省在外汇管理体系中扮演战略决策者的角色。日本的储备管理体系由财务省负责，根据日本《外汇及对外贸易法》的规定，财务省为了维持日元汇率的稳定，可以对外汇市场采取各种必要的干预措施。而日本银行根据《日本银行法》的规定，作为政府的银行，在财务省认为有必要采取行动干预外汇市场时，按照财务省的指示，进行实际的外汇干预操作。

日本银行在外汇管理体系中居于执行者的角色。一旦开始进行对外汇市场的干预，所需资金都从外汇资产特别账户划拨。当需要卖出外汇时，日本银行主要通过在外汇市场上出售外汇资产特别账户中的外汇资产来实现；当需要买进外汇时，所需要的日元资金主要通过发行政府短期证券来筹集。通过大量卖出日元、买进外汇的操作所积累起来的外汇资产构成了日本的外汇储备。日本银行的外汇市场介入操作通常在东京外汇市场上进行，如有必要，日本银行也可向外国中央银行提出委托介入的请求，但介入所需金额、外汇对象、介入手段等都仍由财务大臣决定。日本银行主要通过金融市场局和国际局两个部门来实施外汇市场干预。其中金融市场局负责外汇市场分析及决策建议，并经财务省批准，而国际局则负责在财务省作出决定后，进行实际的外汇交易。

除了美国和日本采取双层次的外汇储备的管理体系以外，世界上还有许多国家和地区也采取同样的管理体系，如英国等。

（资料来源：国务院发展研究中心. 外汇储备管理体系的国际比较与借鉴[M].）

Chapter 5

外汇风险

【学习目的与要求】

本章主要介绍外汇交易过程中可能面临的各种风险,以及应对外汇风险的措施。通过本章学习,要求学生了解外汇风险的概念、外汇风险的构成要素及外汇风险的分类。掌握三种不同外汇风险的特点。重点掌握商业银行及一般企业面对外汇风险的管理措施及防范技术。

【案例导入】

2007年底,美国一家设备制造公司向英国出口一批价值3 000万英镑的机械设备,双方约定6月底以英镑进行结算,交货日与付款日相差3个月。交货日的外汇现货汇率为1英镑=1.676 0美元,依此汇率,这批机械设备货款折合5 028万美元。但是,根据当时英美两国的政治、经济状况以及世界经济的基本情况,外汇市场预期英镑兑美元的汇率在3个月后将下浮。根据这种预期,该公司在6月底把收到的货款兑换为美元时,可能会面临兑换损失,即3 000万英镑货款到时兑换到的美元数额要少于5 028万美元。

上述美国设备制造公司所面临的风险是经济主体在从事与外汇有关的经济活动中所必须面对的一个现实问题,是经济主体在持有和运用外汇的经济活动中,因外汇汇率变动而蒙受损失或获取收益的可能性。

第一节 外汇风险概述

一、外汇风险的概念

外汇风险(Exchange Risk)又称为汇率风险,是指经济主体在持有和运用外汇的经济活动中,因汇率变动而蒙受损失或获取收益的不确定性。广义的外汇风险是指既有损失的可能性,又有盈利的可能性;狭义的外汇风险仅指给经济主体带来损失的可能性。我们将从广义上的概念讨论外汇风险。一般认为,外汇风险产生于不同货币之间的兑换,只要有币种之间的兑换,就不可避免地有外汇风险。实际上,一些以本币计价的预期未来现金流量也可能遭受外汇风险。例如,一个在本国市场上销售汽车的日本公司同一家美国公司竞争,在这种情况下,如果美元兑换的比率发生变化,汇率的变化自然会通过两国的生产成本、销售价格的变化影响到两国公司预期现金流量的现值,从而提高或降低日本公司同美国公司竞争中的地位。

对于外汇风险的内涵,我们需要从以下几个角度进行深入理解:

第一,外汇风险只是一种可能性,既有可能蒙受损失,也有可能获取收益。

外汇风险损失涉及汇率差变动所引起的一些经济效果,具体包括:①外币债权人以外币计价的资产或应收账款价值的下降;②外币债务人以外币计价的负债或应付账款价值的上升;③账面上的资产损失;④预期收益减少;⑤决策中的不确定性增强。

外汇风险报酬是指汇率变动给经济主体所带来的利益。如果汇率变动使外币债权人蒙受损失,那么它会相应地使外币债务人得到好处。但是在一般情况下,人们提到外汇风险时更重视风险损失这一面,而对于理性的经济主体在面对外汇风险时,常常会坚持趋利避害的原则,追求与风险相对应的收益。

第二,外汇风险针对的是经济主体持有外汇的敞口头寸(Exposure Position)而言的,并非其全部资产或负债。例如,A银行买入100万美元资产且卖出其中的80万美元资产,两者期限相同,那么只有超买的20万美元资产将承受外汇风险。敞口头寸是指经济主体所持有的外汇资产与负债差额,即暴露与外汇风险之中的那一部分资产或负债。在现实经济生活中,外汇头寸表现为以下三种基本状态:

①头寸轧平,即经济主体所持有的外汇资产等于外汇负债。

②多头,又称超买,即经济主体所持有的外汇资产大于外汇负债。

③空头,又称超卖,即经济主体所持有的外汇资产小于外汇负债。

值得注意的是,在经济主体所持有的外汇头寸轧平的情况下,它并不会面临外汇风险。这是因为汇率变动对资产的影响可以被其对负债的反向影响所抵消。但是这里需要注意时间因素的作用。例如,A银行买入2个月期限的100万美元资产,卖出1个月期限的100万美元资产,在一个月内,它并不存在综合性的敞口头寸。但是,在一个月以后,这种平衡不复存在,它的100万美元资产暴露于外汇风险之中。

第三,外汇风险不仅涉及直接从事国际经济交易的单位和个人,而某些不直接参与国际经济交易的单位和个人,由于其在日常经济活动中将会涉及外币的兑换和使用,因此它们也同样面临着外汇风险。

一般来说,预测到汇率变化会被企业决策者实现考虑并加以处理,只有预料之外的外汇变动会产生外汇风险。综合以上对外汇风险内涵的理解,我们可以看出,外汇风险有以下几个特点:①起因于未曾预料的汇率变动;②发生在折算或货币兑换的过程中;③造成经济主体预期现金流量的变化;④可能带来损失,也可能带来收益。大多数外汇风险是具有两面性的,一方面的损失即为对手方的盈利,但是在外汇期权交易过程中,也会出现单面性的特征。

二、外汇风险的构成要素

从理论上讲,外汇风险的形成涉及三个基本要素,即风险头寸、两种以上外币和时间。

涉外经济主体一般要涉及两种类型的货币,即本币与外币,或两种不同的外币。从国外进口或对外投资时,需要支付外汇,需要用本币(或某种外币)向银行购买相应的外汇;向国外出口或引进外资时,需要接受外汇,并通过银行结汇换成本币(或者是另一种外币),用以核算企业的经济效益。由于国际贸易信贷的发展及外汇结算方式的特点,外汇收支结算需要或长或短的一段时间,即使是即期交易也有两天的时间间隔,而这段时间里汇率完全可能发生变化,造成风险损失。因此,风险头寸、两种以上货币及时间共同构成了外汇风险的要素。三者缺一不可。

例如,我国某企业与巴基斯坦开展进出口业务,只用人民币计价并进行结算,根本不涉及货币兑换问题,因此不可能出现外汇风险。又如,某企业因进出口业务需要同一天收入一笔外汇并支出币种相同、金额相同、期限相同的另一笔外汇,不存在风险头寸,也不存在时间间隔,因而没有外汇风险。

第二节 外汇风险的分类

时间分类法是当前较为普遍的外汇风险分类方法,即按照外汇风险发生的时间阶段不同,将经济主体所面临的风险分为三大类:折算风险、交易风险和经济风险。外汇风险分类示意图见图5.1。

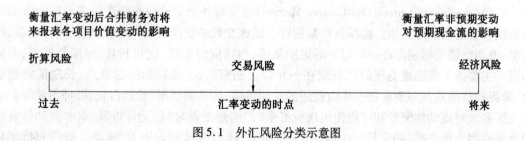

图5.1 外汇风险分类示意图

一、折算风险

1. 折算风险的概念

折算风险(Translation Risk)又称会计风险(Accounting Risk),是指经济主体在将各种外币资产或负债折算成记账货币(通常为母国货币)的会计处理过程中,因汇率变动而出现账面损益的可能性。它是一种存量风险。这种风险的产生有两个前提条件:一是将要合并的会计报表原来是用不同货币表示的;二是将各种外币资产或负债折算成记账货币的汇率不同。虽然这种损益是会计性质的账面损益,并不涉及实际的现金流量,但却会影响到工商企业、银行向股东和社会公开财务报告的结果。

【案例 5.1】 美国某公司在英国的子公司往来账户余额为 200 万英镑。年初 GBP 1 = USD 1.600 0,美国母公司在英国子公司账户余额是 320 万美元。年末时美元贬值,英镑升值,GBP 1 = USD 1.550 0,因此年末时,英国子公司账户余额折算成美元只有 310 万美元,英镑余额价值降低了 10 万美元。根据美国的会计制度规定,这笔损失可记在母公司收益的损失上,或通过一个备抵账户直接冲销股东权益。

折算风险主要存在于跨国公司的外币报表结算之中。由于海外子公司均需要按照东道国公认的财务会计准则以当地货币计账并编制财务报告。因此,在将母公司的财务报告与海外子公司的财务报告进行合并时,需要将以当地货币表示的海外子公司的财务报告转换为以母国货币表示,从而需要将海外子公司的财务报告中以当地货币计值的会计要素折算为以母货币计值的会计要素。显而易见,这种折算必须依据一定的汇率进行,从而在所依据的汇率处于变动状态下,便产生了折算风险的问题。

2. 折算方法

由于各种经济主体财务报表中的不同项目性质各异,人们对不同项目是否面临折算风险的看法也不一致,由此便产生了不同的折算方法。历史上曾先后出现过四种折算方法。

(1)流动/非流动法

流动/非流动法(Current/No Current Method)是将海外分支机构的资产负债划分为流动资产负债和非流动资产负债。流动资产是指可以迅速变现的资产,包括:库存现金、应收账款、存货等;流动负债是指期限在一年以下的短期负债,包括应付账款、应付利息、短期票据等;非流动资产主要指不能迅速变现的持有期在一年以上的资产,主要包括固定资产、长期证券投资等;非流动负债是指不要求在一年内偿还的长期负债,如长期票据、长期占款、抵押负债等。这种方法要求对流动性资产和负债使用现行汇率(即编制报表时的汇率)折算,对非流动性资产和负债使用历史汇率(即交易发生时的汇率)折算,所以在这种方法下,流动性资产和负债将面临折算风险,而非流动性资产和负债不会面临折算风险。

(2)货币/非货币法

货币/非货币法(Monetary/No Monetary Method)是将海外分子机构的资产负债划分为货币

资产负债和非货币资产负债。货币资产包括现金和应收账款;货币负债包括应付账款和长期负债;非货币资产负债即指真实资产,包括存货和固定资产。该方法要求对货币性资产和负债使用现行汇率折算,对非货币性资产负债使用历史汇率折算。损益表中各项目的折算除折旧、摊销费按历史汇率折算外,所有费用收入项目均按平均汇率折算。这种折算方法基本上是从流动/非流动折算法到现行汇率法的转变。

(3)时间度量法

时间度量法(Temporal Method)类似于第二种折算方法,但对真实资产的处理略有不同。如果真实资产以现行市场价格表示,则按现行汇率折算;如果真实资产以原始价格表示,则按历史汇率折算。比如存货,在货币/非货币这算法中以历史汇率进行折算,而在时间度量法中,如果存货在资产负债表中以历史成本计价,则以历史汇率进行折算;如果以现价计价,则以现行汇率进行折算。在此方法下,收益和费用项目按发生日当天汇率折算,但如果有大量的此类交易发生,则采用平均汇率法。折旧和摊销采用历史汇率进行计算。

(4)现行汇率法

现行汇率法(Current Rate Method)注重汇率变动对公司股东权益净额的影响,即母公司对子公司投资净额上的汇率风险。它将所有资产和负债项目都进行现行汇率折算。在这种方法下,海外分支机构的所有资产和负债项目都会面临折算风险,是目前比较流行的折算方法。

以上四种折算方法既有继承又有区别。四种方法的比较见表5.1。

表5.1 资产负债表各项目所选用折算汇率比较

项目		流动/非流动	货币/非货币	时间度量法	现行汇率法
现金		C	C	C	C
应收账款		C	C	C	C
存货	按成本	C	H	H	C
	按市价	C	H	C	C
投资	按成本	H	H	H	C
	按市价	H	H	C	C
固定资产		H	H	H	C
无形资产		H	H	H	C
应付账款		C	C	C	C
长期负债		H	C	C	C
实收资本		H	H	H	H
留存收益		*	*	*	**

注:C 表示现行汇率法;H 表示历史汇率法;* 表示折算的平衡数额;** 表示收益和留存收益表折算结果,在通过平衡折算法算出累计折算调整额。

(资料来源:常勋.高级财务会计[M].)

3. 折算风险的类别

一般的，跨国公司需要合并的海外子公司的财务报告主要有资产负债表和损益表。前者反映海外子公司截止某一会计决算日的财务状况，后者反映海外子公司在某一会计期间的经营业绩。对这两者做当地货币与母国货币向折算的会计处理中，折算风险的表现形式与具体内容均有不同。所以在实际操作中，我们将折算风险分为资产负债表风险和损益表风险。

（1）资产负债表风险

企业股本项目由于一般按历史汇率折算，因而没有折算风险；留存收益项目虽为折算平衡数，但由于含有本期损益留存的部分，因而实际上也无折算风险；其他外币资产负债项目则适用不同的汇率。但只要是按现行汇率进行折算就存在折算风险。对于风险性资产项目而言，如果现行汇率与历史汇率相比下跌，则折算出的以基准回避计值的金额将少于按历史汇率的预计数，从而出现资产减少的账面损失；对于风险性负债项目而言，如果现行汇率与历史汇率相比上涨，则折算出的以基准货币计值的金额将多于按历史汇率的预计数，从而出现负债增加的账面损失。

（2）损益表风险

在现行汇率法下，所有的收入和费用项目全部按照折算时即期末的现行汇率进行折算，因而损益表的项目都存在折算风险。对于收入项目来说，如果现行汇率与历史汇率相比下跌，则折算出的以基准货币计值的金额将少于按历史汇率的预计数，从而出现收入减少的账面损失；对于费用项目来说，如果现行汇率与历史汇率相比上涨，则折算出的以基准货币计值的金额将多于按历史汇率的预计数，从而出现费用增加的账面损失。

二、交易风险

1. 交易风险的概念

交易风险（Transaction Risk）是指经济主体在其以外币计值结算的国际经济交易中，从合同签订之日到其债权债务得到清偿这段时间内，因该种外币与本币间的汇率变动而导致该项交易的本币价值发生变动的风险，是一种流量风险。交易风险的风险因素是不同币别货币的相互兑换。一方面，不同币别货币的相互兑换不是孤立存在的，而是由于发生某些经济交易而出现的。而且这些交易不是一国的国内经济交易，而是对外经济交易。另一方面，这些经济交易须以外国货币作为媒介或载体。如果这两方面条件缺其一，则交易风险就不会存在。

上述的经济交易行为主要包括：对外商品与劳务贸易，对外货币资本借贷，涉外直接投资和外汇买卖。其对应的经济主体包括：进口商、出口商、债权人、债务人和商业银行。交易风险与折算风险不同，它将导致现金的流动，即部分财富因汇率的变动转移给其他经济主体，构成经济主体真实的经济损益。外汇汇率变动对经济交易主体的影响见表5.2。

表 5.2 外汇汇率变动对经济交易主体的影响

汇率变动 交易方	外汇汇率上升	外汇汇率下跌
进口商(购买外币,支付本币)	受损	获利
出口商(卖出外币,收回本币)	获利	受损
债权人(收回外币,折合本币)	获利	受损
债务人(付出本币,归还外币)	受损	获利
商业银行(外汇多头)	获利	受损
商业银行(外汇空头)	受损	获利

2. 交易风险的类别

(1)进出口风险

对于从事商品与劳务贸易的进口商和出口商而言,风险事故的情形有两种。第一,对进口商来讲,计价结算的外国货币对本国货币的汇率在受险时间内上涨;第二,对出口商来讲,计价结算的外国货币对本国货币的汇率在受险时间内下跌。

【案例 5.2】 中国某公司向英国出口一批商品。双方于某年 3 月 1 日正式签订合约。合约规定,以英镑计价结算,货价为 100 万英镑,结算日期为同年 12 月 1 日。根据当时的外汇管理体制,该公司可获得 25% 的外汇留成,但留成的外汇只能是美元,这就需要将英镑兑换成美元。英镑兑美元的即期汇率在 3 月 1 日为 GBP 1 = USD 1.746 5,到 12 月 1 日下跌为 GBP 1 = USD 1.641 7,下跌幅度为 6%。中国公司按签约日的即期汇率应兑换 174.65 万美元,而结算日则只能兑换到 164.17 万美元,损失 6%。

(2)外汇买卖风险

对于从事外汇中介性买卖的商业银行而言,外汇交易风险来自于银行出现的外汇空头头寸和外汇多头头寸。外汇买卖风险的情形有两种:第一,商业银行空头的外汇汇率在受险时间内上涨;第二,商业银行多头的外汇汇率在受险时间内下跌。

【案例 5.3】 日本某商业银行在某日分别买入和卖出同样期限的 10 万美元和 8 万美元,当日汇率为 USD 1 = JPY 100。若一个月后美元汇率下跌为 USD 1 = JPY 90,那么,该银行保有的 2 万美元多头,因美元汇率的下降而损失 20 万日元(2 万×(90-100)= -20 万)。

三、经济风险

1. 经济风险的概念

经济风险(Economic Risk)又称经营风险(Operating Risk),是指意料之外的汇率变动通过影响企业的生产销售数量、价格、成本,从而引起企业未来一定期间收益或现金流量变动的一种潜在风险。之所以称为经营风险,因为其概念通常是人们在计划和决策过程中所使用的风险概念,即这种风险只会对企业未来的经营业绩产生影响。汇率的变动通过影响企业未来的生产成本、销售价格,将引起销售数量的调整,并由此最终带来获利情况的变化。

需要说明的是,经济风险定义中的汇率变动仅指意料之外的汇率变动,而不包括意料之中的汇率变动。这是因为企业在预测其未来获利状况时,已经将预料到的汇率变动对外来获利状况的影响考虑进去了,并将这一情况融入对企业未来经营成果和市场价值的评估结果中,因此这种预料到的影响并不构成一种风险。这种风险对于企业来说,比以上两种风险对其产生的影响更具长期性和复杂性,也更具有深入研究的必要性。

2. 经济风险的类型

(1) 本币贬值时的经济风险

一般来说,本国货币实际汇率的贬值会增强出口产品和进口替代产品的竞争力,使得本国企业的现金流入量和流出量都会增加。由于可能的部分抵消效应,由本国货币贬值来推断净现金流量受到更大的影响,而企业是否会从本币贬值中获利也要取决最终的差额情况。那些重点在本国销售,很少由外国竞争的企业可能受到本国货币贬值的伤害;而一些大的跨国公司重点在出口,且从本国取得物品和筹得资金,多会从本国货币的贬值中受益。

(2) 本国货币升值时的经济风险

就现金流量而言,由于本国货币升值伤害了本国出口工业和进口替代工业,增强了外国竞争力,因而既会减少以本币计价的现金流入量,也可能减少以外币计价的现金流入量;同时,本国货币升值虽然不会直接影响以本币标价的进口物资成本,但会使以外币标价的进口物资的成本减少,使企业的现金流出量减少。所以,本国货币的升值会使现金的流入量与流出量都减少,判断最终的净额比较困难。

【案例5.4】 某公司是我国一家利用国外原料进行加工生产的企业,其产品部分内销,部分外销。2003年,人民币与美元之间的汇率为 USD 1 = RMB 8.200 0,该公司生产某种产品的单位成本为9.4元,其中单位产品原材料耗费8.2元,工资支付1.2元;产品单位售价20元;销售总量为300万单位,产品销往国内外各半。假定企业年所得税为33%,如果汇率在2004年不出现意外变动,预计2004年该公司将与2003年保持同样的业绩(见表5.3)。

然而,2004年初,人民币对美元的汇率出现了意外的贬值,人民币与美元之间的汇率由原来变为 USD 1 = RMB 8.500 0。汇率的这以变化,将通过对该公司生产成本、销售价格和销售数量的影响而影响到该公司的收益和现金流量的变化。

在生产成本方面,如果进口原材料的外币价格保持不变,单位产品的原材料耗费仍然为1美元,但由于人民币贬值,单位产品原材料耗费以人民币表示提高到了8.5元,致使单位生产成本也相应提高到9.7元。

在销售价格方面,国内售价保持不变,但以美元表示的国外售价由于人民币对美元汇率贬值,由原先的2.352 9美元降至2.298 9美元。

在销售数量方面,国内销售量不变,国外销售量由于以美元表示的价格下降而增加5万单位。

表5.3 预计2004年某公司损益和现金流量表　　　　　　　　万元

项目	金额
销售收入(300万单位,单位售价为20元)	6 000
销售成本(300万单位,单位成本为9.4元)	2 820
营业费用	200
折旧	100
税前利润	2 880
税后利润(收益)	1 929.6
年现金流量(收益+折旧)	2 029.6

2004年,在生产成本、销售价格和销售数量发生变动的情况下,该公司的最终业绩状况可由表5.4来说明。

表5.4 2004年某公司损益和现金流量表　　　　　　　　万元

项目	金额
销售收入(305万单位,单位售价20元)	6 100
销售成本(305万单位,单位成本9.7元)	2 958.5
营业费用	200
折旧	100
税前利润	2 841.5
税后利润(收益)	1 903.8
年现金流量(收益+折旧)	2 003.8

从表5.3、表5.4中的税后利润和年现金流量可以看出,由于人民币对美元的汇率贬值,该公司的税后利润减少了25.8万元人民币,而年现金流量也减少了25.8万元人民币。当然,汇率变动后,销售量、销售价格和成本变化之间有很多种组合情况,而经济风险的结果,既可能是损失,也可能是获利。

第三节　外汇风险的管理

外汇风险的防范主体主要是一般工商企业与商业银行。本节我们将介绍一般工商企业和

商业银行防范外汇风险的技术。

一、商业银行外汇风险的管理

由于银行在外汇市场上的参与程度不同,有些银行可能从不涉足外汇市场,而有些银行则是外汇市场的积极参与者。在后者中,有些只是限制自己为公司或客户作外汇交易的代理,充当外汇买卖中介,而另一些则是自己也积极地进行交易。具体风险管理可以分为如下几种:

(一)限额管理

限额管理是外汇交易风险控制的主要方法,即为所交易币种的现货和远期设置限制。银行在制订外汇敞口头寸的限额时,必须分析影响限额规模的各种因素。第一,外汇交易的损益期望。在外汇交易中,风险与收益成正比,银行高层领导对外汇业务的收益期望越大,对外汇风险的容忍程度也应该越强,于是银行的限额就越大;反之,银行的限额就越小。第二,对亏损的承受能力。银行对亏损的承受能力越强,限额就越大;反之,其限额就越小。第三,交易币种。交易的币种越多,交易量越大,限额也就越大。第四,交易人员的水平。交易人员的业务水平越高,限额可能就越高;反之,则限额可能越小。

针对外汇交易中存在的外汇风险,银行通常采取各种限额控制,主要包括:①即期外汇头寸限额,即根据交易货币的稳定性、交易的难易程度和相关业务的交易量而定。②掉期外汇买卖限额,即在制订限额时,考虑该种货币利率的稳定性。远期期限越长,风险越大。③敞口头寸限额,即对于没有及时抵补形成的某种货币多头或者空头的敞口头寸,一般需要规定相应的限额时间和金额。④止损点限额,即银行对交易人员建立外汇头寸后,面对汇率风险引起外汇损失的限制,是银行对最高损失的容忍程度。

无论采取哪种方法对汇率头寸设置限制,一般都需要对汇率变化可能带来的损失进行模拟。在模拟时,既可以设想一个汇率的变化范围,也可以利用历史数据中最大的汇率变化来模拟最坏的情况。

(二)VaR 管理技术

VaR 技术是指在正常市场条件下和一定的置信水平上,测算出给定时间段内预期发生的最坏情况的损失。

对于一个外汇敞口头寸来说,如果 V_0 是其初始价值,经过一个单位时间,头寸的价值变为 $V_1 = V_0(1+r)$。因为存在外汇风险,投资回报率 r 和头寸价值 V_1 都是随机变量。记 μ 和 σ 分别是 r 的数学期望值和波动率,$E(V_1)$ 为预期值。定义 $\min V_1$ 为在设定的置信水平 c 上,头寸的最小价值,有 $\min V_1 = V_0(1+\min r)$,其中 $\min r$ 是在置信水平 c 上资产的最小回报率。风险价值 VaR 就定义为相对于头寸的预期价值而言,外汇头寸在这样的置信水平上可能遭受的损失量,即 $\mu E(V_1) - \min V_1 = V_0(1+\mu) - V_0(1+\min r) = -V_0(\min r - \mu)$。有时也用绝对损失来衡量风险价值,有 $VaR_0 = V_0 - \min V_1 = V_0 \min r$。风险价值既然是在一定置信水平上可能低于预期价值的风险敞口,当然就要求银行具有足够的抗风险储备来兑付可能发生的损失。

二、一般企业外汇风险的管理

(一)货币选择法

货币选择法是指经济主体通过对涉外业务中计价货币的选择来减小外汇风险。它在国际储备、对外贸易及利用外资的汇率风险管理中具有十分重要的作用。在具体选择计价货币时,有下列几种方法:

1. 本币计价法

选择本币作为合同货币,清偿时不会发生本币与外币之间的兑换,因而外汇风险无从产生,从而可以完全避免外汇风险。由于本币对非居民来说是外币,因此该方法的实质是将外汇风险转嫁给由交易对方承受。该方法的前提条件是对方能够接受本币计价,否则,经济主体将会丧失贸易机会。因此,这一方法主要适用于实行货币自由兑换的国家。

2. 可自由兑换货币计价法

可自由兑换货币是指实行浮动汇率制且有人民币报价的货币,它有助于外汇风险的方法和外汇资金的调拨。经济主体采用可兑换货币计价本身并不能减少外汇风险,但是它使企业在预测汇率变动对自己不利时,能够通过外汇交易将此后的外汇风险转嫁出去。

3. 硬/软币计价法

硬币(Hard Money)是指外汇汇率具有上升趋势的货币。一般的,出口商或外币债权人采用此种货币计价,以便在收汇时随着硬币汇率上浮,多收取款项。软币(Soft Money)是指外汇汇率具有下降趋势的货币,一般的,进口商或外币债务人采用此种货币计价,以便在付汇时随着软币汇率下降,少付款项。

4. 货币组合计价法

在经济合同中规定以多种货币进行计价,是因为未来某种货币汇率上升的影响在一定程度上会被外来其他货币汇率下降的影响所抵消,交易双方可以借此减轻外汇风险。

(二)货币保值法

货币保值法是指贸易双方通过在合同(一般是长期合同)中订立适当的保值条款,来防止未来汇率变动的风险。常用的保值条款有黄金保值、硬货币保值和"一篮子"货币保值。

1. 黄金保值条款

黄金保值条款是指订立贸易合同时,按当时的黄金市场价格将应支付货币的金额折合成若干黄金,到实际支付日,如果黄金价格变动,则支付的货币金额也相应增加或减少。例如,某项经济交易合同在签约时的黄金市场价格是 1 盎司黄金 = 300 美元,合同的交易金额是 300 000 美元,相当于 1 000 盎司黄金,在货款支付日,若黄金的市场价格是 1 盎司黄金 = 600 美元,则合同的支付金额为 600 000 美元。

2. 硬货币保值条款

硬货币保值条款是指在交易合同中确定以硬货币计价,以软货币支付并载明两种货币当时的汇率。在合同执行过程中,如果支付货币汇率下浮,则合同金额要等比例地进行调整,按照支付的汇率计算,使实收的计价货币价值与签订交易合同时相同。

3. 一篮子货币保值条款

一篮子货币保值条款是指交易双方在合同中明确用支付货币与多种货币组成的一篮子货币的综合价值挂钩的保值条款。即订立合同时确定支付货币与一篮子货币中各种货币的汇率,并规定汇率变化的调整幅度,如到期支付时汇率变动超过规定的幅度,则按支付当时的汇率调整,以达到保值的目的。

(三) 外汇交易法

企业签订交易合同后,可以利用在外汇市场从事各种外汇业务来消除外汇风险。这种方法是国际上普遍采用的方法。

1. 即期外汇交易法

企业若在近期内有外币债务需偿付,或有待收的外币债权,为防止到期时汇率发生不利于企业的波动,可以与银行签订购买或出售外汇的即期合约,以消除外汇风险。即期交易法消除外汇风险需要实现资金的反向流动。企业若在近期预定的时间有出口收汇,就应卖出手中相应的外汇头寸换入本币;若近期预定的时间有进口付汇,则应用本币买入相应的即期外汇。

2. 远期外汇交易法

企业如果有远期外汇债权或债务,可与银行签订远期合同,按远期汇率卖出或买入远期外汇以消除外汇风险。即在规定的时间内以远期外汇买卖实现两种货币的风险冲销,不必再担心汇率波动。具体来讲:出口商在签订贸易合同后,按当时的远期汇率事先卖出合同金额和币种的远期外汇,在收到货款时,再按原定汇率办理交割。进口商和债务人,则预先买进所需的远期外汇,到支付货款或偿还债务时,按原定汇率进行交割。

3. 掉期交易法

企业具有远期债务或债权,可以与银行签订合约,在买进或卖出即期外汇的同时,再卖出或买进相应的远期外汇,也可以买进(或卖出)一种期限较短的远期,卖出(或买进)期限较长的远期,以防范外汇风险。掉期交易法与套期保值的区别在于:套期保值是在已有一笔交易的基础上所做的反方向交易;而掉期交易则是两笔反方向的交易同时进行,两笔外汇买卖币种金额相同,买卖方向相反,交割日不同,这种交易法常用于企业的套利、投资和借贷业务的外汇风险防范上。

4. 期货交易法

企业若有远期外汇债务或债权,可以委托银行或期货经纪公司购买或出售相应的外汇期货,借以消除外汇风险。具体方法如下:

(1) 买入套期保值

买入与现货市场数量相当、但方向相反的期货合约,以期在未来通过卖出期货合约来对冲风险。例如,进口商为防范日后结算货币升值带来的风险损失,在签订贸易合同时,应在期货市场上先买进期货合约,等计价结算到期时,再卖出期货合约对冲。若到期时计价结算货币贬值,则进口商在期货市场上所蒙受的损失,可由现汇市场所获得的盈利来弥补。这样,无论到期结算时,货币是升值还是贬值,进口商均可以避免外汇风险。

(2) 卖出套期保值

卖出与现汇市场数量相当、但方向相反的期货合约,以期在未来通过买入期货合约来对冲风险。比如,出口商为防范日后结算货币贬值带来的风险,在签订贸易合同时,应在期货市场上先卖出期货合约,收回货款时,再买进期货合约进行对冲,不管到期时计价结算货币是贬值还是升值,通过现汇和期货市场相反的交易方向,损益互补,避免了外汇风险。

5. 期权交易法

期权交易是指买卖双方以签订合约的形式明确规定,期权买方在交付一定期权费后,有权在合约到期时按协定汇率买入或卖出规定数额的某种货币,也可以放弃买卖的权利,其损失的只有期权费。此方法的保值作用要远优于远期外汇交易法和期货交易法。

例如,进口商买进看涨期权(买权),若支付货款时,市场汇率高于协定汇率(计价结算货币的汇率),进口商则选择执行期权合约,按事先约定好的协定汇率,以较低的汇率买入进口支付货款所需外币;若市场汇率低于协定汇率,进口商则选择不执行期权合约,以较低的市场价格买入进口所需的外币。这种操作方法既可以避风险,又可以从中获得汇率上升的好处,其损失的最高限就是期权费。

又如,出口商应买进看跌期权(卖权),若到期收回货款时,市场汇率下跌,低于期权合约中的协定汇率,出口商则选择执行期权合约,按协定汇率卖出外币货款;若市场汇率上升,出口商则选择放弃期权合约,而把出口收汇按较高的市场价格卖出,不但避免了外汇风险,还可以从中获得汇率上升带来的利益。

(四) 国际信贷法

国际信贷法是指在中长期国际收付中,企业利用国际信贷形式,一方面获得资金融通;另一方面转嫁或抵消外汇风险。其主要有如下三种形式:

1. 出口信贷

出口信贷是国际贸易中最常用的资金融通形式,由出口方银行直接或间接地向进口商提供垫付贷款,以促进本国商品的出口,包括买方信贷和卖方信贷。

买方信贷是指出口商银行直接向进口商或进口商银行提供信贷,进口企业用这笔资金支付货款;卖方信贷是指出口商银行向出口商提供信贷,使出口商允许进口商延期支付货款。买方信贷能使出口商得到现金,卖方信贷则使出口商对银行的负债与出口商对进口商应收货款轧平,这样,利用出口信贷,出口商把外汇风险转嫁给银行或抵消了。

2. "福费廷"

所谓"福费廷"业务,是指在延期付款的大型机器设备交易中,出口商开列以进口商为付款人的中长期汇票,经一流的隐含担保和进口商承兑后,出售给出口地银行,取得扣除贴息和其他费用后的金额。

由于"福费廷"对出票人无追索权,出口商在办理此业务后,就把外汇的风险和进口商拒付的风险转嫁给了银行或贴现公司。

3. 保付代理

保付代理是指在国际贸易中,出口商既争取不到进口商银行开立信用证收取货款,又对收款无把握,即以贴现的方式把进口商应付货款的单证转卖给保付代理商,得到应收货款的80%~90%,其余部分到期收进。由于出口商提前拿到大部分货款,可以减轻外汇风险。

(五)提前/延期结汇法

提前或延期结汇法是指在国际收支中,企业通过预测支付货币汇率的变动趋势,提前或延迟收付外汇款项,来达到抵补外汇风险的目的。

如果企业预测计价货币汇率将下浮,在进口方面,则要推迟对外订货,或允许出口商延期付款或推迟交货;在出口方面,则要尽早签订合同,答应进口商提前交货或要求进口商提前付款,这样就可以避免外汇风险。如果企业预测计价货币汇率将上浮,做法则与上述过程相反。不过,在使用这种方法时,往往会遇到一定的困难,不一定能够取得对方的配合。

(六)价格分摊法

价格分摊法包括加价保值和压价保值两种。在进出口贸易中,出口收硬币,进口付软币,是一种最佳的选择。但在实际业务中,这往往只是"一厢情愿",有时甚至适得其反,造成外汇风险。此时就可以考虑实行调整价格的避险方法,即出口加价和进口压价,把外汇风险分摊到价格中去,来达到减少外汇风险的目的。

1. 加价保值

该方法主要用于出口交易中,出口商在接受软币计价成交时,将汇率损失计入出口商品价格中。按照国际惯例,即期交易加价公式为

$$出口商品新单价 = 出口商品原单价 \times (1 + 外币贬值率)$$

远期交易加价公式为

$$出口商品新单价 = 出口商品原单价 \times (1 + 外币贬值率) \times 期数$$

上述公式既考虑了外币预期贬值因素,又考虑了延期收汇造成的利息损失。

2. 压价保值

该方法主要用于商品进口商交易中,进口商接受硬币计价成交时,可将汇率损失从进口商品中剔除。按照国际惯例,即期交易压价公式为

$$进口商品新单价 = 进口商品原单价 \times (1 - 外币升值率)$$

远期交易压价公式为

$$进口商品新单价=进口商品原单价×(1-外币升值率)×期数$$

需要注意的是,价格分摊法的使用必须与市场供求变化、商品质量等因素综合起来考虑,得出双方都认为比较合适的价格。

(七) BSI 法和 LSI 法

这两种方法是外汇风险管理的综合方法。

1. BSI 法

BSI(Borrowing-Spot-Investing)是借款–即期合同–投资法,是指具有外汇应收账款或应付账款的企业,综合使用借款、即期合同与投资的方法,以避免外汇风险。

具体操作步骤如下:拥有应收账款的出口商,为了防止汇率变动,先借入与应收外汇等值的外币,以此消除时间风险,同时,通过即期交易把外币兑换成本币,以此消除价值风险,然后,将本币存入银行或进行投资,以投资收益来贴补借款利息和其他费用。应收款到期时,就以外币归还银行贷款。

拥有应付账款的进口商,在签订贸易合同后,借入相应数量的本币,同时以此购买结算时的外币,然后以这笔外币在国际金融市场上做相应期限的短期投资。付款期限到期时,进口商收回外币投资,并做相应期限的短期投资。付款期限到期时,进口商收回外币投资,并向出口商支付货款。在该方法中,企业把借来的本币兑换成外币,消除了价值风险;而把未来的外币应付账款用于投资,又改变了外汇风险的时间风险。

BSI 法同消除外汇应收账款和应付账款风险的原理一样,但币种的操作顺序不同。前者借款是借外币,投资用本币;后者借款是借本币,投资用外币。BSI 法使流入和流出的外币完全抵消,消除了外汇风险。

2. LSI 法

LSI(Lead-Spot-Investing)提早收付–即期合同–投资法,是指具有应收账款或应付账款的企业,在征得债务方或债权方的同意后,综合运用提前或延期收付货款、即期外汇合同兑换和投资的办法,以消除外汇风险。

LSI 法在出口贸易应收账款中的做法是:出口企业在征得付款人即进口方的同意后,以一定折扣为条件请其提前支付货款,以消除时间风险,并通过银行签订即期合同,将收取的外币兑换成本币,从而消除价值风险。最后,将换回的本币进行投资,所获得的收益用以抵补因提前收汇造成的折扣损失。LSI 法和 BSI 法的做法基本相似,不同的是,BSI 法的第一环节是从银行借款,而 LSI 法是请付款人提前支付贷款,以给其一定的折扣为成本。

LSI 法在进口贸易应付账款中的具体做法是:进口商先从银行借入本币,按即期汇率兑换成外币,接着将所借的应付账款的外币用于货币市场投资,投资的期限等于应收账款的期限,到期时用投资收回的外汇支付进口应付款,风险全部消除。

131

本章小结

1. 外汇风险也称汇率风险,是指经济主体在持有和运用外汇的经济活动中,因汇率变动而蒙受损失或获取收益的不确定性。

2. 外汇风险的形成涉及三个基本要素,即风险头寸、两种以上外币和时间。

3. 按照外汇风险发生的时间阶段不同,将经济主体所面临的风险其分为三大类:折算风险、交易风险和经济风险。

4. 一般而言,商业银行通过限额管理、VaR 管理技术控制风险;企业往往通过货币选择法、货币保值法、外汇交易法、国际信贷法、BSI 法、LSI 法等控制风险。

思 考 题

一、简答题

1. 什么是外汇风险?它有哪些种类?
2. 历史上出现过哪些外汇折算方法?它们之间有何异同?
3. 如何利用国际信贷法进行外汇风险的防范?
4. 如何运用价格分摊法进行外汇风险的防范?

二、思考题

1. 假定你是一个出口商,产品出口到英国,你坚信今天英镑的远期汇率对外来的即期汇率远远低估,公司要求你对外来的英镑收入做套期保值,你认为使用远期套期保值和卖出期权哪种方式更合适?为什么?

2. 巴尔的摩公司是一家美国跨国公司,其 10% 的原材料来自欧洲制造商,60% 的收入来自于欧洲的出口,产品的出口以欧洲货币标价。请问该公司会面临哪种外汇风险?如何防范?

3. 现有一家香港贸易公司,日常资金以美元形式持有,即以美元为本位币,由于经营需要,每年需要在欧洲国家选购贸易产品及其他用品,年支出约 1 亿美元,所购产品在中国内地及香港地区销售和贸易,在欧洲进货时是以欧元结算,而销售结算则以美元为本位币结算,因此,每次的进货和销售都要经历以下货币之间转化的循环:以美元现金兑换欧元,在欧洲购货以欧元支付货款,在中国内地或香港地区进行商品交易最后仍结算成美元。如果美元对欧元货币汇率在上述循环过程中波动较大,尤其是如果欧元升值,那么这家贸易公司会在每次的业务循环中面临巨大的汇兑损失风险。

试运用所学外汇风险管理知识作以下探讨:(1)该公司将面临的是何种外汇风险?(2)防范这类风险有哪些方法?(3)在上述业务循环中,在哪部分环节上最有可能发生外汇风险?你有何具体办法?(4)综上所述,你对该公司的业务循环与公司资金组合有何建议?

第五章 外汇风险

【阅读资料】

用风险价值方法评估外汇风险

风险价值是一种衡量风险的方法,它使用标准的统计学技巧,衡量在一特定的时间段里,正常的市场条件下、特定的置信水平上,一个涉外经济主体可能蒙受的最大损失。例如,假设跨国公司在未来的一年时间内,在99%的置信水平上的风险价值是5 000万美元。这意味着在这一年时间内,在正常的市场条件下,汇率变动100次中将有1次,该企业会蒙受超过5 000万美元的损失。风险价值不仅表示了该企业对市场风险的暴露程度,也指出了发生这一损失的可能性,即概率。如果企业的管理层或股东对这一风险度感到不满意,他们可以运用风险价值的计算方法,确定另外一个合适的风险程度。

1. 风险价值的作用

(1)信息报告

风险价值可以被用来向管理层和股东大会揭示源自投资和市场交易活动的金融风险。它非常符合信息透明和风险揭示的原则。

(2)资源配置

对不同的业务种类,风险价值表示不同的风险分配情况,因此它可以被涉外经济主体用来设定各类交易的操作限额,也可以用来决定如何分配有限的资金。通过这种操作,涉外经济主体可以更合理地分配业务风险的承受方向和程度。

(3)业绩评估

涉外经济主体既然可以根据风险价值的数据来决定风险分配格局,那么它也可以利用这些数字来评估合理的收益状况。这种工具对于交易性业务特别重要,尤其是当涉外经济主体对额外的风险和收益都保持中性立场时。

由于风险价值的上述功能在企业的经营管理中得到了越来越明显的有效的体现,它基本为那些担心衍生产品会带来巨大风险的机构所接受。无论是金融机构、非金融机构、资产管理人或金融监管当局,都已经认识到了风险价值这一工具的重要性。使用这种工具的机构,由于掌握了风险的存在方向和程度,而主动建立起一个独立的监管部门,对交易前台和后台的业务操作进行风险控制。但是,从另外一个比较沉重的角度来说,所有这些做法恐怕都类似于巴林银行和大和银行所遭受的金融灾难的畏惧。

2. 计算风险价值的步骤

风险价值的计算,需要按照下述五个步骤进行:

(1)确定涉外经济主体持有外汇风险头寸

不同的经济主体的风险头寸规模、形成渠道各不相同,在确定外汇风险头寸时必然有不同的信息渠道。但是无论如何,应该对这些外币头寸建立起一个完整的数据库,其中包括交易头寸、资产或负债头寸、外币价格、资产或负债存续期、价格的敏感度分析指标等。

(2)确定影响风险头寸价值的市场风险因素

市场风险因素的选取是非常繁琐的工作,不仅如此,在建立风险价值模型的过程中,确定将多少市场风险因素纳入分析范围也是一项非常棘手的工作。纳入的因素越多,分析的结构就越准确,但同时所要求的数据就越多,系统也就越复杂。当然,没有哪一组风险因素是完整的,总会出现一些概算错误。市场风险因素是否足够,需要视不同的情况而定。为了获得更加准确的结果,风险价值模型需要纳入尽可能多的市场风因素,而且这些因素需要在市场环境发生变化时不断更新。

(3)确定市场风险因素的背景并分派发生概率

在为市场风险因素建立概率分布模型时需要考虑很多问题。例如,某一个变量的历史波动性。它与其他变量之间的相关性,以及它的分布曲线的形状等。如果我国某商业银行拥有1 000万美元的10年期美国国债,如何确定美国国债的市场风险因素并对其分派概率呢?

首先,需要使用历史数据吗?是否需要使用国债的真实收益率?大多数的债券交易并不在交易所里进行,应该使用谁的价格?是使用历史收益率还是使用收益率的变化值?是否需要考虑在资本市场上经常出现的融资成本低于正常水平的情况?在将旧债券延期成新债券时,是否需要考虑其存续期的变化?

其次,还需要考虑时间变化引起的国债收益率的形状可能发生的变化。这一点在2000年国债收益率曲线发生长期的倒挂现象中得到了充分的证实。在价格波动性较低时,是否需要考虑这一情况呢?应该考察历史波动性,还是应该考察最近的经济数字带来的未来波动性呢?

上面这些问题一般都具有多个可以接受的答案。所以,对不同的风险管理方案来说,没有哪个答案是完全正确的。在这个日新月异的市场里,没有一套简单的规则可以遵守,只有不断地对已有的外汇风险管理系统进行持续不断的监控和更新,才能建立起既符合实际风险情况,又可以令管理层和股东大会满意的风险价值模型。

(4)建立所有风险头寸的定价函数

建立所有风险头寸的定价函数并以此作为市场风险因素的价值函数,现实中可以采取一系列不同的方法,对大多数有价证券而言,对其进行市值评估的过程就是建立一个相对简单的市场风险因素的价值函数。在其他更加复杂的产品如衍生产品中,可以使用衍生产品定价模型,将风险因素的价值输入到模型中去,从而得出其价值函数。

(5)建立分布模型

使用上述定价函数为所有头寸定价来建立风险结果的分布模型。风险价值就是这条曲线上的一个点。概率分布在第三步完成后,使用第四步中的市值评估方法,就可以得到投资组合价值变化的数值和发生概率。多次重复这一步骤,就可以得出整个风险价值分布曲线。

风险价值工具是现代风险管理艺术中的一个核心内容,但它同样也有缺陷:某些极端的会导致巨额亏损的时间,可能不会在模型的数据库中出现,但是它的确有可能出现。在这种情况下,需要将前面所述的极限测试和情景分析两种工具与风险价值结合起来,才能全面、真实地认知开放经济中个涉外经济主体所面临的外汇风险状况。

(资料来源:涂永红.外汇风险管理[M].)

第六章
Chapter 6

国际金融市场

【学习目的与要求】

金融资产包括货币、外汇、票据、股票、债券、货币性黄金等,与它们的交易相对应的国际间市场包括国际货币市场、国际资本市场、外汇市场、黄金市场、欧洲货币市场、衍生金融工具市场等。通过本章学习,要求学生掌握国际金融市场的概念和构成;掌握各个子市场的概念及特征;了解这些市场金融商品交易的基本情况;熟悉欧洲货币市场、衍生金融市场的主要业务。

【案例导入】

中国远洋运输(集团)公司(COSCO,简称中远)是我国较早开展国际化经营的跨国企业集团之一。远洋运输的行业特点和国际的延期付款方式,使其一方面拥有充沛的运费现金流,另一方面也沉积了数额可观的应收运费。这部分应收运费大都源于中远最为优质的航线,客户群相对稳定并有着良好的商业信誉。为了进一步提高资金营运效率,中远以北美和欧亚澳两大区域航线的未来应收运费为支持,于 1997 年、1998 年在美国两次发行资产支持证券(ABS)募集资金。发行 ABS 是一种资产证券化,它是将发起人(原始权益人)不流通的存量资产或可预见的未来收入构造转变成为资本市场上可出售和流通的证券的过程。在该过程中存量资产被出售给一个特殊目的载体(Special Purpose Vehicle,SPV),SPV 以此资产为支撑向投资者发行证券筹集资金。通过这种方式发行的证券称为 ABS 证券。中远与中国工商银行共同安排了 ABS 融资置换外债项目,中国工商银行出资一次性清偿中远境外所有未到期 ABS 证券和商业票据,总金额为 6 亿美元。清偿完成时,中远将以私募方式等额发行 6 亿美元 ABS 证券,中国工商银行作为唯一的投资人持有新发行的 ABS 证券,新发行的 ABS 证券继续维持了原有的交易结构。

经过融资置换,中远不仅实现了外债转内债的目的,而且进一步降低了融资成本。

第一节　国际金融市场概述

国际金融市场是进行国际金融业务的场所。在国际领域中，国际金融市场显得十分重要，商品与劳务的国际性转移、资本的国际性转移、黄金输出入、外汇的买卖以至于国际货币体系运转等各方面的国际经济交往都离不开国际金融市场，国际金融市场上新的融资手段、投资机会和投资方式层出不穷，金融活动成为推动世界经济发展的主导因素。目前，纽约、东京和伦敦是世界上最大的国际金融市场。

一、国际金融市场的概念

（一）国际金融市场的概念

国际金融市场是相对于只限于本国居民参与的国内金融市场而言的。国际金融市场的概念有广义和狭义之分。

狭义的国际金融市场（International Financial Market）仅指国际间资金借贷与资本交易的场所，因此也称国际资金市场，包括短期资金市场（货币市场）和长期资金市场（资本市场）。

广义的国际金融市场指从事各种国际金融业务活动的场所，这些业务活动包括长、短期资金的借贷、黄金与外汇的买卖，这些业务活动分别形成了货币市场、资本市场、黄金市场和外汇市场，同时还包括在金融市场从事交易的各类参与者、中间人和交易机构。也就是说，广义的国际金融市场，实际上是由各国的交易人、中间人和交易机构组成的进行各种金融资产交易的场所，体现着国际金融商品的买卖供求关系。本章论述的是广义的国际金融市场。

（二）国际金融市场与国内金融市场的区别

1. 国际金融市场的业务活动涉及的国家较多

国内金融市场的活动领域局限于一国领土内，市场的参与者限于本国居民。而国际金融市场的业务活动的参与者往往涉及两个或两个以上国家的居民。

2. 国际金融市场的业务活动中外汇交易比重较大

国内金融市场的业务活动一般不用外汇，也不必通过外汇市场进行；而国际金融市场的业务活动必然涉及外汇交易活动，而且要通过外汇市场进行，外汇市场是国际金融市场的中心市场之一。

3. 国际金融市场的业务活动受所在国的干预较少

国内金融市场必须受到货币当局的直接干预，市场运行在很大程度上受到本国行政力量的左右；而发达的国际金融市场则基本不受所在国政府政策、法规和管辖的约束，市场运行一般很少受到干预，甚至完全不干预。

二、国际金融市场的产生和发展

(一)国际金融市场的形成条件

1. 稳定的政治经济环境

这是最基本一个的条件。如果一国政局动荡、经常发生政变或大的变革、经济状况长期恶化,无法保证国内经济和金融的稳定,不能建立起国际金融市场,即使这个国家建立起国际金融市场也不能保证正常运转。中东地区的贝鲁特就是因遭受连年的内战和骚乱而丧失了中东金融中心的地位。

2. 国内金融市场制度完善

国际金融市场是在国内金融业务发展的基础上和国际金融业务活动不断增长的条件下产生的。因此,一个国家只有金融体系健全、金融法规完善、金融工具种类丰富、信用制度发达、能顺利进行筹措和运用资金,才能建立起一个正常运转的国际金融市场。

3. 实行自由外汇制度

这主要包括自由开放的经济政策与宽松的外汇管制。自由开放的经济政策,容易加强与世界各国的经济金融往来,并进行各种形式的经济金融合作;而自由宽松的外汇管制或取消外汇管制,充分保证了国际资金的自由出入,容易形成国际资金的集散地,进而形成国际金融市场。

4. 地理位置优越、交通和通信便利

一国或地区要成为国际金融中心,必须有完善的通信设施,并且具有不断吸收高新科技的能力,这样才能迅速、准确地保证国际信息的通畅。而良好的地理位置,容易吸引各种参与者,方便其交易,进而增加各种国际金融业务。优越的地理位置是我国的香港地区作为重要的国际金融市场的一个重要原因。

5. 具有较强的国际经济活动能力

发达的国际贸易、国际运输和国际保险能为国际金融市场的产生创造便利条件。

6. 大量的国际金融人才

这是指一国或地区要拥有一批既懂国际金融专业知识,又有丰富国际金融实际经验的专业队伍,从而可以向市场参与者提供优质、高效服务的"软"环境。

具备上述条件的国家或地区,就有可能成为国际借贷中心和国际结算中心,进而成为一个能够发挥作用的国际金融市场。纵观当今世界经济社会,具有一定影响力的国际金融中心无一不是这样。

(二)国际金融市场的演变

国际金融市场是随着国际贸易的发展、世界经济的形成以及国际借贷关系的扩大而逐渐产生和发展起来的。国际金融市场经历的过程可以大致分为四个阶段:

1. 第一次世界大战之前

18世纪中期以后,资本主义工业革命在英国和其他资本主义国家先后爆发,英国的自由资本主义迅速发展并向海外极度扩张,随之而来的是货币兑换、黄金交易、票据结算与国际清算业务的迅速发展,使其经济实力跃居世界首位。在日益增加的国际贸易结算与支付中,大量地用英镑作为支付手段,扩大英镑的使用范围,使英镑成为当时资本主义世界的主要货币。随着国际结算业务的发展、各种票据的广泛使用,在英国伦敦产生了票据交换所(或称票据承兑公司)和一大批融通海外资金活动的商业银行等新型金融机构。同时,当时英格兰银行的国际结算业务也大为发展,并在世界各地建立了广泛的业务代理网络。于是,伦敦率先成为世界上最大的国际金融市场。

2. 一战爆发至二战结束后

两次世界大战期间,英国由于遭受了严重的战争创伤,经济实力被削弱,不得不放弃金本位制,实行了外汇管制,这在一定程度上削弱了伦敦作为国际金融市场的地位。二次大战后,由于伦敦国际金融市场的作用相对削弱,纽约和苏黎世国际金融市场乘机崛起,与伦敦并列形成三足鼎立的局面。由于传统的历史原因,伦敦仍然保持了国际金融市场的重要地位,大量的国际金融业务和经营这些业务的金融机构仍然集中在伦敦,使伦敦一直是世界上数一数二的金融中心。纽约成为世界主要国际金融市场的主要原因是由于美国凭借其在二次大战中扩张起来的经济实力,建立了美元在国际货币制度中的中心地位,成为资本主义世界最大的资金供应者和国际金融领域的霸主,因而纽约成为战后国际贸易的美元结算中心和西方最大的国际资金市场。苏黎世国际金融市场发展的原因则主要是由于瑞士是二次大战的中立国,它保存了经济实力,并且是西欧各国中始终保持其货币自由兑换的国家,因而它发展了自由外汇市场和黄金市场,与伦敦、纽约一起成为世界三大金融中心。

3. 20世纪60年代至20世纪80年代

由于英、美等主要资本主义国家实行严格的外汇管制措施,国际金融市场发展步伐放慢。此时,美国国际收支出现持续巨额逆差,黄金外流,美元的国际信用开始动摇,美国的资金外逃严重,美国被迫采取了一些限制资本外逃的措施,导致大量美元为逃避管制而纷纷流向境外金融市场,形成了"欧洲美元市场"。后来,由于类似的原因,又出现了"欧洲英镑市场","欧洲西德马克市场"等其他欧洲货币市场,与"欧洲美元市场"一起统称为欧洲货币市场。这是一种新型的国际资金市场,其特点突出地表现在信贷交易更加国际化,摆脱了各国金融当局的管理约束,突破了国际金融市场必须是国内资本供应中心的旧传统,因而为后来国际金融市场的分散化创造了有利而重要的前提条件。欧洲货币市场建立后,获得了迅速的发展,其交易量急剧增加,很快就超过了传统的国际资金市场而成为国际金融市场的重要组成部分,使当代国际金融市场的发展成了以欧洲货币市场为主体的真正国际化的金融市场。

4. 20世纪80年代至今

欧洲货币市场的出现,打破了国际金融市场的所在地必须有充足的、资金供应来源的局限,为国际金融市场扩散到非经济高度发达的主要资本输出国创造了条件。第二次世界大战以后,发展中国家纷纷获得独立,并在发展民族经济方面取得了较大成就,建立和发展了自己的金融业,一些国家还建立和扩展了自己的金融市场。特别是自20世纪70年代以来,在西方货币动荡不安的情况下,主要的西方资本主义国家都采取了各种不同的外汇管制措施,国际金融市场相继扩散,在亚太地区、加勒比海地区等原来并不引人注目的地区,逐渐形成了许多新兴的国际金融中心。现在,除伦敦、纽约、苏黎世、法兰克福、东京、巴黎,以及布鲁塞尔、阿姆斯特丹、米兰、斯德哥尔摩、蒙特利尔等传统的金融市场外,一些新的市场如卢森堡、新加坡、香港地区等,甚至一些不大知名的地方如巴哈马、开曼群岛、马耳他和巴林等地,也成为具有一定重要性的国际金融市场。与此同时,发展中国家的金融市场在国际金融市场中的地位和作用也不断得到提高。这些都加速了国际金融市场的扩展。

【资料库】

随着经济恢复强劲增长,冰岛政府上周四宣布,从周二起解除针对冰岛个人、企业与退休基金的所有资本管制措施,让冰岛全面回归国际金融市场。冰岛是在2008年全球金融危机爆发后实施资本管制,以限制外国投资者将资金撤出,并支撑冰岛货币克朗。

受那场金融危机影响,急速扩充的冰岛三大银行先后倒闭并背负巨额债务、克朗大幅贬值,冰岛也陷入严重的经济衰退。

2016年,冰岛经济在旅游业与投资的带动下,实现了强劲回弹。上周发布的初步预估数据显示,2016年冰岛国内生产总值(GDP)增长了7.2%,其中四季度增长率较前一年同期增长了11.3%。此外,去年冰岛失业率约为3%,通货膨胀率也受到控制。过去一年,克朗兑欧元汇率上升了约18%。冰岛认为国家经济复苏情况良好、外汇储备回升、银行业也发展迅速,因此决定终止资本管制。这意味着,冰岛在时隔九年后,将完全重返国际金融市场。

(资料来源:东方财富网)

三、国际金融市场的作用

(一)调节国际收支

国际收支顺差国可将其外汇资金投放于国际金融市场,而国际收支逆差国则可以通过国际金融市场融通资金弥补逆差,缓解国际收支失衡的压力。

(二)促进全球化经济的发展

国际金融市场职能日益完善,运营效率不断提高,市场规模逐渐扩大,这些客观条件都有力地促进了全球化经济的发展。尤其是欧洲货币市场的形成与发展,又为跨国公司在国际间进行资金储存与借贷、资本的频繁调动创造了条件,促进了跨国公司经营资本的循环与周转,由此推动世界经济全球化的巨大发展。

(三)促进金融资本的国际化

国际金融市场通过世界各国的银行和非银行金融机构,广泛地组织和吸收世界各国的各种资金。国际金融市场成为国际大银行的集散地,把大量的闲散资金聚集起来,并进行合理分配,从而满足了国际经济贸易发展的需要,同时通过金融市场的职能作用,使世界各国的银行信用突破空间制约而成为国际间的银行信用,推动生产与资本的国际化。

(四)支持各国经济的发展

国际金融市场是世界各国资金的集散中心。各国可以充分利用这一国际性的蓄水池,获取发展经济所需的资金。可以说,某些国家或地区就是以在国际金融市场上借钱付利息的代价来推动经济发展的。比如,欧洲货币市场促进了当时的联邦德国和日本经济的复兴;亚洲美元市场对亚太地区的经济建设也起到了积极的作用。发展中国家的大部分资金也都是在国际金融市场上筹集的。

国际金融市场会导致国际资本在国际间充分流动,使当前的国际资本流动达到了空前的规模。与此同时,也带来了一些负面效果。首先,国际金融市场上大量的资本流动和借贷会导致流入国货币供应量增加,引发通货膨胀,妨碍国内货币流通稳定。其次,资本跨国流动削弱了国内货币金融政策的效果,使各国金融政策难以贯彻。第三,对于发展中国家来讲,金融市场在快速向国际化发展的同时,有时会对国内经济产生负面影响。倘若金融业经营不善,将使金融风险加大,一旦失控则会导致金融危机。第四,资本在国际间流动,会使金融危机在国际间迅速蔓延,对世界经济发展产生一定的负面作用。最后,国际金融市场还为国际走私、贩毒及其他金融犯罪活动提供了有利的场所,在一定程度上削弱了有关国家在这方面的执法力量。

四、国际金融市场的新趋势

20世纪80年代以来,信息技术的快速发展及其在金融领域的广泛使用,再加上各国金融管制的放松,使得国际金融市场的发展明显出现了一体化、证券化、自由化和创新化的新趋势,这些趋势对全球的金融体系产生了深远的影响。

(一)国际金融市场的一体化趋势

20世纪70年代两次石油价格上涨,使石油输出国的国际收支出现了巨额顺差,其中上千亿美元流入到欧洲货币市场,这些石油美元由欧洲货币市场贷出,很多又回流到非石油输出国,这在某种程度上孕育了国际金融市场全球一体化的趋势。20世纪70年代末、80年代初,各国政府全面放松了金融管制,消除了各国金融市场的界限,加强了国内外金融市场之间的联系,降低了各国金融市场之间的交易成本,从而加快了金融市场全球一体化的步伐。

全球金融市场一体化是国际金融市场发展的一个重要趋势。在金融自由化发展,放松外汇管制,在开放国内金融市场的前提下,金融国界在逐步取消,加之高科技的发展,电子技术广泛应用于金融业务中,克服了地区、时差的障碍,金融交易可以在24小时内在任何市场进行,跨国之间的资金转移也只是分秒之间的事情,各金融市场之间的联系不断加深。这主要表现在两个方面:一是欧洲的货币市场和亚洲的货币市场的迅速发展与壮大,使得某些国家的国内货币市场、资本市场上的利率结构通过欧亚两个货币市场的中介作用而变得具有高度同质性;二是国内金融市场与国际金融市场随着国际贸易、海外直接投资、证券投资等的增长日益融合,形成相互依赖的态势。

(二)国际金融市场的证券化趋势

所谓国际金融市场的证券化是指在国际金融市场上筹资手段的证券化和贷款权的证券化。筹资手段的证券化是指 20 世纪 80 年代以后,国际金融市场上的筹资格局发生了重大变化,人们改变了长期以来主要依靠金融中介间接筹措资金的方式,转而利用债券市场和股票市场直接融资。在 20 世纪 70 年代,尽管国际债券市场有了较大的发展,但是国际资本市场仍以银行贷款为主。到了 20 世纪 80 年代以后情况发生了变化,国际证券的筹资比重不断上升。1982 年在拉美爆发的世界性债务危机,使一些发达国家银行出现了巨额呆账,这不仅削弱了这些银行进一步发行新的国际贷款的能力,而且也严重影响了它们的信誉。一些信誉卓著的公司转向证券市场,通过发行证券筹资,而许多银行也在市场上出售债权。到了 1986 年,国际证券已取代了国际银行贷款的国际融资主渠道地位。

金融工具的增加,期货、期权交易技术的发展,资金、债务掉期技术的发展与不断完善,不仅增强了国际金融市场的深度,而且为市场借贷双方提供了更多的可供选择的机会,融资方式更趋于多样化。同时,随着证券市场日趋成熟,越来越多的机构直接或间接地进入有价证券市场,通过发行各种证券筹资和融通资金,银行等金融机构也热衷于从事证券的安排和交易业务,国际金融业务证券化趋势得到了很大的发展。

(三)国际金融市场的自由化趋势

国际金融市场的自由化趋势主要体现在各国对金融管制的放松。金融业历来是受政府管制较严的一个部门,金融管制可分为对内管制和对外管制。对内管制主要是限制金融机构的业务经营范围及存贷款利率。对外管制主要是限制外国金融机构进入本国金融业及金融市场,限制外国银行在本国经营业务的范围及对外汇流出入的管制。随着经济的发展,有些金融管制在一定程度上影响了该国金融业的正常运行机制,阻碍了金融业的发展,而有些金融管制由于受到金融创新的冲击,约束力已大大降低。因此,金融管制的放松已成为 20 世纪 70 年代以来金融领域的一个重大事件。金融管制的放松主要表现在以下四个方面:一是放松对资本流动的限制,包括对资本流入和资本流出的限制。从 20 世纪 70 年代以来,西方政府当局先后陆续放松或取消了对资本流动的限制。如 1973 年,美国取消了对资本外流的限制;1974 年,德国取消了资本限制;1979 年,英国开始放松管制;1950 年,日本取消了对外直接投资的限制,1984 年继而进一步放松金融管制。直至 20 世纪 80 年代末,工业国家大部分都开放了资本市场,一些发展中国家也相继仿效,放松资本管制,实行金融自由化措施。二是改变税制。税收制度严重影响了国际资本的流动。各国个人所得税的差异引起人们的收入在国际间的移动。从高税率国家的银行转移到低税率国家的银行,而公司所得税的差异则直接影响公司的投资决策。所以,各国政府纷纷改革税收制度,目的是便于资本在国际间流动。三是开放国际金融市场。开放国际金融市场也是放松金融管制的一个重要内容,主要表现在取消利率最高限额和扩展银行业务两个方面。如美国取消Q项条款中的存款利率上限,日本降低利率最高限额,美国允许银行经营跨州业务,商业银行可以经营证券业务等。四是放松对商品和劳务贸易的管制。工业发达国家越来越放松对国际商品贸易的管制,主要表现在关税、补贴、配额等方面。而许多发展中国家也积极实行贸易自由化的政策措施,减少贸易管制,借以促进经济的发展。

(四)国际金融市场的创新化趋势

金融创新是国际金融市场上的一次革命,其意义在于降低交易成本,加强国际间的资本流动。金融创新始于欧洲货币市场,以后不断继续发展。20世纪80年代,世界各主要国际金融中心的新颖金融工具,大大加速了金融市场全球一体化的进程。金融创新加速了资本流动,降低了金融市场之间的利率差异。金融创新引起金融工具的发展和变革,在规避外汇风险方面,出现了期货交易和期权交易。期货合同是对将来购买外汇的一种承诺,特别能满足投机商的需要。期权(包括外汇期权和利率期权)则是一种买卖外汇的权利,到期可以履约或不履约。1982年,美国首先采用期权交易,发展极为迅速。自20世纪70年代以来,又出现了利息互换和货币互换交易。前者是双方利用各自的优势发行固定和浮动利率债券,然后交换支付利息义务;后者是双方可利用本国货币举借债券,然后进行互换,互换的结果可以减少汇率波动的风险,增加资本在国际间的流动。

五、国际金融市场的分类

(一)按性质分类

按性质分类,可将国际金融市场分为传统的国际金融市场和离岸的国际金融市场。

1. 传统的国际金融市场

传统的国际金融市场也称在岸金融市场,是指从事市场所在国货币的国际信贷和国际债券业务,交易主要发生在市场所在国的居民与非居民之间,并受市场所在国政府的金融法律法规管辖。在二战以前,各国的金融市场、金融中心实质上是国内市场,即国内市场的延伸,表现为国内资本的输出,比如,伦敦作为国际金融中心,外国人可以在市场上发债券筹集资金,这一点是国际性的,但是此市场受到国内金融法规、法律和法令管辖。

传统国际金融市场具有如下特征:一是以市场所在国货币经营国际金融业务;二是资金大多由市场所在国提供;三是市场所在国拥有巨额剩余资金;四是交易在居民与非居民之间进行;五是传统市场受所在国的国内市场政策、法规的限制;六是交易为市场所在国政治经济服务。

传统国际金融市场对国际范围的国际收支不平衡起着调节作用;对国际贸易和国际投资起着推动作用;对优化国际分工、加速生产、资本国际化、促进银行业务国际化,形成世界经济一体化起着推动作用。

2. 离岸的国际金融市场

离岸的国际金融市场也称境外金融市场,特指经营非居民之间融资业务,即经营国外贷款者、投资者与外国筹资者之间业务的国际金融市场。其交易涉及所有可自由兑换的货币,大部分交易是在市场所在国的非居民之间进行的,业务活动基本不受任何国家金融和税收规章制度的管辖。例如,在伦敦经营美元的借款和放款业务,可以不受英国和美国的金融法规约束。最早的此类业务是在伦敦国际金融中心大规模开展的。

离岸金融市场作为一个高度自由灵活、快捷便利、高效新型的市场,它的建立必须具备以下条件:所在国或地区的政治和经济稳定;有发达的国内金融市场,完善的金融体系和经验丰富、运作高效的金融机构;有灵活自由的金融法规制度及有利于市场发育的财税政策,放松或取消外汇管制,放松金融管理,提供减免税的优惠;有比较优越的经济和自然地理位置。

目前,离岸国际金融市场按业务范围可以分为三种类型:一体型、分离型和簿记型。一体型离岸市场是指境内金融市场业务与境外市场业务融为一体。市场的参与者既可以是居民,也可以是非居民;经营的业务既可以是离岸业务,也可是传统国际金融市场业务,或称在岸业务。伦敦和香港金融中心即属于此种类型。分离型离岸金融市场是指境内金融市场业务和境外业务严格分离。对外资银行和金融机构与本国居民之间的金融业务活动加以限制,只准许非居民参与离岸金融业务,其目的在于防止离岸金融交易活动影响或冲击本国货币政策的实施。美国纽约离岸金融市场设立的"国际银行设施",日本东京离岸市场都属此类型。簿记型离岸金融市场几乎没有实际的离岸业务交易,只进行借贷投资等业务的记账、转账或注册等事务手续,其目的是逃避税收和金融管制。中美洲的一些离岸金融中心,如开曼、巴哈马和百慕大等都属于此类型。

离岸金融市场在20世纪60年代的兴起,使国际金融市场的发展进入了一个全新的阶段。离岸金融市场的产生和发展,有利于大量国际资本的流入,弥补国内资金缺口,使国内市场主体能以更加灵活的方式和渠道筹资、融资;有利于缩小各国金融市场的时空距离,有利于国际借贷资金成本的全球性降低;有利于引进大量现代化的金融技术工具和金融产品,促使东道国国内同业改进经营管理方式,提高服务质量和从业人员素质,加快金融创新;有利于加快东道国的金融监管向国际惯例靠拢,提高监管质量;有利于增加外汇收入,增加本国外汇储备;有利于调节东道国的国际收支,稳定国际经济金融秩序;有利于带来广泛的经济效益。

(二) 按功能分类

按功能分类,可将国际金融市场分为国际外汇市场、国际货币市场、国际资本市场和国际黄金市场。

1. 国际外汇市场

国际外汇市场是进行外汇买卖、外汇资金调拨、外汇资金清算等活动的场所。它是金融市场的重要组成部分。在主要国际金融中心,都有外汇市场的存在,最大的外汇市场在伦敦、纽约和东京。

外汇市场是商品经济发展的必然产物,它是由外汇需求者、外汇供给者及买卖中介机构组成的外汇买卖场所或网络。由于各国长期的传统习惯,形成了两种交易方式的外汇市场;一是正式的或称为有形的市场;二是非正式的或称为无形的市场。随着外汇交易日益电子化、网络化,交易商之间大都是通过计算机网络来进行外汇交易。所以,现在的外汇市场在很大程度上是一个无形的市场。

2. 国际货币市场

国际货币市场也称短期资金市场,指资金借贷期在一年以内(含一年)的跨境交易市场。货币市场的参与者众多,商业银行是该市场的重要参与者,此外还有各国政府、证券交易商以及一些大型金融机构。

货币市场产生和发展的初始动力是为了保持资金的流动性,它借助于各种短期资金融通工具将资金需求者和资金供应者联系起来,既满足了资金需求者的短期资金需要,又为资金盈余者的暂时闲置资金提供了获取盈利的机会。

3. 国际资本市场

国际资本市场也称长期资金市场,指资金借贷期在一年以上的中长期信贷或证券发行和交易的跨境市场。它是长期资本融通的场所。国际资本市场的主要参与者包括商业银行、公司、非银行金融机构(如保险公司或养老基金等)、中央银行和其他政府机构。

4. 国际黄金市场

国际黄金市场指专门从事黄金交易买卖的跨境市场。黄金市场的参与者主要包括出售黄金的企业或个人,需要黄金作为原料的工商企业,各国的外汇银行、中央银行,为保值或投资的黄金购买者、投机者以及一些国际金融机构。目前,世界上最主要的黄金市场在伦敦、苏黎世、纽约、香港等地。伦敦黄金市场的价格对世界黄金行市影响较大。

(三)按交易工具分类

按交易工具不同,可将国际金融市场分为金融基础工具市场和金融衍生工具市场。

1. 金融基础工具市场

金融基础工具市场是指以传统基础金融资产为交易对象的市场,如货币市场、外汇市场等。

2. 金融衍生工具市场

金融衍生工具是指建立在基础金融资产或基础变量之上,其价格决定于后者变动的派生金融工具。金融衍生工具市场是指以金融衍生工具为交易对象的市场,如金融期货市场、金融期权市场等。金融衍生工具市场是金融市场经济发展的高级形式,是很典型的、低成本交易的公共市场。从经济上讲是很有效益的、很公平的资本市场。

【资料库】

中金所就交易规则及其实施细则修订稿和沪深300股指期货合约公开征求意见,期货合约如下:

合约标的	沪深300指数
合约乘数	每点300元
报价单位	指数点
最小变动价位	0.2点
合约月份	当月、下月及随后两个季月
交易时间	上午:9:15~11:30,下午:13:00~15:15
最后交易日交易时间	上午:9:15~11:30,下午13:00~15:00
每日价格最大波动限制	上一个交易日结算价的±10%
最低交易保证金	合约价值的12%
最后交易日	合约到期月份的第三个周五,遇到国家法定假日顺延
交割日期	同最后交易日
交割方式	现金交割
交易代码	IF
上市交易所	中国金融期货交易所

(资料来源:期货日报,2010-1-20.)

第二节 传统的国际金融市场

一、国际货币市场

(一)国际货币市场的含义

国际货币市场(International Monetary Market)指资金借贷期在一年以内(含一年)的跨境交易市场。在货币市场上进行交易的目的主要是调节短期资金的流动性,解决资金需求者临时性的资金周转。如政府、银行和工商企业的短期证券在市场上发行和流通,可以随时变现。

(二)国际货币市场的特征

一是交易的金融工具的偿还期都很短。最短的偿还期只有一天,最长的也不超过一年,较为普遍的是3~6个月。二是交易的金融工具的流动性都很高。在货币市场上的各种工具能比较容易地转换出去。据统计,美国货币市场上各种工具将近80%以上都在偿还期之前被转让出去。三是交易的金融工具的信用风险都很小。由于期限较短,流动性很强,而且金融工具的发行人主要是政府、金融机构和资信良好的大公司,因此违约的情况很少出现。四是交易的金融工具的利率较为接近。

(三) 国际货币市场的构成

国际货币市场的业务主要包括银行短期信贷、短期证券买卖及票据贴现。该市场根据不同的业务范围,可分为以下几种:

1. 银行短期信贷市场

银行短期信贷市场是指国际银行同业间的拆放,以及银行对工商企业提供短期信贷资金的场所。该市场是在资本国际化的过程中发展起来的,其目的在于解决临时性的资金需要和头寸调剂。短期信贷市场的拆放期是长短不一的。最短为日拆,一般多为一周、一个月、三个月和六个月,最长不超过一年。拆放利率以伦敦同业拆放利率(LIBOR)为基础。该市场交易方式较为简便,存贷款都是每天通过电话联系来进行的,贷款不必担保或抵押。交易通常以批发形式进行。

2. 短期证券市场

这是国际间进行短期证券交易的场所。短期证券可通过银行发行,票面金额不限,期限不超过一年,一般为4~6个月。这里的短期证券包括国库券、可转让定期存款单(CDs)、商业票据、银行承兑票据等,它们的最大特点是具有较大的流动性和安全性。

国库券是国家财政当局为弥补国库收支不平衡而发行的一种政府债券。因国库券的债务人是国家,其还款保证是国家财政收入,所以它几乎不存在信用风险,是国际金融市场风险最小的信用工具。由于它期限短、流动性强、安全性高,因此被看成是零风险债券。其期限一般为三个月或者半年,利率视具体情况而定,通常以票面金额打折和拍卖的方式销售。西方有些国家国库券发行频繁,具有连续性,如美国每周均有国库券发行,每周亦有到期的,便于投资者根据投资需要选择。

可转让定期存款单是银行发行的证明存入款项的凭证,可以进行转让和流通。它是存款单的一种,但与银行一般签发的定期存单不同,特点在于可转让性,一般为无记名式,在到期前可随时在二级市场上出售。存款单有一定的最低额,如美国的美元可转让存款单为10万美元,伦敦的英镑可转让存款单为5万英镑,金额的最小单位为千,故又称大额存单。自1961年首先在美国发行,因其既有活期存款的流动性,又有定期存款的盈利性,故颇能吸引短期投资者。存单利率由发行银行分别报出,根据市场利率和各银行头寸的松紧而有所不同。伦敦各银行于1967年开始发行美元和英镑可转让存款单。东京于1979年开始发行日元可转让存款单。可转让存款单已成为大银行筹集资金的重要手段。中国各银行从1986年开始也陆续发行该类存款单以吸收企业闲置资金。

商业票据是指由金融公司或某些信用较高的企业为筹集短期资金而开出的无担保短期票据。商业票据的可靠程度依赖于发行企业的信用程度,可以背书转让,但一般不能向银行贴现。商业票据的期限在九个月以下,通常为4~6个月,由于其风险较大,利率高于同期银行存款利率。商业票据可以由企业直接发售,也可以由经销商代为发售。但对出票企业信誉审查十分严格。如由经销商发售,则它实际在幕后担保了售给投资者的商业票据,商业票据有时也以折扣的方式发售。商业票据市场是国际货币市场的重要组成部分。

银行承兑票据是指由银行承兑过的商业票据,票据一经承兑,其信用度就得以提高,并易于流通。由于银行信用较高,故其流动性比商业票据高。

3. 贴现市场

所谓贴现,是一种票据转让方式,是指持票人在需要资金时,将其持有的未到期的信用票据,经过背书转让给银行,银行从票面金额中扣除贴现利息后,将余款支付给申请贴现人的行为。所谓贴现市场是指对未到期票据,通过贴现方式进行资金融通而形成的交易市场。贴现市场的主要经营者是贴现公司。贴现交易的信用票据主要有政府国库券、短期债券、银行承兑票据和部分商业票据等。贴现利率一般高于银行贷款利率。目前,世界上最大的贴现市场是伦敦贴现市场,其历史悠久,在英国的金融市场中占有十分重要的地位。

二、国际资本市场

(一) 国际资本市场的含义

国际资本市场(International Capital Market)是指资金借贷期在一年以上的中长期信贷或证券发行和交易的跨境市场。国际资本市场可以使资本在国际间进行优化配置,并为已发行的证券提供充分流动性的二级市场,以保证发行市场的活力。国际资本市场主要的业务有两大类,即银行贷款和证券交易。从本质上讲,抵押贷款和租赁贷款及其他长期融资功能的业务也可以纳入国际资本市场中。

国际资本市场主要的参与者包括:①商业银行。商业银行是国际资本市场的中心,这不仅是由于它们负责国际支付机制的运行,更是由于它们所从事的大范围的金融活动。银行债务主要由到期日不同的存款构成,而它们的资产大部分由贷款、在其他银行的存款和债券构成。跨国银行也大量参与其他种类的资产交易。②公司。尤其是大型跨国公司,它们的特点是在自身经营的同时,会进行大量的投融资。融资通常采用两种办法;一是出售一定份额的股票;二是通过借债融资,借债筹资经常采用从国际银行或其他贷款机构借款的形式。③非银行金融机构。例如,保险公司、养老基金和共同基金是国际市场的重要参与者,因为它们需要购买大量的外国资产使它们的资产组合多样化,现在这些已经成为国际资本市场的重要组成部分。

(二) 国际资本市场的构成

国际资本市场主要经营的是中长期信贷和证券业务。该市场根据不同的业务范围,可分为以下几种:

1. 银行中长期信贷市场

银行中长期信贷市场是一种国际银行提供中长期信贷资金的场所,为需要中长期资金的政府和企业提供资金便利。这个市场的需求者多为各国政府和工商企业。一般一年至五年的称为中期信贷,五年以上的称为长期信贷。资金利率由诸如经济形势、资金供求量、通货膨胀、金融政策等因素多方面决定,一般是在伦敦同业拆放利率基础上加一定的幅度。该市场的贷款方式有双边贷款和多边贷款之分。双边贷款是两国银行之间签订信贷协定而发放的贷款。多边贷款是对金额较大的项目,由几家银行组成银团提供贷款,即辛迪加贷款,贷款需要政府担保。由于该市场资金周期较长,风险也较大,因此在贷款时,还需着重分析借款人偿还债务的能力。

2. 证券市场

证券市场是指证券发行与流通的场所。发行证券的目的在于筹措长期资本,是长期资本借贷的一种方式。证券市场是金融市场的重要组成部分。从交易的证券种类来说,国际证券市场又可分国际债券市场和国际股票市场。

(1)国际债券市场

国际债券市场是指由国际债券的发行人和投资人所形成的金融市场,具体可分为发行市场和流通市场。发行市场负责组织国际债券的发行和认购;流通市场安排国际债券的上市和买卖。这两个市场相互联系、相辅相成,构成统一的国际债券市场。

国际债券市场上的交易品种主要有两类,即外国债券和欧洲债券。外国债券是指某一国借款人在本国以外的某一国家发行的以该国货币为面值的债券。这种债券只在一国市场上发行并受该国证券法规制约。例如,扬基债券是非美国主体在美国市场上发行的债券,武士债券是非日本主体在日本市场上发行的债券,同样,还有英国的猛犬债券、西班牙的斗牛士债券、荷兰的伦勃朗债券,都是非本国主体在该国发行的债券。欧洲债券是指借款人在本国境外市场发行的,不以发行市场所在国货币为面值的国际债券。欧洲债券的发行人、发行地以及面值货币分别属于三个不同的国家。欧洲债券产生于20世纪60年代,是随着欧洲货币市场的形成而兴起的一种国际债券。20世纪60年代以后,由于美国资金不断外流,美国政府被迫采取一系列限制性措施,1963年7月,美国政府开始征收"利息平衡税",规定美国居民购买外国在美发行的证券,所得利息一律要付税,1965年,美国政府又颁布条例,要求银行和其他金融机构限制对国外借款人的贷款数额。这两项措施使外国借款者在美国发行美元债券或获得美元贷款十分艰难。另一方面,当时许多国家有大量盈余美元,需要投入借贷市场获取利息,于是一些欧洲国家开始在美国境外发行美元债券。目前,欧洲债券已成为各经济体在国际资本市场上筹措资金的重要手段。

(2)国际股票市场

国际股票通常是指外国公司在一个国家的股票市场发行的,用该国或第三国货币表示的股票。国际股票市场是指由国际股票的发行人和投资人所形成的金融市场。国际股票在发行和交易过程,不是只发生在一国内,而通常是跨国进行的,即股票的发行者和交易者,发行地和交易地,发行币种和发行者所属本币等有至少一种和其他的不属于同一国度内。在国际股票市场中,股票的发行和买卖交易分别通过一级市场和二级市场实现。一级市场即股票发行市场,二级市场即对已发行的股票进行买卖的市场。

国际股票市场上的交易品种有以下类型:一是在外国发行的直接以当地货币为面值并在

当地上市交易的股票。如我国公司在伦敦发行上市交易的 L 股,在新加坡发行的 S 股,在纽约发行上市的 N 股。二是以外国货币为面值发行的,但却在国内上市流通的,以供境内外投资者以外币交易买卖的股票。我国上市公司发行上市的 B 股就是这类股票。三是存托凭证。它是指在一国证券市场流通的代表外国公司有价证券的可转让凭证。其主要以美国存托凭证形式存在。四是欧洲股票,是指在股票面值货币所在国以外的国家发行上市交易的股票。

国际股票市场是一个以各国股票市场为基础,利用现代化通信工具联系起来的全球性交易网络。20 世纪 80 年代以来,全球性金融自由化浪潮引发了国际筹资的证券化趋势,从而促进股票发行市场的国际化和交易市场的跨国界流动。目前,世界上主要的股市都是高度国际化的,这一方面体现在各主要股票交易所之间有现代化的通信联系,一国股市的行情可以迅速传递到其他股市;另一方面,世界上主要的股票交易所已经不仅是其国内公司的股票交易所,而且都有大量的外国公司的股票上市交易,外国公司上市的数量甚至接近或者超过本国公司的数量。股票交易所已经成为国际金融市场的重要组成部分,它的投资者和筹资者都具有国际性。

【资料库】

世界主要创业板块的优劣势分析

国家及地区	优势	劣势
美国	资金充足,流动性好,壳成本低且是净壳	IPO 费用昂贵,文化背景差异大造成中国企业市场认知度较低
香港	市场规模大,流动性强,对中国企业认知度好	上市费用高,壳成本高昂并且不是净壳
新加坡	二板市场门槛低,上市成本较小,上市周期短,语言和文化差异小	规模相对较小,国内企业对其市场缺乏了解
加拿大	创业板专为中小企业而设,上市的门槛要求比较低,不要求业绩表现	尚未与中国证监会达成监管备忘录,再加上温交所在国内证券界的曝光次数不多,所以中国企业很少会想到加拿大的资本市场
英国	坐拥世界金融中心,背靠欧洲市场,凭借对中小企业的政策优惠与现有市场优势所暗含的强势竞争力	成立时间相对其他板块来说较晚,国内企业对其市场缺乏了解
比利时	宽松的上市条件,发展前景乐观	国内企业对其市场缺乏了解
日本	上市标准比店头市场宽松,主要是为新企业开辟筹资渠道	国内企业对其市场缺乏了解

(资料来源:根据中国华尔街网站数据整理.)

（三）当代国际资本市场发展的特点

1. 国际资本市场规模迅速扩大

国际资本市场规模迅速扩大,远超过全球有形贸易的总规模,构成了当代世界经济发展的一道"风景线"。实践已经证明,市场规模越大,流动性越好,机构投资者越成熟,资本市场价格发现功能的发挥就越充分,各类资产就越能得到较为合理的价格。据统计,2006 年第三季度国际银行贷款加速增长,达到总量为 256 万亿美元的规模。法、英两国银行在对海外贷款表现的增长最强劲,其后为总部在德国、瑞士和日本的银行。77% 左右的贷款是对发达国家的借款者发放的,其中约半数是向美国的借款人发放的贷款。欧洲和亚太地区国家借款人只是来自那些新兴市场国家。对新兴市场国家借款者的贷款增长了 15%。

2. 国际资本市场筹资证券化

在 20 世纪 80 年代以前的国际中长期资金市场上,利用国际银行中长期贷款筹资的方式一直占据主要地位。因为国际银行贷款条件比较优惠,手续较简便,各国管制也较松。但在 20 世纪 80 年代后,国际中长期资金市场却发生了重大变化,即国际银行中长期贷款的比重显著下降,债券的发行比重则逐步上升,这种现象就是通常所说的"国际资本市场证券化"或"国际融资证券化"。证券市场作为融资渠道的重要性超过了大型商业银行作为借款渠道的重要性,具体表现为银行贷款减少,国际债券的发行额增加。出现这一现象的原因在于,大型商业银行本身参与经营国际证券业务,既作为证券市场的主要发行人和购买者,又作为新发行证券的安排者和管理者;发展中国家的部分银行借款债务转换成债券或股票。

3. 国际金融创新与表外业务迅速增长

金融创新与表外业务的增长,是 20 世纪 70 年代以来国际金融市场的一大特色。金融创新和表外业务不断增加,既减少了银行的风险,拓展了业务经营范围以及促进了银行业自身的发展,同时也使国际金融市场的各个组成部分相互交叉,相互间的联系更加紧密,彼此间的界限也日益模糊。金融创新是指金融市场形式、金融中介的技术、交易工具、服务品种等方面的创新。表外业务是指银行资产负债表以外的业务。

4. 国际资本市场的发展成为股票市场剧烈波动的诱因

在当代国际资本市场上,由于长短期资本相互影响,投资、投机活动交叉混合,外汇与资本市场紧密互动,其结果使资本市场异常繁荣,但与此同时也经常动荡不安。尤其是股票市场,在各种资本力量的作用下,更是经常大幅波动。世界股市在 1970 年以前基本上处于相对稳定与上升时期,但在 20 世纪 70 年代,股市使出现较大幅度的波动,进入 20 世纪 80 年代后,股市开始加剧波动,最典型的是纽约股市与东京股市。例如,2007 年,美国次级按揭信贷危机的阴影笼罩着全球股市。2008 年 8 月 16 日,纽约股市道琼斯指数开盘后便一直下挫,最多时下跌 340 点,其后跌幅收窄,收盘下跌了 15.69 点,跌幅为 0.12%,报 12 845.78 点。同时,欧洲股市也元气大伤,其中伦敦金融时报指数跌破 6 000 点的关口,16 日收盘报 5 858.90 点,下跌了 250.40 点,跌幅为 4.10%。8 月 17 日东京股市日经 225 种股票平均价格指数大跌 874.81 点,收于 15 273.68 点,跌幅达 5.42%。

5. 资本市场"失灵"在发展中国家日益突出

在完全自由竞争的市场,各种投资利润率趋于均等,但在资本市场国际化和一体化发展过程中,这种现象很难存在。由于投机资本数额巨大,加上资本市场和外汇市场交易具有的杠杆作用原理,它很容易形成对一国市场的垄断,造成市场不合理的定价而达到在短期内获取超额垄断利润的目的。这种状况类似于有形产品市场中存在的"市场失灵",它在发达国家与发展中国家中都会存在,但在后者表现得更加明显。其原因在于发展中国家市场规模较小,国际资本容易形成垄断并造成冲击;发展中国家市场本身欠完善,各种资产定价信息不全面,获取非正常利润空间更大;发展中国家在追求经济高速增长的过程中,往往因投资过热引起房地产和股票市场价格不合理,造成泡沫经济。

第三节 欧洲货币市场

第二次世界大战后,科学技术革命的发展大大促进了全球的生产国际化和资本国际化。原有传统的国际金融市场已不能适应这种国际化的趋势,在 20 世纪五六十年代出现了一个资金规模巨大、不受各国金融法律法规约束、监管的新型的国际金融市场,这种市场称为欧洲货币市场。

一、欧洲货币市场的概念

欧洲货币(Eurocurrency)是指在货币发行国境外流通不受货币发行国法律制约的货币。这里的"欧洲",不是一个具体的地理区域概念,而是"非国内的"、"离岸的"、"化外的"或"境外的"等含义。

欧洲货币市场(Eurocurrency Market)也称离岸金融市场,是指在一国境以外进行该国货币的存款、放款、投资、债券发行和买卖业务的市场。欧洲货币市场的发展大大促进了世界贸易、金融和经济的发展。如存在伦敦银行的美国美元,从德国银行贷款美元等。由于欧洲货币市场发展迅速,其交易量远超过传统的国际金融市场。因此,从某种意义上讲,它已成为当代国际金融市场的代表。

二、欧洲货币市场的形成和发展

(一)欧洲货币市场的形成

最早的欧洲货币市场出现在 20 世纪 50 年代。1957 年,美国冻结了我国存在美国的资金,前苏联政府为了避免遭受同样的损失,便把其持有的在美国的美元存款调至美国境外的银行,多数存在伦敦,形成欧洲美元最早的组成部分,从事欧洲货币业务的银行相应的被称为欧洲银行。同年,英镑发生危机,英国政府为维持英镑的稳定,严格限制本国商业银行向英镑区以外的国家提供英镑贷款。伦敦的商业银行为开展信贷业务和解决贸易商的资金需求,便把它们所吸收的美元存款贷放出去。这样,一个美国境外的美元借贷市场就在伦敦出现,这一市场即欧洲美元市场。

(二)欧洲货币市场的发展

1. 欧洲货币市场发展的原因

①美国国际收支逆差不断扩大。自1950年起,美国国际收支经常项目就开始出现逆差。1958年以后,国际收支逆差进一步扩大。到了1971年8月,面对不断恶化的国际收支和美元危机的威胁,美国被迫宣布停止履行美元兑黄金的义务。这样就在美国境外,主要是西欧各国的银行里积存了大量的美元,从而为欧洲美元市场提供了大量的资金,促进了欧洲美元信贷的投放。通过信用膨胀,反过来又刺激了欧洲美元市场的交易活动不断扩大。

②美国金融政策的限制。美国为了平衡国际收支,采取了一系列限制资本外流的措施。如美国联邦储备银行规定利率上限,美国商业银行要向联邦储备银行上交一定比例的存款准备金,对购买外国证券的美国居民征收利息平衡税的措施等,迫使跨国公司不得不转向欧洲美元市场融通资金,从而大大促进了欧洲美元市场的发展。

③生产和资本国际化加快了跨国公司的发展,而跨国公司贸易和生产活动遍布世界,需要日益增多的短期资金融通,也需要在母公司与子公司之间及子公司与子公司之间调拨资金,或通过金融机构获得中长期资本以更新设备和技术。跨国公司既为欧洲货币市场提供了资金来源,又给欧洲货币市场创造了繁多的业务机会。因此,欧洲货币市场正是伴随跨国公司的巨大发展而迅速发展起来的。

④20世纪70年代,石油价格大幅度上涨。1973年和1979年两次石油涨价,引发了1973~1975年和1979~1982年两次世界性经济危机。石油输出国的国际收支顺差成倍增长,而非石油输出国出现了巨额的国际收支逆差。大量的石油美元流向欧洲货币市场,通过欧洲货币市场便捷的借贷渠道,为各国政府解决国际收支不平衡提供了充分的资金资源。

⑤20世纪60年代以来,美元的霸主地位日益衰落,美元危机频繁爆发,各国企业及投机商纷纷抛售美元,抢购其他硬货币,而西欧国家为抑制通货膨胀,采取了一些限制境外居民以当地国家货币存款的措施,这些资金便转存到该货币发行国以外的地区。这就形成了欧洲英镑、欧洲法国法郎、欧洲荷兰顿、欧洲瑞士法郎等其他欧洲货币,欧洲美元市场也相应逐渐扩大到欧洲货币市场。欧洲货币市场形成后的范围不断扩大,很快扩展到亚洲、北美洲和拉丁美洲。

2. 欧洲货币市场发展的过程

欧洲货币市场的发展,大致经历了三个阶段:

①进入20世纪60年代,美国的国际收支逆差越来越大,所以采取了限制资本外流的措施。如美国政府于1963年7月采取征收利息平衡税的措施,规定购买外国有价证券的美国居民所获得的高于本国证券利息的差额,必须作为税款上缴。1968年1月,根据美国联邦储备

银行的Q字条例,美国商业银行的存款利率最高不得超过限定的利率,而国外的欧洲美元则不受此限制,导致美国国内资金纷纷流向欧洲。在20世纪60年代中期,根据M条例,美国商业银行要向联邦储备银行上交一定比例的存款准备金,而国外的欧洲美元则不需交纳存款准备金。这又使大量的国内存款变成欧洲美元存款,而美国的海外企业也不愿意将海外经营利润汇回国内,纷纷投向欧洲货币市场。

②20世纪60年代末到20世纪70年代初,由于投机性短期资本的冲击,前西德、瑞士等国家曾采用对本国居民存款不付利息,甚至推出倒收利息的限制性措施,导致大量资金涌向欧洲美元市场。有的国家为了遏制通货膨胀,采取鼓励持有外币的措施,以减少本国货币的流通和供应,从而造成境外居民的本币账户改为境外居民的外币账户,助长了欧洲美元市场的扩大。

③20世纪70年代到20世纪80年代,一些新的因素推动欧洲货币市场继续扩张。美国巨额的国际收支逆差,使国际美元供给增多。1971年美国宣布停止美元与黄金的兑换,使各国中央银行及商业银行的美元大部分流入欧洲货币市场。1973年以后,国际石油价格大幅提升,石油输出国获得巨额盈余资金,即石油美元。石油美元大量投入到欧洲货币市场生息获利,欧洲货币市场存款总额迅猛增加。同时,发展中国家为了发展民族经济,来到欧洲货币市场筹集资金。

④20世纪80年代末期至今,欧洲货币市场的资产总额继续成倍增长。其中,在20世纪80年代末期到20世纪90年代初期,欧洲货币市场的增速因金融自由化的影响稍有回落。但20世纪90年代中期以后,其增长规模又有所扩大。

三、欧洲货币市场的特点

欧洲货币市场是一个真正的完全自由的国际资金市场,它与传统的国际金融市场相比,具有许多突出的特点。

(一)摆脱了任何国家或地区政府法令的管理约束

传统的国际金融市场,必须受所在地政府的政策法令的约束,而欧洲货币市场则不受国家政府管制与税收限制。因为一方面,这个市场本质上是一个为了避免主权国家干预而形成的"超国家"的资金市场,它在货币发行国境外,货币发行国无权施以管制;另一方面,市场所在地的政府为了吸引更多的欧洲货币资金,扩大借贷业务,而采取种种优惠措施,尽力创造宽松的管理环境。因此,这个市场经营非常自由,不受任何管制。

(二)突破了国际贸易与国际金融业务汇集地的限制

传统的国际金融市场,通常是在国际贸易和金融业务极其发达的中心城市,而且必须是国内资金供应中心,但欧洲货币市场则超越了这一限制,只要某个地方管制较松、税收优惠或地理位置优越,能够吸引投资者和筹资者,即使其本身并没有巨量的资金积累,也能成为一个离岸的金融中心。这个特点使许多原本并不著名的国家或地区,如卢森堡、开曼、巴拿马、巴林等发展为国际金融中心。

(三) 建立了独特的利率体系

欧洲货币市场利率较之国内金融市场独特,表现在,其存款利率略高于国内金融市场,而放款利率略低于国内金融市场。存款利率较高,是因为一方面国外存款的风险比国内大,另一方面不受法定准备金和存款利率最高额限制。而贷款利率略低,是因为欧洲银行享有所在国的免税和免缴存款准备金等优惠条件,贷款成本相对较低,故以降低贷款利率来招徕顾客。存放利差很小,一般为 0.25%~0.5%,因此,欧洲货币市场对资金存款人和资金借款人都极具吸引力。

(四) 完全由非居民交易形成的借贷关系

欧洲货币市场的借贷关系,是外国投资者与外国筹资者的关系,即非居民之间的借贷关系。国际金融市场通常有三种类型的交易活动:一是外国投资者与本国筹资者之间的交易。如外国投资者在证券市场上直接购买本国筹资者发行的证券。二是本国投资者与外国筹资者之间的交易。如本国投资者在证券市场上购买外国筹资者发行的证券。三是外国投资者与外国筹资者之间的交易。如外国投资者通过某一金融中心的银行中介或证券市场,向外国筹资者提供资金,第一种和第二种交易是居民和非居民间的交易,这种交易形成的关系是传统国际金融市场的借贷关系。第三种交易是非居民之间的交易,又称中转或离岸交易,这种交易形成的关系,才是欧洲货币市场的借贷关系。

(五) 拥有广泛的银行网络与庞大的资金规模

欧洲货币市场是银行间的市场,具有广泛的经营欧洲货币业务的银行网络,它的业务一般都是通过电话、电报、电传等工具在银行间、银行与客户之间进行。欧洲货币市场是以批发交易为主的市场,该市场的资金来自世界各地,数额极其庞大,各种主要可兑换货币应有尽有,充分满足了各国不同类型的银行和企业对不同期限和不同用途的资金的需求。

(六) 具有信贷创造机制

欧洲货币市场不仅是信贷中介机制,而且是信贷创造机制。进入该市场的存款,经过银行之间的辗转贷放使信用得到扩大,这些贷款如果存回欧洲货币市场,便构成了货币市场派生的资金来源,把其再贷放出去则形成了欧洲货币市场派生的信用创造。

四、欧洲货币市场的作用

(一) 欧洲货币市场的积极作用

1. 欧洲货币市场为国际收支逆差国提供了资金融通的便利

欧洲货币市场是国际资金再分配的重要渠道。在这个市场上,金融机构发达,资金规模大,借款成本较低,融资效率高,因此成为各国获取资金推动经济发展的重要场所。由于世界性石油危机、国内的经济危机及产业结构等原因,有些国家常常出现国际收支逆差,而欧洲货币市场雄厚的资金,可以在一定程度上满足各国为弥补国际收支赤字所需要的资金,从而缓和了世界性的国际收支危机。

2. 欧洲货币市场推动了世界各国经济的增长

欧洲货币市场作为战后最大的国际资金市场对发达国家和发展中国家的经济发展做出了巨大的贡献,很多国家正是依靠欧洲货币市场的资金,解决了国内生产建设资金短缺的难题,使经济得到迅速发展。

3. 欧洲货币市场打破了各金融中心之间相互独立的状态,促进了国际金融市场全球一体化

欧洲货币市场不受各国法律制度的约束,它既可为跨国公司的国际投资提供大量的资金来源,又可为这些资金在国际间进行转移提供便利,从而推动跨国公司的国际经营和业务的国际一体化。这种一体化有利于降低国际间资金流动的成本,有利于国际贸易的发展。

(二)欧洲货币市场的消极作用

1. 削弱了各国货币政策的效力

欧洲货币市场的活动往往会使一些国家的金融政策不能收到预期的效果。当一些国家为了遏制通胀实施紧缩政策时,商业银行仍可以从欧洲货币市场上借入大批资金;反之,当一些国家为了刺激经济改行宽松的政策时,各国银行也可能把资金调往国外。这样就使政府的宏观金融政策效果被削弱,预期的目标也难以实现。

2. 影响国际金融市场的稳定

欧洲货币市场因不受市场所在地政府法令的管理,具有极强的流动性,有可能使上万亿美元的资金很容易地在国际间流窜,为外汇投机活动提供方便。一旦各地信贷市场和外汇市场的利率和汇率稍有变化,货币投机者便倾巢而出,利用各种手段,如套利、套汇或进行黄金投机牟取暴利,加大汇率的波动幅度,从而加剧国际金融市场的动荡。

3. 加大了国际金融市场的信贷风险

在欧洲货币市场的资金来源中,短期资金和同业拆借资金占有相当大的比重,而欧洲货币市场中的很多贷款是中长期的。这种短借长贷的运作方式加大了国际金融市场的信贷风险。在欧洲货币市场上,首先,银行发放的长期信贷资金,大部分是从客户那里吸收来的短期存款,一旦银行信用出现问题而引起客户大量挤提,银行就会陷入困境;其次,欧洲货币的贷款是由许多家银行组成银团联合贷出的,贷款对象又难以集中在一个国家或政府机构,万一贷款对象到期无力偿还,这些银行就会遭受损失;第三,欧洲货币市场没有中央机构,使其缺乏最后融资的支持者,且该市场也没有存款保险制度;最后,该市场本身就是一个信用创造机制,因此,在欧洲货币市场上操作,风险是很大的。

五、欧洲货币市场的主要业务

(一) 欧洲短期信贷市场

欧洲短期信贷市场又称欧洲资金市场,它主要是欧洲银行间的借贷市场。该市场主要进行一年以内的短期资金拆放,最短的为日拆。但随着国际金融业务的不断拓展,有的期限也延至1~5年。该市场借贷业务主要靠信用,无需担保,一般通过电话或电传即可成交,成交额以百万或千万美元以上为单位。

欧洲资金市场的资金来源主要有:银行间存款(包括跨国公司在内的工商企业、个人或非银行金融机构的外币存款),一些西方国家及以石油出口为主的发展中国家中央银行,为获取利息收入和保持储备货币多样化以避免汇率风险而存入欧洲银行的外汇储备资金;国际清算银行的存款。

欧洲资金市场的资金需求者主要有:①商业银行间的借贷,这是最主要的运用去向,其中大的商业银行与中小企业,银行间转贷款占相当比重;②跨国公司和工商企业,这是欧洲资金市场的最终使用者,有时这些企业的本国利率水平明显高于欧洲资金市场利率水平时,也从欧洲货币市场贷得欧洲货币到本国换成本币使用,以减轻利息负担;③西方国家地方市政当局和公用事业单位。

欧洲资金市场的特点是:①期限短。通常为2天(隔夜)、7天、30天、90天,最长不超过一年;②起点高。一般借贷额都比较大,每笔起点通常为25万美元或50万美元,一般借贷金额为百万美元,有的年份有1亿美元甚至更大的交易。由于起点高,借贷者大多是银行或企业;③条件灵活。借贷货币的期限、金额、交割方式等均可由双方议定。由于资金充足、协商选择余地大;无需签订协议,这是因为借贷双方往往都很熟悉,并且都了解有关法律,所以多靠电讯联系,双方就可确定各种借贷条件;④利率由双方具体商定,一般低于各国专业银行对国内大客户的优惠放款利率,但比伦敦银行同业拆放利率高,由经营欧洲货币业务的大银行于每个营业日按伦敦银行同业拆放利率商定公布。

(二) 欧洲中长期信贷市场

欧洲资本市场是由欧洲银行中长期信贷和欧洲债券市场所组成,习惯上将1~5年期贷款称为中期贷款,五年以上期贷款称为长期贷款。二战后,国际金融市场上已不再将两者严格区分,而称为中长期贷款市场。欧洲中长期信贷根据资金提供者的不同,又可分为欧洲银行信贷和欧洲银团贷款。前者是由一家欧洲银行单独向境外的筹资者提供以欧洲货币为面额的中长期贷款,金额通常在1 000~2 000万美元之间,手续较简便,又称为双边贷款。后者则是由一家或数家声誉卓著的大银行牵头,联合几家甚至几十家银行组成银团,联合向某国、某企业或某大型工程提供欧洲货币的中长期贷款,也被称为国际辛迪加贷款或多边贷款。这种贷款期限长,一般为10~20年,金额大,可从几千万美元直至几十亿美元,手续比较复杂,各种费用也要比欧洲银行信贷多。

欧洲中长期贷款协议的主要内容包括:利率及主要费用;贷款期限;还贷办法;利息期;费用增加补偿条款;货币选择条款;货币供应条款;违约条款;交叉违约条款;消极保证条款;适用法律条款;资金分期交割时间及地点。

欧洲中长期信贷市场的特点是。①期限长,数额大。一般为1~3年,有的是五年或更长,最长的可达10年以上。②以辛迪加贷款为主,分散了提供中长期贷款的风险。③吸引力强。它对贷款人和借款人来讲都非常方便,从而极具吸引力。④必须签订贷款协定,有的还须政府担保。协定主要包括币种、期限、数量、利率、货币选择权条款、违约、保证条款等。

(三)欧洲债券市场

欧洲债券市场是指发行欧洲债券进行筹资而形成的一种长期资金市场。它是国际中长期资金市场的重要组成部分,也是欧洲货币市场的重要组成部分。欧洲债券市场拥有两个大规模的清算系统,从而使该市场能够准确、迅速、及时地提供国际资本市场现时的资金供求和利率汇率的动向,缩小债券交割时间,减少交割手续。世界各地的交易者可据此快速进行交易,极大地降低了交易成本。欧洲债券市场是最具有活力的市场之一,它可以根据供求情况,不断推出新的或组合产品,并以此把国际股票市场、国际票据市场、国际外汇市场和国际黄金市场紧密地联系在一起,有力地推动了国际金融一体化。欧洲债券市场产生于20世纪60年代初,1961年2月1日在卢森堡发行了第一笔欧洲货币债券,1963年正式形成市场。20世纪70年代后,各国对中长期资金的需求日益增加,以债券形式出现的借贷活动迅速发展。常见的欧洲债券有欧洲美元债券、欧洲日元债券、欧洲欧元债券等。

欧洲债券市场的交易品种有:①固定利率债券。固定利率债券在发行时就明确规定利率和到期日,不再改变。固定利率债券便于发行者和购买者准确计算成本或投资收益,但在国际金融市场利率多变的情况下,会使双方感到难以作出决断。②浮动利率债券。浮动利率债券的利率按约定时间(通常以半年为期)调整,调整基础一般以伦敦银行同业拆放利率或美国商业银行优惠放款利率为准,另加附加利率。浮动利率债券的利率随国际金融市场利率水平的变动而变动,比较有利于购买者,但对发行者来说则较难以准确把握筹资成本。③可转换债券。购买者可按发行时规定的兑换价格,换成相应数量的股票。

欧洲债券市场的主要特点是:①管制宽松。发行债券不必经市场所在国政府审批,对发行债券的审批手续、资料提供、评级条件的掌握等也不如其他债券市场严格。②费用低。发行欧洲债券不缴注册费,由于不记名,持有人不缴利息税。③债券种类多样。除发行固定利率债券外,还有浮动利息债券和可转换公司债券,另外计息方式灵活,双方均可有充裕选择余地。④发行货币种类多样化。债券票面所使用的货币不是一种货币,而是多种货币,包括美元、日元等。也有使用如欧洲货币单位或特别提款权等作为债券票面货币,以减少汇率波动的风险。⑤偿还方法多,可以期满一次偿还,也可以期满前分阶段偿还,若筹资者能根据提前偿还的情况支付一定贴水,有的还可以提前偿还。⑥市场广泛。在地理范围上不仅限于欧洲,还包括亚洲、中东等地的国际债券市场。与欧洲债券市场相呼应,以东京及新加坡为中心的债券发行市场,实际上与欧洲债券市场相似,近年来逐渐有人称之为亚洲债券市场。正是由于以上原因,欧洲债券市场才得以迅速发展。

欧洲中长期信贷市场和欧洲债券市场虽然都是利用欧洲货币市场资金,但有以下主要不同:①债权人不同。中长期贷款的债权人是贷款银行,欧洲债券的债权人是债券购买持有者。②流动性不同。中长期贷款一般不能转让,欧洲债券可随时在二级市场流通转让。③债权人对借贷资金的使用干预不同。提供中长期贷款的银行对贷款资金的使用状况一般都十分关注,欧洲债券的持有人则通常不干预债券资金的使用状况。④展期安排不同。中长期贷款到期后要求展期条件比较严格,欧洲债券发行者则可以在债券期满前发行替续债券以更换原债券以求得延期偿还。若双方同意,也可以不换,即给予延长。⑤资金来源不同。中长期贷款的资金来源主要靠吸收短期欧洲货币存款,发行欧洲票据和金额不等、期限不同的大额可转让的银行存款单和欧洲银行总行与分支行间的资金调拨,欧洲债券的资金主要来源是银行和非银行金融机构、工商企业、福利基金组织和一些团体。

【资料库】

欧洲央行糟糕政策可能导致金融总崩溃

2016年7月,一位德国经济学家警告说,欧洲央行的廉价货币政策已经造成了巨大的风险,使得整个欧洲金融系统面对着潜在的灭顶之灾。

据报道,欧洲央行6月间在资产购买计划下吃进了851亿欧元的债券。

这计划是欧洲央行量化宽松操作的一部分。这种操作意味着欧洲央行直接投资于经济,绕开了银行系统。

德国金融专家沃尔夫(Ernst Wolff)强调,这种做法的好处本就可疑,而其造成的重大风险更是难以忽视。他警告说,这可能会导致金融总崩溃。

观察家们指出,欧洲央行的政策给较小的,不那么发达的国家如希腊造成了巨大的风险。与此同时,较大的经济体如德国,则利用了和监管者关系更近的优势,因为欧洲央行总是更看重富有和强大的投资者。

欧洲央行除开企业债券之外也购买政府债券。问题在于,根据欧洲央行的原则,他们是不能在债券收益率低于银行存款利率的情况下购买债券的,而银行存款利率目前是0.4%。

沃尔夫指出,然而欧洲央行其实经常做违规的事情,尤其是购买德国政府债券。

他对卫星网表示:"欧洲央行和其他的大机构一样,都不守规矩。金融系统一团混乱。三年前,没有人能想到负利率,或者欧洲央行购买垃圾债券的可能性。可是现在,整个系统都失控了。"

他还指出,欧洲央行同样也不能购买德国企业的股票,但是现在,他们很可能已经深度介入了德银的稳定工作。

如果欧洲央行正式决定放松资产购买规则,欧洲各国领导人可能会反对。

> "欧洲央行是个超国家机构。每一个欧洲国家都有自己的利益。这就是他们往往背离初衷的原因。比如意大利希望欧洲稳定机制来挽救自己的银行系统,可是德国人却反对,因为是他们在为这些资金提供担保。我们正亲眼目睹那些过去隐藏着的矛盾因为危机而暴露出来。这已经直接威胁到了欧盟本身。"
>
> 沃尔夫认为,欧洲央行的政策毫无远见,似乎唯一的目标就是延迟欧元区的崩溃。
>
> 他们提供的廉价资金都是涌入了投机领域,而不是真实经济,因此并未真正达到刺激欧洲经济的作用。还有一个问题是该行未能控制好通货膨胀。事实上,他们是以极低的利率将资金提供给了投机者,造成了金融市场的泡沫。
>
> "目前,债券、股票和房地产泡沫都在不断膨胀。这一趋势难以扭转。我们正接近全面灾难。"
>
> 沃尔夫强调,经济崩溃之后可能会继而发生整套欧洲一体化政策的崩溃。
>
> "欧盟分崩离析不是不可能的。只是,没有人能够预测到这一幕会如何发生。英国脱欧刚刚又强化了欧洲的民族主义情绪。崩溃的风险正在增大。"
>
> (资料来源:新浪财经)

第四节 衍生金融市场

20世纪70年代以来,随着美元的不断贬值,布雷顿森林体系崩溃,国际货币制度由固定汇率制走向浮动汇率制。1973年和1978年两次石油危机使西方国家经济陷于滞胀,为对付通货膨胀,美国不得不运用利率工具,这又使金融市场的利率波动剧烈。利率的升降会引起证券价格的反方向变化,并直接影响投资者的收益。面对汇市、债市、股市发生的前所未有的波动,市场风险放大,迫使商业银行、投资机构、企业寻找可以规避市场风险、进行套期保值的金融工具,从而以金融期货、期权等金融衍生工具为交易对象的衍生金融市场便应运而生。

一、衍生金融市场的概念

衍生金融工具(Derivative FinancialInstruments),又称"衍生金融产品",是与基础金融产品相对应的一个概念,指建立在基础产品或基础变量之上,其价格随基础金融产品的价格(或数值)变动的派生金融产品。作为金融衍生工具基础的变量则包括利率、汇率、各类价格指数甚至天气(温度)指数等。衍生金融市场(Derivative Market)是指以衍生金融工具为交易对象的市场。

自20世纪80年代以来,国际金融市场最为重要的创新便是衍生金融市场的建立和发展。衍生金融市场的出现弥补了一些传统金融市场的缺陷。其具体功能如下:首要功能是规避风险。这是金融衍生品市场赖以生存和发展的基础,防范风险的主要手段是套期保值。第二个功能是价格发现。金融衍生品市场集中了各方面的参加者,带来了成千上万种关于衍生品基础资产的供求信息和市场预期,通过交易所类似拍卖方式的公开竞价,形成市场均衡价格。金融衍生品的价格形成有利于提高信息的透明度,衍生金融市场与基础市场的高度相关性,提高了整个市场的效率。第三个功能是套利。衍生金融市场存在大量具有内在联系的金融产品，在通常情况下，一种产品总可以通过其他产品分解组合得到。因此，相关产品的价格应该存在确定的数量关系，如果某种产品的价格偏离这种数量关系时，总可以低价买进某种产品，高价卖出相关产品，从而获取利润。第四个功能是投机。市场上总存在一些人希望利用对特定走势的预期来对未来的变化进行赌博，构造出一个原先并不存在的风险。投机者通过承担风险获取利润，只要是在透明公开的条件下进行，投机是有利于提高市场效率的。第五个功能是构造组合。利用衍生金融工具可以对一项特定的交易或风险暴露的特性进行重新构造，实现客户所预期的结果。

二、衍生金融市场的特点

（一）衍生金融市场受传统金融市场的制约

金融衍生工具或者衍生产品是由传统金融产品派生出来的，由于它是衍生物，不能独立存在，其价值在相当程度上受制于相应的传统金融工具。由于是在基础工具上派生出来的产品，因此金融衍生工具的价值主要受基础工具价值变动的影响。如股票市场指数的变动影响股票指数期货市场的价格。这是衍生工具最为独到之处，也是具有避险作用的原因所在。

（二）衍生金融市场可以规避金融风险

金融创新能够衍生出大量新型的各种金融产品和服务投放在金融市场上，强有力地促进了整个金融市场的发展。传统的金融工具滞后于现代金融工具，表现在其都带有原始发行这些金融工具的企业本身的财务风险。而且，在这些传统的金融工具中，所有的财务风险都是捆绑在一起的，处理分解难度相当大。随着把这些财务风险松绑分解，进而再通过金融市场上的交易使风险分散化并能科学地重新组合，来达到收益和风险的权衡。

（三）衍生金融市场具有复杂性

相对于传统金融市场而言，衍生金融市场显得较为复杂。这是因为，一方面衍生金融工具如对期权、互换的理解和运作难度较大；另一方面，由于采用多种组合技术，使得衍生工具特性更为复杂。所以说，衍生金融市场构造具有复杂性。这种情况导致金融产品的设计要求高深的数学方法，大量采用现代决策科学方法和计算机科学技术，它能够仿真模拟金融市场运作，在开发、设计金融衍生工具时，采用人工智能和自动化技术。同时也导致大量衍生金融新产品难为一般投资者所理解，更不容易完全正确地运用。

（四）衍生金融市场具有灵活性

衍生金融市场的工具在设计和创新上具有很强的灵活性，它可以通过对基础金融工具和金融衍生工具的各种组合，创造出大量的特性各异的金融产品。各国机构及个人参与衍生工具的目的有三类：一是买卖衍生工具为了保值；二是利用市场价格波动风险进行投机牟取暴利；三是利用市场供求关系的暂时不平衡套取无风险的额外利润。出于各种复杂的经营目的，就要有各种复杂的经营品种,以适应不同市场参与者的需要。所以,衍生金融工具的设计可根据各种参与者所要求的时间、杠杆比率、风险等级、价格等参数的不同进行设计和组合。因此,相对其他国际金融市场而言,衍生金融市场具有更大的灵活性。

(五)衍生金融市场具有杠杆性

衍生金融市场的工具在运作时多采用财务杠杆方式,即采用交纳保证金的方式进入市场交易。这样,市场的参与者只需动用少量资金,即可控制资金量巨大的交易合约。国际期货交易的保证金和期权交易中的期权费就是这种情况。财务杠杆作用无疑可显著提高资金利用率和经济效益,但是另一方面也不可避免地带来巨大风险。近年来,一些国际大机构在衍生工具的交易方面失利,很大程度上与这种杠杆"放大"作用有关。

(六)衍生金融市场具有特殊性

衍生金融市场交易的特殊性主要表现在两个方面:一是集中性。从交易中介机构看,主要集中在大型投资银行等机构。美国目前占了全球金融衍生产品交易的相当比重,但是在美国3 000多个金融机构中,只有300多个从事此类交易,而且其中10家大型机构就占了交易量的90%。二是灵活性。从市场分布看,部分交易活动是通过场外交易方式进行的,即用户主要通过投资银行作为中介方参与衍生工具交易,投资银行代为寻找对家或直接作为交易对手个别进行,这些交易是非标准化的。

三、衍生金融市场类型

(一)金融远期市场

1. 金融远期市场的含义

金融远期合约是最基础的金融衍生产品。它是交易双方在场外市场上通过协商,按约定价格(称为"远期价格")在约定的未来日期(交割日)买卖某种标的金融资产(或金融变量)的合约。

2. 金融远期市场的交易品种

金融远期按基础工具划分为以下四类:

①股权类资产的远期合约。其包括单个股票的远期合约、一篮子股票的远期合约和股票价格指数的远期合约三个子类。

②债权类资产的远期合约。其主要包括定期存款单、短期债券、长期债券、商业票据等固定收益证券的远期合约。

③远期利率协议。远期利率协议是指按照约定的名义本金,交易双方在约定的未来日期交换支付浮动利率和固定利率的远期协议。

④远期汇率协议。远期汇率协议是指按照约定的汇率,交易双方在约定未来日期买卖约定数量的某种外币的远期协议。

(二)金融期货市场

1. 金融期货市场的含义

金融期货交易是相对于商品期货交易而言的,是指以金融商品为交易对象的一种买卖行为,确切地说,是约定在将来特定的时间里,以交易所内规定的价格,买卖一定数量的某种金融商品的标准化合约。从事金融期货交易的场所,即为金融期货市场。

2. 金融期货市场的产生与发展

金融期货交易相对于商品期货交易来说出现得晚些,后者已约有100多年的历史,而前者是在20世纪70年代才出现的。1972年5月,美国芝加哥商品交易所的国际货币市场首次开拓了外币对美元的期货交易,亦即外汇期货交易或汇率期货交易。产生这种新式期货的原因是当时的国际通货动荡,以及投机风气日盛。1960年以来,美元危机经常爆发,许多国家越来越多地要求向美国兑换黄金,致使美国黄金大量流失,最后不得不实行"新经济政策",停止兑换黄金,即所谓的"尼克松冲击"。这个冲击最终使布雷顿森林体制崩溃,接着各国纷纷实行浮动汇率。这时国际货币制度比较混乱,汇率波动频繁,投机盛行,贸易商急切需要新的可避免外汇风险的手段。于是芝加哥商品交易所就按照商品期货市场交易的原理,推出了外汇期货交易。接着在1975年以后又相继推出了各种利率期货,当年10月该交易所推出了政府住宅抵押证券的期货交易,1977年8月与1979年6月先后推出了长期和中期国库券期货交易,1977年9月和1979年5月又先后推出了90天和30天的商业票据期货交易。到1982年,在美国期货市场的总成交额中,外汇期货的成交额占了近10%,利率期货成交额占26%。1982年2月,美国堪萨斯农产品交易所又首创股票指数期货交易,随后纽约期货交易所和美国股票交易所也开办了此项新业务。总之,金融期货的发展使任何反映经济动向的数据均被商品化。金融期货交易自美国推出后,世界其他各国和地区相继仿效,伦敦、新加坡、多伦多、悉尼等亦都先后开办金融期货交易并初具规模。东京金融市场也先后开办债券期货交易、股票指数期货交易,并于1989年6月开设东京金融期货交易所。2005年,芝加哥商业交易所推出了以美元、日元、欧元报价和现金结算的人民币期货及期货期权交易,不过,由于人民币汇率并未完全实现市场化,这些产品的交易并不活跃。

3. 金融期货市场的交易品种

金融期货按基础工具划分为三种类型:外汇期货、利率期货和股票类期货。另外,芝加哥期货交易所还开设有互换的期货,芝加哥商业交易所开设有消费者物价指数期货,鉴于这些品种较为少见,故不作专门介绍。

(1) 外汇期货

外汇期货又称货币期货,是以外汇为基础工具的期货合约,是金融期货中最先产生的品种,主要用于规避外汇风险。

(2) 利率期货

利率期货是继外汇期货之后产生的又一个金融期货类别,其基础资产是一定数量的与利率相关的某种金融工具,主要是各类固定收益金融工具。利率期货主要是为了规避利率风险而产生的。固定利率有价证券的价格受到现行利率和预期利率的影响,价格变化与利率变化一般呈反向关系。利率期货品种主要包括债券期货和主要参考利率期货。

(3) 股票类期货

股权类期货是以单只股票、股票组合或者股票价格指数为基础资产的期货合约。股票类期货品种主要包括股票价格指数期货、单只股票期货和股票组合的期货。股票价格指数是反映整个股票市场上各种股票市场价格总体水平及其变动情况的统计指标,而股票价格指数期货即是以股票价格指数为基础变量的期货交易;单只股票期货是以单只股票作为基础工具的期货,买卖双方以约定的价格在合约到期日买卖规定数量的股票。事实上,股票期货均实行现金交割,买卖双方只需要按规定的合约乘数乘以价差,盈亏以现金方式进行交割;股票组合的期货是金融期货中最新的一类,是以标准化的股票组合为基础资产的金融期货。

4. 金融期货市场的职能

(1) 套期保值,转移风险

利用金融期货市场进行套期保值,转移风险,主要是利用期货合约作为将来在期货市场上买卖金融证券的临时替代物,对其现在拥有或将来拥有的资产、负债予以保值。金融期货套期保值主要有两种:一是卖出套期保值,又叫空头期货保值,是指利用利率期货交易避免将来利率上升引起的持有债券的价值下跌或预定的借款费用上升的风险;或者指利用外汇期货交易避免将来外汇汇率下跌引起持有外币资产的价值下跌,以及将来的外汇收入的价值减少的风险;二是买入套期保值,又叫多头期货保值,是指利用利率期货交易避免将来利率下跌引起的债券投资的预定利益减少(债券的购入价格上升)的风险;或者指利用外汇期货交易避免将来外汇汇率上升引起以本币计价的预定外汇支付额增加的风险。

(2) 投机牟利,承担风险

国际金融市场行情的变化,使投机者可以利用期货市场进行投机活动,通过保证金交易在期货市场的价格波动中牟取巨额利润,同时也承担巨大的风险。期货市场上的投机活动,既有助长价格波动的作用,同时也有润滑市场、稳定市场的作用。

(3) 使供求机制、价格机制、效率机制及风险机制的调节功能得到进一步的体现和发挥

期货市场上的价格是由双方公开竞争决定的,并具有一定的代表性和普遍性,代表了所有市场参加者对于未来行情的综合预期。交易成交的价格,可以说是一个真正反映双方意见、需要和预测的价格。它是市场参与者对当前及未来资金供求、某些金融商品供求、价格变化趋势、风险程度及收益水平的综合判断,是生产者和投资者进行生产和投资决策的重要参考,是确定合理生产、投资及价格的依据,从而也是调节资源分配的重要依据。

(三) 金融期权市场

1. 金融期权市场的含义

金融期权是指以金融商品为标的物的期权交易。具体地说,其购买者在向出售者支付一

定费用后,就获得了能在规定期限内以某一特定价格向出售者买进或卖出一定数量的某种金融商品的权利。从事金融期权交易的场所,即为金融期权市场。

2. 金融期权市场的产生与发展

18世纪,英国南海公司的股票股价飞涨,股票期权市场也有了发展。南海泡沫破灭后,股票期权曾一度因被视为投机、腐败、欺诈的象征而被禁止交易长达100多年。早期的期权合约于18世纪90年代引入美国,当时美国纽约证券交易所刚刚成立。19世纪后期,被喻为"现代期权交易之父"的拉舍尔·赛奇在柜台交易市场组织了一个买权和卖权的交易系统,并引入了买权、卖权、平价概念。然而,由于场外交易市场上期权合约的非标准化、无法转让、采用实物交割方式以及无担保,使得这一市场的发展非常缓慢。

1973年4月26日,芝加哥期权交易所成立,开始了买权交易,标志着期权合约标准化、期权交易规范化。20世纪70年代中期,美洲交易所、费城股票交易所、太平洋股票交易所等相继引入期权交易,使期权获得了空前的发展。1977年,卖权交易开始了。与此同时,芝加哥期权交易所开始了非股票期权交易的探索。

1982年,芝加哥货币交易所开始进行 S&P 500 期权交易,它标志着股票指数期权的诞生。同年,由芝加哥期权交易所首次引入美国国库券期权交易,成为利率期权交易的开端。同在1982年,外汇期权也产生了,它首次出现在加拿大蒙特利尔交易所。1982年12月,费城股票交易所也开始了外汇期权交易。1984年,外汇期货期权在芝加哥商品交易所的国际货币市场发行。随后,期货期权迅速扩展到欧洲美元存款、90天短期及长期国库券、国内存款证等债务凭证期货以及黄金期货和股票指数期货上面,几乎所有的期货都有相应的期权交易。

此外,在20世纪80年代,金融创新浪潮中还涌现出一种"新型期权",它的出现格外引人注目。"新型"是指这一类期权不同于以往,它的结构很特殊,有的期权上加期权,有的则在到期日、协定价格、买入卖出等方面含特殊规定。由于结构过于复杂,定价困难,市场需求开始减少。20世纪90年代以来,这一势头已大为减弱。金融期权的发展出现了另一种趋势,即期权与其他金融工具的复合物越来越多,如与公司债券、抵押担保债券等进行交叉使用,与各类权益凭证复合,以及与保险产品相结合等,形成了一大类新的金融期权产品。

3. 金融期权市场的交易品种

金融期权按基础资产性质的不同可以分为股权类期权、利率期权、货币期权、金融期货合约期权、互换期权等。

(1) 股权类期权

与股权类期货类似,股权类期权也包括三种类型:单只股票期权、股票组合期权和股价指数期权。单只股票期权(简称"股票期权")指买方在交付了期权费后,即取得在合约规定的到期日或到期日以前按协定价买入或卖出一定数量相关股票的权利。股票组合期权是以一篮子股票为基础资产的期权,代表性品种是交易所交易基金的期权。股票指数期权以股票指数为基础资产,买方在支付了期权费后,即取得在合约有效期内或到期时以协定指数与市场实际指数进行盈亏结算的权利。股票指数期权没有可做实物交割的具体股票,只能采取现金轧差的方式结算。

(2) 利率期权

利率期权指买方在支付了期权费后,即取得在合约有效期内或到期时以一定的利率(价格)买入或卖出一定面额的利率工具的权利。利率期权合约通常以政府短期、中期、长期债券,欧洲美元债券、大面额可转让存单等利率工具为基础资产。

(3) 货币期权

货币期权又称外币期权、外汇期权,指买方在支付了期权费后,即取得在合约有效期内或到期时以约定的汇率购买或出售一定数额某种外汇资产的权利。货币期权合约主要以美元、欧元、日元、英镑、瑞士法郎、加拿大元、澳大利亚元等为基础资产。

(4) 金融期货合约期权

金融期货合约期权是一种以金融期货合约为交易对象的选择权,它赋予其持有者在规定时间内以协定价格买卖特定金融期货合约的权利。

(5) 互换期权

金融互换期权是以金融互换合约为交易对象的选择权,它赋予其持有者在规定时间内以规定条件与交易对手进行互换交易的权利。

此外,与标准的交易所交易相比,还存在称为"奇异型期权"的期权类产品。奇异型期权通常在选择权性质、基础资产以及期权有效期等内容上与标准化的交易所交易期权存在差异,种类庞杂,较为流行的就有数十种之多。例如,有的期权合约具有两种基础资产,可以择优执行其中一种(任选期权);有的可以在规定的一系列时点行权(百慕大期权);有的对行权设置一定条件(障碍期权);有的行权价格可以取基础资产在一段时间内的平均值(平均期权)。

4. 金融期权市场的职能

金融期权与金融期货有着类似的功能。从一定意义上说,金融期权是金融期货功能的延伸和发展,具有与金融期货相同的套期保值和发现价格的功能,是一种行之有效的控制风险的工具。利用金融期权进行风险管理时,买方承受风险的上限是确定的期权费的金额,而卖方承受的风险则不确定,且没有上限。

(四) 金融互换市场

1. 金融互换市场的含义

金融互换是指两个或两个以上的当事人按共同商定的条件,在约定的时间内定期交换现金流的金融交易。从事金融互换交易的场所,即为金融互换市场。

2. 金融互换市场的交易品种

金融互换虽然历史较短,但品种创新却日新月异。除了传统的利率互换和货币互换外,一大批新的金融互换品种不断涌现。

(1) 利率互换

利率互换是指双方同意在未来的一定期限内根据同种货币的同样的名义本金交换现金流,其中一方的现金流根据浮动利率计算出来,而另一方的现金流根据固定利率计算。互换的期限通常在两年以上,有时甚至在 15 年以上。

(2)货币互换

货币互换是将一种货币的本金和固定利息与另一货币的等价本金和固定利息进行交换。其主要原因是双方在各自国家中的金融市场上具有比较优势。

(3)其他互换

其他互换包括交叉货币利率互换、基点互换、零息互换、远期互换、互换期权、股票互换等等。

3. 金融互换的功能

通过金融互换可在全球各市场之间进行套利,从而一方面降低筹资者的融资成本或提高投资者的资产收益,另一方面促进全球金融市场的一体化。利用金融互换,可以管理资产负债组合中的利率风险和汇率风险;金融互换为表外业务,可以逃避外汇管制、利率管制及税收限制。

本章小结

随着国际贸易、资本流动和生产的全球化,国际金融市场发展迅速。其在国际间资金借贷、投资等领域发挥着极为重要的作用,世界经济的发展离不开国际金融市场。本章主要介绍了以下内容:国际金融市场的概念、产生和发展的过程、发展趋势、作用和分类;国际货币市场和国际资本市场的含义和构成;欧洲货币市场的概念、特点、形成和发展的过程、作用及主要业务;衍生金融市场的概念、特点及类型。

思 考 题

一、选择题

1. 中国在日本市场发行的美元面值债券是(　　)。
   A. 外国债券　　　　　　　　B. 欧洲债券
   C. 武士债券　　　　　　　　D. 扬基债券
2. 历史最为悠久、规模最大、影响力最大的离岸货币市场是(　　)。
   A. 欧洲货币市场　　　　　　B. 亚洲美元市场
   C. 香港离岸市场　　　　　　D. 东京离岸市场
3. 国际金融市场上的贷款利率多参照(　　)。
   A. 美元利率　　　　　　　　B. 欧元利率
   C. 伦敦银行同业拆放利率　　D. 日元利率

二、简答题

1. 国际金融市场与国内金融市场有哪些区别？
2. 试列举国际金融市场的新趋势。
3. 传统国际金融市场的构成有哪些？
4. 试分析欧洲货币市场的利与弊。
5. 衍生金融市场有什么特点？

【阅读资料】

日本离岸市场的发展及启示

日本在1985年3月的汇率审议会上，展开了日元国际化的讨论，持有日元国际化观点的参会者提出要创设离岸金融市场。1985年4月，也是在这个审议会上，日本成立了"关于东京国际化的专门部会"，讨论离岸市场应具备的形态。1985年9月，有关部门汇总了离岸金融市场构造的种种意见。通过一系列的基础工作，1986年12月1日，作为金融市场国际化的一个重要象征，日本开设了离岸金融市场(Japan Offshore Market, JOM)。

日本的离岸金融市场，随着国内短期金融市场自由化的加速，欧洲日元交易也越来越呈现出同国内市场接轨的趋势。特别是在无担保按期归还贷款市场引入提前支付交易利息开始以0.01%为计算刻度的这种方法下，更加速了自由化的进程，两市场间的联系近年来因此更加得以加强。所以，业内普遍认为今后两市场将进一步迈向一体化。另外，自从1994年10月日本国内对远期利率协议(Forward Rate Agreement, FRA，是一种远期合约，买卖双方约定未来某一时间的协定利率和参考利率，在清算日根据约定的期限和名义本金金额，由交易的一方向另一方支付协议利率和参考利率利息差额的现值。为了在现在将未来借款的远期利率成本锁定，投资者可以买入远期利率协议。)交易解禁以来，利息互换交易(Swap)、FRA交易等的显著发展，日元的离岸金融市场会更加活跃，同时也将推动亚洲以及世界金融市场的进一步发展及繁荣。

日本离岸市场开设后发展迅速。到1988年底的余额已达到4 142亿美元，其规模已超过香港、新加坡、纽约，成为仅次于伦敦的世界第二大离岸市场。此后，虽然受到国际清算银行(BIS)有关规定的影响，但到1994年底，余额已达到了7 262亿美元。

离岸市场初创时期，交易中的外币部分占到了总数的近80%。而由于离岸市场账户中欧洲的日元交易的蓬勃发展，日元比重迅速上升，外币部分(主要为美元)占1/3，而日元部分却占了2/3。

从资产负债情况看，贷出款、贷入款的比例相当低，而总分行账户及存款、按期归还贷款占了相当的比例。这反映了JOM市场主要是以银行间资金交易为中心开展业务的。交易对象是由于总行账户中日本银行海外分行与总行之间的交易占了大半，所以几乎都是与非居民进行的交易。而在存款和按期归还贷款中，对居民和非居民的比例大致相同。离岸金融市场框架主要内容包括：离岸账户的设立主体和设立方法、离岸账户的业务、金融税制上的措施。

1. 离岸账户的设立

离岸账户的设立主体为在日本获得许可的经营外汇业务的银行。这些银行必须设立专门的离岸账户与已存在的国内账户分开，进行"外-外型"的金融交易。

离岸账户的资金运用方法也只限于面向非居民的贷款，汇向离岸账户、海外金融机构及总行的存款。

167

因为离岸市场的交易是"外-外型"的金融交易,所以离岸账户的资金筹措、运用的交易对象只限于非居民、其他的离岸账户及总行的国内账户。而离岸账户的资金筹措方式仅限从非居民、其他离岸账户及总行存入或借入的非结算性存款。筹措的货币较为自由,可以是日元或其他货币。

在金融方面,有关离岸账户款项的存入,需要讨论是否应取消利息政策、准备金制度及存款保险制度的有关限制。

在税制方面,也须讨论对于离岸账户的存款是否应适当实行减免政策,而且地方税及增值税(印花税)方面也应有相关的减免。

2. 离岸账户的特点

离岸账户不设结算性的现金存款科目,原因是对于离岸账户核算的交易及相关的债权债务,其结算必须通过国内账户进行。因此,离岸账户不允许设置结算性的现金存款会计科目,使资金出现滞留问题。

所谓离岸账户的会计核算,是将符合离岸账户条件的非居民存款或向非居民的借款列入负债方,将符合离岸账户条件的对非居民贷款及购买非居民的债券列入资产方,然后比较其余额用于判断是否会违反入超限制,即判断是否具备了租税特别措施法规定的免税条件。

所谓入超是指为使日本离岸市场避免外来资金的冲击,日本外汇省严格规定了JOM资产、负债业务的限额,超过此限额即出现"入超"现象。"入超"限额的规定分为两种情况:一是"日超",即规定每个工作日由离岸账户向国内账户转账的金额,不得超过上个月离岸账户对非居民运用资金的月平均的10%(转账限额)。其依据是每个工作日营业结束时的离岸账户的资金来源方(即"负债余额")是否超过资金运用方(即"资产余额")。二是"月超",即规定每个月由离岸账户的月合计额,其根据每月离岸账户资金运用方的月发生额是否超过资金来源方的月发生额进行计算、判断。

为促使离岸业务发展,日本对银行及金融机构支付的离岸业务负债利息不征收利息税。但如果出现"入超"的情况,当地税法要求按全部负债余额计算的利息补税。

由于离岸账户不允许设立结算性现金存款会计科目,所以利息分红的收受、利息的支付、贷款本金的偿还或出售等方面的结算业务必须通过国内账户进行。即离岸账户本身不是一个独立的账户体系,而是专门用于判断是否符合租税特别措施法免税条件的账户,并且是一个将合格资产或合格负债提取出来,组成一个人为的账户。很显然,它的唯一目是验证金融机构是否拥有与合格负债相匹配的合格资产。

(资料来源:姜玉英. 金融会计[M].)

第七章
Chapter 7

国际资本流动

【学习目的与要求】

国际资本流动是构成国际金融市场不断变化的原动力所在,也是研究开放经济与国际金融问题的重点内容。通过本章的学习,掌握国际资本流动的基本知识,包括国际资本流动的含义与分类、国际资本流动的经济效应等;了解国际投机资本的现状、对市场的冲击效应。

【案例导入】

从全球再平衡视角看国际资本回流大趋势

全球资本大规模流向新兴经济体的趋势可能正在悄然发生改变。近期,外储缩水、外汇占款连月减少、实际利用外资金额持续下滑等一系列信息,均传递出跨境资本流出中国的迹象。据广东社会科学院"境外资金在中国大陆异常流动研究"课题组的跟踪研究,自2011年下半年以来,原来从境外流进的资金和国内各种性质不明的资金有加大流出的迹象,尤其2011年第三季度以后,流动速度和总量都在显著加大,今年4月,中国吸引外商直接投资(FDI)连续6个月同比下滑再次印证了这一点。

中国的情况在新兴经济体中并非特例,一向为资本流入洼地的新兴市场正在遭遇资本流出。多年来,全球贸易分工、金融全球化以及新兴经济体的高增长,推动了国际资本大规模流向新兴经济体。从历史数据看,过去20年内新兴市场国家经历了两次大规模资本流入。一次是20世纪90年代初,另一次是21世纪初直到金融危机爆发终止。而2008年金融危机以后,随着全球超低利率以及发达国家量化宽松政策释放的流动性,追逐经济增长与高额回报的全球资本再次流向新兴经济体,新兴经济又迎来了第三轮资本的大规模流入。根据国际金融协会(IIF)的估计,本轮国际金融危机以来,跨境资本向新兴市场国家的流入已积累了巨大规模。

然而，欧债危机恶化以及美国等发达国家的结构性调整，促使国际资本从新兴经济体回流发达国家。自2011年7月以来，印度、巴西、俄罗斯等新兴经济体货币一改以往持续升值的态势而转向大幅贬值，同时伴随着发达国家与新兴经济体利差的缩小、新兴市场国家货币升值预期的削弱甚至逆转、资产价格溢价预期下降，短期国际资本开始流出新兴市场国家，尽管今年以来又有资本回流新兴经济体，但规模并不大。

从中长期看，影响国际资本流动的主要因素正在发生趋势性的改变。以往经济全球化中的过度消费、过度借贷、过度福利、过度出口的失衡关系正在被打破。

综合以上这些因素分析，中国当前要防范的不仅仅是热钱的大规模流出，更是长期资本的流出。靠资源廉价、利润丰厚吸引全球资本的年代已渐渐远去，在新历史条件下吸引资本，要靠快速提高的人力资本、劳动生产率和市场容量，以及更加公平的投资环境所营造的经济的新优势。

第一节 国际资本流动概述

一、国际资本流动的含义

国际资本流动是指资本从一个国家或地区转移到另一个国家或地区。

它是国际间经济交易基本内容之一。国际资本流动是资本在国际范围内运动的过程，是资本要素在不同主权国家和法律体系管辖范围之间的输出与输入。资本的本质决定了资本跨国流动的本质，是居民的一部分储蓄或社会剩余劳动积累在不同社会再生产体系、不同社会经济分配体系、不同政府宏观决策体系之间的运动。

国际资本流动不同于以所有权转移为特征的商品交易，它是以使用权转让为特征的，但一般仍以营利为目的。一国（或地区）的国际收支平衡表中的资本与金融账户，集中反映了该国（或地区）在一定时期内与他国（或地区）的资本流动的综合情况。

在把握"国际资本流动"的含义时，还必须清楚地界定几个与其相关的概念。

1. 国际资本流动与资本输出入

资本输出入是一般只与投资和借贷等金融活动相关联，并且以牟取利润为目的的资本流动，因而不能涵盖国际资本流动的全部内容，也就是说，国际资本流动不一定就是资本输出入。比如，一国用黄金外汇来弥补国际收支赤字，属于国际资本流动，而不属于资本输出，因为这部分黄金外流不是为了获取高额利润，而只是作为国际支付的手段以平衡国际收支。

2. 国际资本流动与资金流动

资金流动是指一次性的、不可逆转的资金款项的流动和转移，相当于国际收支中经常账户的收支。资本流动即资本转移，是可逆转的流动或转移，如投资或借贷资本的流出伴随着利润、利息的回流以及投资资本和贷款本金的返还。由此，是否具有可逆转性是这组概念的主要区别所在。

3. 国际资本流动与国内资本流动

国际资本流动与国内资本流动的差异性最主要体现在资本拥有者和使用者的居民属性上。首先,国际资本流动是在资本拥有者和使用者出现跨越国界的分离情况下出现的。其次,国际资本流动表现为资金形式的跨国运动,而金融资本流动的结果必然导致以商品和服务为主要内容的实际资源的移动,即实际资本在国家间的流动。

二、国际资本流动的分类

国际资本流动主要包括:①资本流动方向:流入与流出;②资本流动规模:总额与净额;③资本流动的期限:长期与短期;④资本流动的性质:政府与私人;⑤资本流动的方式:投资与贷款。因此,这也就决定了国际资本流动的分类有很多种办法。本书主要考察以下两种分类。

(一)按资本跨国界流动的方向分类

按资本跨国界流动的方向,国际资本流动分为资本流入和资本流出。

资本流入是指外国资本流入本国,即本国资本输入。其主要表现为:①外国在本国的资产增加;②外国对本国负债减少;③本国对外国的债务增加;④本国在外国的资产减少。

资本流出也称本国支出外汇,是本国资本流到外国,即本国资本输出。其主要表现为:①外国在本国的资产减少;②外国对本国债增加;③本国对外国的债务减少;④本国在外国的资产增加。

(二)按资本跨国流动时间的长短期限分类

按资本跨国流动时间的长短期限,国际资本流动分为长期资本流动与短期资本流动。

1. 长期资本流动

长期资本流动是指使用期限在一年以上,或者规定使用期限的资本流动。它主要包括三种类型:国际直接投资、国际证券投资和国际贷款。

(1)国际直接投资

国际直接投资(International Direct Investment)指一个国家的企业或个人对另一国企业部门进行的投资。直接投资可以取得某一企业的全部或部分管理和控制权,或直接投资新建企业。按照国际货币基金组织的定义,通过国际直接投资而形成的直接投资企业是"直接投资者进行投资的公司型或非公司型企业,直接投资者是其他经济体的居民,拥有(公司型企业)的10%或10%以上的流通股或投票权,或拥有(非公司型企业)相应的股权或投票权。"其特点是投资者能够控制企业的有关设施,并参与企业的管理决策。直接投资往往和生产要素的跨国界流动联系在一起,这些生产要素包括生产设备、技术、专利、管理人员等。因而国际直接投资是改变资源分配的真实资本的流动。

国际直接投资有五种方式:①在国外创办新企业,包括创办独资企业、设立跨国公司分支

机构及子公司;②与东道国或其他国家共同投资,建立合营企业;③投资者直接收购现有的外国企业;④购买外国企业股票,达到一定比例以上的股权;⑤以投资者在国外企业投资所获利润作为资本,对该企业进行再投资。

(2)国际证券投资

国际证券投资(International Investment in Securities)也称为间接投资,是指通过在国际债券市场上购买外国政府、银行或工商企业发行的中长期债券,或在国际股票市场上购买外国公司股票而进行的对外投资。证券投资与直接投资存在区别,主要表现在:证券投资者只能获取债券、股票回报的股息和红利,对所投资企业无实际控制和管理权。而直接投资者则持有足够的股权来承担被投资企业的盈亏,并享有部分或全部管理控制权。

(3)国际贷款

国际贷款(International Loans)是指一国政府、国际金融组织或国际银行对非居民(包括外国政府、银行、企业等)所进行的期限为一年以上的放款活动。其主要包括政府贷款、国际金融机构贷款和国际银行贷款。

2. 短期资本流动

短期资本流动是指期限在一年或一年以内即期支付的资本流动。它主要包括以下四类:

(1)贸易资本流动

贸易资本流动是指由国际贸易引起的货币资金在国际间的融通和结算,是最为传统的国际资本流动形式。国际贸易活动的进行必然伴随着国际结算,引起资本从一国或地区流向另一国或地区。各国出口贸易资金的结算,导致出口国或代收国的资本流入。各国进口贸易资金的结算,则导致进口国或代付国的资本流出。随着经济开放程度的提高和国际经济活动的多样化,贸易资本在国际流动资本中的比重已经大为降低。

(2)银行资本流动

银行资本流动是指各国外汇专业银行之间由于调拨资金而引起的资本国际转移。各国外汇专业银行在经营外汇业务过程中,由于外汇业务或牟取利润的需要,经常不断地进行套汇、套利、掉期、外汇头寸的抛补和调拨,短期外汇资金的拆进拆出,国际间银行同业往来的收付和结算等,都要产生频繁的国际短期资本流动。

(3)保值性资本流动

保值性资本流动又称为"资本外逃"(Capital Flight),是指短期资本的持有者为了使资本不遭受损失而在国与国之间调动资本所引起的资本国际转移。保值性资本流动产生的原因主要有国内政治动荡、经济状况恶化、加强外汇管制和颁布新的税法、国际收支发生持续性的逆差,从而导致资本外逃到币值相对稳定的国家,以期保值,免遭损失。

(4)投机性资本流动

投机性资本流动是指投机者利用国际金融市场上利率差别或汇率差别来牟取利润所引起的资本国际流动。具体形式主要有:对暂时性汇率变动的投机;对永久性汇率变动的投机;与贸易有关的投机性资本流动;对各国利率差别作出反应的资本流动。由于金融开放与金融创新,国际间投机资本的规模越来越庞大,投机活动也越来越盛行。

三、国际资本流动的根本原因与具体影响因素

(一)国际资本流动的根本原因

国际资本流动的形成,是一种供给与需求关系产生的结果。正因为存在这样的一种供求关系,才从根本上导致了国际资本流动。

1. 资本追逐利润与规避风险的权衡

在国际资本流动中,长期资本与短期资本流动的具体原因各不相同,但从总体上看,其动因都不外乎两个:其一是追求利润,其二是规避风险。二战后,由于世界经济发展的不平衡,各国资本的预期收益率必然会形成差异。资本追逐利润最大化的本性驱使它从一国流向另一国。若一国资本的预期收益率高于他国,在其他因素相同的情况下,他国资本便会流入该国;反之,若一国资本的预期收益率低于他国,或者在相同收益率下风险高于他国,不仅外国资本会从该国抽走,而且本国资本也会存在外逃现象。

在国际资本流动中,追逐利润并非单纯的唯一动机。对投资者来说,还要考虑资本的相对安全性。在某国或地区风险因素超过投资者所能承受的范围时,资本外流也就产生了。因此,任何国际资本的流入、流出,都是追求利润和规避风险的权衡结果。也正是因为这两个原因的存在,使谋求流动的国际资本始终存在,产生资本供给。

2. 资本需求

资本需求是多方面的,但是发展中国家的资本需求是最为明显的。在发展中国家,由于国内储蓄不足以支持经济发展或起飞阶段所需要的投资需求,收入不足以支付进出口所需要的资金,为了开发本国资源、本国新产品、扩大生产能力以及引进先进技术和先进的管理经验,需要利用外资弥补经济发展的资金缺口,从而形成了对国际资本持续的需求。同时,国际投机者,尤其是以对冲基金为代表的机构投机者,在进行投机交易时,需要动用巨额资金,对国际资本的投机性需求也是非常大的。

(二)具体影响因素

除基本原因之外,国际资本流动还受到很多具体因素的影响。

1. 利率

利率水平的高低不仅制约着资本的收益率,而且也直接影响着资本流动的方向。当今世界各国经济发展与富裕程度不一,各国之间的利率水平不同,因而存在利差。这样资本就会在利润机制的驱动下,从利率较低的(可能资本比较充裕)的国家或地区流向利率较高(可能资本比较短缺)的国家或地区,直到利差消失为止,投资的利润在这个过程中达到最大化。

2. 汇率

汇率的高低和稳定与否也决定着资本的流动,尤其是短期资本的流动。20世纪70年代

初以来,世界普遍实行浮动汇率制,各国货币汇率经常波动,且幅度较大。一些国家把本币币值定得过高。如果一国汇率不稳定,本国资本所有者可能预期到所持的资本价值将发生贬值,就会把手中的资本或货币资产转换成另一种货币资产而存于国外,从而使资本向汇率较为稳定的国家或地区流动。因此,为了避免贬值所造成的损失或为了获得升值所带来的收益,投资者会根据自己对汇率的预期,将自己的资金进行不同货币之间的转换,从而使资本在国际间发生流动。

3. 财政赤字与通货膨胀

财政赤字和通货膨胀在一定条件下是相通的,这两者都会引起国际资本流动。如果一国发生财政赤字,而这个赤字又以发行纸币来弥补,这必然对通货膨胀造成压力。一旦发生严重通货膨胀,居民为避免持有的资产贬值,减少通货膨胀所带来的损失,就会把国内资产转化为外国债券。如果财政赤字是以出售债券或向外国借款来弥补的,也可能导致国际资本流动。因为居民可能预期到在将来某个时期,政府又会靠发行纸币来抵偿债务或征收额外赋税来偿付债务,这样又会促使居民把手中的资产从国内转移到国外。

4. 政府的经济政策

一国的国际资本流动与该国家的宏观经济政策有着很大的关系。例如,当一国采取金融自由化政策时,意味着对资本的流入、流出不施加过多干预,此时,国际资本对该国的流出与流入往往比较频繁,规模也较大。如今,许多发展中国家为了弥补本国储蓄不足,制定了许多鼓励外资流入的政策,这对于加快国际资本流动产生了极大的影响。在世界经济处于萧条或国际经济关系不稳定的时候,国家经济政策对国际资本流动的影响作用就更加明显了。

5. 政治、经济以及战争风险的存在

政治风险是指由于一国的投资气候恶化而可能使投资者所持有的资本遭受损失。这里所指的投资气候,是针对被投资国的政局是否稳定、法律是否健全以及政治态度是否友好等方面而言的。投资气候的好坏是判断政治风险程度的一个重要标准。经济风险是指由于一国投资条件发生变化而可能给资本所有者招致的损失。这里所指的投资条件涉及被投资国的经济状况是否良好、经济前景是否广阔、基础设施是否完善、居民与非居民的资产是否安全等方面的内容。投资条件的好坏,是判断投资经济风险大小程度的一个重要标准。战争风险,是指可能爆发或已经爆发的战争对资本造成的可能影响。例如,海湾战争就是国际资本流动发生了重大变化,在战争期间许多资金流往以美国为主的几个发达国家,战后又使大量资本涌入中东,尤其是科威特等国。

20世纪90年代以来,世界经济形势发生了很大的变化:以美国为首的西方国家摆脱了经济衰退,经济开始复苏,保持低的通货膨胀率,国际金融市场利率较低;苏联解体,东欧各国面临经济体制的转轨,这种转制是艰难而漫长的过程,资金短缺异常突出;国际债务危机在经过十年的努力后有所减缓,但仍存在隐忧;石油输出国由于石油价格持续疲软的情况下,收入锐减,贸易出现逆差,资本流入减少、流出增加。在这种经济形势下,国际资本流动出现了新的特点。

四、当前国际资本流动的特点

(一) 国际资金流量增长迅速,不依赖于实物经济而独立增长

20世纪90年代以来,世界经济发展迅速,国际资本流动的增长速度远远快于世界贸易的增长速度,如印度尼西亚、马来西亚、菲律宾和泰国在1990~1994年间,资本流入量是其同期经常账户赤字的两倍。1996年,泰国资本流入占其国内生产总值的比例高达13%。而且,国际资本流量的增长是持续性的,不受世界经济周期波动的影响。又如,世界出口贸易量曾因世界经济的周期性衰退在1979~1982年及1990~1993这两个阶段中出现下降或徘徊,而国际资本流动却在上述两个时期未受影响,保持了持续高增长的势头。另外,一大批在国际资本流动中居于突出地位的离岸金融中心都出现在经济和贸易不太发达的国家和地区,诸如巴哈马、巴林、开曼群岛、新加坡、阿联酋等。以上这些特征都说明国际资本流动已经摆脱了对实物经济的依赖。

(二) 发达国家在国际资本中仍占主导地位,发展中国家比重逐步增加

二战后,发达国家不仅保持着资本输出主体国家的地位,而且成为最大的受资国,国际直接投资主要发生在发达国家之间。国际经合组织国家近年来对外直接投资占国际直接投资的80%左右,其成员国对外直接投资的70%左右也被其他国际经合组织成员国所吸收。在国际资本市场上,发达国家扮演着双重角色,既是最大资本输出国,又是最大资本输入国,对外大量投资与大规模吸收外资往往结合于一身。而发达国家在国际直接投资中的支配地位,决定了其在国际直接投资法律规则的制定方面有着极大的影响力。

但又有迹象表明,发展中国家通过国际资本流动参与世界经济的程度普遍加大。流向发展中国家的资本主要集中在发展水平较高,能带来较高收益且法律制度比较健全的国家,如巴西、新加坡、墨西哥、韩国、泰国、中国等十多个国家。在资本流向上,这又体现了各个国家传统的关系和利益所在。美国的资本主要流向了拉丁美洲国家,日本流向了亚洲,西欧各国的资本主要流向了欧洲。2010年,流入发展中和转型经济体的国际直接投资强劲反弹,首次超过了全球国际直接投资总流量的一半,达到53%。

(三) 跨国公司在国际直接投资中的作用举足轻重,跨国公司并购日趋活跃

在当今新贸易保护主义有所抬头的情况下,跨国公司为获得国外新市场和进入生产要素市场而对外大量投资,并将对外直接投资视为增强竞争力的重要手段。同时,各国政府也认识到吸引跨国公司投资对经济发展的促进效应,因此,各国尤其是发达国家推行自由化的对外直接投资政策,并为外国直接投资提供更多便利。这一有利的宏观投资环境,使得跨国公司对外投资大大增加。到了20世纪80年代末,跨国公司的境外并购已经成为跨国公司海外投资的主要形式。1986~1990年,跨国公司的并购活动也有所增加,特别是美国、日本和欧洲一些国

家跨国公司之间出现了许多并购浪潮。跨国公司并购对投资者来说是非常有利的,可以在进入市场时获得现成的资源,包括技术设备、管理经验和销售渠道,使投资者能够快速进入市场,取得事半功倍的效果。2010年全球跨国并购较上年增长了37%,表明跨境并购通常能够对经济形势的变化较快地作出反应。但"绿地投资"金额及项目数均继续下降。

(四)国际资本流动的产业结构中第三产业比重增加较快

20世纪90年代以来,国际资本流动在产业结构的投向方面发生了较大的变化。以国际直接投资为例,从第二次世界大战结束到20世纪80年代中期,第二产业一直是国际直接投资的重点。但从20世纪80年代中期开始,随着服务业的迅速发展,第三产业在国际直接投资中的比重逐年增加。1990年,发达国家对服务业的投资存量已经超过制造业1 640亿美元。国际资本流动投向的最重要的部分是高科技产业和服务业。在英国,国际资本投入的新项目中,软件、电子、汽车部件、化学、IT网络服务等高科技行业占了30%;在美国,持续近九年经济景气,最大的发展动力就是高科技行业的飞速发展。在全球金融动荡期间,高科技股带动着美国股市节节攀高,吸引国际避险资金涌入美国,并进一步推动美国经济的发展。

(五)国际资本证券化、资本流动高速化

国际资本证券化是当前国际资本流动的一个重要趋势,它是指银行贷款迅速被各种债券(如固定利率的普通债券、浮动利率债券、以债权形式出现并可以在市场上随时转让的存款单等)所取代。国际资本市场的证券化是20世纪80年代以来国际资本市场上融通机制变化的一个新趋势。它主要表现为:国际债券的实际规模和活动水平出现长期扩张的趋势;国际债券取代国际银行贷款,成为国际资本市场占统治地位的融资方式;国际债券具有同化国际贷款的客观趋势。

伴随着国际资本证券化的是国际资本流动的速度明显加快。由于金融技术的飞快发展,大量使用金融创新产品和各种金融衍生工具的开发和普及,在国际金融市场上,巨额的资金可以迅速积累,也可以迅速散去和转移。大规模的资金可以通过一个电话、一封电邮,便能在各个金融市场上迅速流动。

(六)国际资本流动中官方融资比重下降,外国私人资本重要性日趋增加

按世界银行的划分标准,国际资本流动分为官方发展融资和外国私人资本两种形式,后者又可细分为外国直接投资、国际股权证券投资、外国商业银行贷款、发行国际债券等。从二战后到20世纪70年代中期,官方发展融资的地位和作用大大加强。这一时期,官方提供的优惠和非优惠资本,是发展中国家输入资本的主要渠道。从20世纪70年代中期起,官方发展融资总量尽管还在增加,但其地位和作用大为削弱。

20世纪90年代以来,官方发展援助的绝对额逐渐减小,该金额已经由1990年的564亿美元减少到1996年的347亿美元。1997年,对陷入金融危机国家的发展援助增加,使官方发展融资总额上升到442亿美元,但仍不及1995年以前的水平。官方发展融资是20世纪90年代

以来国际资本流动构成中绝对额唯一持续下降的项目,而其主要原因,是由于大多数工业国家财政预算的削减,从而使资金供给来源受到限制;冷战结束后,发展中国家的战略地位和军事重要性也趋于下降,一些发达国家不像冷战时期那样热衷于发展援助。此外,美元相对于其他发达国家货币的升值,使这些国家提供的发展援助资金折算成美元金额也减少。

而与官方发展融资相反,由外国商业银行借款与发行国际债券、外国直接投资和国际股权证券投资构成的流入发展中国家的国际私人资本流动则取得长足发展。

(七)国际资本流动中金融衍生工具取得巨大发展

国际资本流动既可以表现为资金在不同国家或地区之间的流动,也可表现为资金在外汇市场、信贷市场、证券市场以及衍生工具市场之间的流动。其中衍生工具市场间流动的增长速度极为迅速,并且在国别和地区上存在差别,具有极大的可逆性,因而是构成20世纪90年代以来的一系列货币危机的重要因素。

从国际资本流动的传统方式与衍生工具的比较来看,衍生工具产生的国际资本流动数量已经处于绝对优势地位,而且衍生交易的增长速度非常快。根据国际清算银行于1995年初所做的对26个国家使用衍生产品交易的用户进行调查的结果,交易所市场及场外交易市场的衍生工具交易的名义本金达64万亿美元(扣除双重计算因素后),而日本、北美以及欧盟15个国家的所有债券、股票和银行资产的总市值在1995年底为68.4万亿美元,大约比上面调查所测算的衍生市场规模大7%。考虑到衍生市场的绝对规模,以上报告的交易总量持续增长率在全球金融市场上是史无前例的。

从衍生工具交易的内部组成看,场外交易市场衍生工具交易的增长更为迅速,基本上在国际衍生工具交易中处于主导地位。场外衍生工具交易飞速发展与场外交易形式的简便灵活金融创新活动的活跃有密切关系。

【资料库】

国际资本流动出现四大新趋势

在2009年6月10召开的第三届中国企业国际融资洽谈会上,香港金融管理局助理总裁朱兆荃指出,金融危机显著改变了全球资本流动格局,国际资本流动出现一些新趋势。

第一,国际资本从发达国家到新兴市场继续大进大出,而且资金量加大。随着经济萧条加剧,导致国际短期资金流向逆转,新兴市场国家出现短期的资本净流出,导致货币贬值和股市大跌。2009年3月以来,国际货币基金组织为新兴市场尤其是东欧和墨西哥提供了巨额贷款,资金开始回流,新兴市场货币和股市大幅度反弹。东欧各国虽然在国际货币救助下渡过难关,但股市表现一般,主要是因为欧盟财政政策相对比较保守,欧盟的经济复苏可能比较缓慢。

由于金砖四国的前景很好,发达国家零利率和量化宽松政策的影响下,容易使得套利资金流入新兴市场,再加之金砖四国较强的经济基本面和国际收支状况也吸引了不少投资者。2009年3月以来,香港资金流入量大幅增加,银行结余创历史新高。可以预期极其宽松的全球货币政策环境将会继续推动国际资金流向基本面相对较强的金砖四国。

第二,从资本净流动的角度来看,国际资本仍然会从债权国家流向债务国家。经常项目盈余的国家,如中国等新兴市场由于受汇率体制不灵活的限制,仍会形成资本净输出。由于担心美国汇率贬值以及美国国债价值下降,新兴市场今后为美国提供中长期融资的动力会减弱。另外,随着东亚国家出口前景的恶化以及原油价格的大幅度调整,东亚国家和东欧国家经常账户盈余水平会下降,外汇储备的幅度也会明显简化。而全球外汇储备最近仍有所增加,美国报告显示,外国央行仍然在增持美国国债。由于美国的储蓄率大幅回升到6%左右,而且贸易赤字改善,从前几年每个月达到600亿美元赤字减少到300亿美元左右,相应的中国的外汇储备增幅2009年开始放缓,反映出全球经济不平衡虽然今后几年还会存在,但是至少没有恶化,会逐步改善。

第三,国际资本流动的地域分布也出现新格局,且逐步显现。宏观刺激政策相对稳定对信心起到很重要的作用,国际投资者看好亚洲股市和信贷市场。内地大量外汇储备和财政盈余以及相对健全的银行系统并没有受到金融风暴太大的影响,这为经济继续增长提供了良好的条件。美国股市最坏时刻应该已经过去了,虽然银行系统的坏账情况仍令人担忧,但是市场情绪普遍转为谨慎乐观,股市仍有上涨空间,金融市场在持续改善中。相对来说,欧洲的复苏可能会有所滞后,主要是因为政策的保守和东欧经济严重受损。

最后,国际金融市场参与者的角色发生很大变化。官方机构大规模干预市场成为主要的国际金融市场参与者,国际货币基金组织在各个成员大幅度增资以后,资产超过10 000亿美元,其对东欧数百亿的贷款起到了全球最终贷款的作用,对中欧局势稳定起了主要作用。各国央行和主权财富基金近来活跃在国际投资界,规模日益膨胀的主权基金的投资流向将成为影响国际资金流动的主要力量。由于新兴市场的投资工具和市场规模的限制,官方机构投资相信仍会集中在发达国家,但是由于全球股权债券,市场规模的大增,会为央行管理提供有更多的选择。

(资料来源:世华财讯.)

第二节 国际资本流动的经济影响

国际资本流动在资本输入国、资本输出国以及国际金融市场上都存在着广泛的影响,与利益的分配、风险的产生都有密切的关系。本节主要从国际资本流动所带来的效益与风险危害来考察其所产生的经济影响。

一、国际资本流动产生的正效应——经济效益分析

(一)国际资本流动有利于促进国际贸易的发展

随着国际资本流动在国际间越来越频繁,规模越来越庞大,国际金融活动的角色已经从国际贸易活动的附属物转变为基础。国际资本流动,特别是国际投资,对国际贸易产生了巨大的影响。

①对外援助和投资,有利于促进接受国的经济发展,改善其国民经济的薄弱环节,加速基础设施建设,使其发展对外贸易的基础与能力扩大。同时,这也改善了直接投资的环境,以吸

引更多的资金流入。

②对外援助和投资,有利于改善投资国的政治、经济与贸易环境,有利于其贸易的扩大,同时带动其商品输出。此外,通过对外投资,便于投资者更好地吸收商业情报,提高产品的竞争能力,从而进入东道国的贸易渠道。

③对外直接投资部门对国际贸易的商品结构起着优化作用。国际直接投资转向制造业、商业、金融保险业,尤其是新兴工业部门,使贸易商品结构出现以下变化:第一,国际服务业在迅速发展;第二,国际贸易中间产品增多;第三,发达国家和发展中国家出口商品结构进一步优化,发展中国家出口制成品所占比重大大提高。

④国际资本流动有利于贸易方式的多样化。随着各大跨国公司的对外投资日益扩大,许多跨国公司纷纷设立自己的贸易机构甚至贸易子公司,专营进出口业务,从而有效地降低了贸易成本。这种做法打破了传统的贸易由商人作为生产者和消费者中介人的形式,降低了贸易中间商和代理商的地位。

⑤国际资本流动推动了战后贸易的自由化。对外直接投资的发展加速了生产国际化的进程,跨国公司在世界各地组织生产,其内部贸易也不断扩大。因此,产品的国际间自由流动对于跨国公司的国际经营活动是十分必要的。这种切身利益决定了跨国公司的贸易自由化程度。

⑥另外,以出口信贷形式存在的国际资本流动,有利于出口商资金周转与进口商解决支付困难,从而直接推动了国际贸易的扩大。

(二)国际资本流动有利于促进国际金融市场的发展

国际资本流动加速了全球经济和金融的一体化进程。所谓一体化,就是指若干部分按照一定的方式有机地联系在一起。当前世界经济金融一体化已经成为不可抵挡的潮流,国际资本流动既随着一体化的发展而壮大,也对世界经济金融一体化产生了巨大的推动作用。其主要体现在以下方面:①国际资本流动在一定程度上促进了贸易融资,推动了国际贸易的发展,进而推动了世界经济和金融一体化;②国际投机资本在世界各主要金融市场的套汇、套利活动,使国际金融交易中存在的汇率差异和利率差异被迅速拉平,导致世界主要金融市场的价格呈现一体化趋势;③国际流动资本在世界各金融市场之间追逐高额利润的游动过程,使得一国的经济、金融与世界经济和金融的相关性增强,从而加速了世界经济、金融一体化的进程。

国际流动资本极大地增加了国际金融市场的流动性。利用现代化的通信和交易手段,国际资本迅速从一国流向另一国,可以有效地满足国际金融市场的资金需求尤其是短期资金需求,并能降低国际金融交易成本。此外,随着保证金交易、透支交易以及金融衍生工具的广泛运用,国际资本流动对国际金融的影响日益扩大。在获取巨额利润的同时,国际资本在客观上增大了国际金融市场的流动性。事实上,国际资本流动在得益于金融衍生工具的同时,也推动了金融衍生工具的创造和运用。

适量的金融投机,有利于减少金融商品的价格波动幅度,确保市场价格的稳定性。投机者进入金融市场承担并分散了原始金融市场的价格风险,使真正建立风险规避为主的理性金融投资市场成为可能。投资者进入金融市场,大大提高了金融市场的流通性。

(三)国际资本流动有利于促进不发达国家的资本形成

不发达国家在经济增长过程中面临的最为突出的困难是资本不足,因此,资本形成问题是不发达国家经济发展的核心问题。资本的供给取决于储蓄能力与储蓄愿望,资本的需求取决于投资的需求。在不发达国家,资本形成的供求两方面都存在着恶性循环关系。对不发达国家来说,影响资本形成的市场需求不足,是实际购买力的不足,而不是"有效需求"不足,这种实际购买力的不足压制对个人投资的刺激。

因此,不发达国家往往以引进外资作为其自身资本形成的一条有效途径。巨额资金流入不发达国家,为其发展本国经济、增加出口贸易和提高国民收入产生了积极作用。对外资的引进和有效利用,可以拉动对不发达国家本地区的人力资源和自然资源的需求,提高这些资源的利用程度和利用需求,拓展不发达国家的市场,提高其市场化程度,这不仅对引进外资的不发达国家而言是有利的,而且对作为主要资本输出国的发达国家也是有利的。

一般来说,不发达国家引进外资的形式主要有外国直接投资、国际借款(官方和非官方)以及赠予,其中以外国直接投资为主。外国直接投资的投资决策由外国投资者作出,虽然不同于直接以国内发展为目的的资本形成,但也还是直接用在资本形成上,因为它总会给生产产品的国家增添真正的新的生产力。国际借款和国际捐款作为一国外国投资,可以由不发达国家统筹使用,建设公共服务事业和作为社会经营资本,从而奠定一国经济发展的基础。

但是,以外资代替国内储蓄总会相应的引起消费的增加。国际投资和捐赠若用于消费,则无益于不发达国家的资本形成,因此,不发达国家对外资和本国资源的利用必须作出全面的计划和预算,以保证在分配国内外全部可用资源时首先用于资本形成。

(四)国际资本流动会引发财富效应

对于资金富裕的单位,金融工具提供了一个资产保值增值的方式。人们可以将资金用实物的形式保存下来,但往往会因为折旧等种种因素贬值,从而带来损失。但是以股票、债券和其他金融工具的形式进行保存和流通的资金则不会随着时间而贬值,反而通常会创造收入,增加财富。这里的财富是指个人、企业和政府所有的资产总值,净财富则是其所有的资产总额与负债总额之差。在数值上,财富总量等于当前存款以及其他金融资产加上因此而产生的收益(如利息、股息、债息等)。目前,世界范围内以股票、债券和其他金融工具形式持有的财富是巨大的。财富的持有量代表着人们当前和未来的购买力,是衡量社会福利状况和国民生活水平的重要指标。由于国际资金在各国金融市场之间的流动会使单个国家的证券市场的财富效应扩散,所以重要的金融市场所在国的经济增长,通常会通过财富效应推动整个世界经济的繁荣。

（五）国际资本流动在一定程度上有利于解决国际收支不平衡问题

国际收支不平衡的国家，因国际金融市场的发展而得到了利用其国内盈余资金或弥补国际收支赤字的便利条件。据世界银行统计，广大非石油输出国的不发达国家、中等发达国家甚至发达国家的国际收支赤字，大部分是通过从国际金融市场筹集资金来弥补的。而像石油输出国、日本等国际收支顺差的国家，也是由于国际金融市场的发展才使其巨额的资本盈余得以运用。

二、国际资本流动产生的负效应——风险和危害分析

国际资本流动固然能够为世界各国和国际金融市场带来便利和经济效益，但是伴随着国际资本流动也产生着种种风险，而这些风险一旦处理得不好，可能会引起危害和损失。

（一）国际资本流动中的外汇风险

从微观上看，国际资本流动中的外汇风险，通过汇率的不正常波动，加大企业成本与收益核算的难度，从而影响企业的涉外业务；通过改变企业债权债务的外汇价值，加大企业的偿债负担，从而造成企业不能按时偿还到期债务的风险。通过上述两方面的影响，外汇风险可能最终影响到企业的经营战略。

从宏观上看，国际资本流动中的外汇风险可能会因改变贸易商品的国际价格而造成一国贸易条件的恶化。由于汇率的变化，外汇风险会造成一国旅游业的大幅波动，影响一国资本流动的状况，改变一国经常项目状况，影响一国货币当局外汇储备的结构和数量，从而影响一国的国际收支，最终对一国国民收入和国内就业及经济发展造成不良影响。

（二）国际资本流动中的利率风险

在国际资本流动中，利率是国际货币使用权的价格。国际资本流动中的利率风险，总的来说就是由于国际金融市场的利率变动使借贷主体遭受损失的可能性。国际银行贷款和国际债务是涉及利率风险的国际资本流动的两种主要形式。

1. 国际银行贷款

在国际银行贷款中，对借方而言，若借方按照固定利率从国际商业银行借款，在国际商业银行贷款借入日到贷款偿清日的整个借款有效期内，如果国际市场上商业银行贷款利率下跌，则借方按照固定利率支付的利息额，必定高于逐期按市场利率所支付的利息总额；相反，若借款人是按照浮动利率从国际商业银行借款，在整个借款的有效期内，若国际市场利率上涨，则借方按照浮动利率逐期支付的利息总额，就会高于按照贷款发放日利率水平所确定的利率所可能支付的利息额。这就是借方所面临的利率风险。

对贷方而言，若商业银行以固定利率发放贷款，但日后市场利率上升，则按其固定利率所收取的利息总额会低于按浮动利率所可能收取的利息总额；若国际商业银行以浮动利率发放贷款，但日后市场利率下降，则其按浮动利率所收取的利息总额会低于按发放日当天利率可能

收取的固定利率计算的利息总额。除此之外，由于国际商业银行的资金往往来源于吸收存款或发放金融债券所获得的借款，在其借款和对外放款之间存在利率不匹配的问题。这种不匹配，表现在浮动利率与固定利率的不匹配，也表现在利率期限的不匹配。市场利率的变化，可能造成国际商业银行在支付借款利息和收取贷款利息两方面同时蒙受损失。因此，作为贷方的国际商业银行，其所面临的利率风险要比借方更为复杂。

2. 国际债券

对债券的发行方来说，面临着与国际银行借款方类似的风险。如果国际债券发行人以固定利率发行国际债券，在其债权有效期内，若市场利率下降，发行人将不能享受这种利率下降带来的好处；相反，若发行人以浮动利率发行国际债券，如果市场利率在债券有效期内上升，发行人将不得不按不断上涨的利率支付债券利息，其支付额将大于按发行日市场利率以固定利率发行所可能发生的支付额。

对债券投资者来说，若投资者将债券持有到期，其面临的风险与发行人类似。但是，如果投资人在债券未到期时在市场上出售变现，如果是固定利率债券，那么在国际债券购买日到转让日的时间里，市场利率的上涨将会造成两个方面的损失：一方面是购买者将要蒙受在此期间内由于少收利息而带来的经济损失；另一方面由于市场利率上涨，国际债券的流通价格会下跌，低于债券的发行价格，投资者在变现时会遭受由于债券价格下跌而带来的损失。两种损失之和就是投资者所蒙受的利率风险。如果是浮动利率债券，在购买日到转让日之间，市场利率的下跌也会造成两方面的影响：一方面，购买者要蒙受在此期间少收利息的损失；另一方面，市场利率的下降会造成债券流通价格的上升，债券投资者在转让债券时会获得价格收益。两者之差就是投资者面临的利率风险。

此外，国际金融市场利率的变动还会对国际股票市场、国际衍生品市场产生影响，这种影响也是利率风险的一部分。

（三）国际资本流动对流入国银行体系的冲击

大多数欠发达国家和发展中国家，银行机构作为金融中介占有优势地位。流入这些国家的国际资本，有相当部分是首先流入这些国家的银行体系。进入20世纪90年代，国际资本大量流入发展中国家，对这些国家的银行体系造成巨大影响，并由此带来相当大的风险。

对资本流入国的商业银行来说，巨额国际资本的流入，最直接的影响有两个方面：一是商业银行的规模得以扩大；二是商业银行对这些资本的运用使得其资产负债表的结构发生变化。

资本流入有不同的目的。当资本流入是用于弥补相应的经常账户逆差时，即当一个非居民从居民那里购买了国内资产后，居民又反过来利用这些外汇收入去进口国外商品，外汇收入又流入本国，这就不会导致银行信贷的扩大。当本地银行贷款给进口商时，它同时在进口商的账户上贷记外币借款和借记外币存款两笔账。本地银行通过外国银行提取存款完成这一交易。交易最后，本地银行发生了对外国银行的负债和给进口商的贷款，但其国内资产并不增加。在另一种情况下，资本净流入完全由中央银行进行中和。不管在哪种情况下，资本净流入都不会影响到本币私人部门的信贷水平。

当国际资本以增加国内银行对外负债的形式流入一国时,对银行资产最直接的影响是,国内商业银行的外币负债增加,同时,该银行在某外国银行的外币存款增加。如果本国中央银行从接受资本流入的商业银行购入外汇资产,则本币的银行储备相对于本币储蓄会增加。如果中央银行没有针对这种流动性的增加而采取措施中和其基础货币,商业银行便会利用其在中央银行的超额准备金增加贷款,这种贷款的增加在货币乘数的作用下会创造出数倍于其超额准备的货币。对于商业银行来说,表现为资产的增加;对于中央银行来说,表现为流通中货币的增加,国内通货膨胀的压力加大。

国际资本的流入在影响流入国商业银行资产规模的同时,也会通过一些较重要的渠道使银行的资产负债表结构发生变化。资本流入国的银行会更加依赖于外国资本,并利用这些资本扩大其国内贷款和证券投资。具体分析流入国资产负债结构的变化,有着更为重要的意义。

商业银行对外负债的增加如果只导致国外资产的增加,即银行投资于国外证券或把资金贷给国外,那么它的扩张效果将减小。但实际上这种情况很少发生。分析一些发展中国家商业银行的资产负债表不难发现,绝大多数国家商业银行的外币负债要比外币资产增加得更快。与此同时,其国内非政府存款也急剧上升。这些现象表明,对国外的净负债并没有被中和,这将直接或间接地导致国内贷款、消费或投资的增加。

在这种情况下,银行部门是否可靠银行贷款或投资的决策过程是否完善,将直接影响到国际资本流入对当事国的经济效应。在不断变化的环境下,许多国家银行系统的问题往往是低劣的贷款决策和对贷款风险管理不当造成的。如果银行过分地陷入这种风险,有可能导致较大的亏损。

总的来说,国际资本流动对流入国商业银行资产负债表的影响可以归纳为:①高资本净流入时期往往与银行部门负债的增加一致,银行负债的增加往往是由外国资金的介入导致的;②在中央银行进行中和操作的前提下,虽然在商业银行资产负债表上来自中央银行和政府的资金有所下降,但银行仍然能够扩大其业务规模;③国际资本的流入使商业银行增加的资金,大部分变成了国内贷款,对私人部门的证券投资也有所增加。

【资料库】
2008 年全球国际资本流动回顾

全球资本流动自 20 世纪 90 年代以来,总体趋势上一直保持稳步增长。2001 年,由于全球经济同步下滑,全球资本流动突然回落,2002 年后反弹,一直保持增长态势,2008 年全球资本流动规模达到 16 773 亿美元。但是,目前全球经济在经历了若干年强劲增长后,面临重大下滑。预计 2009 年受金融危机的影响,全球资本流动会遭遇拐点,规模下滑,据国际货币基金组织估计,总体规模将回落至 14 861 亿美元。

目前,金融危机对实体经济的影响已初露端倪。美国、欧元区、英国、日本等全球主要经济体的经济数据出现不同程度的恶化,亚洲等新兴市场国家的出口增速下降。随着全球经济放缓,原油、天然气等能源价格及国际大宗商品价格显著回落。油价下跌使部分资源国家国际收支经常项目盈余锐减,同时促使资金逃离并集中注入美国等发达地区。金融市场混乱带来的避险情绪上升使日元和美元走强,新兴市场货币的贬值则更多来自对实体经济衰退的担忧。在2007年至2008年上半年,大量国际资本流入新兴市场国家和发展中国家(如越南和印度),使这些国家面临经济过热、市场泡沫、通货膨胀,国际货币基金组织将2007年发展中国家的私人资本净流入修正到6 800亿美元,是历史纪录2005年的两倍还多。但进入2008年8月份,这种势头开始逐渐转向,尤其是10月份骤然降温,犹如坐过山车一般。从2008年全年看,受全球经济形势影响,新兴市场地区和国家的资本流动无疑遭遇拐点,对资本流出的担忧显著增强。

俄罗斯、巴西等以出口能源、原材料等初级产品为发展支柱的国家,全球经济对于萎靡带来的需求放缓、国际原油价格跳水,对国民收入会造成严重的负面影响。另外,新兴市场中很多东欧国家,如保加利亚、罗马尼亚、拉脱维亚、爱沙尼亚和乌克兰等,对发达国家的金融机构"门户大开",外资银行占据了市场的很大份额,国家的贸易赤字很大程度上靠外资流入来提供融资。当那些来自英国、德国、瑞典等发达国家的银行在母国流动性拮据时,它们的第一反应可能就是减少甚至停止在其他国家的放贷。那些曾经在全球范围内寻找套利机会,并在很大程度上成为新兴市场国家资本流入来源的对冲基金,也因为流动性紧张和降低杠杆率的操作,弃新兴市场而去。因此,这些国家在当前的经济形势下,对资本流入突然停止的担忧更加强烈。尤其是美元在2008年7月份开始强劲升值,至11月下旬已升值20%以上,这种升值吹响了美元资本回流的号角,导致发展中国家经济总体上在2008年7月份以后开始变冷。预计在2009年,国际资本从发展中国家流向发达国家的势头还将持续。

(资料来源:杨海珍.中国金融[M].)

第三节 国际金融危机

一、国际金融危机的内涵与历史追溯

从历史发展来看,金融危机所造成的危害是巨大的。金融危机严重破坏了一个国家的银行体系、货币金融市场、对外贸易、国际收支乃至整个国民经济。为全面客观地了解金融危机,首先就金融危机的概念,以20世纪90年代以来重大的金融危机等为内容作一个简要的评价。

(一)金融危机的内涵

关于金融危机,比较权威的定义是由戈德斯密斯(1982年)给出的。金融危机又称金融风暴(The Financial Crisis),是指全部或大部分金融指标,如短期利率、资产(包括证券、房地产、土地等)价格、商业破产数和金融机构倒闭数急剧、短暂和超周期的恶化。其特征是基于预期资产价格下降而大量抛出不动产或长期金融资产以换成货币。从这一定义可以看出:金融危

机是一个较为综合、笼统的概念,按其性质和内容划分,可以分为以下五类。而值得强调的是,近年来的金融危机越来越呈现出某种混合形式的危机。

1. 金融机构危机

金融机构危机是指某些银行或非银行金融机构由于内部或外部原因,或者累计出现大量不良债权或巨额亏损,或者面临巨额的债务需要在短期内清偿,导致支付困难或破产倒闭。个别金融机构的危机通过社会公众的信息传递,极易引发全社会对各类金融机构的信用危机,出现挤提、挤兑风潮,危及整个金融体系的稳定。

2. 资本市场危机

资本市场危机是指某些国家的资本市场(主要是股票市场)由于国内外多种因素,出现价格短期内大幅度下降。资本市场危机和货币市场危机因为一国价格的传递而具有联动效应。

3. 货币市场危机

货币市场危机又称为货币危机,有广义和狭义两种,前者指一国货币的汇率变动在短期内超过一定幅度(一般认为该幅度为15%～20%)时,就可以称之为货币危机;后者指实行固定汇率制或带有固定汇率制色彩的盯住汇率安排的经济体,由于其汇率没有根据影响汇率变动因素(如宏观经济量等)的变化而做出相应的调整,导致其货币内外价值脱节。通常反映为本币汇率的高估,由此引发投机冲击,使外汇市场本币的抛压加大。结果是要么外汇市场上本币大幅度贬值,要么是该国金融当局为捍卫本币币值而动用大量国际储备或大幅度提高利率,从而造成国内外经济体持续动荡的事件。

4. 国际债务危机

债务危机是指一国处于不能支付其外债利息、本金的情形,无论这些债权是属于外国政府还是非居民个人。债务危机的爆发往往引起本国及相关国家金融市场的动荡。

5. 综合性金融危机

综合性金融危机往往表现为债务危机、货币市场危机、资本市场危机和金融机构危机中几种危机的混合体,现实中常常是一种危机的爆发带动其他危机的爆发。相关的实证研究表明,金融机构危机通常先于货币危机,货币危机又会加重金融机构危机并迅速地传递到资本市场,形成恶性循环,使危机迅速波及有关国家的整个金融市场和金融体系,形成综合性金融危机。

(二)金融危机的历史追溯

从历史上看,早期比较典型的金融危机有荷兰的"郁金香狂热"、英格兰的"南海泡沫"、法国的"密西西比泡沫"、美国1929年的大萧条及20世纪六七十年代的美元危机等。为简洁起见,这里仅回顾20世纪90年代以来发生的重大金融危机,力求从中找出导致金融危机发生的共同因素。

1. 1992～1993年的欧洲货币危机

20世纪90年代初,两德合并。为发展东部地区经济,德国于1992年6月16日将其贴现率提高,结果马克汇率开始上升,从而引发欧洲汇率机制长达一年的动荡。金融风暴接连爆发,英镑和意大利里拉被迫退出欧洲汇率机制。欧洲货币危机出现在欧洲经济货币一体化进程中。从表面上看,是由于德国单独提高贴现率引起,但是其深层次原因是欧盟各成员国货币政策的不协调,从根本上违反了联合浮动汇率制的要求,而宏观经济政策的不协调又与欧盟内部各成员国经济发展的差异紧密相连。

2. 1994～1995 年的墨西哥金融危机

1994 年 12 月 20 日,墨西哥突然宣布比索对美元汇率波动幅度将被扩大到 15%。由于经济中的矛盾长期积累,此举触发市场信心危机,结果人们纷纷抛售比索。1995 年初,比索贬值 30%,股市也应声下跌,比索大幅贬值又引起输入的通货膨胀。为了稳定货币,墨西哥大幅提高利率,结果国内需求减少,又引起输入的通货膨胀,企业大量倒闭,失业剧增。在国际援助和墨西哥政府的努力下,墨西哥的金融危机在 1995 年以后开始缓解。墨西哥金融危机的主要原因有三:第一,债务规模庞大,结构失调;第二,经常项目持续逆差,致使储备资产不足,清偿能力下降;第三,僵硬的汇率机制不能适应经济发展的需要。

3. 1997～1998 年的亚洲金融危机

亚洲金融危机是泰国货币急剧贬值在亚洲地区形成的多米诺骨牌效应。这次金融危机波及的范围之广、持续时间之长、影响之大都为历史罕见,不仅造成了东南亚国家的汇市、股市动荡,大批金融机构倒闭,失业增加,经济衰退,而且还蔓延到世界其他地区,对全球经济都造成了严重的影响。亚洲金融危机涉及许多不同的国家,各国爆发危机的原因也有所区别。然而,亚洲金融危机的发生绝不是偶然的,不同国家存在着许多共同的诱发金融危机产生的因素,如宏观经济失衡,金融体系脆弱,资本市场开放与监控不力,货币可兑换与金融市场发育不协调等问题。

4. 1998～1999 年的俄罗斯金融危机

俄罗斯金融市场在 1997 年秋季大幅下挫之后一直处于不稳定状态。到 1998 年 5 月,终于爆发了一场前所未有的大震荡,股市陷入危机,卢布遭受严重的贬值压力。俄罗斯金融危机是俄罗斯政治、经济、社会危机的综合反映,被称为"俄罗斯综合征"。从外部因素上看,一方面是因为 1997 年亚洲金融危机的影响;另一方面则是由于世界石油价格下跌导致其国际收支恶化,财政税收减少。但究其根本,是国内政局动荡、经济长期不景气、金融体系不健全、外债结构不合理。

5. 1999～2000 年的巴西金融危机

1999 年 1 月 7 日,巴西米纳斯吉拉斯州宣布该州因财源枯竭,90 天内无力偿还欠联邦政府的 154 亿美元的债务。这导致当日巴西股市重挫 6% 左右,巴西政府债券价格也暴跌 44%,雷亚尔持续走弱,央行行长在三周内两度易人。雷亚尔对美元的汇价接连下挫,股市接连下跌。"桑巴旋风"迅速向亚洲、欧洲及北美吹开,直接冲击了拉美、欧洲、亚洲等国家的资本市场。巴西金融危机的外部原因主要是受亚洲和俄罗斯金融危机影响导致国际贸易环境恶化,而其内部原因则是公共债务和公共财政赤字日益扩大,国际贸易长期逆差,宏观经济政策出现失误等多种因素共同作用的结果。

6. 2008 年全球金融危机

2008 年爆发了全球性的金融危机,此次危机极为严重,为 20 世纪 30 年代的经济大萧条以来最为严重的危机,对全球经济产生了广泛的影响,可称之为"金融海啸"。此次金融危机始发于美国的次贷危机,由美国次贷危机的发展而演化成了一场席卷全球的国际金融危机。此次金融危机,一般认为浮现于 2007 年下半年,自美国次级房屋信贷危机爆发后,投资者开始对按揭证券的价值失去信心,引发流动性危机,导致金融危机的爆发。到了 2009 年,这场金融危机开始失控,并导致多家相当的金融机构倒闭或被政府接管。随着金融危机的进一步发展,又演化成全球性的实体经济危机。

二、国际债务危机

(一)国际债务的含义及衡量指标

国际债务即外债(International Debt),但外债至今还没有一个比较统一的定义。根据国际货币基金组织、国际清算银行、世界银行和世界经济合作与发展组织达成的共识,外债是指在任何给定的时刻,一国居民所欠非居民的,以外国货币或本国货币为核算单位的,具有契约性偿还义务的全部债务。按国际货币基金组织和世界经济合作与发展组织的计算口径,国际债务包括:①官方发展援助,即经合组织成员国提供的政府贷款和其他政府贷款;②多边贷款(包括国际金融机构,如世界银行、亚洲开发银行等机构的贷款);③国际货币基金组织的贷款;④债券和其他私人贷款;⑤对方政府担保的非银行贸易信贷(如卖方信贷等);⑥对方政府担保的银行信贷(如买方信贷等);⑦无政府担保的银行信贷(如银行同业拆借等);⑧外国使领馆、外国企业和个人在一国银行中的存款;⑨公司、企业等从国外非银行机构借入的贸易性贷款。

举借外债必须保证有偿还能力。如果没有偿还能力,一方面会影响债务国的信誉,造成今后举借外债的困难;另一方面会造成债务危机。衡量外债偿还能力的标准有两个方面:一是生产能力;二是资源转换能力。生产能力标准是拿出一部分国民收入偿还外债本息后,不影响国民经济正常发展的能力;资源转换能力标准是指用于偿还外债的那部分国民收入能否转换为外汇。

国际上通常采用下列债务偿还比率或指标来衡量一国的外债偿还能力。

1. 负债率

负债率(liability Ratio)是指一定时期一国的外债余额占该国当期的国民生产总值的比率,用公式表示为

$$负债率 = \frac{外债余额}{当前的国民生产总值}$$

这一比率的意义在于反映外债总额对债务同整个国民经济带来了多大的经济负担,表明

一国举债规模与国民生产总值之间的关系程度。负债率越高,因国民经济承担的债务负担越重,偿债能力也就越差。国际上对该指标的安全线有不同的衡量标准,保守估计的安全线一般为15%左右,低于10%为偿债能力较强,超出20%为偿债能力欠佳。按照较宽松的估计,安全线可以达到30%。

2. 债务率

债务率(Debt Ratio)是指一定时期一国的外债余额占该国当期外汇总收入的比率。用公式表示为

$$债务率 = \frac{外债余额}{外汇总收入}$$

这一比率的意义在于表明以债务国目前的外汇收入水平需要多长时间才能偿清现存总债务。债务率越高,债务国偿债能力越差。国际上公认的债务率的安全线为100%,如果达到150%,则该国为中度负债国;若达到200%,则该国已属于重度债务国。但在现实中,这一标准也依国家不同而有所不同。

3. 偿债率

偿债率(Debt Service Ratio)是指一国还债额(年偿还外债本息额)占当年该国外汇总收入的比率。用公式表示为

$$偿债率 = \frac{年偿还外债本息额}{年外汇总收入}$$

这一指标的意义在于说明一国当年出口商品和劳务的外汇总收入中有多大比重用于偿付外债本息。偿债率越低,债务国的偿债能力越强。比重过大,说明该国外债负担过重。国际金融组织将偿债率作为衡量一国是否发生了债务危机的重要指标或核心指标,并根据经验统计,制订了比率在15%~20%为债务负担较为适中的安全线。对于发展中国家,一般认为偿债率的安全线为25%,如果一国偿债率超过这个安全线,该国就被认为偿债有困难。如果借款国不能及时改变这种情况,借债信誉就会受到影响。

外债问题牵涉面很广,可变因素很多,所以对一国的外债水平或外债的偿还能力需要从更多方面、不同的角度去估量,不能仅限于一个比率或一组比率。

(二)国际债务危机的表现

债务危机是指一国不能按时偿付其国外债务,包括主权债务和私人债务,表现为大量的公共或私人部门无法清偿到期外债,一国被迫要求债务重新安排和国际援助。

国际债务危机的爆发是国内、国际因素共同作用的结果,但外因往往具有不可控性质,且外因总是通过内因而起作用。因此,从根本上说债务危机产生的直接原因是在内因,即对国际资本盲目借入,使用和管理不当。

1. 20世纪80年代初发生的国际债务危机

在1980~1982年西方经济严重衰退的冲击下,1982~1983年爆发了全球性的债务危机。

在这一年多的时间里,近40个发展中国家要求重新安排债务,发生危机的国家数目超过1972~1981年的总和。

这次国际债务危机的最初信号来自1981年3月,当时有260亿美元外债的波兰不能偿还到期25亿美元债务本息,债务牵涉西方500多家银行。1982年8月,墨西哥宣布无力偿还到期的债务本息。第三世界最大债务国巴西于1982年12月向国际货币基金组织等债券机构发出求救信号。债务危机向瘟疫一样迅速地向其他第三世界国家蔓延,覆盖了整个拉美地区、多数非洲国家和一些亚洲国家,并从急性危机演变成为持续于整个20世纪80年代的慢性债务危机。

这次国际债务危机具有如下特点:一是债务规模大。据国际货币基金组织的统计,1973~1982年,非产油发展中国家的债务总额从1 031亿美元增加到8 420亿美元,偿债率也从15.9%提高到23.9%,即出口收入的近1/4要用于外债的还本付息。还本付息额从1973年的79亿美元增加到1983年的932亿美元。二是涉及面广。根据国际货币基金组织提供的资料,1956~1974年的18年间,第三世界仅发生过30次重新安排债务的谈判,即平均每年1.7次,仅仅涉及11个国家。重新安排债务的谈判到了1983年猛增至30次以上,涉及29个国家。在这29个国家家中,有16个国家于1980~1982年至少已重新安排一次,其中苏丹和扎伊尔等国每年重新安排一次。三是债务分布高度集中。从地区分布来看,发展中国家的债务大部分集中在拉美地区和非洲。以1982年为例,拉美国家的外债总额达3 313亿美元,约占发展中国家债务总额的39%;非洲的外债总额为1 226亿美元,约占发展中国家债务总额的15%。从国家分布来看,在100多个发展中国家和地区中,主要债务国集中在6~25个国家和地区,其债务总额在1983年达6 000多亿美元,约占发展中国家外债总额的80%。两个最大的重债国(巴西和墨西哥)的债务几乎占发展中国家外债总额的1/4。

2. 20世纪90年代末震惊全球的东南亚债务危机

1997年7月首先从泰国债务危机开始的东南亚金融危机,在1998年夏天迅速蔓延到日本、韩国、俄罗斯、中东、拉美、欧洲、北美等国家及地区,由地区性危机发展成为国际性危机,并在一些国家引起了严重的社会经济和政治问题。其影响之深、波及范围之广出人意料,发人深省。

从表面上看,这次危机的主要原因是国际游资的兴风作浪。但从源头上看还是由泰国、印度尼西亚等国的债务问题引发的。据国际货币基金组织的统计资料显示,1997年7月,泰国各银行的海外借款总额已超过1万亿美元,其中不到一年的短期外债超过60%。更为严重的是,泰国的短期外债中近40%是投资在房地产上的。这种债务状况造成外汇需求大于供给的缺口不断扩大。危机发生首先表现为外汇紧缺,本币汇率大幅贬值,股市和楼市剧烈动荡,生产下降,失业增加,大批企业倒闭,金融机构破产,给全社会乃至全地区带来了深重的危害。

3. 2001年的阿根廷债务危机

2001年,阿根廷的债务总额高达1 550亿美元,占国内生产总值的55%。由于外债负担过重,自2001年12月以来,引发了一场债务危机,并最终发展成一场政治危机。

为了偿还巨额外债,防止银行挤兑和外汇流失,德拉鲁阿总统于2001年12月初颁布法令,严格限制居民从银行账户提款的数目,规定居民个人每周从银行账户提取现金不得超过250美元,每月提取现金最高限额不得超过1 000美元,并出台了一系列紧缩财政开支的政策措施。这些措施引起了以中产阶级为首的广大阿根廷民众的强烈不满,首都布宜诺斯艾利斯爆发了声势浩大的示威游行。

随着事态的恶化,起初和平形式的示威活动很快恶化成一场席卷全国的暴力冲突,造成至少32人丧生。债务危机导致的社会动荡引发了阿根廷的政治危机。从2001年12月下旬开始,阿根廷政局动荡不安,内阁更换频繁,在两周多的时间里更换了五位总统。

4. 欧洲债务危机

欧洲债务危机始于希腊的债务危机,2009年12月8日全球3大评级公司下调希腊主权评级,投资者在抛售希腊国债的同时,爱尔兰、葡萄牙、西班牙等国的主权债券收益率也大幅上升,欧洲债务危机全面爆发。2011年6月,意大利政府债务问题使危机再度升级。这场危机不像美国次贷危机那样一开始就来势汹汹,但在其缓慢的进展过程中,随着产生危机国家的增多与问题的不断浮现,加之评级机构不时的评级下调行为,目前已经成为牵动全球经济神经的重要事件。政府失职、过度举债、制度缺陷等问题的累积效应最终导致了这场危机的爆发。在欧元区17国中,以葡萄牙、爱尔兰、意大利、希腊与西班牙5个国家(以下简称"PIIGS 五国")的债务问题最为严重。

(三)国际债务危机爆发的原因

分析20世纪80年代以来爆发的国际债务危机,从内因上看主要有以下几个方面:

1. 债务国不切实际的发展战略

许多发展中国家在政治上独立后,迫切需要发展民族经济,其中有些国家发展战略不切实际,片面追求经济高速增长,盲目举借大量外债。以巴西为例,1974～1981年,该国用于发展基础工业、材料工业、能源工业、水力发电等大型工程的投资总额达520亿美元,远远超出其承受能力,只得大量举债,导致其国际收支经常项目出现巨额逆差,1980年和1981年国际收支逆差分别为128亿美元和117亿美元。此时,巴西政府不但没有适当降低国内经济增长率,反而制订了规模更为庞大的"卡拉加斯计划",导致国际收支逆差加剧,外债规模进一步扩大,为债务危机的爆发埋下了祸根。

2. 债务国外债管理混乱

政府缺乏对外债的宏观指导,对由什么部门举债、怎样举债、如何避免外债风险、如何控制借债成本并提高外债的使用效率等问题缺乏统一的研究和对策,多头借债盛行,有的国家甚至每个企业都可对外借债。多头举债造成各借债机构盲目相互竞争,抬高了借债的利率成本。除此之外,政府也缺乏统一、有力的外债管理机构,不能对外债进行有效的统计和监测。

3. 债务国外债投向不当

债务国所借外债主要投向周期长、见效慢的生产性建设项目,而对这些项目又缺乏良好的经营管理,致使其迟迟不能形成生产能力,有的项目甚至出现了严重亏损。部分外债用于生产和进口消费品、奢侈品,这一方面扩大了国家的外汇支出,另一方面国内消费品生产由于产品质量不高,在国际市场缺乏竞争力,影响了国家的出口创汇能力。外债使用的效益低下,加剧了国家债务负担。

国际债务危机的爆发从外因上看主要有以下几个方面:

(1) 外在冲击恶化了发展中国家的国际收支状况

发展中国家的国际收支状况并没有因为利用外资而获得显著改善,反而因其他一系列因素进一步恶化。1979年的石油价格上升,使得非石油发展中国家的石油进口支出大幅上升。同时诱发世界经济衰退,对债务国家也形成了严重的冲击。在世界经济衰退中,以美国为首的发达国家为转嫁危机,纷纷实行严厉的贸易保护主义,利用关税和非关税贸易壁垒减少从发展中国家的进口,使发展中国家出口产品价格,尤其是低收入国家在主要出口的初级产品价格大幅下跌,发展中国家的出口收入因此迅速下降。非产油发展中国家的出口收入增长率在1980年为23.8%,1981年为3.7%,1983年为-5.2%,即绝对数额下降,导致偿债能力下降,债务危机也就在劫难逃。

(2) 国际金融市场利率、汇率的变化

1973年的石油价格上涨,使得石油输出国获得巨额石油美元。在当时的欧洲货币市场上,石油美元的借贷利率非常低,有时实际利率甚至为负值。受低利率的吸引,这一时期发展中国家举借了大量浮动利率外债。1979年以后,英、美等主要发达国家纷纷实行紧缩的货币政策以克服日益严重的通货膨胀,致使国际金融市场利率水平大幅提高。特别是1981年以后,美国货币市场利率显著提高,吸引大量国际资金流向美国,又引起美元汇率的大幅提高。由于发展中国家的债务多数为浮动利率的美元债务,因此其偿债负担大大加重。

(3) 国际商业银行贷款政策的影响

20世纪70年代中期,西方各国普遍陷入经济滞胀,大量的剩余资金急于寻找出路,再加上巨额的石油美元,国际商业银行手中的信贷资金充裕,为发展中国家提供了大量的贷款,使其债务猛增。1979年第二次石油危机后,世界经济陷入衰退,主要发达国家国内紧缩货币,提高利率,信贷资金需求萎缩。国际商业银行对发展中国家的贷款不断升级。但是到1982年以后,国际贷款的风险增大,商业银行随即大幅减少对发展中国家的贷款,这加剧了发展中国家的资金周转困难,对国际债务危机的形成和发展起到了推波助澜的作用。

【资料库】

俄罗斯三次金融大风暴

俄罗斯从1997年10月到1998年8月经历了由三次金融大风暴构成的金融危机。其特点是,金融大波动的间隔越来越短,规模越来越大,程度越来越深,最终导致两届政府的垮台,甚至波及全球,产生全球效应。

三次金融大风暴的根本原因是由于长期推行货币主义政策,导致生产萎缩,经济虚弱,财政拮据,一直靠出卖资源、举借内外债支撑。但具体诱因,则有所不同。第一次大风暴主要是外来的,由东亚金融危机波及之故,第二、第三次则主要是其政府的政策失误,引起对政府的不信任所致。

第一次金融风暴发生在1997年10月28日至11月中旬之间。本来,俄罗斯自1992年初推行"休克疗法"改革后到1996年生产连续下降,到1997年才出现止跌回升,但升幅很少,只0.8%。俄罗斯于1996年起对外资开放,人们看好俄罗斯金融市场,纷纷投资股市和债市,因股价上升潜力大,回报率高。俄罗斯股票面值定得很低,平均只值50美分到4~5美元之间,股票回报率平均高达1倍以上;国债的回报率也在20%以上,而且80%是3~4个月的短期国债,兑现快。1997年是俄罗斯经济转轨以来吸入外资最多的一年。俄罗斯从1991年起一共吸入外资237.5亿美元,其中1997年即达100多亿美元。但是外资总额中直接投资只占30%左右,70%左右是短期资本投资,来得快,走得也快,这就埋下了隐患。1997年10月间,外资已掌握了60%~70%的股市交易量,30%~40%的国债交易额。

1997年7月泰国首先爆发的金融危机对俄罗斯金融市场的影响还不大,因8~9月间还有大量外资涌入。直至10月,韩国爆发金融危机立即对俄罗斯金融市场产生连锁反应。因在俄罗斯金融市场中韩资占有一定比重。韩国发生金融危机,韩资急忙大量撤走,以救其本国之急,其他外国投资者也纷纷跟进。结果,自1997年10月28日到11月10日间由于大量抛售股票,股价平均下跌30%,股市殃及债市和汇市,后者也纷纷告急。当时央行拿出35亿美元拯救债市,以维持国债的收益率吸住外资。虽然国债收益率上升至45%,但外资依然撤走了100亿美元。

第二次金融大风暴发生在1998年5~6月间。这次大风暴的诱因主要是由国内的"信任危机"引起的。这次至少抽走资金140亿美元。殊不料,不到一个月,于8月中又爆发了更为严重的第三次金融大风暴,而且导致基里延科新政府的垮台。

俄罗斯这次金融大风暴带来的后果十分严重。不仅使本国已是困难重重的经济雪上加霜,还震撼了全球金融市场。

首先,国内居民存款损失一半。进口商品价格上涨2~3倍,国内产品也连带成倍上涨。9月份,消费物价上升40%,成为转型以来的最高。居民实际工资收入下降13.8%,近1/3的居民处于贫困线以下。整个经济下降5%,工业下降5.2%,农业下降10%,外贸下降16.1%。

其次,大批商业银行,尤其是大银行损失惨重。西方报刊已惊呼"俄罗斯金融寡头们的没落"。据估计,商业银行中有一半濒临破产。俄罗斯的SBS农业银行和国际商业银行已被暂时置于中央银行管理之下,其余几家大银行不得不将自己的商业账户转移到俄罗斯储蓄银行中。由于普里马科夫出任总理,组成中左政府,金融7巨头与政治关系基本被割断,势力大为削弱。

第三,俄罗斯金融危机波及欧美、拉美等地区,形成全球效应。本来,俄罗斯经济经过连续6年下降,在世界经济中已微不足道,它的GDP仅占全球的不到2%。俄罗斯金融市场规模也很小。到1997年,股市最兴旺的8月的日成交额也不过1亿美元。

(资料来源:张康琴.俄罗斯金融危机案例[M].)

第四节 我国利用外资与对外投资

一、我国利用外资概况

（一）我国利用外资的主要形式

自从 1982 年爆发国际债务危机后,我国开始重视利用外贸方式的选择,选择适当的外贸方式,以降低外贸成本,提高外贸效益。同时,尽量吸收一些外商的直接投资,减轻国家的外债负担。目前,我国利用外资的主要形式可以分为三种。

1. 对外借款

对外借款是最常见的一种利用外资的方式,主要包括外国政府贷款、国际金融机构贷款、国际商业银行贷款、出口信贷、混合贷款以及发行国际债券融资等方式。我国对外借款增长相对比较平稳,1997 年以后甚至出现了下降。

2. 外商直接投资

外商直接投资包括中外合资经营、中外合作经营、外商独资经营、中外合作 BOT 等方式。

3. 其他利用外资的形式

其他利用外资的形式包括对外发行股票、补偿贸易、国际租赁等。

我国经过了 20 多年的外资利用,微观经济效应有:弥补了投资缺口,在相当程度上解决了企业投资资金不足的问题;引进了先进的技术设备、管理经验和思维方式;促进国有企业转变经营机制。宏观经济效应有:促进了经济增长,创造了就业机会,增加了税收,保证了国际收支的稳定。

（二）我国利用外国直接投资的情况

在吸收外商直接投资的初期,在华投资的外商主要采取中外合资和中外合作两种方式。20 世纪 90 年代以来,外商独资企业的比例有较快上升。自 1997 年起,新设立项目中,外商独资经营的项目数超过中外合资经营的项目数。自 1998 年起,外商独资经营企业的合同金额超过了中外合资经营项目的合同金额。但以累计数计,中外合资经营仍然是占最大份额的投资方式,占实际投资额的近一半,外商独资经营所占比例不到 1/3。

从外国直接投资的产业分布来看,20 世纪 70 年代末期到 80 年代初期,外商在华投资主要在旅游宾馆和中低档加工贸易型制造业。此后,工业领域的投资项目不断增加,在外商实际投资额中占主要份额。20 世纪 90 年代初期,投资于房地产业的外资增加较快,个别年份占到外商实际投资额的 1/3 以上,最近几年这一比例有所下降。累计看,投资于工业的外资仍然占最大的份额,约占 60%。

我国吸收的外商直接投资,主要集中在沿海少数地区。20 世纪 80 年代,外商直接投资投向沿海地区的占90%以上。20世纪90年代以后,这一比重略有下降,但总的趋势没有明显改变。

截至到2010年底,中国实现累计吸收外商直接投资约10 600亿美元。2011年,全国新批设立外商投资企业27 712家,同比增长1.12%。"十一五"期间,中国累计吸收外商直接投资预计可达4 200亿美元,占到流入发展中国家总额的三成左右,为"十五"期间的1.5倍左右;全球排名由"十五"期末的第4位上升至第2位,并连续18年位居发展中国家首位,中国一直是全球最具吸引力的投资东道国之一。

(三)"入世"对我国利用外资的影响

"入世"对我国利用外资的影响有利有弊,既为我国更大规模地利用外资创造了前所未有的机遇,又带来了严峻的挑战,主要影响表现在以下几个方面。

1. 逐步取消给外资的超国民待遇对利用外资的影响

入世后,我国将对外资逐步实现国民待遇,取消以往的各种超国民待遇措施,这将使外资企业在同等条件下与国内企业平等竞争,同时也避免了一些国内企业为享受外资待遇而进行虚假对外投资的弊端。尽管对外资超国民待遇的取消会导致一部分税收优惠导向性的外资流入减少,但总的来看还是利大于弊,有利于进一步改善我国的投资环境,吸引更多投资者来我国投资。

2. 扩大国内市场对外开放对利用外资的影响

我国制造业目前已基本实现了全面对外资开放,但服务业对外资开放还有很大空间,"入世"后我国将遵守承诺,加大服务行业开放力度,允许外资进入金融、保险、电信、商贸、旅游、运输等领域并不断扩大业务经营范围。这将有利于扩大我国利用外资的规模,促进基础设施的建设,提高服务业的服务质量和管理水平,提升我国的产业结构。服务业市场的开放必将加剧国内市场的竞争,给国内企业带来空前的压力,但同时也强化了国内企业的改革意识,加快了改革进度和发展步伐。

3. 其他方面的影响

有利的影响表现在:"入世"将从根本上改善我国外贸出口的国际市场环境,为扩大出口带来巨大商机;外商投资审批程序将更加简化,政府的办事效率和透明度将提高,为外商企业的设立提供更大的方便;我国将加快鼓励外商参与国有企业战略性重组和改造的政策措施,支持和促进外商通过并购方式参股或收购国有企业。

不利的影响表现在:由于进口关税的大幅下降和非关税壁垒措施的消除,以突破贸易壁垒为特征的市场导向性外商投资将会减少;更多进口商品的输入会加剧国内市场的竞争,使内销型的外资企业面临更大的生存压力。

二、我国的对外投资

(一) 我国对外投资的发展

对外投资作为国内生产的延伸,应纳入宏观经济综合平衡框架中,充分考虑对外投资对总供求平衡与行业局部供求平衡的影响,使国内外生产与流通有机结合,充分发挥对外投资对母国经济发展的积极作用。我国对外投资的发展状况,如果按照时间序列,可以划分为三个阶段。

第一阶段(1979~1986年),是我国企业对外投资与兴办海外企业的起步阶段。对外投资主体主要是专业经贸公司与部分省市国际经济技术合作公司,对外投资企业规模较小,开办企业数目也较少,投资领域主要集中在饮食业、承包建筑工程、金融保险与咨询行业。

第二阶段(1987~1990年),是我国企业对外投资和兴办海外企业的迅速发展成长阶段。一批条件较好、有一定国际经营经验、技术基础雄厚与管理水平较高的大型企业参与竞争,进行多项大规模的对外投资,投资的地理分布广,覆盖面大。投资领域扩大到资源开发、加工、生产装配等领域。

第三阶段(1991年至今),我国企业对外投资与发展海外企业出现了新的飞跃,主要涉及资源开发、加工装配、生产企业、交通运输、工程承包等。开展对外投资与跨国经营已成为我国对外经济交往的重要组成部分。

"十一五"期间,中国对外直接投资流量共2 166亿美元,在全球的排名由"十五"末期的第18位跃升至第5位,已经具有了一批自己的跨国公司,迈入对外投资大国行列。"十二五"规划强调通过转变经济结构,由原来的投资消费拉动经济,以出口为主,转为出口与进口为主,"引进来"和"走出去"并重,中国企业到海外投资是一种趋势。

(二) 中国对外投资的新特点

(1) 从发展规模和投资主体来看,中国对外投资发展速度比较快,平均投资规模逐步扩大,投资主体不断优化。自从实行改革开放政策以来,中国对外投资就在原来较低的基础上获得了迅速的发展,并已形成一定规模,对外投资企业数量和对外投资金额的年均增长率都较高。近年来,国内一些规模较大的行业排头兵企业、技术较先进的企业以及具有名牌商品的优秀企业加入到对外投资的行列中来。尽管国有企业仍然是对外投资的主体,但私营企业已开始崭露头角。在投资主体不断优化的同时,海外投资企业的中方平均投资规模也在不断扩大。

截至2009年底,中国对外直接投资流量达到565亿美元;2010年流量达到595亿美元,存量超过3 000亿美元,与2000年的10亿美元流量相比,增长了58倍;与2005年的123亿美元相比,增长了3.84倍。2011年我国境内投资者共对全球132个国家和地区的3 391家境外企业进行了非金融类直接投资,累计实现直接投资600.7亿美元,同比增长1.8%。目前,中国已经紧追美国、法国、日本和德国,成为全球第5大对外投资国。

（2）从地区分布看，对外投资企业分布多集中于港澳地区和经济较发达地区，但近年来呈现出多元化趋势。从具体国家和地区来看，除港澳地区外，开曼群岛、英属维尔京群岛、美国、澳大利亚、韩国、新加坡、泰国、赞比亚、秘鲁、马来西亚、日本、德国、俄罗斯等国家和地区的中国海外企业与海外投资存量分布较多。中国企业对外直接投资的意愿日益强烈，投资对象也有了一些新的变化。对欧洲和非洲投资快速增长，2011年中国对欧洲、非洲的直接投资分别达到46.1亿美元和17亿美元，同比增长57.3%、58.9%。除了对美国的投资有了显著的提升外，FDI总体流向了东亚、东南亚以及拉美国家，拉美增长了14%，东亚和东南亚增长了30%。总体来看，中国对外投资的区域分布呈现出日趋多元化的趋势，海外企业的分布格局与中国国对外贸易的市场结构有着一定的联系。

（3）从行业分布看，投资领域重点与一般相结合，投资领域呈现多元化。中国对外投资企业在一、二、三产业中都有分布，其中制造业、批发和零售业、商业服务业和建筑业等行业相对集中，在采矿业、信息通信业、农林牧渔业、交通运输与仓储业等行业也有分布。近几年，境外加工贸易和资源开发因受到国家政策鼓励而成为中国对外投资的重要领域，发展较快。

（4）从出资方式、企业所有权结构和设立方式看，出资方式多种多样，对外投资企业以合资合作居多，新建与并购方式并举，中国企业对外直接投资的出资方式（或称投资方式）越来越多样化，有的以现汇出资，有的以从国外获得的贷款出资，有的以国内机械设备等实物出资，还有以国内的技术专利或专有技术（含劳务）出资。中国对外投资企业多采用新建方式，约占80%，采用国际上较流行的收购与兼并以及股权置换方式设立的约为20%，但采用后者的比例近年来不断扩大，并购领域更为广泛，2011年中国以并购方式实现的直接投资222亿美元，占同期对外投资总额的37%。

（5）从与国内母公司的关系看，对外投资企业对国内母（总）公司的依赖仍然比较重，自我开拓和横向联系能力有待加强。就目前的状况而言，中国部分对外投资企业各方面业务多由国内直接控制，是国内母公司的补充，没有在海外当地形成属于本企业自己的营销网络和信息渠道。还有一些对外投资企业只是与母公司进行双向联系，对外投资企业之间以及对外投资企业与当地企业之间横向联系较少。一些对外投资企业还未树立在海外独立作战的意识，还没有把整个世界市场作为经营与赚钱的舞台，以实现在世界范围内进行资源优化配置和产品的生产与销售。

三、我国外债管理的内容与原则

（一）我国外债管理的主要内容

我国外债管理的主要内容是：计划管理与自主借款相结合；审批和核准管理相结合；登记管理和统计监测相结合。

（二）我国外债管理的原则

我国外债管理的原则是：适度控制外债规模，合理安排债务结构，确保外债清偿能力；有效经营运用外债资金,取得最大的社会经济效益,促进本国经济的发展;通过外债的借、用、还三个环节的良性循环,实现外债的经济效益和社会效益的统一。

(三)我国外债管理的目标

我国外债管理的总体目标是:保持合理的债务规模和结构,降低筹资成本,有效地防范和控制外债风险,使借入的外债在国民经济建设中发挥更大的作用,以保证到期外债还本付息的顺利进行和新借外债的持续流入。

【资料库】

2016年我国吸收外商直接投资情况

据统计,2016年1~12月,全国新设立外商投资企业27 900家,同比增长5%;实际使用外资金额8 132.2亿元人民币(折1 260亿美元),同比增长4.1%。12月当月,全国新设立外商投资企业3 545家,同比增长21.1%;实际使用外资金额814.2亿元人民币(折122.1亿美元),同比增长5.7%。1~12月,东盟对华投资新设立企业1 160家,同比增长0.5%,实际投入外资金额67.3亿美元,同比下降14.3%。欧盟28国对华投资新设立企业1 741家,同比下降1.8%,实际投入外资金额96.6亿美元,同比增长35.9%。"一带一路"沿线国家对华投资新设立企业2 905家,同比增长34.1%,实际投入外资金额70.6亿美元,同比下降16.5%。长江经济带区域新设立外商投资企业11 677家,同比下降2.5%,实际使用外资610.6亿美元,同比下降1.5%。主要国家/地区对华投资总体保持稳定。1~12月,前十位国家/地区(以实际投入外资金额计)实际投入外资总额1 184.6亿美元,占全国实际使用外资金额的94%,同比增长0.4%。对华投资前十位国家/地区依次为:香港(871.8亿美元)、新加坡(61.8亿美元)、韩国(47.5亿美元)、美国(38.3亿美元)、台湾省(36.2亿美元)、澳门(34.8亿美元)、日本(31.1亿美元)、德国(27.1亿美元)、英国(22.1亿美元)和卢森堡(13.9亿美元)。

(资料来源:商务部)

本章小结

1. 国际资本流动是指一个国家(或地区)的政府、企业或个人与另外一个国家(或地区)的政府、企业或个人之间,以及国际金融组织之间资本的流入和流出。它是国际间经济交易的基本内容之一。

2. 按照资本跨国界流动的方向,国际资本流动可以分为资本流入和资本流出;按照资本跨国流动时间的长短期限,国际资本流动可以分为长期资本流动与短期资本流动。长期资本流动主要包括国际直接投资、国际证券投资和国际贷款三种类型;短期资本流动主要包括贸易资本流动、银行资金调拨、保值性资本流动和投机性资本流动四类。

3. 国际资本流动的根本原因在于资本供给与需求的相互作用。影响它的具体因素有利率、汇率、财政赤字与通货膨胀、政府的经济政策和政治、经济、战争风险的存在。

国际资本流动在资本输入国、资本输出国以及国际金融市场上都存在着广泛的影响,与利益的分配、风险的产生都有密切的关系,在带来经济效益的同时也带来了一定的风险与危害。

4. 20世纪90年代以来,国际资本流动在总量和结构等方面出现了一些新的特点。其形成的原因主要有世界经济一体化趋势的加强、国际范围内与实际生产相脱离的巨额金融资产的积累等。

5. 国际投机资本,是指那些没有固定的投资领域,以追逐高额短期利润而在各市场之间移动的短期资本。它的主要来源是社会资本、投资基金、银行资金和国际黑钱。

6. 国际投机资本产生不少破坏效应,包括增大国际金融市场的不稳定性,误导国际资源的配置、造成国际收支失衡、汇价扭曲等。

思 考 题

一、选择题

1. 下列选项中不是长期资本流动的是(　　)。
A. 国际直接投资　　B. 国际证券投资　　C. 国际贷款　　D. 贸易资本流动

2. 下列不属于国际债务的是(　　)。
A. 官方发展援助　　　　　　　　　B. 中国各企业与银行贷款
C. 国际货币基金组织贷款　　　　　D. 中国各企业从国外银行借款

二、简答题

1. 请比较国际资本流动与资本输出入之间的关系。
2. 按跨国流动时间长短期限划分,国际资本流动应如何分类?请分别作解释。
3. 国际资本流动的根本原因是什么?受哪些因素的影响?
4. 国际资本流动产生的正效应包括哪些方面?国际资本流动会产生哪些风险?

【阅读资料】

金融危机下国际资本流动新特点

1. 全球FDI总量显著下滑,前景黯淡

据联合国贸发会预测,2008年全球FDI流量会降至1.6万亿~1.2万亿美元,比2007年下降10%~30%。2007年发达国家FDI流出占全球FDI流出的85%,由于此次金融危机的重灾区是发达国家,发达国家FDI流出的减缓必然导致全球FDI流动的放缓。根据OECD 2008年11月份发布的报告,2008年FDI流入估计下降13%,流出下降6%。与2001年FDI流入和流出分别下降了49%和43%相比,此次下跌虽较为缓和,但预计2009年将延续2008年后半年金融危机深化后FDI急剧下挫的趋势。

2. 全球并购形势发生重大转折

2007年,全球跨国并购达到创纪录的1.64万亿美元,占全球FDI总量的90%。金融危机导致持续近五年的全球并购交易额增长态势宣告结束。金融危机对并购活动的负面影响主要表现在两方面:一是各金融机构收缩信用导致企业资金筹措告急,难以保证并购所需巨额资金;二是由于市场状况恶化,并购双方就并购条件无法达成妥协的情况增多。Dealogic数据显示,2008年共有1 309宗并购交易被取消,价值9 110亿美元,而2007年被取消的交易只有870宗。毕马威会计师事务报告显示,2008年全球企业并购活动下跌30%,

其中,加拿大企业并购交易金额下跌50%。以金融全球化为背景的企业并购浪潮正面临重大转折,提高竞争力所必需的重组或将陷入停滞状态,而且这种形势在2009年中期前难见好转。

3. 金融危机加速改变全球投资格局

作为金融危机中的资本运送渠道,FDI 正从资本充裕的地区流向资本稀缺的地区。在全球 FDI 总流量急剧下降的背景下,经济合作与发展组织(OECD)预测,2008 年非 OECD 国家跨国公司在 OECD 国家的并购将增加 25%,成为金融危机下少有的亮点。从占全球跨国并购总额 50% 的 100 起最大的跨国并购交易趋势看,到 2008 年 10 月 22 日,OECD 国家源自非 OECD 国家的跨国并购已达到 710 亿美元,相当于 OECD 国家 100 起最大跨国并购交易额的 15%,而 2007 年仅为 9%。

4. 商业信心下降使跨国公司放慢海外投资步伐

2008 年上半年,公司利润及吸收银行贷款仅为 2008 年同期的一半,商业周期敏感型企业的财务状况明显恶化。普华永道调查指出,世界范围内公司领导人信心指数下降,跨国公司对经济前景普遍表示悲观,尤其是欧美国家的 CEO 们对海外投资正变得越来越谨慎。联合国贸易发展会议(UNCTAD)2008 年上半年调查显示,拟增加投资额超过 30% 的跨国公司比例从 2007 年的 32% 下降为 21%,拟减少投资的企业比例则由 10% 上升为 16%。即使计划在未来三年增加投资,但规模会低于预期。50% 的公司认为,全球经济下滑对其正在进行的投资计划构成重大威胁。39% 的公司认为,金融危机对其未来三年的投资计划产生严重负面影响。

5. 热钱大量抽离金融市场

根据摩根斯坦利和汇丰银行统计数据,2007 年 8 月全球金融市场热钱达到峰值,总量近 12 万亿美元。2008 年年初热钱总量降为 10 万亿美元,其中美国境内约 6 万亿美元,亚洲境内约 2 万亿美元,欧洲境内约 1 万亿美元,其他新兴和发展中国家约 1 万亿美元。随着金融动荡在全球范围内愈演愈烈,大量热钱抽离金融市场,转而投向政府债券等低风险领域。据韩联社报道,2008 年年初以来,外国投资者在韩国 KOSPI 市场和 KOSDAQ 市场分别净抛售 40.7 万亿韩元和 1.9 万亿韩元市价股票,合计净抛售额约为 42.6 万亿韩元。据美国一家金融研究机构预测,2009 年外国投资者将继续从韩股市撤出约 250 亿美元。

6. 中国依然是最受青睐的投资目的地,但领先优势受到挑战

UNCTAD 调查表明,未来两年,最受跨国公司青睐的前 10 大投资国依次为:中国、印度、美国、俄罗斯、巴西、越南、德国、印尼、澳大利亚和加拿大。金砖四国均进入前五,而欧盟国家仅德国进入前 10 名。市场的规模和增长潜力是最重要的选择标准,其次是包括人力资源、基础设施、供应链、政府效率等在内的资源和商业环境质量。值得注意的是,中国虽依然位居最具投资吸引力国家榜首,但从受访公司引用数量来看,比 2008 年有所下降,而印度、俄罗斯、巴西等国吸引力相对增强。日本国际合作银行调查发现,计划在中国扩大市场的公司数量持续下降,长期来看,印度将取代中国成为日本跨国公司商业运作的首选地。

7. 服务业投资受危机影响程度相对较低

UNCTAD 调查表明,对服务业的投资受金融危机影响较低。该部门 27% 的公司表示在未来两年将努力增加其投资,高于 20% 的平均水平。特别是电信、运输、水电气等基础设施领域,70% 的公司表示将增加其 FDI 支出。与此相反,跨国公司在制造业领域的投资则相对谨慎,仅有 17% 的公司表示将实质性增加其海外投资。特别是对纺织和服装等中低技术领域,投资前景远低于总的平均水平。此外,UNCTAD 认为,生命科学、健康方便食品业、运输设备、商业服务、个人服务、机械设备、信息和通信技术、能源、化学和塑料、环境保护等领域将可能成为未来投资的热点,这些领域的技术创新、市场增长、组织变化或这三种因素的结合可能导

致 FDI 流动的迅速增长。

8. 矿产能源仍是全球资本竞逐的主要领域

受金融动荡和美元升值等因素影响,国际油价和部分矿产品价格一直呈下降趋势。然而从中长期看,矿产能源类产品供求仍整体偏紧。尽管发达经济体经济增长预期看低,但在新兴市场国家拉动下,全球对资源类产品的需求仍然强劲。影响油价的地缘政治风险仍可能增大。因此,资源富集国的矿产能源部门仍将是国际资本十分看重并将长期投资的重点部门。尤其在网络科技泡沫和房地产泡沫相继破裂后,矿产能源部门将成为国际资本的首选。

(资料来源:孙中和. 对外经贸实务[M].)

Chapter 8

第八章

国际货币体系

【学习目的与要求】

本章主要介绍了国际货币体系的构成以及国际货币体系的演变。通过本章的学习,要求学生理解汇率制度、国际收支的调节方式、国际清偿力等相关理论,并对国际货币制度的演变及改革前景、区域性货币体系的发展形成一定的认识。

【案例导入】

人民币日元直接交易开启国际货币体系新格局

自2012年6月1日起,日元将成为除美元外首个与人民币开展直接交易的主要货币。这一措施对中日相关各方来说是共赢之举。人民币与日元直接交易不仅有助于扩大和深化中日间贸易和投资活动,为两国金融界提供新的业务增长点,也是人民币国际化迈出的重要一步,必将同时提高中日两国货币在国际上的地位。

亚行研究院经济学家邢予青博士在接受新华社记者采访时表示,在美元、欧元不稳定性增强的今天,日中加深货币合作,将给世界货币体系格局带来深远影响,有助于提升亚洲经济体在全球经济中的影响力和发言权。事实上,伴随两国经贸飞速发展,中日已经互为对方最大的贸易国之一,两国货币直接兑换的呼声一直不断。在交行首席经济学家连平看来,开展人民币对日元直接交易,有助于降低企业汇兑成本,促进双边贸易和投资便利化。眼下,在美元国际地位难以撼动、日元地位逐步下滑以及人民币渐渐崛起的大背景下,中日两国此时加深货币合作被认为是"双赢"的选择。直接交易,意味着人民币兑日元汇率中间价可以绕过美元这一"中介",根据直接交易做市商报价形成。"众所周知,中国外汇交易中心每日都会公布人民币兑日元的中间价,然而所谓的日元兑人民币中间价是由交叉汇率算出来的,实际操作仍绕不过美元汇率。"兴业银行资深分析师蒋舒向记者介绍,"现在推日元直兑人民币有利于形成人民币对日元直接汇率,降低对美元的依赖程度,将人民币兑日元的报价模式由名做实了。"对外经贸大学金融学院院长丁志杰更指出,人民币兑日元在东京直接交易将提高亚洲货币汇率定价的自主性,有利于形成均衡的国际货币体系。

第一节 国际货币体系概述

国际货币体系在国际金融领域内具有基础性制约作用,它对国际间贸易的支付结算、资本流动、汇率的调整、各国的外汇储备、国际收支等都会产生重大的影响,同时也是各国国内金融稳定与否的重要标志。因此,国际货币体系在目前日益受到各国政府的重视,各国正在积极谋求办法,达成新的协议,以建立一个新型的国际货币体系,来维持各国之间经济往来的稳定性。

一、国际货币体系的内涵

"体系"通常解释为"有组织的、相互作用的有机整体",它与所谓的"制度"有一定的差别。具体到"国际货币体系"和"国际货币制度"这两个看似相近的概念来说,前者只具有制约性,而后者却具有强制性,两者反映了不同质的经济行为和内容。一种货币体系的存在是参与者基于共同利益上的自愿合作,而不是依靠法制,从这个意义来理解,国际货币体系的概念更为合理、全面。

国际货币体系是规范国家间货币行为的准则,是世界各国开展对外金融活动的重要依据。它的形成基本上有两种:一种是通过惯例和习惯演变而成的。这种体系的形成是一个长期、缓慢的过程。当相互联系的习惯或程序形成以后,一定的活动方式就会得到公认,当越来越多的参与者共同遵守某些程序或惯例时,一种体系就发展起来了。国际金本位货币制度就是这样形成的国际货币体系。另一种是通过国际性会议建立的,如布雷顿森林体系。显然,这种体系主要通过有约束力的法律条文和在短期内就能够建立起来的特点,尽管这种体系的建立与运行同样需要一定的时间过程。不过这样的体系也不能完全排斥某些约定俗成的传统做法,是现行的法律与传统的习惯相结合才具有生命力与效力。布雷顿森林体系和现行的牙买加体系就是通过这种途径建立起来的货币体系。无论是通过哪种途径形成的国际货币体系,都是世界经济发展的客观的历史必然产物。

二、国际货币体系的内容

(一) 货币比价确定

根据国际交往而产生的国际支付的需要,货币在执行世界货币职能时,各国之间的货币一定要确定一个比价,即汇率。围绕汇率的确定,各国政府一般还规定货币比价确定的依据,货币比价波动的界限,货币比价的调整,维持货币比价所采取的措施,对同一货币是否采取多元比价,等等。

(二)货币的兑换性

可兑换是指一国在对外支付上是否进行限制与管制。如果没有各种限制或管制,该国货币即为全面可兑换货币或自由兑换货币。有些国家对某些项目的国外支付加以限制,对另外一些项目的支付则不加限制;有些国家则对国外一切项目的支付都加以限制。各国政府一般还颁布金融法令,规定本国货币能否对外兑换和对外支付是否进行限制等。

(三)国际储备资产的确定

为保证国际支付的需要,各国必须保持一定的国际储备。保存一定数量的、为各国普遍接受的国际储备资产,是构成国际货币体系的一项主要内容。第一次世界大战以前,资本主义国家的国际储备资产主要是黄金。第一次世界大战以后,黄金和外汇储备在国际储备资产中起同等重要的作用。第二次世界大战以后,布雷顿森林体系时期,美元和黄金是主要的国际储备资产。当前,一国在国际货币基金组织分得的特别提款权(SDRs)与黄金外汇并列,构成一国的国际储备资产。

(四)黄金外汇的流动与转移是否自由

黄金、外汇的流动与转移或者不能自由流动,或者只能在一定地区范围内自由流动,或者完全自由流动,都须由国家明确规定。各国在不同时期,有不同的规定和限制措施。

(五)确定关键货币作为国际储备货币

关键货币是在国际货币体系中充当基础性价值换算工具的货币,它是国际货币体系的基本要素。因为一国对外收支不能使用本国货币,而必须使用各国普遍接受的货币即关键货币。只有确定了关键货币,才能进而确定各国货币之间的兑换率、汇率的调整以及国际储备构成等。因此,确定关键货币,即确定货币由何种材料担当、货币的质量及单位、该货币在货币体系中的地位,便构成了国际货币体系的一项重要内容。

国际储备货币是指一国政府持有的可直接用于国际支付的国际通用的货币资金,是政府为维持本国货币汇率能随时动用的对外支付或干预外汇市场的一部分国际清偿能力。作为国际储备的货币资金必须具备两个条件:

①属于政府所有并可自由支配使用。

②具有较高的流动性,即这些资产是国际通用的,并且政府随时可以用于国际支付或干预外汇市场。随着对外经济贸易发展和国际货币制度的变化,作为国际储备的货币资金也有所变化。各国实行金本位制时,黄金具有世界货币的职能,因此将黄金作为国际储备货币。金本位制崩溃后,除仍把黄金作为储备货币外,一些发达国家的货币逐渐成为各国储备对象。第二次世界大战以后,建立了以美元为中心的国际货币体系,首先是美元,以后是西方其他可自由兑换的货币相继成为各国储备外汇资产的主要对象。

三、国际货币体系形成的条件

国际货币体系是商品货币经济在世界范围内发展的必然产物。国际贸易和国际金融活动的发展要求建立一个统一的国际货币体系,这是产生国际货币体系的基本条件。然而,要在世界范围内建立起一个统一的、得到大多数国家认同的有效力的货币体系,还需要具备一些特定或具体的条件,主要表现在以下几个方面:

(一)有保证关键货币的信用能力

关键货币的信用能力是国际货币体系能否顺利正常运行的重要因素,关键货币的信用能力要能承受国际贸易和国际金融活动计价结算的变动冲击,必须有强大的经济实力作保证。

(二)关键货币的汇率确定

关键货币在国际贸易和国际金融活动中充当主要的计价支付工具,势必与世界各国的多种货币发生兑换关系,因此,要保证关键货币汇率的基本稳定,不仅要通过关键货币发行国的国际储备加以保证,而且还要依靠各国的国际储备加以保证。这样,一旦关键货币与其他货币的汇率发生波动,各国就有足够的储备力量干预外汇市场,强制改变外汇供求关系,使关键货币与其他货币的汇率自动趋于稳定。并且,维持关键货币汇率的措施应当为各国所接受。

(三)关键货币流通面广

国际货币体系不仅要保证关键货币币值的稳定,使其在国际贸易和国际金融活动中起到主要计价支付作用,而且要使关键货币流通覆盖面广泛,在各国国际储备中占有绝对大的比重。只有这样,才能维持整个货币体系正常、有效地运行,否则,国际货币体系就难以维持。

(四)相关国家经济政治利益的一致性

只有各国政治经济利益基本上达到一致,才会产生共同的要求,达成协议,建立一个统一的国际货币体系;只有相关国家政治经济利益一致,才能保证关键货币的广泛流通使用,并为保证其稳定履行相应的义务。一旦汇率发生大的波动,相关国家会运用自己的经济实力和动用外汇储备主动干预外汇市场,与关键货币发行国及其他国家相互配合,以保证关键货币币值的稳定,否则,各国就会坐视关键货币汇率波动而不顾,任凭其遭受国际金融风潮的冲击。

四、国际货币体系的作用

国际货币体系的存在与发展,对国际贸易和国际金融活动有着深刻而广泛的影响,对各国及世界经济的稳定与发展有着积极重要的促进作用。这种作用是通过国际货币体系的相应组织机构发挥其职能来实现的。主要表现在以下几个方面:

(一)确定了国际收支调节机制

确定国际收支调节机制,保证世界经济稳定健康发展,是建立国际货币体系的基本目的和主要作用之一。确定国际收支调节机制要涉及汇率机制、对逆差国的资金融通机制、对储备货币发行国的国际收支的纪律约束机制三方面内容。通过这三种机制作用的发挥及稳定统一的国际货币体系对各国的贸易活动、货币流通、汇率、国际储备等方面产生的影响,必然对各国的国际收支产生重要的影响与调节作用。

(二)建立了相对稳定的汇率机制

国际货币体系的首要任务之一是促进汇率的稳定。国际货币体系为各国汇率的稳定提供了统一的计价标准,为各国汇率制度安排提供了意见与管理措施,维持了世界汇率的稳定。统一的国际货币体系也为世界各国免受国际金融投机活动的冲击,稳定各国货币的对内价值和国内货币流通,健康地发展了对外经济,提供了良好的外部条件,同时,也为国际间汇率的稳定奠定了坚实的基础。

(三)促进各国经济政策的协调

国际货币体系的建立与运作,需要有相应的有权威的协调或组织管理机构。国际货币体系管理机构的重要职责是协调与监督世界各国有关的国际货币与金融事务,确保稳定汇率和调节国际收支作用的实现。在当代各国之间经济联系日益增强,国际金融市场不断迅猛发展的情况下,如何采取有效的国际合作以保证国际货币体系的有效运作,已成为当代国际货币体系的重要课题。

【资料库】
国际货币体系经历划时代变化——正处在由"春秋"到"战国"的过渡时期

国际外汇市场美元大幅贬值,欧元、日元等货币纷纷升值,国际商品市场上黄金等贵金属以及原油、铜等资源类商品大幅上涨——这是当前金融市场给大多数人的鲜明印象。资源类商品的大幅上涨尽管有供需方面的原因,但是国际金融市场的巨大变动,无疑加强了资源类商品上涨的力度与时间长度,而国际外汇市场上的变化正是国际货币体系发生划时代巨大变化的体现。目前,世界金融体系已经不太稳定,世界货币体系正处在由"春秋"(美元一霸)到"战国"(多种货币共成储备货币)的过渡时期。这是一个漫长的过程,可能要持续10~20年。

20世纪,国际货币体系经历了三大变化,从金本位制,到美元本位(布雷顿森林体系),到"一超多强"的货币体系(牙买加体系),而目前正在向多强并存的货币体系(后牙买加体系)过渡。

第一次世界大战期间,国际金本位制开始瓦解。1933年,超级大国美国最终放弃了金本位制,金本位制彻底解体。二战后建立的布雷顿森林体系实际上是"美元本位"制,其特点是其他国家货币与美元挂钩,美元与黄金挂钩。

1971年出现了"美元危机",美国经济衰退,资本大量流失,美元在全世界泛滥成灾。表面上看美元贬值是其原因,实际上美国经济地位下降才是真正的原因。随着战后欧洲的重建以及日本经济的崛起,美国工业品生产比例下降到35%,经济总量大约占23%;与此同时,美国的黄金储备从1948年的7亿盎司降到1970年的2.5亿盎司,近2/3黄金储备流失了。

1971年8月,面对30亿美元的黄金兑换压力,美国总统尼克松被迫宣布停止美元与黄金的兑换。此举宣告了布雷顿森林体系的解体。20世纪70年代外汇储备开始漫长的多元化过程,也导致商品市场罕见的大牛市。

1. 历史重现

现在的情况与当时很相似,美元再度出现危机。从表面上看仍是美元贬值惹的祸,美国拥有1.15万亿美元的双赤字,美元贬值不可避免。本质上,经济发展不平衡导致世界经济格局正在发生质的变化。

首先,美国尽管是世界上唯一的超级大国,但其相对经济实力在不断下降。1950年,美国国内生产总值约占世界总产值的50%,而50年后的美国国内生产总值只占世界总产值的21%。1950年,美国的制造业占世界制造业的60%,而到1999年只占25%。1960年,美国公司在全球的海外直接投资中占47%,而2001年这一比例下降为21%。

另一方面,美国军费开支激增。美国国防部的开支是仅次于美国的另外12~15个国家军费开支的总和;如果把全球189个国家的军费加到一起再与美国比较,美国的开支也占了40%~50%。

大英帝国由于在第一次与第二次世界大战中军费开支巨大而崩溃,为两次世界大战支付的巨额费用严重超过了其经济承受能力。第二次世界大战结束时,英国的外债已高达400亿美元,这一规模相当于英国1948年全年的经济规模。前苏联也在军备竞赛中被拖垮。同样,美国的军事实力扩张对美国经济的负面影响也许会慢慢显露出来。

其次,以中国为代表的新兴市场国家正在不断崛起。2004年,新兴市场经济体外汇储备已超过2.5万亿美元,占全球储备总量的65%,比1996年提高了13%。1996~2004年间外汇储备增长幅度超过两倍的国家有俄罗斯(6.04倍)、印度(4.44倍)、韩国(3.9倍)、中国(3.19倍)和墨西哥(2.14倍)。随着这些国家经济实力的增强和外汇储备的增加,其货币会变得更加坚挺。人民币就是典型的代表,未来人民币必将在国际货币体系中占据一席之地。

目前,世界上有4万亿美元的外汇储备(美元约占到60%)。现在,美元的贬值过程已经开始,美国长期国债收益率也不断降低。大量持有美国国债的国家或机构不会无动于衷,不少国家的中央银行已经在逐步减少美元在其外汇储备中的比例。这正如博弈中的囚徒,越先转变的损失越少,后边跟风的损失越大。

2. 储备分流

欧元是储备多元化的首选。欧元区在经济实力和国际贸易方面与美国大体相当,欧元债券市场在广度、深度和流动性上也和美元债券市场相抗衡,这些都为欧元在国际交易、结算和储备货币中地位的提高提供了有力支持。

自欧元诞生以来,各国央行(包括新兴市场经济体央行)增加欧元储备,对改变美元单一强势地位、促进国际金融格局平衡也起着极其重要的作用。欧元在全球外汇储备中的比重逐年上升,目前所占比例向20%靠近。

> 现在,国际货币体系正处在"春秋"到"战国"的过渡时期。与上次不同的是,当时美元仅仅是与黄金脱钩,但还是保留着霸主地位,而这次美元的霸主地位很可能要被极大削弱。过渡时间将是漫长的,黄金等资产的升值也将是长期反复的复杂过程。中国 8 700 多亿美元的外汇储备、中国 GDP 在世界份额中的上升以及经济的长期高速增长,将导致人民币长期缓慢地升值,最终成为国际储备货币中的一员。
>
> (资料来源:人民日报,2006-4-25.)

第二节 国际货币体系演变

国际货币体系是随着历史的发展不断演变的。不同的国际货币体系,意味着各国在实现内外平衡时,对第一节所述的基本问题要遵循不同的准则。国际货币体系的发展,体现了为适应不同的历史条件而对这些准则所进行的变革。从时间先后看,国际货币体系大体可分为三个阶段,即国际金本位制阶段、布雷顿森林体系阶段及现行的牙买加体系阶段。这一节我们分别进行介绍。

一、国际金本位制

世界上首次出现的国际货币体系是国际金本位制,它大约形成于 1880 年末,到 1914 年第一次世界大战爆发时结束。金本位制是以黄金为本位货币的一种制度。在金本位制下,流通中的货币除金币外,还存在着可兑换为黄金的银行券及少量其他金属辅币,但只有金币才能完全执行货币的全部职能,即价值尺度、流通手段、贮藏手段、支付手段和世界货币。国际金本位制以各国普遍采用金本位制为基础。

(一)金本位制

金本位制是以一定成色及质量的黄金为本位货币的一种货币制度,黄金是货币体系的基础。在国际金本位制下,黄金充分发挥世界货币的职能,充当国际支付手段、国际购买手段和作为社会财富的代表,由一国转移到另一国。传统的金本位制是金币本位制。

1. 金本位制的主要内容

①用黄金规定货币所代表的价值,每个货币单位都有法定的含金量,各国货币的比价由其含金量决定;

②金币可以自由铸造,任何人可自由地将黄金交给国家铸币局铸造成金币;

③金币是无限法偿的货币,具有无限制的支付手段的权利;

④各国的货币储备是黄金,国际间的结算也使用黄金,黄金可以自由输出入。由此可见,金本位制具有三个特点:自由铸造、自由兑换和自由输出入。由于金币可以自由铸造,金币的面值与其所含黄金的价值就可保持一致,金币数量就能自发地满足流通中的需要;由于金币可

以自由兑换,各种价值符号(金属辅币和银行券)就能稳定地代表一定数量的黄金进行流通,从而保持币值的稳定,不至于发生通货膨胀现象;由于黄金可以在各国间自由移动,这就保证了外汇市场的相对稳定与国际金融市场的统一。所以金本位制是一种比较稳定的、比较健全的货币制度。

2. 金本位制对世界经济发展的作用

(1)促进生产发展

在金本位制下,币值比较稳定,生产成本易于计算,促进了商品的流通和信用的扩大,生产规模和固定投资的规模不会因币值变动而波动,从而促进了商品经济的发展。

(2)保持汇率稳定

在金本位制下,各国货币都规定有含金量,各国本位货币所含纯金之比称为铸币平价,铸币平价是各国货币汇率的物质基础。由于外汇供求关系,外汇市场的实际汇率围绕铸币平价上下波动,但汇率的波动有一个限度,这个限度就是黄金输送点。铸币平价加黄金运送费是黄金输出点,这是汇价上涨的最高限度;铸币平价减运送费是黄金输入点,这是汇价下跌的最低限度。由于黄金输送点限制了汇价的变动幅度,所以汇率波动的幅度较小,基本上是稳定的。

(3)自动调节国际收支

在国际金本位制下,资本主义各国的国际收支是自发进行调节的,因为国际收支的不平衡,会引起黄金的流动,黄金的流动使黄金输入国的银行准备金增加,并减少黄金输出国的银行准备金,而银行准备金的变动将会引起货币数量的变化,从而造成贸易国双方国内物价和收入的变动,最后纠正国际收支的不平衡,制止黄金的流动。任何国家都不会发生因黄金储备枯竭而出现不能维持金本位制的情况。

(4)促进国际资本流动

当一国发生国际收支逆差时,外汇的供给小于需求,外汇汇率上升,当汇率上升超过黄金输送点时,就会引起黄金外流,减少作为发行准备的黄金数量,从而减少货币发行量。于是金融市场银根吃紧,短期资金利率上升,当国内利率高于国外利率时,就将产生套利活动,促使短期资金内流,短期资金的利率上升,也会促使长期资金的利率上升,引起长期资金的内流。如一国发生国际收支顺差,则将发生相反的情形。这种资金流动,可以在短期改善国际收支,稳定国际金融。

(5)协调各国经济政策

实行金本位制的国家,把对外平衡(即国际收支平衡和汇率稳定)作为经济政策的首要目标,而把国内平衡(物价、就业和国民收入的稳定增长)放在次要地位,服从对外平衡的需要,因而国际金本位制也使一些主要的资本主义国家有可能协调其经济政策。

(二)国际金本位制的内容

国际金本位制是以黄金作为国际本位货币的制度,其特点是各国货币之间的汇率由各自的含金量比例决定,黄金可以在各国间自由输出、输入,国际收支具有自动调节机制。英国于

1816年率先实行金本位制,19世纪70年代以后欧美各国和日本等国相继仿效,因此许多国家的货币制度逐渐统一,金本位制由国内制度演变为国际制度。国际金本位制按其货币与黄金的联系程度,可以分为金币本位制、金块本位制和金汇兑本位制。

国际金本位制的形成,可以追溯到西方国家普遍采用金本制的时期。在19世纪之前,许多西方国家实行金银复本位制度,以金币和银币同时作为本位货币,其后,由于白银产量大幅增加,金银相对价值不稳定,使得货币制度陷入混乱,许多国家改以金币作为本位货币。例如,英国于1816年颁布铸币条例,规定以金币为本位币,1盎司黄金为3镑17先令,10.5便士,拉丁货币联盟国(如法国、比利时、瑞士、意大利等)于1878年禁止银币铸造,采用所谓"跛行金本位制"。德国于1871年获得战争赔款后,发行金马克作为本位货币,实行金本位制。美国于1873年也以法令禁止银币的自由铸造,实际上开始采用金本位制,只是由于国内对此长期争论,直到1900年才正式通过金本位法案。俄国和日本也于1897年相继改为金本位制。至19世纪后期,金本位制已在西方各国普遍实行。从历史上看,金本位制的国际化并非国际协议的结果,而是由交易制度、交易习惯和国内法规缓慢发展而形成的结果。由于当时英国是世界上最大的经济强国,在国际贸易中居于支配地位,加之英国率先于1819年和1844年通过一系列法规规范黄金的进出口和中央银行的业务,较早地实现了黄金的国际流通、英镑的国际化和英国金融市场的国际化,由此形成了以英镑为中心、以黄金为基础的国际金本位制度。

在国际金本位制下,各国货币均应以黄金作为基础,具有法定的含金量(如金币或受黄金准备数量限制的纸币等),不同国家的货币依其含金量而形成一定的比价;在国际金本位制下,一定的货币符号(如金属辅币和银行券等)可以自由地以法定价格兑换为黄金,因而黄金和代表一定黄金的货币符号可以混合流通,并起到国际支付手段的作用;在国际金本位制下,黄金可以在各国间自由地转移,由此发挥黄金国际储备和保障外汇行市稳定的职能。由此可见,若想国际金本位制发挥作用,不仅要有主要贸易国家的通货均以黄金为基础的条件,而且要有主要贸易国家实行黄金自由铸币、自由兑换和自由输出输入的条件。这正是国际金本位制发挥自动调节作用所要求各国必须遵守的基本规则。

(三)国际金本位制的评价

国际金本位制盛行时,正值资本主义自由竞争的全盛时期,国内和国际政治都比较稳定,经济发展迅速。当时世界的工业制成品来自英国,其他国家的贸易赤字可以得到英国贷款资金的弥补,国际收支可以大体上保持平衡。在这样有利的条件下实行国际金本位制,它所带来的固定汇率对发展中国家间的贸易和投资非常有利。可以说,国际金本位制对这一时期的资本主义世界经济高度繁荣和发展起了积极有力的推动作用。但把当时的世界经济高速发展完全归功于国际金本位制,也是不恰当的。实际上,国际金本位制本身也还存在一些缺陷,国际金本位制的自动调节机制并不像理论上所说的那么完善,其作用的发挥要受到许多因素的限制。这些缺陷表现在:

①在实行国际金本位制的30多年时间里,黄金在各国之间的流动并不频繁。一国发生贸

易赤字,不一定总要输出黄金,它可以利用国外的贷款(主要是英镑贷款)来弥补赤字。同样,发生盈余的国家也可以利用资本输出来减少盈余,也不一定要输出黄金。这样,贸易的不平衡就难以通过由于双方货币供应量和价格的相反变动来得到纠正。

②金本位制的自动调节机制作用必须通过国家之间物价水平的变动,才能使进出口贸易发生变化,进而引起黄金在两国间的流动,使国际收支平衡,使汇率稳定。然而事实上,在金本位制时期,主要资本主义国家的物价变动趋势相当一致,并没有发生物价变动引起黄金流动的现象。

③国际金本位的正常运行是建立在各国政府都遵守金本位制的基本要求,对经济不加干预的基础之上。然而在金本位制的末期,各国的中央银行或货币管理当局已经不是听凭金本位制发挥自动调节作用,而是经常设法抵消黄金流动对国内货币供应量的影响。当黄金流入国内时,货币管理当局会采取措施抑制货币供应量的增加,以稳定物价;反之亦然。于是,金本位制的自动调节机制难以实现。事实上,在资本主义制度下,各国之间的矛盾使国际金本位制不可能自动调节达到国际收支平衡。

(四)国际金本位制的演变和崩溃

1. 金块本位制和金汇兑本位制

随着资本主义矛盾的发展,破坏国际货币体系稳定性的因素也日益增多。到1913年末,英、美、法、德、俄五国拥有世界黄金存量的2/3,绝大部分黄金被少数国家占有,这就削弱了其他国家货币制度的基础。一些国家为了准备战争,政府支出急剧增长,大量发行银行券,于是银行券兑换黄金越来越困难,这就破坏了自由兑换的原则,在经济危机时期,商品输出减少,资金外逃严重,引起黄金大量外流,各国纷纷限制黄金流动,黄金不能在国家间自由转移。由于维持金本位制的一些必要条件逐渐遭到破坏,国际货币体系的稳定性也就失去了保证。

第一次世界大战爆发后,各国停止银行券兑现并禁止黄金输出,金本位制陷于崩溃。战争期间,各国实行自由浮动的汇率制度,汇价波动剧烈,国际货币体系的稳定性已不复存在。

第一次世界大战结束后,资本主义国家已无力恢复金本位制。1925年,英国首先实行金块本位制。不久,法国、意大利等国也相继推行金块本位制。金块本位制是以黄金为准备金,以有法定含金量的价值符号作为流通手段的一种货币制度。在金块本位制度下,货币仍然规定含金量,但黄金只作为货币发行的准备金集中于中央银行,而不再铸造金币和实行金币流通,流通中的货币黄金由银行券等价值符号所代替。银行券在一定数量以上可按含金量兑换黄金。黄金输出入由中央银行负责,禁止私人输出、输入黄金。

金块本位制虽然仍对货币规定含金量,并以黄金作为准备金,但金币的自由铸造和流通以及黄金的自由输出入已被禁止,价值符号与黄金的兑换也受到限制,此时,黄金已难以发挥自动调节货币供求和稳定汇率的作用。因此,金块本位制实际上是一种残缺不全的金本位制度。

金汇兑本位制又称虚金本位制,是以存放在金块本位制或金币本位制国家的外汇资产为准备金,以有法定含金量的纸币作为流通手段的一种货币制度。第一次世界大战以前,许多殖民地国家曾经实行过这种货币制度。第一次世界大战后,一些无力恢复金币本位制但又未采用金块本位制的资本主义国家,也推行了金汇兑本位制。

在金汇兑本位制下,国家禁止金币的铸造和流通,对纸币规定法定含金量,但不能兑换黄金,而只能兑换外汇,外汇在国外可兑换黄金。本国货币与某一实行金块本位制或金币本位制国家的货币保持固定比价,并在该国存放外汇和黄金作为准备金。国家禁止黄金输往国外,黄金的输出入由中央银行负责办理。虽然金汇兑本位制规定了货币的含金量,但由于纸币已不能兑换黄金,黄金就不能发挥自动调节货币流通的作用。此时,如果纸币的流通量超过了流通中对货币的需要量,就会发生货币贬值。而且由于实行金汇兑本位制的国家的货币与某一国保持着固定比价,金汇兑本位制国家的对外贸易和金融政策必然受该国家的影响和控制。因此,金汇兑本位制是一种削弱了的极不稳定的金本位制度。

2. 国际金本位制的崩溃

第一次世界大战后,各国勉强恢复的国际金汇兑本位制,终于在1929年爆发的世界性经济危机和1931年的国际金融危机中全部瓦解。由于经济危机的影响,英国的国际收支已陷于困境。在1931年的金融危机中,各国纷纷向英国兑换黄金,使英国难以应付,终于被迫在同年9月终止实行金本位制。同英镑有联系的一些国家,也相继放弃了金汇兑本位制。接着美国在1933年3月,在大量银行倒闭和黄金外流的情况下,也不得不停止兑换黄金,禁止黄金输出,从而放弃了金本位制。20世纪30年代国际金汇兑本位制的崩溃,是资本主义世界货币制度的第一次危机。国际金本位制彻底崩溃后,国际货币制度一片混乱,正常的国际货币秩序遭到破坏。其主要的三种国际货币,即英镑、美元和法郎,各自组成相互对立的货币集团——英镑集团、美元集团和法郎集团。各国货币之间的汇率再次变为浮动的,各个货币集团之间普遍存在严格的外汇管制,货币不能自由兑换。在国际收支调节方面,各国也采取了各种各样的手段,为了解决国内严重的失业,各国大打汇率战,竞相实行货币贬值以达到扩大出口、抑制进口的目的,而且各种贸易保护主义措施和外汇管制手段也非常盛行。结果是国际贸易严重受阻,国际资本流动几乎陷于停顿。

1936年9月,英、美、法三国为恢复和稳定国际货币秩序,达成了所谓的"三国货币协定"。该协定保证尽力维持协定成立时的汇价,减少汇率的波动,共同合作以保持货币关系的稳定。1936年10月又签订了三国相互间自由兑换黄金的"三国黄金协定"。然而,由于不同货币集团的对立,国际货币体系关系仍然充满着矛盾和冲突。后来,由于帝国主义国家忙于准备战争,购置军火,导致黄金外流,"三国货币协定"遂被冲垮。不过该协定在制止外汇倾销方面有一些成效,并为以后的国际货币体系的建立创造了一定条件。

二、布雷顿森林体系

(一)布雷顿森林体系的建立

经过第一次世界大战和1929~1933年的世界经济大衰退之后,国际金本位制已经退出历史舞台。各个货币集团的建立和各国外汇管理的加强,使国际金融关系更加不稳定,成为世界经济发展的障碍。因此,建立一个统一的国际货币制度,改变国际金融领域的动荡局面,已成为国际社会的迫切任务。在第二次世界大战后期,美、英两国政府出于本国利益的考虑,构思和设计战后国际货币体系,分别提出了"怀特计划"和"凯恩斯计划"。以美国财政部官员名字命名的"怀特计划"是在1943年4月提出的,全称为"联合国外汇稳定方案"。该方案的主要内容是:建立一个国际货币稳定基金机构,各国必须缴纳基金来建立外汇稳定基金;各国的发言权和投票权取决于其向基金组织交纳份额的多少;基金组织拟订一种国际货币单位"尤尼他",其含金量相当于10美元;采用固定汇率,各国货币汇率非经基金组织机构同意,不能任意变动;基金的主要任务是稳定汇率,提供短期信贷,平衡国际收支;基金办事处设在拥有份额最多的国家。

"怀特计划"反映了美国的经济力量日益强盛,从而试图操纵和控制基金,获得国际金融领域的统治地位。对此,尚有相当经济实力的英国当然不甘示弱。为了分享国际金融的领导权,英国于"怀特计划"发表的同一天抛出了"凯恩斯计划"。"凯恩斯计划"实际上是一个"国际清算联盟"方案,它是由英国经济学家凯恩斯提出的。这一计划的内容明显对英国有利。经过长达三个月的讨价还价,英、美两国终于达成协议。在此基础上,1944年7月,在美国的新罕布什尔州布雷顿森林召开了有44国参加的联合国国际货币金融会议。会议通过了以"怀特计划"为基础制订的《国际货币基金协定》和《国际复兴开发银行协定》,宣布了战后国际货币体系即布雷顿森林体系的建立。

布雷顿森林体系的中心内容是双挂钩,即美元与黄金直接挂钩,而其他国家的货币与美元挂钩,与此同时,确立了固定汇率制。按照"布雷顿森林协定",国际货币基金组织的会员国必须确认美国政府在1934年规定的35美元折合1盎司黄金的官价。美国政府承担各国按此价格用美元向美国兑换黄金的义务。当黄金官价受到国际金融市场上的炒家冲击时,各国政府要协同美国政府进行干预。在布雷顿森林体系下,基金组织各会员国的货币必须与美元保持固定比价。美国政府根据上述黄金官价,规定美元的含金量为0.888 671克纯金,各会员国货币对美元的汇率按各国货币的含金量与美元确定固定比价,或直接规定与美元的固定比价,但不得轻易改变。汇率波动幅度应维持在固定比价的上下1%以内。如果货币含金量的变动超过1%,必须得到国际货币基金组织的批准。布雷顿森林体系的双挂钩,使美元等同于黄金,各国货币只有通过美元才能与黄金发生联系,从而确立了美元在国际货币制度中的中心地位。在这一货币制度下,资本主义世界各国都用美元作为主要的国际支付手段,许多国家还以美元作为主要的外汇储备,有的甚至还用美元作为发行货币的准备金。因此,战后的国际货币制度实际上是一种美元本位制。

(二)布雷顿森林体系的特点

布雷顿森林体系实际上是一种国际金汇兑本位制,但与战前不同,主要区别是:①国际储备中黄金和美元并重。②战前时期处于统治地位的储备货币有英镑、美元和法郎,依附于这些通货的货币,主要是英、美、法三国各自势力范围内的货币,而战后以美元为中心的国际货币体系几乎包括资本主义世界所有国家的货币,而美元却是唯一的主要储备资产。③战前,英、美、法三国都允许居民兑换黄金,而实行金汇兑本位制的国家也允许居民用外汇(英镑、法郎或美元)向英、法、美三国兑换黄金,战后,美国只同意外国政府在一定条件下用美元向美国兑换黄金,而不允许外国居民用美元向美国兑换黄金,所以这大大削弱了的金汇兑本位制。④虽然英国在战前国际货币关系中占有统治地位,但没有一个国际机构维持着国际货币秩序,而战后却有国际货币基金组织成为国际货币体系正常运转的中心机构。

(三)布雷顿森林体系的作用

布雷顿森林体系的建立和运转对战后国际贸易和世界经济的发展起了一定的积极作用。第一,布雷顿森林体系确立了美元与黄金、各国货币与美元的双挂钩原则,结束了战前国际货币金融领域的动荡混乱状态,使得国际金融关系进入了相对稳定时期。这为20世纪五六十年代世界经济的稳定发展创造了良好的条件。第二,美元成为最主要的国际储备货币,弥补了国际清算能力的不足,这在一定程度上解决了由于黄金供应不足所带来的国际储备短缺的问题。第三,布雷顿森林体系实行了可调整的盯住汇率制,汇率的波动受到严格的约束,货币汇率保持相对的稳定,这对于国际商品流通和国际资本流动非常有利。第四,国际货币基金组织对一些工业国家,尤其是一些发展中国家的国际收支不平衡,提供各种类型的短期贷款和中长期贷款,在一定程度上缓和了会员国的国际收支困难,使它们的对外贸易和经济发展得以正常进行,从而有利于世界经济的稳定增长。总之,布雷顿森林体系是战后国际货币合作的一个比较成功的事例,它为稳定国际金融和扩大国际贸易提供了有利条件。

(四)布雷顿森林体系的崩溃

虽然布雷顿森林体系对战后世界经济的发展产生了重要的积极影响,但事实上,该体系存在着不可调和的矛盾。

1. 美元享有特殊地位,导致美国货币政策对各国经济产生重要影响

由于美元是主要的储备资产,享有"纸黄金"之称,美国就可以利用美元直接对外投资,购买外国企业,或利用美元弥补国际收支逆差,美国货币金融当局的一举一动都将波及整个世界金融领域,从而导致世界金融体系的不稳定。

2. 以一国货币作为主要的储备资产,必然给国际储备带来难以克服的矛盾

二战后,由于黄金生产的停滞,美元在国际储备总额中的比重显著增加。而国际贸易和国际金融的发展要求国际储备相应扩大,在这种情况下,世界各国储备的增长需要仰仗美国国际收支持续出现逆差,但这必然影响美元信用,引起美元危机。如果美国保持国际收支平衡,稳定美元,则又会断绝国际储备的来源,导致国际清偿能力的不足,这是一个不可克服的矛盾。这一现象是由美国耶鲁大学教授特里芬指出的,故称为"特里芬难题"。

3. 汇率机制缺乏弹性,导致国际收支调节机制失灵

布雷顿森林体系过分强调汇率的稳定,各国不能利用汇率的变动来达到调节国际收支平衡的目的,而只能消极地实行外汇管制,或放弃稳定国内经济的政策目标。前者必然阻碍贸易的发展,后者则违反了稳定和发展本国经济的原则,这两者都是不可取的。可见,缺乏弹性的汇率机制不利于各国经济的稳定发展。美元与黄金挂钩、各国货币与美元挂钩是布雷顿森林体系赖以生存的两大支柱。自20世纪50年代开始,上述种种缺陷不断地动摇了布雷顿森林体系的基础,从而终于在20世纪70年代,布雷顿森林体系陷入崩溃的境地。

二战后,美国的经济实力空前增强,1949年,美国拥有当时世界黄金储备的71.2%,达245.6亿美元。当时饱受战争创伤的西欧、日本为发展经济需要大量美元,但由于无法通过商品和劳务输出来满足,从而形成了普遍的美元荒。20世纪50年代初,美国发动侵朝战争,国际收支由顺差转为逆差,黄金储备开始流失,1960年,美国的黄金储备下降到178亿美元。与此同时,西欧和日本的经济已经恢复,进入迅速发展时期,出口大幅度增长,国际收支由逆差转为顺差,从而爆发了第一次美元危机。1960年10月,国际金融市场上掀起了抛售美元抢购黄金的风潮,伦敦金融市场的金价爆涨到41.5美元1盎司,高出黄金官价的18.5%。美元危机的爆发严重动摇了美元的国际信誉,为了挽救美元的颓势,美国与有关国家采取了一系列维持黄金官价和美元汇率的措施,包括"君子协定"、"巴塞尔协定"、"黄金总库"以及组成"十国集团"签订"借款总安排"等,目的在于当汇率波动时,运用各国力量共同干预外汇市场。尽管如此,也未能阻止美元危机的再度发生。

20世纪60年代中期以后,美国扩大了侵越战争,国际收支更加恶化,黄金储备不断减少,对外债务急剧增加。1968年3月,第二次美元危机爆发,巴黎市场的金价涨至44美元1盎司,美国的黄金储备半个月之内流失了14亿美元。"黄金总库"被迫解散,美国与有关国家达成了"黄金双价制"的协议,即黄金市场的金价由供求关系自行决定,35美元1盎司的黄金官价仅限于各国政府或中央银行向美国兑换。20世纪70年代以后,美国经济状况继续恶化,1971年爆发了新的美元危机,美国的黄金储备降至102亿美元,不及其短期债务的1/5。1971年8月15日,美国政府宣布实行"新经济政策",内容之一就是对外停止履行美元兑换黄金的义务,切断了美元与黄金的直接联系,从根本上动摇了布雷顿森林体系。美元停兑黄金以后,引起了国际金融市场的极度混乱,西方各国对美国的做法表示强烈的不满,经过长期的磋商,"十国集团"于1971年2月通过了"史密森协议"。其主要内容是,美元贬值7.89%,黄金官价升至每盎司38美元,西方主要通货的汇率也作了相应的调整,并规定汇率的波动幅度为不超过货币平价的上下各2.25%。此后,美国的国际收支状况并未好转,1973年1月下旬,国际金融市场又爆发了新的美元危机。美元被迫再次贬值,幅度为10%,黄金官价升至42.22美元。美元第二次贬值后,外汇市场重新开放。抛售美元的风潮再度发生。为维持本国的经济利益,西方各国纷纷放弃固定汇率,实行浮动汇率。欧共体作出决定,不再与美元保持固定比价,实行联合浮动。各国货币的全面浮动,使美元完全丧失了中心货币的地位,这标志着以美元为中心的国际货币体系的彻底瓦解。

三、牙买加货币体系

(一)牙买加体系的形成

布雷顿森林体系崩溃后,国际金融形势更加动荡不安,各国都在探寻货币制度改革的新方案。1976年,国际货币基金组织国际货币制度临时委员会在牙买加首都金斯敦召开会议,并达成"牙买加协议"。1976年4月,国际货币基金组织理事会通过国际货币基金组织协定的第二次修正案(第一次修正案是在1968年,授权国际货币基金组织发行特别提款权),从而形成了国际货币关系的新格局。

(二)牙买加体系的主要内容

1. 增加会员国的基金份额

根据该协定,会员国的基金份额从原来的292亿特别提款权增至390亿特别提款权,即增长33.6%,各会员国的基金份额也有所调整。

2. 汇率浮动合法化

1973年后,浮动汇率逐渐成为事实。修改后的基金协定规定,会员国可以自行选择汇率制度,事实上承认固定汇率制与浮动汇率制并存。但会员国的汇率政策应同基金组织协商,并接受监督。浮动汇率制应逐步恢复固定汇率制。在条件具备时,国际货币基金组织可以实行稳定但可调整的固定汇率制度。

3. 降低了黄金在国际货币体系中的作用

新的条款废除了原协定中所有的黄金条款,并规定黄金不再作为各国货币定值的标准;废除黄金官价,会员国之间可以在市场上买卖黄金;会员国间及其与基金组织间,取消以黄金清算债权债务的义务;基金组织持有的黄金部分出售,部分按官价退还给原缴纳的会员国,剩下的酌情处理。

4. 规定特别提款权作为主要的国际储备资产

新协定规定,特别提款权可以作为各国货币定值的标准,也可以供有关国家来清偿对基金组织的债务,还可以用做借贷。

5. 扩大对发展中国家的资金融通

用按市价出售的黄金超过官价的收益部分,设立一笔信托基金,向最不发达的发展中国家以优惠的条件提供援助,帮助解决国际收支问题;扩大基金组织信用贷款的额度;增加基金组织"出口补偿贷款"的数量。

(三)牙买加体系的运行特征

牙买加协议后的国际货币制度实际上是以美元为中心的多元化国际储备和浮动汇率的货币体系。在这个体系中,黄金的国际货币地位趋于消失,美元在诸多储备货币中仍居主导地位,但它的地位在不断削弱,而欧元、日元、特别提款权的地位则不断提高,在这个体系中,各国所采取的汇率制度可以自由安排。主要发达国家货币的汇率实行单独或联合浮动。多数发展中国家采取盯住汇率制,把本国货币盯住美元、特别提款权和欧元等一篮子货币,还有的国家采取其他多种形式的管理浮动汇率制度。另外,在这个体系中,国际收支的不平衡可通过多种渠道进行调节。除了汇率机制以外,国际金融市场和国际金融机构也发挥着重大作用。

（四）对牙买加体系的评价

1. 积极作用

牙买加货币体系形成之后,对维持国际经济运转和推动世界经济发展具有积极的作用:

（1）打破了布雷顿森林体系的僵化局面

实行浮动汇率制,可以使一国的宏观经济政策更具有独立性和有效性。当一国国际收支出现问题时,可以由汇率变动来自动调节,不必实行紧缩或扩张的宏观经济政策来维持汇率,从而能够保持国内经济政策的连续性,使宏观经济政策的力度和范围得到保障,市场效率更高。

（2）实行了国际储备多元化

美元已经不是唯一的国际储备货币和作为国际清算及支付手段的货币。即使美元贬值,也不会从根本上影响到其他国家货币的稳定。由于美元早已与黄金脱钩,即使发生美元可能贬值的征兆,各国也不可能用自己的美元储备向美国挤兑黄金,基本上摆脱了基准通货国家与依附国家相互牵连的弊端。

（3）用综合机制共同调节国际收支

牙买加货币体系对国际收支的调节,采取多种调节机制相互补充的办法,除了依靠国际货币基金组织和汇率变动外,还通过利率机制及国际金融市场的媒介作用、国际商业银行的活动、有关国家外汇储备的变动以及债权债务、投资等因素来调节国际收支,在一定程度上缓解了布雷顿森林体系调节机制失灵的困难,从而对世界经济的运转和发展起到了一定的积极作用。

2. 主要弊端

随着复杂多变的国际经济关系的发展,牙买加体系被人们称做"无体制的体系"的弊端日益明显地暴露出来了,其主要弊端是:

（1）汇率体系极不稳定

在牙买加体系中,全球多数国家实行独立浮动和管理浮动,其余国家实行盯住汇率制,在这种情况下,汇率波动频繁剧烈。许多弊端显现出来。

①影响国际贸易和世界生产的发展。汇率的变动不定,在国际借贷关系上不是债权方蒙受损失,就是债务方负担加重,甚至引发债务危机。汇率频繁剧烈波动,也使进出口商难于核算成本和利润,难免蒙受外汇风险损失,因而往往影响世界贸易的进展;

②汇率可以自由地向下浮动,因而比较容易导致通货膨胀;

③这一汇率体制助长了外汇投机活动。在汇率频繁剧烈波动下,外汇投机商乘机倒卖外

汇牟取暴利,加剧了国际金融市场的动荡和混乱。

(2) 国际货币缺乏统一的货币标准

随着国际货币多元化趋势的日益增强,美元国际货币地位的不断下降,牙买加货币体系日益复杂混乱和不稳定。多元化国际货币缺乏统一、稳定的货币标准,国际货币格局错综复杂,因此带来了许多不利影响。

(3) 国际收支调节机制不健全

牙买加体系对国际收支的调节性也并不十分完善。由于汇率机制运转失灵,利率机制有副作用,国际货币基金组织又无力指导和监督顺差国与逆差国双方对称地调节国际收支等,导致逆差国储备锐减、债台高筑,顺差国则储备猛增,有的成为重要资本输出国,甚至成为最大债权国,全球性国际收支失衡现象日趋严重。近年来,牙买加货币体系暴露出来的弊端,已引起世界各国的重视。在西方七国首脑会议上,在国际货币基金组织历届年会及其他会议上,都曾讨论过国际货币制度改革问题。建立合理、稳定的国际货币新秩序,已被提到议事日程上来。

【资料库】

长期通胀——国际货币体系崩溃后的必然

当面对全球以及中国媒体连篇累牍的对原油、粮食、铁矿石涨价等通货膨胀新闻的报道,我们开始愁上眉头,看不清世界经济演变的大格局,未来几年,我们如何能有效配置资产?原油价格怎么涨得如此厉害,轻松越过此前不曾想到的130美元防线?粮食价格又怎么啦?更根本的问题是,这一轮几乎全球性的通货膨胀到底怎么来的?它还会继续加强么?

要回答上述问题,我们仔细梳理了近几十年全球的经济教训,不禁有"昔日重来"的感叹。

回顾世界经济史,有一个过程值得我们深深思考,那就是20世纪的70年代全球暴发的恶性通货膨胀。1973~1981年的9年间,美国平均年度CPI在9.2%以上;日本的年度CPI一度冲到23%,并持续五年在8%以上;英国和德国也分别冲破了9%和7%,可谓环球同此凉热。

尽管有观点认为,两次世界石油危机是20世纪70年代全球恶性通货膨胀的原因,但是货币学派的经济学家从未信服。他们一方面提出了石油危机观点难以回答的质疑,另一方面从货币的角度出发,观察到从20世纪70年代初开始,全球出现了货币供应超常增长的现象。

日本和西欧于20世纪70年代经济崛起,美国经济在这个过程冲受到严重冲击,弱经济意味着弱货币,美元因此进入了持续数年的贬值,以美元为中心的固定汇率国际货币体系(Bretton Woods System)也因此崩溃。而此时,日本和西欧各国的央行为了保持本国产品在出口市场上的竞争力,均抑制本国货币升值幅度,纷纷在外汇市场买入巨额美元,抛出本国货币,最终催生了全球性的超常货币供应。

回顾了20世纪70年代的世界经济和国际货币体系的变化,我们发现,无论是从外部的表象,还是到内部的逻辑,种种状况与几十年前如此相似。

在新的国际货币体系下,逻辑链条是这样的:一方面,新兴市场大国学习日本和西欧二战后的发展经验,采取了盯住美元的策略;另一方面,进入20世纪后,国际主要货币对美元的汇率变化明显趋向稳定,因此,新的以美元为中心的国际货币体系建立→经过多年的建设,新兴市场大国经济崛起,美国经济受到挑战和冲击,美元衰弱,中心地位不保→以美元为中心的新的国际货币体系走向崩溃→新兴市场国家的中央银行、甚至欧洲央行为了保持本国产品在出口市场的竞争力,均努力克制本国货币升值幅度,

> 纷纷在外汇市场买入巨额美元,大量抛出本国货币→全世界流动性泛滥,货币供应超常增长→新一轮全球性通货膨胀。
>
> 　　历史当然不能被简单地套用。但是,当我们分析了20世纪70年代全球性恶性通货膨胀的起因和逻辑过程后,我们不得不认为,20世纪70年代的历史与今天基本相似。以前的主角是日本、西欧和美国,今天的主角是新兴市场大国(以中国、印度、巴西和俄罗斯为代表)和美国。
>
> 　　因此,我们认为,如果没有严厉的紧缩货币供应的措施,任何对未来1~2年全球及中国的通货膨胀抱有乐观态度的看法都将是有很大风险的。
>
> (资料来源:中国国债协会网站.)

第三节　区域性货币体系

　　20世纪60年代以来,在区域经济一体化迅速发展的大背景下,货币一体化的研究和实践成为国际金融界的一个热点。从实施的角度看,欧洲货币一体化是最成功的典范,在世界范围内产生了深远的影响,也为未来国际货币体系改革蓝图的描绘提供了有益的借鉴。本节将介绍已经成功运行的区域性货币体系和正在酝酿的潜在的区域性货币,以及区域性货币方兴未艾的原因。

一、欧洲货币体系的建立

　　为促进政治和经济联合,反对美元霸权,在20世纪60年代建立的西欧共同市场就提出过创建货币同盟的目标。1972年2月,西欧共同市场的原六个国家决定建立了经济货币同盟,计划要逐步发展成具有共同储备基金、发行统一货币、制定共同财政政策的经济和货币同盟;1973年3月实行了联合浮动;1973年4月,建立了货币合作基金,在国际收支、维持汇率方面互相支持,加强合作;1975年3月创立了新的"欧洲记账单位"(European Unit of Account)。新记账单位排除了美元,完全用共同市场国家货币定值,从而减少了美元波动对新记账单位的影响。为加速实现共同市场国家的货币经济同盟目标,摆脱了对美元的依赖与美元危机的影响,原联邦德国、法国、意大利、荷兰、比利时、卢森堡、爱尔兰、丹麦等欧洲共同市场国家经过多年的酝酿协商,决定建立欧洲货币体系,并于1979年3月13日生效。

二、欧洲货币体系的主要内容

(一)创建欧洲货币单位

　　欧洲货币单位(European Currency Unit,ECU)是欧洲货币体系的核心,是按"一篮子"原则由共同市场国家货币混合构成的货币单位。其定值办法是根据成员国的国民生产总值和在共同市场内部贸易所占的比重大小,确定各国货币在"欧洲货币单位"中所占的权重,并用加权平均法逐日计算欧洲货币单位的币值。欧洲货币单位的作用是:①作为决定成员国货币的中心汇率的标准;②作为各成员国与欧洲货币基金之间的信贷工具;③作为成员国货币当局之间的结算工具,以及整个共同体的财政预算的结算工具;④随着欧洲货币基金的建立,欧洲货币单位逐步成为各国货币当局的一种储备资产。由此可见,欧洲货币单位不仅执行计价单位的作用,成为共同体成员国之间的结算工具,还可作为国际储备手段。

（二）建立双重的中心汇率制

共同体成员国对内实行固定汇率,对外实行联合浮动。共同体成员国之间确定了中心汇率,并规定了上下波动的界限,德国马克和荷兰盾上下波动的界限是 2.25%,其余成员国间汇率波动的界限为 15%。此外,各成员国货币还要和"欧洲货币单位"确定一个中心汇率和波动的上下界限,同时,还规定了成员国货币与"欧洲货币单位"中心汇率波动的最大界限,此界限成为差异界限(Diver-Gence Threshold)。当成员国货币的汇率升降达到它对欧洲货币单位的差异界限时,有关国家的中央银行应及时采取行动,改变自己的经济和货币政策,或采取重定本国货币对欧洲货币单位的中心汇率等措施,将其汇率控制在差异界限之内。由于差异界限比各国货币间的中心汇率波动界限小,能对各国的汇率失常现象预先提出警告,从而保证共同体成员国共同维持汇率的稳定,促进经济与贸易的发展,防止国际投机资本对某一成员国货币进行单独的冲击。此种对内实行固定汇率,对外联合浮动,保持两个中心汇率的机制,称为欧洲货币体系的汇率机制(Exchange Rate Mechanism)。

（三）建立欧洲货币基金

根据欧洲货币体系的规定,要求各成员国缴出其黄金外汇储备的 20%（其中 10% 为黄金）,创建欧洲货币基金(European Monetary Fund, EMF),用以向成员国发放中短期贷款,帮助成员国摆脱国际收支方面的短期困难,保持其汇率上的相对稳定。在欧洲货币体系成立的初期,欧洲货币基金的总额约为 250 亿欧洲货币单位,其中的 140 亿欧洲货币单位作为短期贷款,其余 110 亿欧洲货币单位作为中期金融援助。每个成员国都有一定的贷款定额,尤其对弱币国家的贷款更严格控制在定额之内。对不超过 45 天的短期贷款,则不加任何限制,并可享受 3% 的利息贴补。与国际货币基金组织发放贷款的办法相似,成员国取得贷款时,应以等值的本国货币存入基金。欧洲共同体内部的这种严密的自成体系的对外汇金融与国际结算等方面所作的规定,与第二次世界大战后国际货币基金在汇率、信贷方面的规定和措施极为相似,与第二次世界大战前主要货币区内部采取严格控制的措施也极为相似。

三、《马斯特里赫条约》的订立

早在 1962 年 12 月,欧共体国家在海牙召开的首脑会议上就提出,为达到加速一体化的进程、削弱美元的影响、提高欧共体在世界政治经济中地位的目标,决定建立以统一货币为中心的"欧洲经济货币联盟"。1989 年,担任欧共体委员会主席的德洛尔在《关于实现经济货币联盟的报告》中，再一次明确提出货币联盟的最终目标是建立单一的欧洲货币。1991年12月，欧共体12国领导人共同签署的《马斯特里赫条约》（以下简称《马约》），对实现欧洲单一货币的措施和步骤作了具体安排并提出时间表。《马约》规定，欧盟（《马约》签署后，常以"欧盟"取代欧共体）最迟不晚于1991年1月1日建立单一货币体系，并在1998年1月1日以前建立独立的欧洲中央银行。在1995年12月15日召开的欧洲货币联盟马德里高峰会议上，将未来欧洲货币的名称定为"欧元"（Euro），以取代欧洲货币体系所创立的ECU。

为保证货币同盟目标的实现，保证欧元的稳定，具备下述条件的成员国才能申请参加：
①预算赤字不超过GDP的3%；
②债务总额不超过GDP的60%；
③长期利率不高于三个通货膨胀率最低国家平均水平的2%；
④消费物价上涨率不超过三个情况最佳国家平均值的1.5%；
⑤两年内本国货币汇率波动幅度不超过ERM规定。

上述条件即《马约》。《马约》还规定了参加欧洲货币同盟的"趋同标准"。1998年3月25日，欧盟执委会宣布第一批符合趋同标准的国家有11个，即奥地利、比利时、芬兰、德国、法国、爱尔兰、意大利、卢森堡、荷兰、葡萄牙和西班牙。只有符合使用欧元的条件，才有资格成为首批流通欧元的国家。在欧盟15个成员国中，希腊未达到趋同标准，瑞典、英国、丹麦虽已达标，但此前它们决定暂留货币联盟之外。

四、欧元时间表

根据《马约》和欧盟的有关规定，欧元从发行到完全取代欧盟成员国的货币，分三个阶段进行。第一阶段从1999年1月1日开始。这一阶段是成员国货币向欧元的过渡期，其主要的工作内容是：

①于1991年1月1日不可撤回地确定欧元与参加货币同盟成员国货币的折算率，并按1∶1的比例由欧元取代ECU进行流通。成员国货币和欧元同时存在于流通领域。

②资本市场和税收部门均以欧元标定，银行间的支付结算以欧元进行。成员国的政府预算、国债、政府部门与国有企业的财政收支也均以欧元结算。但过渡期内，私营部门有权选择是否使用或接受欧元，对于任何合同、贸易和买卖，仍可用成员国原货币进行支付。

③欧洲中央银行投入运行并执行欧元的货币政策，指定欧元的利率。为保证欧元与成员国货币固定汇率的顺利执行，对成员国的货币发行进行一定的监控。

④执行柏林会议制定的《稳定和增长条约》中有关规定，如制裁预算赤字超过GDP 3%的成员国，罚金为GDP的0.2%，赤字每超过1%，则课征超过部分的1/10的罚金。

第二阶段从2002年1月1日开始，在这一阶段欧元纸币和硬币开始流通，成员国居民必须接受欧元，欧元纸币和硬币逐渐取代各成员国的纸币和硬币。

第三阶段从2002年7月1日开始。这一阶段将取消成员国的原货币，完成欧元完全取代原成员国货币的进程。

五、欧元对世界经济的影响

欧洲单一货币——欧元的实现,是欧洲人民多年来追求"统一、和平和繁荣"这一理想目标,积极推进货币和经济的一体化所取得的最重大的成就。它标志着欧洲国家和人民要求联合和独立自主发展的共同愿望,反映了世界经济全球化、多极化和区域性一体化发展的趋势以及各种力量的消长变化和重新组合。"欧元区"目前总人口约为29亿,国内生产总值约占全球的19.4%,对外贸易额占全球贸易额的18.6%。因此,欧洲单一货币的实现不仅将使欧洲的面貌发生深刻的变化,而且将在国际金融领域发挥重要的作用,对世界政治和经济的发展产生深远的影响。

(一)对欧盟国家经济的影响

1. 欧元启动有利于减少外汇风险,促进欧盟的生产、贸易和投资

欧元流通后,欧元国原有的汇率波动自然消失,这就大大减少了统一市场内的外汇风险,必将使成员国之间融资和投资的步伐加快,跨国兼并和企业收购活跃,各种生产要素在整个欧元区的配置更加合理和高效。

2. 欧元启动对欧元区国家抑制通货膨胀、稳定物价将起积极作用

抑制通胀长期以来一直是欧盟各国政府政策的重要目标,但由于缺乏有效的配合,各国付出了很大的代价。一个国家的货币政策的效果往往被另一国政策所抵消。欧元启动后,货币政策由欧洲央行统一制定,欧洲央行具有较强的独立性,并且把抑制通胀、稳定物价当作首要目标,这将有可能从制度上减少恶性通货膨胀的产生。

3. 欧元启动将大大降低成员国之间经济交易的成本

欧元使用的直接结果是简化手续、节省时间、加快商品的流通速度、大幅度降低货币汇兑成本,减少核算费用和交易费用等非生产性支出。据有关资料统计,欧盟各国70%的外贸业务是在联盟内完成的,仅企业节省外汇交易开支一项,各国一年可节省开支650亿美元。

4. 欧元启动可以降低中央银行对汇率的干预成本,节约外汇储备

由于欧元的通用,成员国间的相互进口占总进口的比重将上升,内部资本流动将加快,统一的央行对外汇市场的干预能力将大大加强。由于汇率的稳定程度提高,外汇储备的适度规模必然降低,进而减少外汇的持有成本,预计将减少1 000亿美元。

5. 欧元的启动,加速以欧盟为核心的"大欧洲"形成

这将有助于欧洲作为世界的一极,在国际组织和世界事务中产生更大的影响,发挥更大的作用。

(二)对世界经济的影响

1. 对国际货币体系的影响

在目前的国际货币体系中,美元占有绝对的优势地位,在世界外汇储备中所占的比重高达

60%,在国际支付中所占的比重达50%左右。欧元12国的外汇储备总额高达3 200亿美元,其货币在外汇储备和国际支付中所占的比重却只有20%~27%。欧元启动后,目前在欧盟国家储备和流动着的约10 000亿美元将被兑换成欧元,发展中国家的外汇储备也将部分地由美元向欧元调整,从而会大大动摇美元的地位。美元在全球储备资产中的比重将下降至40%~50%,欧元将提高至30%~40%,其余为日元和其他货币。但最后欧元很可能会赶上甚至超过美元,成为主要的国际货币,从而对美元的地位形成强有力的挑战,推动国际货币体系向以美元、欧元和日元三极为主的多元化方向发展。

2. 对世界贸易产生推动作用

一是由于欧元地区是世界经济增长源之一,欧元地区的经济增长对其他国家和地区来讲,就意味着进出口市场的容量扩大,从而带动世界其他国家和地区的对外贸易增长。二是在世界贸易中,石油等原材料价格一直以美元计价结算,美国获得了巨大的利益,欧元的启动,将改变这一局面,减少国际贸易中的不平等现象,促进国际贸易的发展。

3. 对国际资本市场产生重大影响

欧元的启动为欧洲资本市场的发展提供了一个良好的契机。由于自1999年1月1日起,在欧洲各股票交易所上市的所有股票均以欧元报价,这样就使股票市场、货币市场和银行业务融为一体,并从一开始,即以欧元经营。从中期看,这将改变人们的投资策略,促进建立跨欧洲的蓝筹股市场。从长期看,欧盟将整合为一个统一的资本市场。根据有关资料统计,欧盟国民储蓄达16万亿美元,分别高于日本的14万亿美元和美国的11万亿美元。所以在可预见的未来,欧元资本市场一定会崛起,在国际资本市场与美元平分秋色。

(三)对我国经济的影响

已建立的欧元区对我国来说,同样意味着机遇与挑战并存。对我国的经济影响,将主要表现在以下方面:

1. 对欧中贸易关系的影响

欧元启动后导致欧盟市场更加一体化,生产结构更加专业化,产品生产的分工协作将得到加强,并将促进生产要素在各国之间的流动。大大提高欧盟企业的竞争能力,充分发挥其对外竞争的优势。与此同时,欧盟的贸易保护主义和排外性也会上升。这将加大我国对欧盟贸易的难度,使我国今后在国际市场上将面临来自欧洲的更强有力的竞争。但是欧元也给我国对欧贸易带来一些有利的因素,由于欧盟内商品价格趋于一致,进出口手续简化,人员和商品自由流动,将使贸易结算费用降低,汇率风险保值费用也会下降。

2. 对人民币汇率关系的影响

目前,我国人民币汇率主要与美元挂钩,欧元启动后欧元与美元的强弱将直接影响到人民币与欧元之间的关系,因此,将不得不考虑如何调整人民币在欧元与美元之间的关系。欧元启动后的欧盟经济,将在一段时期内保持一种低利率和紧缩性的货币财政政策,而我国在今后几年中仍将保持经济高速增长,如果我国的通货膨胀率高于欧元区国家,这将对人民币汇率形成一种下跌的压力。但高速的经济增长和对欧盟持续的贸易顺差，又会造成人民币对欧元的长期走势趋升，这将不利于我国对欧盟的出口。由于我国经济的增长主要依靠进出口贸易的带动，因此，如何保持人民币对欧元汇率的适当水平和稳定，是我国汇率管理中有待解决的课题。

3. 对我国外汇储备和外债存量管理的影响

我国目前的外汇储备和外债存量以美元为主，欧元启动后，随着欧元地位的上升，美元和日元地位的相对下降，我国外汇储备和外债存量结构如何适应这一变化尽快地进行调整，以减少汇率和利率风险，将成为外汇管理部门面临的一项重要任务。

4. 对资本流动的影响

在资本流动方面，欧元启动后，必将吸引更多的外国资本流入欧元区，可能会使欧盟和其他外国资本从我国撤走部分投资，但是由于欧盟货币一体化而释放出来的外汇储备又会增加其对外资本输出，包括对我国的资本输出。欧元的使用对我国向欧盟的投资也创造了一些有利的条件，我国企业只要在欧盟任何一国投资立足，就可享受非歧视性的同等待遇，产品也可以在欧盟各国畅通无阻。

5. 对我国银行、企业和个人的外汇交易和收入的影响

欧洲单一货币的实现，会使我国银行原先兑换欧洲各国货币的业务减少和消失，由此而来的收入将会减少，但同时又会使银行增加新的欧元兑换业务和收入。企业和个人的外汇收入中欧元所占比重也会增加，这要求企业在对外贸易中，特别是在对欧洲的进出口业务中，应格外注意欧元的计价问题，避免因欧元汇率波动而造成的汇率风险损失。

【资料库】

国际货币体系缓慢变革下的人民币国际化

国际货币体系变革是缓慢、长期的过程

布雷顿森林体系崩溃以来，随着美国综合国力的相对变动，20世纪七八十年代和90年代后期，美元在国际货币体系中的主导地位曾出现过起伏波折。进入21世纪后，随着全球经济的进一步融合，新兴市场国家在国际经济中地位的逐步提升，以美元为主导的国际货币体系越来越显示出其不适应的一面。2008年美国爆发金融危机，进一步暴露了该体系的致命缺陷：美元的发行缺乏有效的约束，国际货币体系缺乏必要的协调机制，即2001年以来，美国长期推行错误的低利率政策，通过扩大信用、刺激资产价格上涨，从而推动其经济的一度繁荣；其他拥有大量低廉劳动力、资源等出口主导的国家，在享有全球化收益时，一味追求收益而忽视了自身的结构调整，客观上不自觉地助推了美国错误政策的长期推行，造成了全球经济失衡，最后爆发了危机。美国政府的错误政策之所以能长期推行，而其他国家无法模仿，其深刻的制度原因是美元主导了国际货币体系，而全球对国际储备货币的发行缺乏约束力。因此，G20框架下治理当今全球失衡的一项重要内容，就是吸取本轮危机教训，改革国际货币体系。

但是，世人同时要看到，这一改革是个艰巨的、漫长的过程。在危机最严重的时期，世界金融市场又无奈地选择了美元作为避险货币，这显示出当前国际上缺乏有效的可以替代美元的其他货币。尽管世界经济增长的动力已经转向新兴国家、亚洲国家，但并没有根本改变世界现有的经济大格局，美元在未

来相当长时间内仍将充当世界最重要的储备货币。金融危机缓和之后,许多国家开始推动本币互换,推动本币的国际化,加强地区性金融和货币合作,以及采取其他一些"去美元化"的措施,只是希望能有限度地降低对美元的过度依赖。这反映了国际储备货币多元化的发展趋势,反映了走向未来新国际货币体系的必要过渡。尽管美元在走下坡路,但当今世界一时间还看不到类似1944年前后取代英镑集团的那个美元集团出现。

IMF作为布雷顿森林体系的产物,在当前的国际货币体系下不但存在一些先天不足,而且不能反映世界经济发展的新特点。IMF对主要发达国家的监控和约束力不足,在预警和应对资本全球化和不平衡方面力不从心,世界重要的增长动力——新兴经济体在其中缺乏相应必要的话语权。IMF需要进行合理的变革,但是只要美国不拿出积极的姿态,或者说适当的退让,IMF的改革就不可能大踏步往前走。SDR的调整,也是IMF提高其世界代表性的必要举措。我们寄希望SDR设计合理,发挥更大的作用,但同样要做好长期艰苦努力的准备。

人民币国际化有助于缓解当前国际货币体系的缺陷

如果世上有一个稳定的国际汇率制度,或者说,世上存在一个平等、互信、稳定的国际货币体系,当今中国未必一定需要追求人民币的国际化。但当今的金融世界不太平,问题太多。主导世界的主要储备货币的运行,不能合理反映国家间经济实力变化,不能维护世界经济的稳定发展,中国要避免现实金融世界对本国发展带来的负面影响,人民币国际化是迫不得已的追求。

因为历史表明,发展中国家在参与经济、金融全球化的过程中,过度依赖中心货币国提供的货币、金融网络及服务,将给本国发展增添新的不确定性风险。针对中国目前所具有的发展中、转轨、大国经济体特征而言,特别在当前以浮动汇率为主且又缺乏必要国际约束力的国际货币体系中,更是如此。

因此人民币国际化是中国金融开放的核心利益追求。尽管中国政策研究者清醒地认识到,人民币作为国际储备货币,即使经过10年的努力,其占世界储备货币的比例也许仅为3%~5%,但是当今人民币国际化的战略意义,在于战略布局,在于追求和推进人民币国际地位的长期过程中,推动国内各种制度的改革和金融市场的开放、改善经济结构、提高经济增长效率,并在此过程中推动创造稳定的国际货币环境。

当然,如果人民币能成为国际主要货币之一,和欧元等其他储备货币一起,与美元形成一定程度的竞争,则是有助于从制度层面消除世界经济失衡的基础。在人民币国际化过程中,中国如果能与亚洲各国实现各种有效的货币与金融合作,寻求创建区域内的汇率稳定机制和区域性货币,对亚洲和世界经济发展来说,同样是件好事。

(资料来源:新浪财经专栏)

本章小结

1.国际货币体系主要内容包括:各国货币比价的确定;国际储备资产的确定;各国货币的兑换性与国际结算原则的确定;国际收支调节机制合理性的确定。

2.国际金本位制的特征:黄金作为最终清偿手段,充当国际货币,而且自由输出入、自由兑换、金币自由铸造。汇率体系呈现为严格的固定汇率制。

3. 布雷顿森林体最主要特征可概括为双挂钩和可调整的盯住汇率制度。保证布雷顿森林体系的正常运作,必须具备三个条件:保持美国国际收支顺差,美元汇率稳定;美国的黄金储备充足,美国履行美元兑换黄金的义务;黄金价格维持在 1 盎司黄金=35 美元。

4. 20 世纪 70 年代,国际货币体系进入牙买加体系阶段。牙买加体系对布雷顿森林体系进行扬弃。一方面它继承了布雷顿森林体系下的国际货币基金组织,并且,进一步加强了国际货币基金组织的作用;另一方面,它放弃了布雷顿森林体系下的双挂钩制度,实行多元化的浮动汇率安排。

5. 欧洲货币体系包括三个主要内容:创设欧洲货币单位;实行稳定汇率的机制;建立欧洲货币基金。

6. 根据《马斯特里赫特》条约的规定,欧元自 1999 年 1 月 1 日正式启动,以非现金或记账货币的形式出现。从 2002 年 1 月 1 日起,欧元纸币和硬币开始流通。2002 年 7 月 1 日起,欧元区各国货币退出市场,欧元将成为欧元区内的法定单一货币。

思 考 题

一、选择题

1. 历史上第一个国际货币体系是(　　)。
  A. 金本位制　　　　　　　　B. 国际金本位制
  C. 布雷顿森林体系　　　　　D. 牙买加体系

2. 布雷顿森林体系致命弱点是(　　)。
  A. 美元与黄金挂钩　　　　　B. 特里芬难题
  C. 权利义务不对等　　　　　D. 汇率缺乏弹性

二、简答题

1. 什么是国际货币体系?其内容是什么?
2. 国际金本位制的特征及其作用是什么?
3. 布雷顿森林体系的主要内容及其作用是什么?它为什么会走向崩溃?
4. 牙买加体系的主要作用及其弊端是什么?
5. 欧元给世界经济带来哪些影响?

【阅读材料】

国际货币体系改革:发展中国家的视角

自从布雷顿森林体系崩溃以来,国际货币关系长期处于混乱状态,全球性的资本流动无常、债务恶化以及国际收支失调,都明显地对全球经济增长产生了负面影响。自从 20 世纪 80 年代以来,发展中国家多次呼吁改革不合理的国际货币体系,从 10 国集团通过《改革世界货币体系的报告》以来,发展中国家陷入更深的边缘性金融危机中,不得不探寻重塑国际货币体系基本架构的可能途径。

1. 回归新金本位制的构想

出于对所谓金融资产和实物资产已经构成"倒金字塔"的疑虑,以及美元代行世界货币时所导致的"金融霸权"的疑虑,部分发展中国家的经济学家相信我们必须重新回到金本位制的轨道上来,并提出了所谓"新的金本位制"构想,即全球所有国家同时加入金本位制国家联盟,来一致确定或同时变更其货币相对于黄金的稳定关系。据说这样既保留了目前金融全球化可能带来的全球福利增进,又克服了资本积累和世界经济的虚拟化。持有该构想的经济学家既有来自发展中国家的,也有一些发达国家的"左派"经济学家,如美国的哈罗德等。其理由基本是:

(1)货币作为价值尺度自身必须具有价值,现行的信用货币体系只能导致人们对纯粹信用货币的疯狂追逐和进入资产的无节制膨胀;

(2)目前的黄金储备数额巨大,足以保证以黄金为基础的货币取得相当的稳定性;

(3)回归金本位制还意味着发达国家榨取通过膨胀税以及国际铸币税的可能性被剥夺,因此新金本位制更公正;

(4)金本位制能更有效地克服经济国家主义,由于各国货币实际上是用黄金表征的,不存在利用名义汇率的升贬值来行"贸易或金融的国家保护主义之实"的可能。

货币体系的百年危机和变迁证实,向金本位制的回归几乎不能解决任何问题。

(1)尽管在20世纪80年代以来,爆发了多次区域性金融危机,但是目前尚没有一例演变为全球性的经济衰退乃至崩溃。从历史上看,金本位制并不足以保证世界经济避免通货膨胀或通货紧缩的威胁。例如,古罗马、中世纪的欧洲、西班牙和巴西都在彻底的金本位制下发生了物价涨幅在30倍以上的通货膨胀;而世界经济则在金本位制下于1879~1896年和1929~1933年之间爆发的以金融体系的崩溃为导火索的世界性经济萧条。

(2)金本位制是对人类资源的惊人浪费,世界经济越发达,所需要的纯粹作为交易中介的全球黄金存量就越惊人。退言之,即使金本位制下的金融资本全球化更为公正,但它却注定要使全球经济增长收敛于一个极限(全球可充当货币用途的黄金存量),或崩溃于一个极限(这是指要么世界经济的发展由于黄金资本的极度匮乏而崩溃,要么由于人类技术的进步可以合成黄金而导致金本位制基础全部丧失而崩溃)。经济金融化或虚拟化,是一个不可避免的历史进程。

(3)人类并非没有进行过回归金本位制的失败尝试,其中包括第一次世界大战之后的英国和1933~1934年的美国。例如,美国在罗斯福新政时期曾经部分地采纳过所谓的"偿付美元"(Compensated Dollar)的计划,这种金本位制制度允许货币黄金官价进行周期性调整以稳定国家的物价水平,即当价格下降时以提高黄金官价而在价格上升时降低黄金官价,这时的金融资本国际化实际上是公开以牺牲其他国家的通货稳定来换取本国的物价稳定,较之现行国际货币体系,金本位制没有任何实质上的公正性。历史上已经发生过的向金本位制复归的实践也说明,试图重拾被抛弃了近半个世纪的金本位制是不可能的。

2. 重建新布雷顿森林体系的构想

在1997年2月15日至17日,德国席勒研究所与高克斯国际劳工委员会在瑞斯顿通过的紧急呼吁书中提出重建新布雷顿森林体系的构想。在呼吁书上签名的有席勒研究所的创办人海尔格和乌克兰国家议会议员那塔利亚等各国政界学界知名人士数百人、包括80位美国现任和前任议员、53位独联体国家的议员、17位拉丁美洲的议员、35位宗教界人士、40位国际工会领导人,以及来自欧洲、非洲和亚洲的政府首脑和知名人士。而持有类似于重建布雷顿森林体系观点的,恐怕还包括诺贝尔奖获得者——法国的阿莱,以及颇有争议的美国人 Lyndon. Larouche 等人。

"呼吁书"的主要内容如下：

(1)目前全球金融投机泛滥和国际金融秩序混乱,世界面临生产衰退和大规模失业。而国际货币基金组织强制推行的所谓改革政策,给前苏联、东欧国家以及许多拉美、非洲国家造成严重的社会灾难。整个国际金融体系时刻有倾覆之忧,其政治、社会、军事恶果不堪设想。

(2)由于现行国际货币体系已威胁到整个人类的文明,所以必须紧急召开新的布雷顿森林会议,世界各个主权国家需要采取联合行动,破除以国际货币基金组织为中心的国际金融体制,建立新的国际金融秩序,进行全球性债务重组和恢复固定汇率制度。金融资本全球化本身所包含的发达国家对国际铸币税的垄断,已经使外围国家成为牺牲品,国际金融机构无权要求用人民的血肉来偿还它们的债务。

(3)美元充当世界货币是极其危险的,"不仅对于一国的人民,而且对于全世界的人民,现在必须设法废除国际垄断金融机构强加给他们的金融枷锁"。主权国家有权推行独立的反经济萧条经济政策,对社会基础设施、工业和农业的大规模投资提供低成本的长期信贷。更为极端的恢复新布雷顿森林体系的建议则要么声称全球进入废止现有货币的紧急状态,要么呼吁销毁货币,重构新的全球管定汇率制和全球中央银行。

上述构想似乎忽略了货币体系自身演进的历史必然性及其进步性,无论金融全球化造成全球福利增量的分配公平与否,它至少是导致了全球一个福利增量的出现;纯粹谴责现有的国际货币体系,并从发展中国家的利益出发要求重建金融新秩序,将资本利得的全球分配公平化,其用意无可厚非,但是由于目前国际货币体系和经济体系基本上是发达国家所垄断的资本主义体系,这样的体系势必服务于世界经济。一超多强,货币体系的改革进程似乎也很难由发展中国家"呼吁"中的新布雷顿森林体系来解决。

3. 改革国际货币基金组织和世界银行

近来对国际货币体系的改革往往还和对国际货币基金组织、对世界银行等的尖锐指责有关,因此,国际货币体系的改革不能不和这些国际金融机构的改革联系在一起。以埃及经济学家萨米尔·阿明为代表,提出了重构这些国际组织的设想。鉴于这种思路往往寄希望于将国际货币基金组织改造成全球中央银行,因此其理论渊源甚至可以追溯到1937年哈耶克的《货币的民族主义与国际稳定》和1982年麦金农的《货币稳定的国际准则》等中。其理由如下：

(1)国际货币基金组织最初的目标是保证开放的全球经济的货币稳定,以替代在二战之前就摇摇欲坠的金本位制体系。但国际货币基金组织和世界银行一样,是被美国提供全面控制而设计的,美国否定了全球中央银行的设想,而代之以更弱的、处于依附状态的国际货币基金组织,以便于对它既实施控制,又和其他国家共同分摊责任。

(2)这样的制度设计使得国际货币基金组织既没有能力强迫发展中国家执行结构调整,并防止其过度举债,也没有能力要求操纵它的发达国家实施有效的债务减免方案。

(3)国际货币基金组织虽然追求在最大公开化条件下,加速其重归货币可兑换的目标,但它所提出的极其野蛮的解决方法是众所周知的,国际货币基金组织没有真正的权威来稳定国际货币体系。而其他指责并不局限于国际货币基金组织,甚至包括世界银行、WTO、西方七国集团以及联合国等。

基于以上分析,萨米尔·阿明认为,改革方案应该包括以下内容：将国际货币基金组织转变为拥有真实的世界货币发行权的世界中央银行,这种真实货币将取代美元,保证汇率的稳定,并为发展中国家提供"在增长中调整"所需的清偿能力。把世界银行变成一种基金,使它能够从德国、日本等国吸收国际资本,并注入发展中国家(而不是美国)中。这种意在推动发展中国家经济增长的资本流动调节,同时会迫使美国减少其巨

227

额的经常项目赤字,检讨欧洲一些国家、日本和美国之间的金融政策协调,使之朝着允许汇率获得相对稳定,并迫使美国调整其结构性赤字的方向发展。同时,依据地区性和世界性相互依存的关系来重建第三世界国家组织,从而消除正在进行中的全球单极化的消极影响。

(4)重建联合国体系,使之成为政治和经济谈判的场所,以便于把世界主要地区的金融活动和货币政策的协调机制建立起来。

以上构想的实质,反映了发展中国家对美元霸权、对发达国家主导国际货币体系的不安,希望发达国家更多地分摊货币危机的损失等。但很明显,现在的国际货币体系,实际上处于霸权后体系,该体系中有霸则稳,货币体系背后也同样是国力的对比。发展中国家更应该强调的也许是在货币体系中,强国和弱小国家权责的平衡,如何正确分享更多的对国际货币体系的引导和发言权,仍然是有待争取的遥远之路。

(资料来源:中宏网.)

第九章
Chapter 9

国际融资

【学习目的与要求】

本章主要阐述了国际融资的各种方式。通过本章学习,要求学生了解国际融资的几种形式,包括国际信贷、国际租赁、国际债券、国际投资等,了解各种融资方式在我国的开展情况。

【案例导入】

埃尼石油公司为兴建浮动式液化天然气船舶寻求国际融资

2016年9月报道,为了加工莫桑比克北部近海鲁伍马盆地4号区块的天然气,意大利埃尼石油公司正准备兴建浮动式液化天然气船舶,为此,该公司寻求数十亿美元的国际融资。据路透社报道,埃尼公司在过去的一周与伦敦的银行机构进行了一系列的会谈,银行方面可能在一个月之内就是否融资给予答复,因此,埃尼公司对莫桑比克的最后投资决定将会在年底之前落槌。

与此同时,南韩的媒体报道,三星重工有可能获得数十亿美元的浮动式液化天然气船舶生产项目,三星重工一直在为该项目提供融资和会计服务。另据南韩媒体今年7月的报道,由法国TECHNIP公司、日本石油公司和三星重工组成的财团,可能获得浮动式液化天然气船舶兴建合同,合同总金额将高达54亿美元。

埃尼公司持有莫桑比克北部近海鲁伍马盆地4号区块的许可证,该区块估计蕴藏85万亿立方英尺的天然气。埃尼公司通过埃尼东非公司间接持有4号区块50%的股权,埃尼东非公司持有的另外20%股权已经售卖给了中国石油总公司,其他3个股东各自持有10%的股份,分别是韩国KOGAS公司、葡萄牙GALP能源公司和莫桑比克国家天然气公司。

(资料来源:商务部)

第一节 国际融资概述

一、国际融资的内涵

(一) 国际融资的概念

国际融资(International Finance)是指在国际金融市场上,运用各种金融手段,通过各种相应的金融机构进行的资金融通。一般情况下,国际融资的需求者通常包括政府机构、跨国公司、商业银行、进出口商、证券经纪人和投机商。国际融资的资金供应者主要是跨国公司、商业银行、投资银行、各国中央银行及各种类型的多边官方金融组织。

(二) 国际融资的作用

1. 弥补资金短缺,加快经济发展

国际资本的流入为一些急需资金的企业开拓了融资渠道,缓解了资金的供求矛盾,为一些正在成长中的高科技企业的发展提供了大量的资金。例如,像我国这样的发展中国家,外商直接投资是固定资产投资的重要资金来源之一。尤其是在改革开放初期建设资金极度匮乏的条件下,利用外资减缓了资金不足的矛盾。同时,外商投资工业的迅速扩张促进了我国的工业化进程。在我国吸收的外商直接投资中,工业项目占70%以上的份额,外商工业企业的大规模进入明显加快了我国现代工业的发展速度。

2. 有利于受资企业技术改造,推进技术升级

国际融资不仅带来大量的适用技术和先进的管理经验,而且通过市场竞争将先进企业的技术外溢,加速技术在企业之间的流动。外商直接投资的不断流入和产业流向的不断升级从根本上提高了受资企业的技术水平。

3. 培养企业技术和管理人才,创造更多的就业机会

在利用外资的过程中,有相当数量的科技管理人员直接参与项目的生产和管理,他们可以从中借鉴国外的技术和管理经验,从而有利于培养出一批具有高级技术的管理人才,促进技术和管理的现代化。而且随着利用外资规模的不断扩大,外资企业吸收的劳动力数量不断增加,给受资国创造了更多的就业机会。以我国为例,外资的涌入创造了大量就业机会。外资企业吸收的劳动力数量逐年增加,由1985年的6万人增加到2007年的1 583万人,年均递增72万人,对同期全国城镇就业新增数的贡献率达到9.5%。

4. 有利于国际分工,提高企业产品的国际竞争力

国外大型跨国公司在资金、管理及全球网络方面都有明显的优势,通过国际融资,可以充分利用资金、技术和市场网络,把受资国生产的产品销往海外或提高产品的附加值,为其冲击国际市场创造良好的条件。

5. 外国直接投资推动了一国对外贸易的发展

外国直接投资对一国的国际贸易的作用主要表现为对出口和进口规模及结构的影响上：外国直接投资促进了一国出口的发展，联合国贸易和发展会议曾对 52 个东道国进行了一项统计分析（可以把它称为跨国直接投资对东道国出口贡献弹性分析），论证了跨国直接投资流入及对制造业出口贡献的正相关关系，对发展中国家吸收跨国直接投资人均 1% 的增长，会带来制造业出口增长 0.45%，高科技产品出口增长 0.78%，低技术产品增长 0.31%。外国直接投资在我国贸易进出口增长方面也起到重要的作用。1986 年外资企业进出口额只有 29.9 亿美元，占当年贸易总额的比重为 4.0%，2007 年增加到 12 549.3 亿美元，比重升至 57.7%。其中外资企业出口额比重由 5.8% 提高到 57.1%。目前，我国高新技术产品出口的 88%、机电产品出口的 74% 是由外资企业完成的。

二、国际融资的方式

根据国际融资关系中债权债务关系存在的层次来分类，可分为只含单一债权债务关系的直接融资和存在双重债权债务关系的间接融资。

（一）直接融资

直接融资是指资金供给者与需求者运用一定的金融工具直接形成债权债务关系的行为。它主要包括：

1. 国际债券融资

国际债券即发行国外债券，是指一国政府及其所属机构、企业、私人公司、银行或国际金融机构等在国际债券市场上以外国货币面值发行的债券。国际债券主要分为欧洲债券和外国债券两种。

2. 国际股票融资

国际股票即境外发行股票，是指企业通过直接或间接途径向国际投资者发行股票并在国内外交易所上市。

3. 对外直接投资

对外直接投资是现代资本国际化的主要形式之一。按照国际货币基金组织的定义，对外直接投资是指一国的投资者将资本用于他国的生产或经营，并掌握一定经营控制权的投资行为。

（二）间接融资

间接融资是指资金供给者与资金需求者通过金融中介机构间接实现融资的行为。它主要包括：

1. 外国政府贷款

外国政府贷款是由贷款国用国家预算资金直接与借款国发生的信贷关系，其多数为政府间的双边援助贷款,少数为多边援助贷款,它是国家资本输出的一种形式。

2. 国际金融组织贷款

国际金融组织贷款是由一些国家的政府共同投资组建并共同管理的国际金融机构提供的贷款,旨在帮助成员国开发资源、发展经济和平衡国际收支。其贷款发放对象主要有以下几个方面:对发展中国家提供以发展基础产业为主的中长期贷款,对低收入的贫困国家提供开发项目以及文教建设方面的长期贷款,对发展中国家的私人企业提供小额中长期贷款。

3. 国外商业银行贷款

国外商业银行贷款是指从国外一般商业银行借入外汇。国外商业银行贷款的特点:一是贷款用途不受限制,企业可以自由使用;二是贷款供应充足,企业可以灵活选用币种;三是贷款利率按国际金融市场利率计算,利率水平较高。

4. 国际项目融资

国际项目融资是一种特殊的融资方式,是指以境内建设项目的名义在境外筹措资金,并以项目自身的收入资金流量、自身的资产与权益,承担债务偿还责任的融资方式,也是无追索或有限追索的融资方式。

(1) BOT 方式

BOT 是英文 Build-Operate-Transfer 的缩写,即建设-经营-转让方式,是政府将一个基础设施项目的特许权授予承包商(一般为国际财团),承包商在特许期内负责项目设计、融资、建设和运营,并回收成本,偿还债务,赚取利润,特许期结束后将项目所有权移交政府。实质上,BOT 融资方式是政府与承包商合作经营基础设施项目的一种特殊运作模式。BOT 在我国又叫做"特许权融资方式"。

(2) 国际融资租赁

国际融资租赁是指跨越国境的租赁业务,即在约定的期限内,一个国家的出租人把租赁物件租给另一个国家的承租人使用,承租人按约定向出租人交纳租金,租赁期满后,双方可以根据约定将租赁物返还出租人、续租或留购。我国民航的飞机租赁都是采取国际租赁方式从国外租入的。

5. 出口信贷

出口信贷是出口国政府为了支持和鼓励本国大型成套设备出口,提高本国出口商品的国际竞争力,所采取的对本国出口给予利息补贴,并提供政府信贷担保的中长期贷款形式。同时,出口信贷也是为鼓励本国银行对本国出口商或外国进口商(或其银行)提供利率较低的贷款,以解决本国出口商资金周转困难,或者满足外国进口商对本国出口商支付货款需要的一种融资方式。出口信贷的形式主要有卖方信贷和买方信贷。

三、我国国际融资状况

多渠道的吸引外资,积极稳妥地培育国内资本市场是我国发展经济的战略之一。为更好地发展经济,我国不仅在国内广泛筹集资金,也将国际融资作为筹集资金的重要方式。我国主要采取吸收外国直接投资、国际金融机构借款、国际商业银行借款、国际债券、国际股票等融资方式。

我国发行国际债券开始于1982年1月22日,中国国际信托投资公司在日本债券市场,首次发行了100亿日元私募债券期限12年、宽限期5年。从1982年1月29日起计息,年利率为8.7%半年计息一次,宽限期后每年还款8%,此后的几年间中国在国际债券市场都很活跃,这一阶段的发行条件较好,利率接近伦敦同业拆借利率,期限一般在7年以上。

我国利用股票进行国际融资是从1991年上海、深圳两地发行的B股开始的,到1994年底,共有50余家上市公司向境外投资者发放B股,上市总额达30多亿元人民币,筹集外资数亿美元。目前,我国企业发行的人民币特种股票(B股)、在香港上市的H股、在美国上市的N股、在英国上市的L股以及在新加坡上市的S股都属于国际股票。

为了推动我国国际融资的发展,更好地发挥直接融资和间接融资的作用,应进一步加强和完善对外商直接投资和对外债的管理,在外商直接投资方面要进一步完善外商投资的导向,将更多的外资引向中西部、基础设施、支柱产业和高新技术产业;在对外借债方面,要在计划管理、债务监测、借款使用和管理法规方面进一步加强和改善。

【资料库】

埃正式向国际货币基金组织申请贷款

埃财政部长阿姆鲁·贾拉哈称,埃已向国际货币基金组织(IMF)提出未来三年借款120亿美元(每年40亿美元,利率为1%或1.5%)的请求,该贷款是埃未来三年210亿美元经济计划资助协议的一部分。如果该经济计划得到国际货币基金组织认可,世界银行将向埃提供30亿美元,非洲开发银行(AfDB)将向埃及提供15亿美元,此外,埃还将通过发行国际债券获得30亿美元。国际货币基金组织中东和中亚部主任Masood Ahmed称,国际货币基金组织将帮助埃恢复经济稳定,实现可持续发展,提供更多的就业机会。

在日前召开内阁经济委员会会议上,塞西总统称获得国际货币基金组织贷款将会改善和加强国际社会对埃经济信心,可吸引更多外国直接投资,稳定股市和金融市场,解决埃经济基础性问题。

此前三个月埃方与国际货币基金组织就埃经济改革计划进行了谈判,双方即将达成最终协议,国际货币基金组织代表团已于近日抵达开罗,并与埃央行行长及财政部长进行进一步谈判。如果谈判最终完成,埃将根据国际货币基金组织要求对经济进行改革,这些改革包括实施增值税、补贴制度改革、通过并实施《公务员法》、增加津贴、政府支出合理化、增加出口和减少进口等。

埃向国际货币基金组织借款消息公布后,7月27日埃股市上涨5%,黑市美元价格从13埃镑降至12.5埃镑,下跌50比索。在黑市美元价格下跌的同时,业内人士预计美元官方价格将调整至9.25~9.5埃镑。

(资料来源:驻埃及使馆经商处)

第二节 国际信贷

一、国际信贷的含义

国际信贷(International Credit)是一国的银行、其他金融机构、政府、公司企业以及国际金融机构,在国际金融市场上向另一国的银行、其他金融机构、政府、公司企业以及国际机构提供的贷款。

借贷资本的运动来源于国际资本的输入与输出。在商品经济发展过程中,资本处于不断流动的状态,流动的目的是尽量使资本增值,哪里有条件使资本增值,哪里利润高,资本就会向哪里流动。如果具有国内外投资机会均等的条件,当国外投资的预期利润比国内高时,投资者就会通过直接、间接以及其他灵活多样的方式使资本流向国外。

在国际经济发展的过程中,一方面是发达国家出现了大量的过剩资本,当这些资本在本国找不到有利的投资环境时,就要突破国界,向资金短缺、生产要素组成费用少,而市场又较为广阔的经济不发达国家或地区输出。另一方面,发展中国家为了加速本国经济发展需要大量资本,在自己资金缺乏的情况下,就需要引进外资以弥补不足。也有一些国家,通过国际资本的输入输出来平衡和调节本国的国际收支。

总之,经济生活国际化的发展,战后经济一体化的兴起,使不同社会制度国家之间经济交往的障碍大大减少。世界经济市场出现了不同社会制度、不同发展阶段国家之间的商品交换、资金融通。

二、国际信贷的形式

(一)国际信贷按期限划分

国际信贷按期限划分,可分为短期信贷和中长期信贷。

1. 短期信贷

短期信贷通常是指一年以下,包括一年期的贷款。这种贷款一般都是现款,而且利息比较高。其主要形式有:

①银行、金融机构之间的同业拆放。按国际金融市场同业拆放利率计息。

②短期授信额度。即借款人在贷款行开立透支存款账户,在一定授信额度内可以随时提款、还款,循环使用。

③短期流动资金贷款,即银行根据贷款协议提供的一次性贷款。该项资金主要用于进口贸易。

2. 中长期贷款

中长期贷款通常是指一年以上的、借贷金额大、还贷时间长的贷款。其主要形式有:

(1) 双边贷款

双边贷款(Bilateral Loans)是指借款人从国外一家银行得到的贷款。其贷款额度相对较小，一般为几千万美元，最多不超过 1 亿美元；贷款期限为 3~5 年，比较方便、灵活；贷款利率由伦敦银行同业拆放利率(LIBOR)和加息率组成。伦敦银行同业拆放利率主要是随资本市场资金供求状况的变化而上下浮动，加息率则是依据贷款期限的长短、资金数额的大小以及借款者资信的高低等综合情况所附加的利率。除贷款利率外，借款者还要对在承担期内未提取的贷款支付承担费。

(2) 银团贷款

银团贷款(Syndicated Loan)也称辛迪加贷款，从广义上讲，是指由两家或两家以上的金融机构通过一个共同的借贷文件向某一借款人提供的信贷；从狭义上讲，是指由借款人所在国以外的一家或多家金融机构承销，邀请世界各地的金融机构参与，向借款人提供其所在国货币以外的其他货币计值的信贷。

国际银团贷款又可分为直接银团贷款和间接银团贷款。直接银团贷款是指各个贷款银行与借款人直接签订贷款协议，或通过代理银行代表它们同借款人签订贷款协议，它们按统一的条件贷款给借款人。在直接银团贷款中，每个贷款银行的贷款义务仅限于它们所承诺的部分，并且对其他银行贷款义务不承担任何责任。间接银团贷款也称为参与式银团贷款，是由牵头银行向借款人提供贷款，然后在不通知借款人的情况下将参加贷款权出售给其他愿意提供贷款的银行，这些银行即为参加贷款银行，它们将按各自承担的数额向借款人提供贷款，牵头经理要负责整个贷款的管理工作。

(3) 项目贷款

项目贷款(Project-Financing Loan)是国际上为大型工程项目筹措资金的一种方式。银行对贷款项目进行可行性分析后确定发放的并按项目进展控制提款，对项目投产后的经营及财务状况进行监督，最后由项目收益偿还的贷款。

由于通货膨胀和新建大型工程项目所需费用急剧增长，与这些大型工程有关的投资风险越来越大；另外，有些政府或企业的资金被占用在正在进行的工程项目中，也使得它无力再举办新的大型工程。为了促进大型工程的建设及开拓资金运用的新途径，一些银行兴办了这种工程项目贷款业务。这种业务与各种传统的融资业务有所不同，除了银行贷款要求必需有的项目主办人之外，还要有一个为工程项目而新建立的项目单位来进行筹资、建造和经营管理这一项目。这样，项目的主办人只是项目单位的发起人，其财力与信誉不再是贷款的主要担保对象，资金由贷款人直接提供给项目单位。

(二) 国际信贷按资金来源划分

国际信贷按资金来源划分，可分为政府贷款、国际金融机构贷款和国际商业银行贷款。

1. 政府贷款

政府贷款(Government Loan)也称外国政府贷款或双边政府贷款。它是指一国政府利用其财政资金,向另一国政府提供的优惠性贷款。政府贷款是各类贷款中优惠程度最高的一种。

(1)政府贷款的特点

①期限较长。偿还期一般在 20~30 年之间,最长的可达 50 年,其中还含有 5~10 年的宽限期。

②利率较低。政府贷款的年利率一般为 2%~3%。

③资金主要来源于各国的财政拨款。政府贷款须由各国的中央政府经过完备的立法手续加以批准后才能提供。

(2)政府贷款的条件

政府贷款的条件大致可归纳为以下几种:

①政府贷款要求必须以现汇还款。

②政府贷款必须以政府的名义接受。

③政府贷款具有特定的范围。

④限制性采购条件。借款国所得的政府贷款仅限于购买贷款国的产品。

⑤借款国在使用政府贷款时要连带使用一定比例的出口信贷,以扩大贷款国的商品出口。

⑥一定的政治条件。

2. 国际金融机构贷款

国际金融机构贷款(Loans from International)是指全球性的国际金融机构以及地区性国际金融机构所提供的各类贷款。而这其中主要是世界银行贷款和国际货币基金组织贷款。

(1)世界银行贷款

世界银行贷款的特点主要包括:

①贷款只贷放给会员国的政府或由政府、中央银行担保的机构。

②贷款只贷给那些确实不能以世界银行认为合理的条件从其他途径得到资金的会员国。

③贷款必须如期归还。贷款仅限于有偿还能力的会员国,贷款到期后必须足额偿还,不得延期。

④贷款必须用于世界银行批准的特定项目。

⑤贷款利率比较优惠。

⑥贷款的期限较长。世界银行的贷款期限一般为 20 年,其中含有 5 年的宽限期。

⑦贷款项目的执行必须接受世界银行的监督和检查。

⑧世界银行的贷款主要集中于能源、农业及农村发展、交通运输等部门。近年来,农业贷款已占据首位。

(2)国际货币基金组织贷款

国际货币基金组织贷款的特点:

①贷款对象仅限于会员国的财政部、中央银行、外汇平准基金组织或其他类似的国家机构。

②贷款的用途限于解决会员国国际收支不平衡,一般用于贸易和非贸易的经常项目支付。
③贷款额度受其所缴纳的份额的限制,并与其份额大小成正比。
④贷款无论采用什么货币,都以特别提款权计值,利息也用特别提款权支付。
⑤贷款的期限短,一般为 3～5 年。

【资料库】
　　身陷严重金融困境的冰岛政府于 2008 年 10 月 24 日宣称,其已初步同国际货币基金组织达成一篮子救助协议,其中包括将在两年内接受 20 亿美元的贷款。冰岛也将因此成为自 1976 年后,首个接受国际货币基金组织贷款的西方国家。
　　冰岛银行业在近期这场全球信贷危机中损失惨重,冰岛克朗对欧元汇率缩水 3 成,相较 2008 年 1 月已贬值一半,全国的银行系统进出交易全线崩溃。整个国家外债超过 1 383 亿美元,而其国内生产总值仅为 193.7 亿美元。冰岛面临"国家破产"危险,由此求助于国际货币基金组织。

（资料来源:中国日报,2008-10-25.）

3. 国际商业银行贷款

国际商业银行贷款(International Commercial Bank Loans)是指一国借款人在国际金融市场上向外国银行借入货币资金。在国外,借款人一般是企业,而我国由于企业一般不能直接对外融资,而以银行或信托投资公司代为企业筹资。另外,所说的外国银行既包括资金雄厚的大银行,也包括中小银行及银行的分支机构。

国际商业银行贷款的特点:
①贷款利率按国际金融市场利率计算,利率水平较高。
②贷款可以自由使用,一般不受贷款银行的限制。
③贷款方式灵活,手续简便。
④资金供应充沛,允许借款人选用各种货币。

三、我国国际贷款业务的发展

自 1981 年至今,我国利用世界银行、亚洲开发银行等国际金融组织贷款项目累计达 457 个,承诺贷款金额约为 657.5 亿美元,并累计获得国际金融组织赠款约 28 亿美元。

利用国际金融组织贷款是我国改革开放事业的重要组成部分,也是我国引进外资的重要渠道之一。近 30 年来,我国从国际金融组织获得的贷款项目中,70% 分布在中西部,涉及交通、能源、城建、环保、农业和农村发展、教育、卫生、工业等国民经济重点领域,为促进我国经济和社会发展发挥了积极的作用。

目前,我国在积极开展国际金融组织贷款项目的绩效评价,以实现"三个转变",从注重贷款数量向注重质量转变,从注重贷款筹措向注重贷款的使用和偿还转变,从注重资金的引进向资金和智力引进并重转变。

第三节 出口信贷

一、出口信贷的含义

出口信贷(Export Finance)是一种国际信贷方式,是指出口国为了支持本国产品的出口,增强国际竞争力,在政府的支持下,由本国专业银行或商业银行向本国出口商或外国进口商(或银行)提供较市场利率略低的贷款,以解决买方支付进口商品资金的需要。

在国际贸易中,卖方同意买方在收到货物后可以不立即支付全部货款,而在规定期限内付讫由出口方提供的贷款。通常将1~5年期限的出口信贷列为中期,将5年以上列为长期。中长期出口信贷大多用于金额大、生产周期长的资本货物,主要包括机器、船舶、飞机、成套设备等。

出口信贷是垄断资本争夺市场、扩大出口的一种手段。第二次世界大战后,出口信贷发展迅速。20世纪70年代初,主要资本主义国家提供的出口信贷约为110亿美元,到20世纪70年代末已增至320亿美元以上。其产品的国际贸易额增长得也最为迅速。例如,1955~1971年国际贸易总额约增长两倍,而机器设备的贸易则增长34倍以上。生产和贸易的迅速增长,要求资金融通规模也相应扩大,而市场问题的尖锐化更促使主要资本主义国家加紧利用出口信贷来提高自己的竞争能力。机器设备的国际贸易,除了在发达资本主义国家之间有了很大增长外,发展中国家以及前苏联、东欧国家也是机器设备的大买主,它们也都有增加利用出口信贷的需要。因此,出口信贷在战后国际贸易中的作用大为提高。

二、出口信贷的特点

①出口信贷的利率一般低于相同条件资金贷放的市场利率,利差由国家补贴。其实质是出口国政府提供资金以帮助出口商销售资本货物。

②出口信贷的发放与出口信贷保险相结合。由于出口信贷贷款期限长、金额大,发放银行面临着较大的风险,所以,一国政府为了鼓励本国银行或其他金融机构发放出口信贷贷款,一般都设有国家信贷保险机构,对银行发放的出口信贷给予担保,或对出口商履行合同所面临的商业风险和国家风险予以承保。在我国,主要由中国出口信用保险公司承保此类风险。

③国家成立专门发放出口信贷的机构,制定政策,管理与分配国际信贷资金,特别是中长期信贷资金。

④贷款的用途被严格限定。必须与出口项目相联系,即贷款只限于购买贷款国生产的资本类货物(一般规定出口商品的价值构成至少要有50%以上是由提供贷款国制造的)。

由此可见,出口信贷不仅是信贷融资,而且还包括保险与担保两项业务内容。出口信用保险不但为出口商提供了出口收汇安全的保障,而且为出口商从银行(或金融机构)取得贷款奠定了基础;而担保是政府以更直接有效的方式支持商业银行(或金融机构)向出口商或国外进口商提供贷款。由此可见,保险或担保是出口信贷的基础,融资是出口信贷的核心。

三、出口信贷的类型

(一)卖方信贷

1. 卖方信贷的概念

卖方信贷(Supplier Credit)是指在大型机械设备或成套设备的进出口贸易中,为了解决出口商以延付方式出售设备而遇到的资金周转困难,由出口商所在国银行向出口商提供的优惠贷款。在国家出口信贷发展初期,往往把卖方信贷作为其出口信贷的主要方式,这是因为提供信贷的银行或申请信贷的出口商都在一个国家,操作比较方便。

卖方信贷通常用于机器设备、船舶等出口。由于这些商品出口所需的资金较大、时间较长,进口厂商一般都要求采用延期付款的方式。出口厂商为了加速资金周转,往往需要取得银行的贷款。出口厂商付给银行的利息、费用有的包括在货价内,有的在货价外另加,转嫁给进口厂商负担。因此,卖方信贷是银行直接资助本国出口厂商向外国进口厂商提供延期付款,以促进商品出口的一种方式。

2. 卖方信贷程序

①出口商与进口商签订以延期付款或赊销方式买卖大型机器设备或配套设施的合同。

②进口商先支付10%~15%的订金,在分批交货、验收和保证期满时再分期付给10%~15%的货款,其余70%~80%的货款在全都交货后分期偿还,并付给延期付款期间的利息。

③出口商根据买卖合同向其所在国的出口信贷机构申请卖方信贷。

④出口信贷机构对出口商的申请与其他资料进行审查,如符合有关条件,即可签订贷款协议,并支付贷款资金。

⑤进口商按合同规定分期偿还货款。

⑥出口商按协议要求分期偿还出口信贷机构的贷款本金与利息。

卖方信贷流程图见表9.1。

(二)买方信贷

1. 买方信贷的概念

买方信贷(Buyer Credits)是出口国政府支持出口方银行直接向进口商或进口商银行提供信贷支持,以供进口商购买技术和设备,并支付有关费用。出口买方信贷一般由出口国的出口信用保险机构提供出口买方信贷保险。出口买方信贷主要有两种形式:一是出口商银行将贷款发放给进口商银行,再由进口商银行转贷给进口商;二是由出口商银行直接贷款给进口商,由进口商银行出具担保。贷款币种为美元或经银行同意的其他货币。贷款金额不超过贸易合同金额的80%~85%,贷款期限根据实际情况而定,一般不超过10年。贷款利率参照经济合作与发展组织确定的利率水平而定。

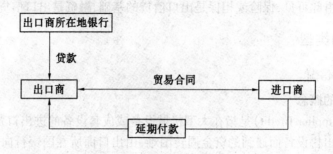

图 9.1 卖方信贷流程图

2. 买方信贷的程序

直接贷款给进口商的买方信贷,一般做法是:①买卖双方以即期现汇成交,合同签订后,买方先付相当于货价 15% 的定金;②买方再与出口方银行签订贷款合同;③85% 的货款由出口方银行贷给进口商,用以按即期现汇条件支付给出口商;④进口商按贷款协议分期偿还出口商所在国银行,并支付利息。

由进口商所在国银行转贷款的买方信贷,一般做法是:①买卖双方以即期现汇成交,合同签订后,买方先付相当于货价 15% 的定金;②根据进出口银行间签订的贷款合同,由出口方银行直接向进口方银行提供信贷;③进口方银行转贷给进口商使用;④进口商利用这笔贷款向出口商支付现汇;⑤进口商分期向进口方银行偿还贷款;⑥进口方银行按贷款协议分期偿还出口方银行,并支付利息;⑦进口方银行与进口商按双方商定的办法清偿结算。

买方信贷流程图见图 9.2。

3. 买方信贷的优点

目前,买方信贷是国际上采用的出口信贷的主要形式。其原因是,这一方式对进口商、出口商、出口方银行及进口方银行都比较有利。

(1) 使用买方信贷对出口商的好处

①可以促成需要长期占用巨额资金的大宗贸易。因为卖方信贷须由出口商向进口商提供延期付款,是建立在商业信用基础上,而商业信用有其自身的周转资金实力上的局限性,那些需要长期占用巨额周转资金的贸易项目,会给出口厂商造成周转资金方面的巨大困难,使得卖方信贷难以实现。而买方信贷则是直接以银行信用为基础的(直接由银行向进口方提供贷款),银行有着雄厚的资金实力,从而可以促成使用卖方信贷所难以做成的大宗贸易项目。

②风险较小,资金周转较快。利用买方信贷,出口商可以较快收回货款,避免在卖方信贷下卖方要承担买方到期不付款的风险,同时加快自己的资金周转。

③可以改善资产负债表。利用买方信贷可以减少出口商资产负债表上的应收账款和负债。

(2) 使用买方信贷对进口商的好处

①可以得到较真实的货价。

②由于不涉及延期付款的加价问题,可以把更多的精力放在对于技术条款的谈判上,避免因价格谈判纠缠不清而分散了注意力。

③使用买方信贷的借贷成本通常低于使用卖方信贷的延期付款加价成本。

④可以长期借用利率优惠的外国贷款。

(3) 使用买方信贷对出口商银行的好处

①发放买方信贷的风险小于卖方信贷。因为贷款给进口商银行,然后由其贷给进口商,整个过程都有银行信用作保证,其风险一般小于贷款给国内企业的商业贷款。

②发放买方信贷比卖方信贷手续便捷。因为在卖方信贷下,出口商银行需要经常关注出口商的应收货款收回情况甚至其生产经营情况,而在买方信贷下出口商银行只须关注进口商银行的资信情况就可以了,相对要省事一些。

③买方信贷为出口国银行资金在国外的运用开拓了渠道。

(4) 使用买方信贷对进口商银行的好处

可以为进口商银行增加信贷业务。同时,与出口商银行直接打交道,彼此有一定的业务往来,就贷款方面的一些问题,可进一步协商,争取较为有利的贷款条件。

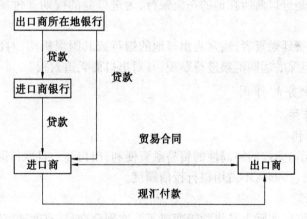

图9.2 买方信贷流程图

四、福费廷

(一)福费廷业务的概念

福费廷(Forfaiting)又称包买票据业务。这是指包买商(Forfaitor,通常是商业银行或银行的附属机构)从出口商那里无追索权地购买已经承兑的并经进口商所在地银行担保的远期汇票或本票。即包买商对未到期的应收账款进行无追索权的贴现,这种应收账款采用远期汇票或本票的形式产生于正当贸易。由进口商所在地的一流银行在票据上签字担保,以便出口商向当地银行或金融机构进行贴现融资,且贴现机构对出口商无追索权。

福费廷是一种非常重要的中长期融资业务,融资期限至少是180天,以5~6年的较多,最长达10年。同时,它又是一种以无追索权形式为出口商贴现大额远期票据提供融资并能防范信贷风险与汇价风险的金融服务。二战后,瑞士苏黎世银行协会首先开办福费廷业务,自1965年以后,从西欧国家开始推行,近些年来尤其在德国、瑞士、东欧国家及发展中国家的设备贸易中得到发展。据统计,全世界年均福费廷交易量占世界贸易额的2%。

福费廷作为一种灵活简便、有效的融资方式,在国际市场上发展非常迅速。对优化我国出口结构,改善企业资金流动状况和加速我国银行国际化的进程都有着重要的作用,是我国贸易融资发展的必然趋势。

福费廷是属于担保业务的一种类型,是票据担保业务中最常见的形式。当事人主要有四个:

①进口商,即福费廷交易的债务人,承担到期支付票据款项的主要责任。

②出口商,即福费廷汇票的卖主,为保护自己不受追索,将有关票据无追索权地售给包买商以提前取得现款,是出口信贷的一种类型。由于远期汇票的期限一般都较长,所以福费廷交易也被译为"中长期出口票据贴现融资"。

③担保人,一般是进口商所在地的一流银行,为进口商的按期支付提供不可撤销的、无条件的银行担保。

④包买商,即福费廷融资者,通常为出口地的银行或其附属机构,对出口商持有的由进口商承诺支付并经过担保的远期汇票进行贴现,且对出口商无追索权。

(二)福费廷业务的作用

1. 对出口商的作用

(1)贸易融资便利

福费廷是一种无追索权的终局性的贸易融资便利,出口商一旦取得融资款项,就不必再对债务人偿债与否负责。同时,不占用银行授信额度。

(2)改善现金流量

出口商叙做福费廷,实际上是将赊销变成了一次现金交易,有效地解决了应收账款的资金占压问题,有利于出口商改善财务状况和清偿能力,从而改善出口商的资产负债表,有利于其有价证券的发行。

(3)提前办理退税

出口商可提前办理退税,根据国家外汇管理局规定,只有出口商实际收汇后,才允许银行为企业出具出口核销联,办理出口退税。而出口商获得包买商无追索权的贴现款后,就视为正常收汇,即可办理外汇核销及出口退税手续。而在其他的融资业务(如打包放款、出口押汇、出口贴现等)中,均不能出具核销专用联。

(4)规避各类风险

出口商叙做福费廷后,不再承担远期付款项下可能产生的利率、汇率、信用以及国家等方面的风险。但是,叙做福费廷业务,成本较高,可以说它属于批发性融资工具,最适合于100万美元以上的大中型出口合同,如机械设备出口合同等,而对金额小的项目而言,其优越性不明显。

2. 对进口商的作用

福费廷业务手续简便。不像利用买方信贷那样,进口商要多方联系、多方洽谈、签订多份合同。进口商可使用延期付款。同时对于进口商而言不利的方面在于:出口商可能将叙做福费廷业务有关部门的费用都计算在货价内,使得货价较高。而且进口商要觅取担保银行,对出口商开出的远期汇票进行担保,为此进口商要向担保银行交付一定的保费或抵押品。

五、我国出口信贷业务的发展

中国银行曾经是我国提供对外贸易融资唯一的银行。20世纪80年代中期以后,其他银行先后获准开办外汇业务,包括提供对外贸易融资业务,但其力度、范围还受到一定限制。1995年,我国设立了三家政策性银行,其中之一就是进出口银行,专门行使对外贸易融资职能。多年来,进出口银行为发展我国的出口贸易,尤其是机电产品出口和对外工程承包,发挥了巨大作用,也取得重大成就:机电产品从1998年起成为我国第一大类出口产品,且比重不断上升;对外工程承包在全球市场中所占份额也逐步提高。

(一)我国的出口买方信贷

1. 出口买方信贷对象

出口买方信贷贷款对象为银行认可的从中国进口商品的进口方(买方)银行。在特殊情况下,也可以是进口商。出口买方信贷主要适用于支持我国进出口公司和出口企业出口国家允许的由中国制造的机电产品、成套设备、单机和其他机电产品。贷款所支持的出口设备应以我国制造的设备为主,其国产率成套设备应不低于70%,船舶不低于50%。

2. 贷款的条件

各家银行在具体要求上存在一定的差异。以中国银行为例主要条件如下:

①商务合同项下进口方应支付15%的预付款;

②贷款金额最高不超过商务合同价的80%~85%;

③借款人需向保险公司投保出口信用险;

④按贷款人的要求签订贷款协议;

⑤由借款国的中央银行或财政部出具贷款担保;

⑥根据商务合同的期限确定支款期限;

⑦商务合同符合双方政府的有关规定,并须取得双方政府的有关批准;

⑧贷款货币为美元;

⑨商务合同的金额不低于100万美元；
⑩商务合同项下的出口结算应在我行进行；
⑪商务合同应先于贷款协议生效。

3. 贷款金额、利率与期限

成套设备及其他机电产品的贷款金额不超过商务合同总价的85%，船舶不超过商务合同总价的80%。贷款金额中可包括适当比例的技术服务费、当地费用和第三国采购费用。

出口买方信贷的利率本着优惠的原则,参考经济合作发展组织每月公布一次的商业参考利率(CIRR)来确定。中国银行通常采用贷款协议签署当月的商业参考利率。该利率为固定利率。在某些情况下,中国银行也采用浮动利率。

中国银行出口买方信贷办法规定,贷款期限的上限是自贷款协议签订之日起至还清贷款本息之日止,一般不超过10年。

4. 费用

中国银行出口买方信贷项下的费用主要有两项：

(1) 承担费

承担费用自贷款协议签署之日至贷款全部支完为止,按贷款未支用余额计收,每半年支付一次。

(2) 管理费

管理费用按贷款金额一次性收取,一般在贷款协议签署之后30天之内支付。

(二) 我国的出口卖方信贷

1. 出口卖方信贷的对象

出口卖方信贷的对象应是具有法人资格、经国家批准有权经营机电产品出口的进出口企业和生产企业。凡出口成套设备、船舶及其他机电产品,合同金额在100万美元以上,并采用一年以上延期付款方式的资金需求,均可申请使用出口卖方信贷贷款。

2. 申请出口卖方信贷应具备的条件

①借款企业经营管理正常,财务信用状况良好,有履行出口合同的能力,能落实可靠的还款保证,并在中国银行开立账户；

②出口项目符合国家有关政策和企业的法定经营范围,经有关部门审查批准并有已生效的合同；

③出口项目经济效益好,换汇成本合理,各项配套条件落实；

④合同的商务条款在签约前征得中国银行认可；

⑤进口商资信可靠,并能提供中国银行可接受的国外银行付款保证或其他付款保证。

3. 出口卖方信贷币种、金额、期限和利率

(1) 贷款币种和金额

出口卖方信贷为人民币贷款,贷款金额最高不超过出口合同总金额的85%。

(2) 贷款期限

贷款期限自签订借款合同之日起,至还清贷款本息日止,最长不超过10年(含宽限期)。

(3) 贷款利率

贷款利率根据中国人民银行的有关规定执行优惠利率,如果中国人民银行调整利率,则随之作相应变动。

第四节 国际租赁

一、国际租赁的概念

国际上关于国际租赁(International Leasing)的概念有广义和狭义之分。广义的概念包括跨国租赁和间接对外租赁。跨国租赁是指分别处于不同国家或法律体制下的出租人与承租人之间的一项租赁交易。间接对外租赁是指一家租赁公司的海外法人企业,与承租人达成的一项租赁交易;不管承租人是否为当地用户,对这家租赁母公司而言是间接对外租赁。狭义的国际租赁仅指跨国租赁。

我国租赁界根据我国租赁实践的特殊性,将租赁分为国内业务和国际业务。租赁的国内业务是指交易三方当事人均为我国企业并以人民币作为合同计价货币时的交易行为。租赁的国际业务是指交易三方当事人中任意一方为外国企业,并以外币作为合同计价货币时的交易行为。

【资料库】

中国融资租赁业发展现状以及未来发展方向

融资租赁作为设备融资的一种重要手段,兼具促进装备制造业发展、设备进出口、中小企业融资等多种功能,是产融结合的典型领域。在一些发达经济体,融资租赁是企业设备融资的主要工具之一,其重要性仅次于银行信贷。我国的融资租赁行业诞生于上世纪80年代初,历经数次沉浮后近年来进入增长的快车道,许多地方更是将融资租赁视为大有可为的新兴业态而采取各种措施大力推动其发展。这一转变的背后不仅折射出政策和市场等多重因素的影响,更在相当程度上与中国经济步入新常态后的一些特征相契合。本报告拟在分析融资租赁业在我国发展的主要驱动因素基础上,总结中国融资租赁行业发展特点,并探讨未来的发展潜力以及发展方向。本报告旨在说明,在经济新常态下,发展多种类型的非银行融资服务机构对中国经济的持续健康发展至关重要。

1981年第一家中外合资融资租赁公司的成立标志着融资租赁业在中国正式诞生,当时的主要目的是引进外资和国外先进设备。最初几年市场一度十分活跃,不过在快速发展的同时,由于理念偏差、法律税收环境不完善等原因,融资租赁业运作并不规范,蕴含着很大风险。进入20世纪90年代,受到欠租问题严重、政府不再为企业担保、银行和信托公司退出等因素的冲击,融资租赁业的风险全面爆发,陷入了较长时期的停滞发展阶段。直到2007年以后,随着银行业的重新回归,融资租赁业才开始逐渐走出困境,重新进入快速发展时期,上海、北京、天津、深圳等地区更是采取各种措施争相发展本地的融资租赁市场。

与银行信贷相比,融资租赁兼有融资和融物的特征,具有明显的优势。例如,融资租赁的业务模式意味着其比较适合中小企业融资,而且在满足企业融资需求的同时还不会导致负债率上升。这些优势在近年来的经济金融形势下显得尤为珍贵。

上世纪50年代初,现代租赁业之所以在美国产生,其背景之一就是美国的制造业生产出现过剩,在竞争的压力下,生产者开始将分期付款等信用销售方式与传统的租赁方式相结合,向消费者进行产品促销,融资租赁得以初现雏形。可以说,产品促销是融资租赁在投融资以外的另外一个核心功能。我国作为制造业大国,近年来许多产业出现了产能过剩问题,这驱动很多制造厂商纷纷成立融资租赁公司,以租代售、借租促销,扩大自身产品的销售;还有一些企业集团、PE等独立投资机构也借着融资租赁这一平台,趁势整合上下游厂商形成供应链,据此提供生产以外的附加金融服务,以实现产融结合。可以说,近年来许多资本介入融资租赁业,正反映出在卖方市场转向买方市场、出现生产剩余的大背景下,中国制造业力图突围的种种努力。

中国一直是以银行为主导的金融体系。在1996~2007年融资租赁业务的停滞发展时期,银行信贷主要承担了为设备投资进行融资的功能。2007年以后,随着民营资本阳光化步伐的迈进,相关监管政策不断放松,中国开始出现了一股融资服务多元化浪潮,小贷公司、融资担保公司、典当行等非银行融资服务机构大量涌现。正是在这一背景下,2009年外资融资租赁公司的审批权由商务部下放至省级商务主管部门,使得外资融资租赁公司的成立更加容易,这一监管放松显著推动了融资租赁市场的扩张。另一方面,2008年以后,地方政府融资平台快速发展,在银行信贷规模收紧的情况下对其他融资渠道的需求大幅上升,这也推动了包括融资租赁在内的各类融资服务机构的发展。根据审计署公布的两次地方政府债务审计结果,2010年底,地方政府性债务资金绝大多数来自于银行借款,而到了2013年6月底,来自于银行的信贷资金占比大幅下降,相反,包括融资租赁在内的各类社会资本已经成为地方政府性债务的重要资金来源(见表2)。

2007年以来,中国融资租赁业的发展主要表现出如下特征:

——发展速度很快,但潜力依然巨大

从绝对指标来看,自2007年到2014年6月底,全国各类融资租赁公司数量从93家增加到1 350家,合同余额由240亿元增加为2.6万亿元,融资租赁总规模一跃成为世界第二。在某些细分领域,融资租赁已经成为非常重要的设备投资方式。例如,20世纪90年代以前,我国的航空公司主要通过直接向银行申请贷款方式购买飞机;其后越来越倾向于采用租赁方式。有数据显示,截至2013年年底,中国在册的商用飞机数量超过2 000架,其中800~900架飞机采用了融资租赁的方式。在某些发达地区融资租赁更是成为实体经济重要的资金来源。上海市的数据表明,2014年上半年上海社会融资规模为4 482亿元,融资租赁贷款新增397.6亿元,相当于社会融资总额的8.9%。

另一方面,从相对指标看,融资租赁业的发展水平仍然偏低,显示出很大的发展潜力。以融资租赁GDP渗透率(租赁的厂房和设备投资总额与GDP之比)看,2012年我国和美国分别为1.24%和1.86%;以融资租赁投资渗透率(租赁的厂房和设备投资总额占固定资产投资总额之比)看,2012年我国和美国分别是3.8%和22%。高速扩张但潜力仍然巨大,融资租赁业这一发展特征,正与我国作为新兴经济体的发展特征相匹配。

——政策环境有所改善,但制度建设仍处在起步阶段

融资租赁是一个高度依赖外部政策环境的行业。在我国融资租赁业的以往发展历程中,相关制度建设曾经一度十分缺失。近年来情况发生了明显变化,不论是国家层面对该行业的重视程度,还是具体的法律、监管、税收等制度建设,都取得长足进展。不过整体看来,融资租赁的各项制度建设仍处于起步阶段,还存在很多有待改进之处。

——业务结构体现了鲜明的时代特征和中国特色

以最大的融资租赁市场——上海市2014年6月底的数据为例来分析目前我国融资租赁企业的业务特征。突出表现为三个方面:

(1)业务类型以单笔金额超过3 000万元的大型业务和单笔业务金额在50万~3 000万元之间的中型业务为主,单笔金额小于50万元的业务占据很低比重。这一特征表明,融资租赁在我国的服务对象已经向中小企业扩展,但还没有被小微企业充分利用。

(2)融资租赁业涉及的租赁物范围虽然日渐扩大,但仍以传统的项目为主,其中基础设施类融资租赁业务占比更是超过1/4。这与中国固定资产投资拉动的发展模式正相契合。相比之下,美国租赁业的租赁物范围更加广泛,2012年基础设施类融资租赁业务占比仅为1%。

(3)从行业平均数据看,回租业务占据主导地位,直租业务占比较低(见表4)。这表明,现阶段我国融资租赁更像是一种类贷款业务,融资租赁公司的功能发挥主要体现在融资方面,在"融物"方面的功能还有所欠缺。这一特征正与当前金融抑制背景下信贷资源仍是一种稀缺品的现实密切相关。

新常态下我国融资租赁业的未来前景和发展方向

——从发展驱动力看,融资租赁业在我国前景广阔

中国经济步入新常态,经济增速将从高速增长转为中高速增长。不过,融资租赁业在我国仍然是朝阳产业,具有巨大的发展潜力,尚有许多服务功能和细分市场亟待开发,经济降速并不必然意味着融资租赁业的发展会降速。事实上,支持融资租赁业发展的原有驱动力依然存在。例如,在我国政府和企业负债率高企的背景下,融资租赁能够避免一次性大额投资带来的过大资金压力这一优点将更具吸引力。此外,新形势还带来一些新的发展动力。例如,我国正大力推动城镇化、工业化、信息化、农业现代化进程,与之相关领域的设备投资为融资租赁的业务扩张提供了新的空间;随着"一带一路"国家战略的实施,企业走出去力度不断加大,通过融资租赁带动设备出口的需求在不断增大;随着财税改革的推进以及必要税收优惠政策的到位,更多的企业会从节税角度选择以融资租赁方式而非直接购买方式获取设备,等等。由于原有的发展驱动力仍然存在,新的发展驱动力又不断涌现,可以判定经济新常态下我国融资租赁业仍将大有可为。

——从发展方向看,我国融资租赁业将着重拓展业务领域,深化非融资功能,同时加强制度建设

经济新常态不仅意味着增长速度的换挡,更意味着新的增长驱动力和好的发展质量。有鉴于此,我国融资租赁业应主要朝着以下三个方向进行发展。

一是拓展业务领域。目前融资租赁项目主要以基础设施、飞机船舶、传统制造业设备为主。未来应大力发展与制造业升级改造以及服务业相关的业务领域。如医疗器械、文化产业设备、农业机械、新能源设备等领域,以往融资租赁业较少涉足,应该成为今后业务拓展的重点。

二是深化非融资功能。融资租赁本身除了融资功能之外，在盘活固定资产、促进设备销售、满足企业技术改造的需要等方面都能发挥重大作用，我国在这方面尚有很大潜力可挖。

三是加强制度建设。在法律方面，重点应补足现有体系的不足。例如对不动产和无形资产的租赁业务制定明确的法律法规、加强租赁物登记公示系统建设和租赁资产流通机制建设等。在监管方面，应着重解决三类融资租赁公司监管规则不统一的问题。在多元化融资渠道、会计税收制度、人才培养和引进等方面也需作出持续的努力。除了对已经初步建立的制度不断升级完善以外，还需要在新形势下考虑启动一些新的相关制度，例如在企业走出去开展跨国融资租赁业务时，应获得专门的海外投资保险制度的支持等。

资料来源：中国经济新闻网—中国经济时报

二、国际租赁的方式

（一）融资租赁

融资租赁（Finance Lease）是指出租人用资金购置承租人选定的设备，并按照签订的租赁协议或合同将其长期租给承租人使用的一种融资方式。融资租赁的特点是：

①交易至少涉及三方当事人和两个合同。这三方当事人是指出租人、承租人及供货方。作为三边交易，租赁业务至少要由两个独立的合同来共同来完成：一是租赁公司与制造商之间的进出口合同；二是租赁公司与承租人之间的国际租赁合同。

②拟租赁的设备由承租人选定，出租人只有融资的义务而不承担设备缺陷等责任。

③全额清偿，即租金总额足以支付出租人购买设备的全部投资并能够使出租人获得一定收益。

④承租人一般不可提前终止合同。融资租赁的合同是不可解约的，在合同期内，双方均无权撤销合同。

⑤设备的所有权与使用权长期分离。

⑥由承租人负责设备的维修。

⑦基本租期结束时，承租人对租用的设备可有三种选择权，即续租、退租和留购。

（二）经营租赁

经营租赁（Operating Lease）是指出租人根据市场需求而购进通用设备，通过不断地租给不同用户而逐步收回租赁投资并获得相应利润的一种租赁形式。经营租赁的特点是：

①交易只涉及两方当事人，即出租人和承租人。

②租赁标的多为无形损耗大、需专门管理与保养的通用设备。

③出租人提供设备的维修、保养等服务。

④以满足用户短期需要为主，租赁期短，需反复租赁才能收回投资额。

⑤承租人可提前终止合同。承租人在一定条件下可中途解约、退租或改租设备。

⑥设备的所有权不可转让。租赁期满,承租人只能退租或续租,不得留购。

(三)转租赁

转租赁(Sublease)是指一国出租人根据本国最终承租人的要求,先以承租人的身份从另一国出租人处租进设备,然后再以出租人的身份转租给用户使用的一项租赁交易。转租赁是国际租赁业中运用较为广泛的一种形式。

转租赁是一种以同一物件为标的物的多层次融资租赁交易。其中,上一层次的融资租赁合同的承租人,同时又是下一层次融资租赁合同中的出租人,称为转租人。第一层次融资租赁合同中的出租人称"第一出租人",最终层次的融资租赁合同中的承租人称"最终承租人"。转租赁之所以受到出租人的欢迎,是由于有了转租人这样一个信用状况更好的中介,因而利于减少资金不能回收的风险。

第三方之所以愿意以转租人的身份介入,会有多种原因。例如,最终承租人是它的关联企业,控股子公司之类。它需要让后者能利用融资租赁的有利条件,来达到特定的经营目的,因此自己愿意承担资金回收方面的风险。而且有租赁经营权的租赁公司相互合作,能发挥各自优势,分散风险,或利用不同地域和行业的税收政策。

(四)杠杆租赁

杠杆租赁(Leveraged Lease)是指租赁公司自己或投资人筹措部分资金,项目所需的大部分资金通过银行贷款解决的租赁方式。

对于建设和运营中所需的购置成本特别高的一些大型设备的融资,利用委托租赁的方式难以实现,杠杆租赁则为此提供了一个较好的解决办法。在杠杆租赁中,租赁公司通常以现金投资设备成本费的20%~40%,其余的购置费用通过向银行或保险公司等金融机构借款获得,然后把购得的设备出租给承租人。租赁公司要把租赁物的所有权、融资租赁合同的担保受益权、租赁物的保险受益权及融资租赁合同的收益权转让或抵押给贷款人。例如,对于购置隧道挖掘的专用机械设备等成本特别高的大型设备,采取杠杆租赁方式可以分担资金风险、解决融资困难。

(五)回租租赁

回租租赁(Sale-Back-Lease)又称回购租赁,是将现有资产变现的一种租赁方式,是企业自我滚动发展的一种筹资方式。具体而言,是指设备使用方通过将自己的设备或厂房等物化资产在法律上的所有权转让给租赁公司而取得现金流入,然后再以直接融资租赁的形式租回上述资产,并在租期内按合同约定分期支付租金。利用出售回租的方式,可以在不减损对自己的固定资产的使用的前提下,帮助企业增加现金流,加大资产的流动性,提高资金使用效率。

回租的主要目的是改变资产形态,将物化的长期资产变为流动性最强的现金资产。比如,企业急缺一些流动资金购买原材料,企业可以把它现有的优质设备出售给租赁公司的同时再租回使用,租赁公司付款后马上购进原材料,手续很简便。

回租租赁在项目建设中可以起到重要的作用,已建成的项目拥有巨大的存量资产,可以将这些资产出售给租赁公司,再租回使用。这样就将已固化的设备投资转化为货币资本,在很大程度上缓解建设资金不足的局面,形成滚动开发的格局。这种方式还可以用来筹措股本金、并购等用途的资金。

三、国际租赁的作用

(一)国际租赁对承租者的作用

1. 能充分利用外资

当国内生产企业急需引进国外先进设备,又缺乏外汇资金时,国际租赁是利用外资的有效途径。因为国际信贷购买设备,仍需自筹部分资金,并预付15%的合同价款。而用租赁方式引进,生产企业可先不付现汇资金即可使用设备,留待以后分期支付租金给国外出资者,使企业资金周转不会碰到困难,从而达到提高产品质量,增加产量和扩大出口的目的。

2. 能争取引进时间

国内生产企业假如向银行申请贷款和外汇,再委托进口公司购买所需设备,一般来说,时间是相当长的。而使用融资租赁的形式,通过信托公司办理,可使融资与引进同步进行,既减少了环节,又缩短了时间,使进口货物很快落实,从而达到加快引进的目的。

3. 有利于企业的技术改造

企业采用租赁方式,能经常替换残旧和过时的设备,使设备保持高效率及其先进性,使企业产品更具有竞争力。尤其是经济寿命较短或技术密集型的设备,用经营租赁方式引进最新设备,出资者负责维修,更能使企业的技术改造有所保证。

4. 不受国际通货膨胀的影响

在整个租期内,合同条款不会变动,即使碰到通货膨胀或国际贷款利率上浮等情况发生,也不能改变合同中已订的价款、利率和租金。

5. 能减少盲目引进的损失

购买引进设备,一旦发现其产品不符合国内外市场的形势和要求,要想很快脱手是相当困难的。若压价出售,会使企业蒙受不必要的经济损失;暂时闲置不用,又会使企业背上沉重的包袱,占用资金;勉强维持生产,而产品又销售不出去,则会造成更大的损失。而采用经营租赁方式,灵活方便,假如发现情况不好,则可立即收手退租,力求使企业损失降低到最低程度。

6. 有利于适应暂时性和季节性需要

有些设备在生产中的使用次数不多,却又不可缺少,如探测仪器、仪表等;有些设备受生产的季节性影响较大,适用的时间少,闲置的时间多,如农用设备等。假如购置备用,则造成积压浪费。

(二)国际租赁对出租者的作用

1. 扩大设备销路

机器设备只有尽快销售出去,才能收回资金,促进生产的进一步发展。假如需要设备的用户,缺乏资金又不易获得银行贷款,难于一次付清货款时,就难以达成交易。采用租赁贸易的方式,以租金的形式回收资金,是商品拥有者扩大商品销路的一条新途径。出租者承接租赁业务,起着促进达成交易的作用,并能从中获得一定的利益。

2. 能获得较高的收益

出租者在设备出租期间所获得租赁费的总和,一般都比出售该设备的价格要高。而设备的所有权仍属于出租者,使其收益更安全可靠。同时,在租赁期间内,出租者还可向承租者提供技术服务,包括安装、调试、检测、维修、保养、咨询、培训等,也可以从中获得一定的额外收入。

3. 能得到缴纳税金的优惠待遇,享受税负和加速折旧的优惠

采用融资租赁形式出租的设备,国家一般均不将其作为该企业的资产处理,因此能在本国获得减免税的待遇。

四、我国国际租赁状况

1981年4月,中国第一家中外合资租赁公司——中国东方国际租赁公司在北京成立。1981年7月,中国第一家金融租赁公司——中国租赁有限公司成立。这两家公司的成立标志着现代金融租赁业在我国的建立。随后,金融租赁业得到了迅速发展,为我国经济建设发挥了积极的作用。截至2000年底,在我国民航的运输能力中,65.3%是依赖租赁融资方式取得的,其中通过融资租赁引进客机365架,利用外资总额达189亿美元,通过经营性租赁引进飞机117架。另外,由于我国租赁市场上中外合资租赁公司所占的比重最大,而这些公司的资金主要来源于国外,中外合资租赁公司20年累计业务83.8亿美元。因此,成为我国引进外汇资源的一条补充渠道。另外,我国金融租赁公司业务试点稳步推进。2007年3月,新修订的《金融租赁公司管理办法》开始实施,允许合格金融机构参股或设立金融租赁公司。随后,中国工商银行、中国建设银行、交通银行、民生银行、招商银行五家银行试点设立金融租赁公司。2007年11月,首家商业银行附属金融租赁公司——工银金融租赁公司正式开业。随后,建信金融租赁公司、交银金融租赁公司、招银金融租赁公司、民生金融租赁公司相继开业。金融租赁公司逐步实现战略转型。截至2008年6月末,我国共有金融租赁公司15家,其中正常经营的12家(包括五家银行系金融租赁公司),资产总计542.95亿元人民币,实收资本251.86亿元人民币。

我国国际租赁业在快速发展的同时也面临很多问题。比如,从规模上看,我国金融租赁交易额在资本市场中的份额极低,租赁业的规模远不能适应国民经济的发展;从业务品种上看,由于受国内管理体制及政策的限制,国内金融租赁业务品种单一,国际上通行的转租赁、杠杆租赁、出售回租、运用租赁债权进行融资等在我国难以普遍开展;从政策来看,随着改革开放的深入发展,租赁业的政策环境得到了很大改善。但是相应的法律法规、会计准则等"软环境"同租赁业的快速发展相比还很不相称。

第五节 国际债券

一、国际债券的概念

国际债券(International Bonds)是一国政府、金融机构、工商企业或国际组织为筹措和融通资金,在国际金融市场上以外国货币为面值发行的债券。国际债券的重要特征是发行者和投资者属于不同的国家,筹集的资金来源于国外金融市场。国际债券的发行和交易,既可用来平衡发行国的国际收支,也可用来为发行国政府或企业引入资金从事开发和生产。

二、国际债券的类型

一般来说,国际债券分两类:一类是外国债券;另一类是欧洲债券。

(一)外国债券

外国债券(Foreign Bonds)是指发行者所在国与发行市场所在国具有不同的国籍并以发行市场所在国的货币为面值货币发行的债券。对发行人来说,发行外国债券的关键就是筹资的成本问题,而对购买者来讲,它涉及发行者的资信程度、偿还期限和方式、付息方式以及和投资收益率相关的如票面利率、发行价格等问题。对于发行方式,现在有两种:公募和私募。公募指向社会上不特别指定的广大投资者进行募集资金。而私募是发行债券者只向特定的投资者进行募集。

公募与私募在欧洲市场上区分并不明显,可是在美国与日本的债券市场上,这种区分是很严格的,并且也是非常重要的。在日本发行公募债券时,必须向有关部门提交《有价证券申报书》,并且在新债券发行后的每个会计年度还要向日本政府提交一份反映债券发行者有关情况的报告书。在美国发行公募债券时,必须向证券交易委员会提交《登记申报书》,其目的是向社会上广泛的投资者提供有关债券的情况及其发行者的资料,以便于投资者监督和审评,从而更好地维护投资者的利益。

私募债券的发行相对公募而言有一定的限制条件,私募的对象是有限数量的专业投资机构,如银行、信托公司、保险公司、各种基金会等。一般发行市场所在国的证券监管机构对私募的对象在数量上并不作明确的规定,但在日本则规定不超过50家。这些专业投资的投资机构一般都拥有经验丰富的专家,对债券及其发行者具有充分调查研究的能力,加上发行人与投资者相互都比较熟悉,所以没有公开展示的要求,即私募发行不采取公开制度。购买私募债券的目的一般不是为了转手倒卖,只是作为金融资产而保留。日本对私募债券的转卖有一定的规定,即在发行后两年之内不能转让,即使转让,也仅限于转让给同行业的投资者。

在美国和日本发行的外国债券都有特定的俗称,如美国的外国债券叫做"扬基债券",日本的外国债券称为"武士债券"。由于从 1963 年到 1974 年,美国为抑制资金的外流实施了利息平衡税,且在美国发行外国债券要受美国政府的严格限制,所以"扬基债券"的发行量一直都不高。1974 年后,虽有外国机构重新进入美国市场发行外国债券,都由于欧洲债券的竞争力更强,所以扬基债券的发行量并未有太大的增长。相对来说,由于日本存在着巨额的外汇顺差,对外国债券发行的限制就要宽松一些,特别是在 1984 年放松了有关的限制条件以后,1985 年在日本发行的外国债券量就高达 1 兆多亿日元,但在日本发行外国债券的多为国际金融组织或在欧洲债券市场上信誉不佳的发展中国家。但不论是哪一国发行的外国债券,都需通过债券评级机构的资信评价。

(二) 欧洲债券

欧洲债券(European Bonds)是一种以自由兑换的货币作为面值单位且发行者所在国、发行市场所在国及票面货币所在国具有不同国籍的国际债券。这种债券的发行比较严格,首先是待发行的债券要通过国际上权威的证券评级机构的级别评定,其次债券还需要由政府或大型银行或企业提供担保,另外还需有在国际市场上发行债券的经验,再者在时间间隔方面也有一些限制。这种债券的发行通常由国际性银团进行包销,一般由 4~5 家较大的跨国银行牵头,组成一个世界范围的包销银团。有时包销银团还要组织一个更大的松散型的认购集团,联合大批各国的银行、经纪人公司和证券交易公司,以便在更大范围内安排销售。和其他债券相比,欧洲债券具有一些显著特点:

1. 投资可靠且收益率高

欧洲债券市场主要的筹资者都是大的公司、各国政府和国际组织,这些筹资者一般来说都有很高的信誉,且每次债券的发行都需政府、大型企业或银行作担保,所以对投资者来说是比较安全可靠的,且欧洲债券与国内债券相比收益率更高。

2. 债券种类和货币选择性强

在欧洲债券市场可以发行多种类型、期限、不同货币的债券,因而筹资者可以根据各种货币的汇率、利率和需要,选择发行合适的欧洲债券。投资者也可以根据各种债券的收益情况、风险程度来选择某一种或某几种债券。

3. 流动性强,容易兑现

欧洲债券的二级市场比较活跃且运转效率高,从而可使债券持有人比较容易地转让债券以取得现金。

4. 免缴税款和不记名

欧洲债券的利息通常免除所得税或不预先扣除借款国的税款。另外,欧洲债券是以不记名的形式发行的,且可以保存在国外,从而使投资者容易避免缴纳国内所得税。

5. 市场容量大且自由灵活

欧洲债券市场是一个无利率管制、无发行额限制的自由市场,且发行费用和利息成本都较低,它无需官方批准,没有太多的限制要求,所以它的吸引力就非常大,能满足各国政府、跨国公司和国际组织的多种筹资要求。

欧洲债券根据付息方式的不同,可分为以下几种:其一是固定利率债券。这种债券的利息是固定的,且标明到期日期,其期限为5~10年,发行额通常在5 000万美元到2亿美元之间。它适合于利率稳定时期发行,且发行后必须在伦敦或卢森堡证券交易所挂牌上市的债券。其二是浮动利率债券。这种债券的利率不是固定的,一般是根据短期存款利率的变化每三个月或六个月调整一次,其利率通常比伦敦银行同业拆放利率略高一些。由于这种债券采取了浮动利率,为保证投资者的一定收益,通常会规定一个利率下限,即使市场利率低于这个利率下限仍按此利率付息,而当利率升高时,债券利率也随之升高。其三是可转换为股票的债券。这种债券兼有债券和股票的特点。对发行者来说,可转换为股票的债券有两方面的好处:第一,由于这种债券对投资者很有吸引力,所以能以低于普通债券的利率发行。第二,一旦债券转化为股票,不仅能与按时价发行股票增加资本一样,增加本金和准备金,从而增加自有资本,同时也对外币债务作了清算,清除了外汇风险。这种可转换债券对投资者的好处在于:当股票价格与汇率上升时,将债券转为股票,再卖出股票可得到更多的资本收益。

除上述三类主要的欧洲债券外,还有一些其他形式的欧洲债券,如中期欧洲票据、附有认购各种金融商品权的债券、无票面利率债券、可转让的欧洲货币存款单、欧洲商业票据、附有转换期权的浮动利率债券、永久债券、循环浮动利率债券、附有红利证书债券、次级信用债券、高票面利率的转换公司债券、双重货币债券等。

在欧洲债券市场上,所有货币种类不受限制,但欧洲美元债券、欧洲日元债券所占的比重较大。

三、国际债券的发行程序

(一)外国债券的发行程序

外国政府到东道国证券市场发行外国债券,应按以下程序进行:

①在东道国债券交易委员会注册,按照规定填写清楚注册登记表。

②进行外国债券的评级。由专门的评级机构对发行者的偿还能力作出充分估价。对债券的信誉评级,可作为投资者购买债券的参考。

③准备有关文件,如注册登记表、财务代理人协议、包销人协议、销售集团协议、债券所附的契约条款等。

(二)欧洲债券的发行程序

欧洲债券市场是一个批发性的市场,凡能进入该市场的筹款者,必须有很高的资信。欧洲

债券的发行者在取得了发行该种债券的资格和做好了相应准备后,就可以从事以下工作:

①选定牵头的银行。这个牵头者应该是由资金雄厚、经验丰富、信誉卓著的大银行来担任。

②组织经理银行集团。每个经理银行都须负有认购并推销一部分债券的责任。

③组织集团。

④签订债券发行合同。由牵头的经理银行作代表与债券发行人签订债券包销和认购总合同,层层下包。

⑤进行必要的广告宣传。利用广告的轰动效应吸引投资者,尽快地完成债券的发行工作。

四、我国国际债券的发展状况

对外发行债券是我国吸引外国资金的一个重要渠道,从 1982 年首次在国际市场发行国际债券至今,我国各类筹资主体已在国际债券市场发行了 100 多次债券。我国发行国际债券始于 20 世纪 80 年代初期。当时,在改革开放的政策指导下,为利用国外资金,加快我国的建设步伐,我国开始利用国际债券市场筹集资金。

1987 年 10 月,财政部在德国法兰克福发行了 3 亿马克的公募债券,这是我国经济体制改革后政府首次在国外发行债券。1994 年 7 月,我国政府在日本发行公债券;1995 年 11 月又发行 400 亿日元债券,其中,20 年期为 100 亿日元,7 年期为 300 亿日元。1996 年我国政府成功地在美国发行 4 亿美元 100 年期扬基债券,极大地提高了我国政府的国际形象,在国际资本市场确定了我国主权信用债券的较高地位和等级。1997 年和 1998 年,我国利用国际债券融资进入了一个新的阶段,两年共发行美元债券 34.31 亿、德国马克债券 5 亿、日元债券 140 亿。2001 年 5 月 17 日,我国政府在海外成功发行了总值达 15 亿美元的欧元和美元债券。这是我国政府自 1998 年 12 月以来首次在国际资本市场上发行债券。其中,10 亿美元的 10 年期美元债券,年息率为 6.8%,由高盛、J.P.摩根大通、摩根斯坦利、法国巴黎、德意志银行、巴克莱资本等投资银行承销。此次发行债券不仅保持了中国在国际资本市场上经常发行人的地位,而且向国际金融社会展示了中国经济的活力,是一次具有战略眼光的融资行为。

第六节 国际投资

一、国际投资的含义

国际投资(International Investment)是国际货币资本以及国际产业资本跨国流动的一种形式,是将资本从一个国家或地区投向另一个国家或地区的经济活动。

国际投资的内涵包括以下三个方面:

1. 参与国际投资活动的资本形式是多样化的

它既有以实物资本形式表现的资本,如机器设备、商品等,也有以无形资产形式表现的资本,如商标、专利、管理技术、情报信息等,还有以金融资产形式表现的资本,如债券、股票、衍生证券等。

2. 参与国际投资活动的主体是多元化的

投资主体是指独立行使对外投资活动决策权力并承担相应责任的法人或自然人,包括官方和非官方机构、跨国公司、跨国金融机构及居民个人投资者。而跨国公司和跨国银行是其中的主体。

3. 国际投资活动是资本的跨国经营活动

这一点与国际贸易有所区别,也与单纯的国际信贷活动相区别。国际贸易主要是商品的国际流通与交换,实现商品的价值;国际信贷主要是货币的贷放与回收,虽然其目的也是为了实现资本的价值增值,但在资本的具体营运过程中,资本的所有人对其并无控制权;而国际投资活动,则是各种资本运营的结合,是在经营中实现资本的增值。

二、国际投资的方式

(一)三资企业

1. 外国独资经营企业

(1)外国独资经营企业的概念

外国独资经营企业是指外国的投资者依据东道国的法律,在东道国境内设立的全部资本为外国投资者所有的企业。从东道国外资政策的角度出发,所有没有本国资本直接投资参与的企业都被认为是外国独资企业。外国独资企业的最大特征是所有权、经营管理权都由外国投资者独自享有,同时也由该投资者独自承担责任和风险。

(2)外国独资经营企业的类型

①国外分公司。国外分公司是指投资者为扩大生产规模或经营范围在东道国依法设立的,在组织和资产上与跨国公司不可分割的国外企业。

由于国外分公司不具有东道国当地企业的资格,本身也不是独立的经济实体,一般被东道国视为纯外籍公司。鉴于此,国外分公司的设立手续都比较简便,只要投资者向东道国主管部门提出申请,基本上都能被批准,但在经营范围上会受到很多的限制。

②国外子公司。国外子公司是指跨国公司投入全部股份资本,依法在东道国设立的独立企业。

(3)我国外商独资企业的特点

①外资企业是在中国注册登记,其法定地址在中国,大部分经营活动在中国境内进行。因此,凡符合中国法规关于法人条件的,可依法取得中国法人资格,受中国法律的管辖和保护。

②我国目前的外资企业仅是相对中外合资企业和中外合营企业而言,由于它的投资者不

一定只有一个,可以是由几个外商建立的公司在我国境内举办外资企业,所以它不同于国际上通常讲的"独资经营企业"。

③由于外资企业是由外商自己投资和经营,不能直接向我国企业转让技术。因此,在我国设立的外资企业必须是有利于我国国民经济发展的先进技术型企业或产品出口型企业。

④外资企业的最主要特点是自投资金、自主经营、自负盈亏、自享其利。

2. 合资经营企业

(1)合资经营企业的概念

合资经营企业是指外国投资者和东道国企业共同投资设立的企业。它们共同投资、共同经营、共负盈亏、共担风险。合资企业充分体现互惠互利的原则。东道国通过投入少量的资金,既可利用外资,又可引进先进的技术,吸取先进的管理经验,加快人才培训,开拓国际市场;投资者也可通过共同经营,获取利润。

(2)我国合资经营企业的特点

①国外规定外国投资者只能占股份49%以下,本国投资必须占51%以上。而我国的规定不同于外国。对外商合资企业的股份,只规定下限不少于25%,没有明文规定上限。

②注册资本与投资总额有一定比例要求。总投资额在300万美元以下的,注册资本要等于投资总额的70%;且注册资本在合营期限内不得减少,对合营各方的认缴资本不负还本付息责任。

③中外合资企业都是有限责任公司,其经济责任以各自出资额为限。

④国外投资者所得的利润及其合法所得,必须是外汇才能汇出,这就要求在合同中规定产品外销出口比例,在经营中强调外汇收支平衡。

3. 合作经营企业

(1)合作经营企业的概念

合作经营企业是由外国公司、企业和其他经济组织,或个人同东道国公司、企业或其他经济组织在东道国境内共同投资或提供合作条件而成立的企业。

合作经营企业一般由外国合作者提供全部或大部分资金,东道主提供土地、厂房、可利用的设备、设施,有的也提供少量资金。合作者在合同中约定合作期满时企业的全部资产归东道主合作者所有,外方合作者可以在合作期限内先行回收投资。这一做法,一方面可以解决国内企业缺乏投资来源问题;另一方面,对许多急于回收投资的外国投资者具有很大的吸引力。

(2)我国合作经营企业的特点

①中外合营双方要以法人身份签订合作经营企业合同,并按合同规定的投资方式和分配比例来分配收益。它可以是以具有法人资格的企业,也可以是不具有独立资格的合营实体。

②合作各方权利、义务必须确立在平等互利的原则基础上,在合同中要明确合作各方提供的合作条件,一般不以合作各方的投资额计股分配利润。合作各方对收益分配和风险、债务的分担,企业经营管理方式以及合作期满的清算方法等,都应在合同中规定。

③提供合作条件的合作经营企业、注册资金有两种方式：一是以外国合作者无息提供的资金、设备加上中方投入的少量的现金为注册资金；二是将双方提供的合作条件均折算为投资本金作为注册资金。目前多选择后者。

④外国企业可以采取加速折旧或其他方式提前回收投资，在未满的合营期限内，仍应按原投资额对合营企业的债务承担责任。否则，还本后合营企业万一出现亏损，则无法偿还，对债权人的利益无法保证。

（二）补偿贸易

1. 补偿贸易的概念

补偿贸易(Compensation Trade)是指外国厂商通过贷款向进口方企业提供机器设备、工厂技术知识、专利、培训人员等，待项目竣工投产后，进口方以项目的产品和双方商定的其他办法清偿贷款。补偿贸易与一般贸易方式相比，具有以下两个基本特征：①信贷是进行补偿贸易必不可少的前提条件。②设备供应方必须同时承诺回购设备进口方的产品或劳务，这是构成补偿贸易的必备条件。

2. 补偿贸易的业务要点

（1）引进设备技术的先进性、适用型及其保障措施

对引进的设备技术，必须就其质量保证和技术合作方式作出明确规定，技术上至少应该是领先于国内水平，并在国际上也较为先进的。设备供应方应对涉及工业产权的问题作出保证。

（2）返销产品抵偿设备技术价款的规定

回购是设备出口方的基本义务。我国在补偿贸易中，通常用直接产品补偿。但在具体交易中，有不同做法：全额补偿，全部设备技术价款由等额的返销产品抵偿；部分补偿，由设备进口方支付部分现汇，其余大部分价款通过返销产品补偿；超额补偿，要求设备出口方承诺回购超过补偿金额的返销商品。

（3）偿还期限和结算方式

偿还期限和返销商品的数量和价格直接相关。必须对返销商品的作价原则、定价标准和方法作出规定，并应约定返销商品的数量或金额，安排偿还期限。补偿贸易虽然是以产品抵偿设备，但并非直接的易货贸易，双方仍要通过货币进行计价支付。设备进口方必须掌握先收后付的原则，选择适当的结算方式。通常采用的方式有：对开信用证、托收、汇付（结合银行保函）等。

（三）BOT 融资

1. BOT 融资的概念

BOT 是英文 Build-Operate-Transfer 的缩写，通常译为"建设–经营–转让"。BOT 实质上是基础设施投资、建设和经营的一种方式，以政府和私人机构之间达成协议为前提，由政府向私人机构颁布特许，允许其在一定时期内筹集资金建设某一基础设施并管理和经营该设施及其

相应的产品与服务。

在我国一般称其为"特许权融资方式",是指政府部门就某个基础设施项目与私人企业(项目公司)签订特许权协议,授予签约方的私人企业来承担该基础设施项目的投资、融资、建设、经营与维护,在协议规定的特许期限内,这个私人企业向设施使用者收取适当的费用,由此来回收项目的投融资、建造、经营和维护成本并获取合理回报;政府部门则拥有对这一基础设施的监督权和调控权。特许期届满,签约方的私人企业将该基础设施无偿移交给政府部门。

> 【资料库】
> ### BOT模式的出现
> 近些年,BOT这种投资与建设方式被一些发展中国家用来进行其基础设施建设并取得了一定的成功,引起了世界范围的广泛青睐,被当成一种新型的投资方式进行宣传。然而,BOT远非一种新生事物,它自出现至今已有至少300年的历史。
> 17世纪,英国的领港公会负责管理海上事务,包括建设和经营灯塔,并拥有建造灯塔和向船只收费的特权。但是据罗纳德·科斯(R. Coase)的调查,从1610年到1675年的65年当中,领港公会连一个灯塔也未建成。而同期私人建成的灯塔至少有10座。这种私人建造灯塔的投资方式与现在所谓BOT如出一辙。即:私人首先向政府提出准许建造和经营灯塔的申请,申请中必须包括许多船主的签名以证明将要建造的灯塔对他们有利并且表示愿意支付过路费;在申请获得政府批准后,私人向政府租用建造灯塔必须占用的土地,在特许期内管理灯塔并向过往船只收取过路费;特权期满以后由政府将灯塔收回并交给领港公会管理和继续收费。到1820年,在全部46座灯塔中,有34座是私人投资建造的。
>
> (资料来源:百度百科.)

2. BOT融资的特点

BOT作为一种直接投资方式,不但本质上不同于商业借款或国家预算资金担保等筹资,而且与传统的直接投资有明显的差别。

①BOT融资方式是无追索的或有限追索的,举债不计入国家外债,债务偿还只能靠项目的现金流量。

②承包商在特许期内拥有项目所有权和经营权。

③在名义上,承包商承担了项目全部风险,因此融资成本较高。

④与传统方式相比,BOT融资项目设计、建设和运营效率一般较高。因此,用户可以得到较高质量的服务。

(5)BOT融资项目的收入一般是当地货币,若承包商来自国外,对东道国来说,项目建成后将会有大量外汇流出。

本章小结

1. 国际融资是指在国际金融市场上,运用各种金融手段,通过各种相应的金融机构而进行的资金融通。按照不同的融资方式可分为直接融资和间接融资。

2. 国际信贷是一国的银行、其他金融机构、政府、公司企业以及国际金融机构,在国际金融市场上,向另一国的银行、其他金融机构、政府、公司企业以及国际机构提供的贷款。以政府贷款、国际金融组织贷款、国际商业银行贷款为主。

3. 出口信贷是一种国际信贷方式,也是一种重要的融资方式,能够提升本国商品出口竞争力。按照借贷对象分为卖方信贷和买方信贷。

4. 国际租赁是分别处于不同国家或法律体制下的出租人与承租人之间的一项租赁交易。其主要包括融资租赁、经营性租赁、转租赁、回租租赁等形式。

5. 国际债券是一国政府、金融机构、工商企业或国际组织为筹措和融通资金,在国际金融市场上以外国货币为面值发行的债券。国际债券主要分为外国债券和欧洲债券。外国投资者在东道国发行的以东道国货币计价的债券称为外国债券;外国投资者在东道国发行的以第三国货币计价的称为欧洲债券。

6. 国际投资是国际货币资本以及国际产业资本跨国流动的一种形式,是将资本从一个国家或地区投向另一个国家或地区的经济活动。其主要包括三资企业、补偿贸易、BOT融资等形式。

思 考 题

一、选择题

1. 融资租赁业务中,由( )负责租赁设备的维护。
A. 承租人　　　　　　　B. 出租人
C. 供货商　　　　　　　D. 经销商

2. 当今贸易融资中,出口信贷中最为广泛的形式是( )。
A. 卖方信贷　　　　　　B. 买方信贷
C. 混合信贷　　　　　　D. 联合信贷

二、简答题

1. 什么是国际租赁?国际租赁的方式有哪些?
2. 什么是买方信贷?什么是卖方信贷?分别如何操作?

【阅读资料】

华能国际电力公司的股票发行

华能国际电力公司发行了6.25亿美元的股票,并于1994年11月在纽约证券交易所挂牌上市。这是当时以美元为面值股票发行数额最大的一家中国公司。莱曼兄弟公司是这次发行的国际协调人和牵头经理。

华能国际电力公司是我国最大的电力公司,总部在北京,下辖五个发电厂,分布在河北、辽宁、江苏、福建和广东五个省。公司希望建立三个新项目,以提高供电能力,因而需要建设资金。为此,华能国际电力公司到纽约交易所进行了初次公募。市场认为,华能国际电力公司具有良好的管理队伍和宏伟的发展计划。

华能国际电力公司在发行之前进行了重大改造。华能公司原是政府下属国有企业,为一些地方电力部门共有,它们各持有不同的股份。在股票发行前,这些必须划定清楚。在这笔业务中,莱曼兄弟公司作为投资银行、阿瑟·安德森公司作为审计师、贝克·麦肯兹公司作为律师共同设立了一个控股公司,即华能国际电力发展公司(HIPDC),将公司股份的25%出售。华能国际电力发展公司持有40%的股份,仍保留控股权,地方政府的投资公司拥有的股份共占35%。公司25%的股份以3 125万份美国股票存托凭证的形式出售,这代表着12.5亿N股,即纽约股。

在进行公司资产估值时,牵头投资银行与公司密切合作,它们比较了同类公司的股票价格,然后根据预定的1995年赢利水平确定了一个价格范围。由于首次发行这类股票,且发行规模较大,各承销投资银行在向投资者推销时格外谨慎。莱曼兄弟公司派出公共事业分析家和经济学家与投资者接触、交流,紧接着进行了范围广泛的推介活动,横跨美国、加拿大、新加坡、香港和东京五个国家和地区。

莱曼兄弟公司认为,这次推介与营销效果良好,但投资者接受的股价较低。投资银行曾希望价格能达到1995年收益预测的16~20倍之间,但随着发生日临近,国际市场不看好来自新兴市场的公司,结果它们仅以每股20美元售出,发行市盈率为14倍。

(资料来源:融资通网站.)

第十章 Chapter 10

外汇管制

【学习目的与要求】

本章主要阐述了外汇管制的内涵及管制方式。通过本章学习,主要掌握外汇管制的概念,熟悉外汇管制的演变、外汇管制的作用、外汇管制的主要内容以及外汇管制与货币自由兑换的关系,了解中国的外汇管理体制等。

【案例导入】

阿根廷外汇管制一周年政策回顾

2011年,阿根廷联邦公共收入管理局正式颁布决议,规定实施"外汇交易咨询计划",开始对汇市进行干涉和管制。外汇管制政策实施一年间,阿根廷货币当局陆续颁布实施了数十项相关规定。

自2011年至2012年,阿根廷首都布宜诺斯艾利斯房屋交易量下降20.14%,官方公布的比索兑美元汇率下跌11.97%。

阿政府一年来外汇管制方面的重要政策如下:

1. 2011年10月31日,所有外汇兑换操作均须获得联邦公共收入管理局许可。
2. 2011年11月12日,央行只允许部分银行开展外汇兑换业务。
3. 2011年11月18日,央行适当放宽因支付抵押贷款而购买美元的购汇限制。
4. 2011年12月13日,央行规定银行或货币兑换所收到购买50万美元以上外汇的申请后,需要提前10个工作日向央行报告才能批准交易。
5. 2012年2月9日,央行规定需要购买美元转汇的企业,必须在央行留有良好记录。
6. 2012年4月3日,央行规定需要在境外提取外汇资金的用户需要在国内具备外币账户。

7. 2012年5月初,联邦公共收入管理局将个人每月购买外汇的最高上限由不超过月工资的40%下调至25%。

8. 2012年5月29日,联邦公共收入管理局规定出境旅游的游客购买美元时须提前向该机构申报。

9. 2012年6月13日,联邦公共收入管理局取消以美元计价的电子发票。

10. 2012年6月15日,联邦公共收入管理局网站取消"购汇美元用于储蓄"的申请选项。

11. 2012年6月15日,央行禁止银行购买美元债券用来支付外债。

12. 2012年7月5日,阿根廷央行禁止购买美元用于储蓄。

13. 2012年7月14日,各大银行将外国人津贴比索化。

14. 2012年8月10日,央行规定,只给前往非欧元区和非周边国家的出境游客提供美元购汇。

15. 2012年8月21日,银行暂停接受以美元计价的提前支付或还贷申请。

16. 2012年8月30日,联邦公共收入管理局规定游客在出境前7天办理购买美元手续。

17. 2012年8月31日,联邦公共收入管理局开始对境外信用卡消费征收15%的消费税。

18. 2012年9月1日,联邦公共收入管理局开始对境外借记卡和网购消费征收15%的消费税。

19. 2012年9月6日,私人机构不能在机场和港口开展外汇兑换业务。

20. 2012年9月12日,内阁首席办公室规定官员出境差旅费只能换购目的国货币。

21. 2012年10月31日,央行规定办抵押贷款时禁止购买美元。

资料来源:新华网

第一节 外汇管制概述

一、外汇管制的概念

外汇管制(Exchange Control)有狭义与广义之分。狭义的外汇管制指一国政府对居民在经常项目下的外汇买卖和国际结算进行限制。广义的外汇管制指一国政府对居民和非居民的涉及外汇流入和流出的活动进行限制性管理。外汇管制的手段是多种多样的,大体上分为价格管制和数量管制两种类型。前者指对本币汇率作出的各种限制,后者指对外汇配给控制和外汇结汇控制。其基本内容可概括为:

①政府颁布外汇管制法令,由中央银行或政府指定的专门机构、银行来执行,负责外汇管制工作。

②自然人和法人买卖和持有外汇都要受到严格控制。

③出口商出口所得外汇必须按规定全部或者部分向中央银行或政府指定的经营外汇业务

的银行兑换成本国货币,而进口所需外汇,则须申请进口许可证,中央银行或政府指定的经营外汇业务的银行根据许可证上所载的金额供应外汇。

④自然人和法人所得非贸易外汇收入,必须全部卖给国家或存入国家指定银行;向外汇出学费、旅游费等必须得到外汇管理部门批准方能汇出。

⑤对资本输出以及输入资本所获得的收入,根据不同情况、不同时期进行不同程度的管制。

⑥国家公布和管理汇价。

⑦对非本国的自然人和法人在本国的外汇存款账户也要实行不同程度的管制。

外汇管制的目的是为了谋求国际收支平衡,维持货币汇率稳定,保障经济正常发展,以加强本国在国际市场上的经济竞争力。目前,实行外汇管制仍是世界绝大多数国家的做法。

二、外汇管制的产生和演变

外汇管制的产生和发展同各个历史时期国际政治经济发展、国际贸易格局的变化及国际货币制度的演变密切相关。

(一)两次世界大战期间的外汇管制

外汇管制是从第一次世界大战期间开始的。第一次世界大战之前,资本主义国家广泛实行自由贸易,世界各国普遍实行金本位的货币制度,在这一制度下,各国的货币都可以自由兑换为黄金,黄金可以自由地输出入,自由铸造,国际间的交易多用黄金结算,使汇率和国际收支可以通过自动调节机制实现均衡,不需要以行政或法律手段进行人为调节,汇率比较稳定,外汇买卖数量不受限制,基本上不存在外汇管制。

第一次世界大战爆发后,参战国发生了巨额的国际收支逆差,本国货币对外汇汇率猛跌,资金大量外流。为了筹措资金防止资金外流,各国都禁止黄金输出,取消外汇自由买卖,开始实行外汇管制,外汇管制由此产生。

第一次世界大战结束后,国际经济关系逐步恢复正常,世界经济和政治处于相对稳定时期,为了扩大对外贸易,从1923年起,各国先后实行了金块本位制和金汇兑本位制,并相继取消了外汇管制。1929~1933年,世界发生了空前严重的经济危机,紧接着发生了严重的货币信用危机,几乎所有西方国家都陷入了国际收支危机的深渊,各国纷纷放弃了自由贸易政策,采取贸易保护措施,各国又相继实行了外汇管制。

第二次世界大战期间,世界各国普遍实行外汇管制,以限制资金外流,保证本国支付需要,集中外汇资金支持战争。一直坚持货币自由兑换的英国、法国,为了补充外汇资金,应付巨额的战争支出,也被迫实行外汇管制。据统计,1940年,世界100多个资本主义国家和地区中,只有美国、依附美国的美洲国家和瑞士未正式实行外汇管制,其余都实行了严格的外汇管制。

(二)第二次世界大战后的外汇管制

战争结束后,国际经济极度不平衡,英国、法国、德国、日本、意大利等国受到战争破坏最严重,经济困难,通货膨胀严重,国际收支大量逆差,黄金、外汇储备枯竭。为此,这些国家进一步强化了外汇管制。只有美国通过战争获得了巨大的经济利益,集中了世界绝大部分黄金存量,而没有实行外汇管制。

20世纪60年代以来,日本及欧洲各主要工业化国家的经济实力有所增强,外汇储备逐渐增加,足以与美国抗衡时,这些国家才陆续放宽外汇管制,实行货币自由兑换。

20世纪70年代以后,西方国家先后从有限度的货币自由兑换到进一步解除外汇管制实行全面自由兑换。到目前为止,西方工业发达国家已基本上实现了货币的自由兑换,外汇管制已经取消。同时,亚太地区一些新兴工业国如韩国、菲律宾及中东一些富裕的石油输出国等,也逐步放宽乃至取消了大部分外汇管制。但绝大多数外汇资金还不宽裕的发展中国家仍然实行宽严不一的外汇管制。

从上述可知,一个国家实行外汇管制与否,采取什么管制措施,与其当时所处的政治经济环境和条件有关。不论战争时期还是和平时期,也不论是经济危机时期还是经济状况较好时期,凡当一国利用一般经济手段,不能使其国际收支与汇率维持在符合本国利益水平上时,该国就动用外汇管制手段,以达到平衡国际收支的目的。但从世界经济发展的趋势看,国际间的经济交往与合作越来越密切,各国经济相互补充和相互依赖的程度会越来越大。因此,在不发生重大政治和经济危机及国际冲突的情况下,世界范围内的外汇管制将进一步放宽,这是外汇管制演变的发展趋势。

三、外汇管制的目的和意义

(一)促进国际收支平衡或改善国际收支状况

长期的国际收支逆差会给一国经济带来显著的消极影响,维持国际收支平衡是政府的基本目标之一。政府可以用多种方法来调节国际收支,但是对于发展中国家来说,其他调节措施可能意味着较大代价。例如,政府实行紧缩性财政政策或货币政策可能改善国际收支,但它会影响经济发展速度,并使失业状况恶化。

(二)稳定本币汇率,减少涉外经济活动中的外汇风险

汇率频繁地大幅度波动所造成的外汇风险会严重阻碍一国对外贸易和国际借贷活动的进行。拥有大量外汇储备或很强借款能力的国家可以通过动用或借入储备来稳定汇率。对于缺乏外汇储备的发展中国家来说,外汇管制是稳定本币对外币的汇率的重要手段。

(三)防止资本外逃或大规模的投机性资本流动,维护本国金融市场的稳定

经济实力较弱的国家存在着非常多的可供投机资本利用的缺陷。例如,在经济高速发展时商品价格、股票价格、房地产价格往往上升得高于其内在价值。在没有外汇管制的情况下,这会吸引投机性资本流入,后者会显著加剧价格信号的扭曲。一旦泡沫破灭,投机性资本外逃,又会引发一系列连锁反应,造成经济局势迅速恶化。外汇管制是这些国家维护本国金融市场稳定运行的有效手段。

（四）增加本国的国际储备

任何国家都需要持有一定数量的国际储备资产。国际储备不足的国家可以通过多种途径来增加国际储备，但是其中多数措施需要长期实施才能取得明显成效。外汇管制有助于政府实现增加国际储备的目的。

（五）有效利用外汇资金，推动重点产业优先发展

外汇管制使政府拥有更大的对外汇运用的支配权。政府可以利用它限制某些商品进口，来保护本国的相应幼稚产业；或者向某些产业提供外汇，以扶植重点产业优先发展。

（六）增强本国产品的国际竞争能力

在本国企业不足以保证产品的国际竞争能力的条件下，政府可以借助于外汇管制为企业开拓国外市场。例如，规定官方汇率是外汇管制的重要手段之一，当政府直接调低本币汇率时，或限制短期资本流入时，都有助于本国增加产品的出口。

（七）增强金融安全

金融安全指一国在金融国际化条件下具有抗拒内外金融风险和外部冲击的能力。开放程度越高，一国维护金融安全的责任和压力越大。影响金融安全的因素包括国内不良贷款、金融体制改革和监管等内部因素，也涉及外债规模、使用效益、国际游资冲击等涉外因素。发展中国家经济发展水平较低，经济结构有种种缺陷，特别需要把外汇管制作为增强本国金融安全的手段。

总之，外汇管制的目的，在经济实力较强的国家是为了限制资本流入对本国经济产生的消极影响；在经济实力较弱的国家，则是为了防止资本外逃，积累外汇资金，维持本国货币币值稳定，谋求国际收支平衡。

四、外汇管制的作用及弊端

外汇管制作为一种经济政策，在实施过程中，既有一定的积极作用，同时又有一定的消极作用。

从总体上看，外汇管制可以使一国经济少受或不受外来因素的影响，如前所述的一些目的，如稳定经济、改善国际收支状况、防止资本外逃、增强本国产品的国际竞争力等一般也可实现。但是与此同时，外汇管制的实施对本国经济和世界经济也会带来许多弊端：

1. 严格的外汇管制会扭曲国际贸易商品的相对优势

外汇管制的结果，隔离了本国市场与国际市场的联系，国内的生产者和商人无法正常地生产、销售、选购市场所需的价廉物美的商品，使生产与贸易脱节，破坏了国际贸易比较利益的原理，使资源有效分配的机制无法发挥作用。

2. 严格的外汇管制会扭曲资本的优化配置

这是因为一国若实施了严格的外汇管制,实际上就是阻塞了资本从低收益的地区向高收益的地区或产业流动的渠道,从而使资本供求在世界范围内的调节变得缺乏效率,进而不利于各国的经济发展。资金有盈余的国家不能将其顺利调出,而急需资金的国家又不能得到它,资金不能在国际间有效的流动。

3. 阻碍国际贸易的正常发展,增加国际之间的摩擦

实行外汇管制,限制外汇的自由买卖与支付,外汇管制国家之间以及外汇管制与不实行外汇管制国家之间必然要实行限制性程度不同的双边结算制度。这无疑会阻碍国际贸易的规模扩大。另外,由于实行外汇管制,贸易往来和资本流动往往带有政府的意图,而不仅是商人之间的自由交易,因而必然会加深国际间猜忌、摩擦和矛盾,引起对方的报复,贸易战、货币战也会随之加剧。

4. 不利于引进外资

外汇管制的松紧一直被国外投资者认为是该国投资环境的一个最主要方面,因为外汇管制给它们在该国投资的还本付息、红利分配及债务偿还带来困难,从而降低投资者投资的兴趣,使本国难以扩大吸收利用外资加快本国经济的建设。

五、外汇管制的机构、对象和类型

(一)外汇管制的机构

实行外汇管制的国家,为了有效实施外汇管制的方针、政策、法令、法规和各种措施,都需要指定一个政府机构来执行外汇管制职能,不过各国的国情不同,因而执行机构也不同。一般都由政府授权中央银行作为执行外汇管理的机构,如英国的英格兰银行行使外汇管制权力;也有一些国家直接设置诸如外汇管理局等专门机构,如法国、意大利等国都设立外汇管理局负责外汇管制工作;有的国家由财政部负责外汇管制,如美国,虽然已经基本上取消了外汇管制,但出于政治上的原因,需要对某些国家的金融和商业往来实行限制,这种限制由财政部负责执行;还有的国家由国家行政部门直接负责外汇管制工作,如日本由大藏省行使外汇管制权力;另外,还有一些国家是由它的中央银行指定一些大商业银行作为经营外汇业务的银行来管制外汇。

(二)外汇管制的对象

外汇管制的对象可分为人、物和地区三个方面。

1. 对人的外汇管制

对人的外汇管制通常分为居民和非居民。对居民和非居民的外汇管制往往采取不同的政策和规定。多数国家对居民实行严格外汇管制,而对非居民的外汇管制较宽。

2. 对物的外汇管制

对物的外汇管制即对外汇及外汇有价物进行管制,其中包括外国货币(如钞票、铸币等)、外币支付凭证(如汇票、本票、支票、银行存款凭证等)、外币有价证券(如政府公债、国库券、公司债券、股票、息票等),以及其他在外汇收支中所使用的各种支付手段和外汇资产。大多数国家把黄金、白银等贵金属也列入管制对象之中。本国货币的携出入境,也属于外汇管制的范围。

3. 对地区的外汇管制

一般国家都以本国作为外汇管制的地区,有些国家对本国的不同地区实行不同的外汇管制政策,譬如对本国的出口加工区或自由港,实行较松的外汇管制。另外,有些国家对不同的国家和地区实行不同的外汇管制政策,对盟国和友好国家管制松,对不友好、敌对国家管制严,如美国对尖端技术、军需设备的出口就是以此来分类的。

(三) 外汇管制的类型

目前在世界上,根据各国对外管制的程度不同,大致有三种外汇管制的类型:

1. 实行严格的外汇管制

无论是对国际收支中的经常项目或资本项目,都实行严格管制,前苏联、东欧国家和大多数发展中国家大多属于这一类型。这些国家和地区经济不发达,出口创汇有限,缺乏外汇资金,市场机制不成熟,为了有计划地使用外汇资源,加速经济发展,不得不实行严格的外汇管制。据统计,这种类型的国家或地区约有90个。

2. 实行部分外汇管制

这种外汇管制一般是对非居民的经常性外汇收支(包括贸易和非贸易)不加限制,准允自由兑换或汇出国外,而对资本项目的外汇收支,则加以限制。实行这类外汇管制的国家的经济比较发达,国民生产总值较多,贸易和非贸易出口良好,有一定的外汇黄金储备。目前,列入这一类型的国家和地区大约有40个。

3. 名义上取消外汇管制

这种类型的国家和地区准许本国和本地区货币自由兑换成其他国家和地区的货币,对贸易和资本项目的收支都不加限制,但不排除从政治或外交需要出发,对某些特定项目或国家采取包括冻结外汇资产和限制外汇交易等制裁手段。一些工业很发达的国家,如美国、英国、德国、瑞士等,以及国际收支有盈余的一些石油生产国,如科威特、沙特阿拉伯、阿拉伯联合酋长国等均属于这一类型,这类国家和地区经济很发达,国民生产总值高,贸易和非贸易出口在国际市场上占相当份额,有丰富的外汇黄金储备。目前,列入这一类型的国家和地区大约有20个。

由以上外汇管制的分类可看出,一个国家和地区外汇管制的宽严程度,完全取决于这个国家和地区的经济金融情况和国际收支情况,以及外汇和黄金储备的多少。因此,随着世界经济格局的变化和经济秩序的重新组织,每个国家对外汇进行管制的程度也会不断变化和发展。总的趋势是:工业化国家和地区的外汇管理逐步放松,发展中国家和地区的外汇管制则有松有严。

【资料库】

我国外汇管理局的主要职能

1. 设计、推行符合国际惯例的国际收支统计体系,拟定并组织实施国际收支统计申报制度,负责国际收支统计数据的采集,编制国际收支平衡表。

2. 分析研究外汇收支和国际收支状况,提出维护国际收支平衡的政策建议,研究人民币在资本项目下的可兑换政策。

3. 拟定外汇市场的管理办法,监督管理外汇市场的运作秩序,培育和发展外汇市场;分析和预测外汇市场的供需形势,向中国人民银行提供制订汇率政策的建议和依据。

4. 制定经常项目汇兑管理办法,依法监督经常项目的汇兑行为;规范境内外外汇账户管理。依法监督管理资本项目下的交易和外汇的汇入、汇出及兑付。

5. 按规定经营管理国家外汇储备。

6. 起草外汇行政管理规章,依法检查境内机构执行外汇管理法规的情况、处罚违法违规行为。

7. 参与有关国际金融活动。

8. 承办国务院和中国人民银行交办的其他事项。

(资料来源:国家外汇管理局网站.)

第二节 外汇管制的基本方式

凡实行外汇管制的国家和地区,一般对贸易外汇收支、非贸易外汇收支、资本输出入、汇率、黄金、现钞的输出入等都采取一定的管制办法和措施。

一、对出口外汇收入的管制

对出口外汇收入的管制就是对出口商品收汇的管制,其目的是为了鼓励出口,扩大外汇收入,同时限制某些商品如原材料、能源的出口,另外,保证出口所得外汇能及时全部调回国内,结售给指定银行,由国家统筹安排使用。也就是说,出口商必须向外汇管制机构申报出口商品价款、结算所使用货币、支付方式和期限,在收到外汇后又必须向外汇管制机构申报交验许可证,并按官方汇价全部或部分外汇收入结售给指定的银行。剩余部分既可用于自己进口,也可按自由市场的汇率转售他人。各国管制出口外汇的措施一般采取颁发出口许可证的办法,以加强对出口商品的控制。出口商在申请出口许可证时要填明出口商品的价格、金额、收汇方法等,并交验信用证,以防止隐匿出口外汇收入与本国资金外逃。

为了鼓励出口,刺激出口商的积极性,各国往往采用以下几种措施:

①信贷支持。由银行对某些出口产品的生产和销售提供资金支持和信贷担保。

②出口补贴。由国家对某些成本较高或盈利较小的出口商品给予补贴,许多国家对农产品的出口都提供补贴。

③出口退税。商品如在国内销售要按规定征税,但如果是出口,则退还各种间接税,以降低出口成本,增加盈利。

④以优惠利率贴现出口商的汇票。

⑤政府机构承保汇率波动风险。

二、对进口付汇的管制

对进口外汇的管制就是对进口商品用汇的管制,其目的是为了限制与国内相竞争的商品进口,并禁止某些奢侈品及非必需品进口,以便节约外汇支出和保护本国工业。多数国家实行进口许可制度,由外汇管制机关签发进口许可证,进口商只有获得进口许可证,才能购买进口所需外汇。此外,对进口限制还同时采取以下几种措施:

①对进口数量(包括进口总量或某项商品进口数量)实行限制,超过限额的一律不准进口。

②征收进口税和进口附加税。有些工业化国家为了保护本国工业,还对某些商品的进口征收反倾销税,以限制其进口。

③进口预先存款(Advance Import Deposit),即要求进口商在进口某项商品时,向指定银行预存一定的进口货款,银行不付利息,这部分存款可在商品进口时退还,或进口商品最后支付完成时退还,也可于存款后30天、60天、90天或120天退还等。存款数额的确定有两种情况:一种根据进口商品的类别或性质,按进口货款总值,收取一定的比例;另一种则根据进口商品所属的国别或地区,按进口货款总值,收取一定的比例。进口预先存款通过占压进口商品资金,减少其进口支付能力,从而减少进口。

④实行国家统一控制,所有进口统一由国家指定的进口单位办理,其他企业不能参与进口业务,以保证外汇的集中使用。

⑤限制进口商对外支付使用的货币。

⑥进口商品要获得外国提供的一定数额的出口信贷,否则不准进口。

⑦提高或降低开出信用证的押金额,以控制进口。

⑧进口商在获得批准的进口以前,必须完成向指定银行的交单工作,使进口商不能与有关银行做进口押汇、融通资金,从而增加成本。

三、对非贸易外汇的管制

非贸易外汇收支的范围比较广泛,包括运输费、保险费、港口使用费、邮电费、佣金、利润、股息、利息、专利费、稿费、旅游费、赡家汇款等,实行非贸易外汇管制的目的,在于集中该项目的外汇收入,限制相应的外汇管制。实行外汇管制的国家一般都对非贸易外汇的收入与支出进行严格的管理。

非贸易管制的基本方法和措施主要有:属于进出口贸易的从属费用,如运费、保险费、佣金等,基本按贸易外汇管制办法处理;对其他非贸易外汇收入,一般要求卖给国家指定银行。对于非贸易外汇支出控制措施,一般也与贸易外汇管制相近,包括许可证审批、预付存款、征收外汇购买税,规定每次购买外汇的间隔时间等。不但多数发展中国家对非贸易外汇收支进行管制,发达国家也进行管制。如法国政府曾规定,居民可在任何时候自由地向国外汇款,每人每次最多为3 000法郎的等值外币,对公事出差的基本外汇配额除5 000法郎外,每人每天加1 000法郎等值外币,超过基本配额的任何类型旅游外汇须经法兰西银行批准。各个国家根据其国际收支状况,往往不同时期实行宽严程度不同的非贸易外汇管制。

四、对资本输出入的外汇管制

根据国际货币基金协定的规定,"各成员未经基金组织同意,不得对国际经常往来的付款和资金转移施加限制,但是在必要的情况下可以对国际资本转移采取一些限制"。因此,对资本输出入的管制,在世界各国外汇管制中具有相当重要的地位,只是根据不同的需要,实行不同程度的管制。

一般来说,外汇资金过剩,国际收支长期顺差的国家,为了避免本币汇率过度上浮,影响出口商品的竞争能力,往往采取限制流入或鼓励本国资本外流的措施。具体做法有:

①通过银行限制资本流入。如规定银行吸收非居民存款要缴纳较高的存款准备金,规定银行对非居民存款不付利息或倒收利息,限制商业银行对非居民出售本国的远期货币业务等。

②通过企业限制资本流入。如限制非居民购买本国的有价证券,限制居民借用外国资本等。

对于发展中国家来说,通常把资本流入作为发展本国经济的一个资金来源,因而采取一系列措施鼓励外国资本在本国投资,大力吸引外资流入,限制资本外流。具体措施包括:

①对外资企业实行优惠税率政策,鼓励外国资本流入。

②对外商投资提供完备、配套的基础设施,提供各方面的优惠服务。

③冻结账户,指未经管汇机构批准,在账户上的资产,包括外国人的银行存款、证券及其他资产,不能动用,严禁汇出。

④直接限制企业在国外投资,限制居民购买外国有价证券。

⑤征收利息平衡税。规定本国居民购买外国证券一律征税,使国外投资的收益和国内投资收益相等,甚至更低,从而达到限制资本流出的目的。

五、复汇率制

复汇率制度是指一个国家通过外汇管制,使本国货币汇率有两个以上的表现形式,出现多重的汇兑标准。

一般来说,在经济高度发达的市场经济国家,其汇率制度一般为自由浮动,国家不对汇率进行直接管制,而是运用经济手段间接控制、引导汇率;而那些经济欠发达的、市场机制发育不健全、缺乏有效的经济控制机制的国家,则采取直接的行政性的方式来管理汇率,以保证汇率为本国经济政策服务。

【资料库】

复汇率制的主要形成途径

1. 法定的复汇率

法定的复汇率,即政府有关机构规定两种或两种以上的官方汇率。

一些国家规定不同的贸易汇率和金融汇率。前者用于贸易及贸易从属费用的结算,后者用于非贸易收支及资本流动中的货币兑换。贸易汇率一般使本币只能兑换较少的外币,从而起到限制进口鼓励出口的作用。一些国家根据进出口商品的类别、非贸易收支的类别和资本流动的类别,分别规定多种汇率,以达到限制奢侈品进口、鼓励生产资料进口、抑制必需品出口、鼓励非必需品出口等既定目标。

2. 双轨制汇率

双轨制汇率,即官方汇率与市场汇率并存的状况。

在官方只允许官方汇率存在的情况下,市场汇率会出现于黑市。有些国家实行外汇留成制,并允许某些外汇收入可在市场出售,使双轨制汇率合法化。有些国家规定,出口商按官方汇率将外汇结售给指定银行时,可取得外汇转移证,此证可在外汇市场上转让给需要外汇的客户,得到该证的客户可持证到指定银行申请购买外汇。这是对出口商的一种变相补贴,并使进口商支付一笔额外支出,形成事实上的双轨制汇率。

3. 广义的复汇率制

广义的复汇率制,即根据国际货币基金的标准。

凡采取下述外汇管制措施的国家均被视为实行复汇率制:课征外汇税;给予外汇津贴;不支付利息的预付进口存款制;对未偿付债务应持有相应存款;官方汇率背离市场汇率而不及时调整。当一国政府机构通过歧视性货币措施对非居民资金转移进行限制,如作出双边支付安排,国际货币基金视之为复汇率制。若一国针对不同交易规定的不同汇率相差2%以上,或挂牌即期汇率与国际外汇市场差额超过1%且存在时间超过一周,也被国际货币基金看作是复汇率。

在20世纪80年代以前,部分发达国家和许多发展中国家普遍实行复汇率制。在20世纪80年代中期以后,实行复汇率制的国家逐渐减少,不少发展中国家也在为取消复汇率制而努力,争取实现单一汇率制。

(资料来源:百度百科.)

第三节 货币可兑换

一、货币可兑换的含义

货币可兑换或者说货币自由兑换,一般是指一个国家或某一货币区的居民,不受官方限制,将其所持有的本国货币兑换成其他国家或地区的货币,用于国际支付或作为资产持有。

从表面上看,自由兑换是一国货币能不能自由地与其他国家货币兑换的问题,但其实质是一国的商品和劳务能不能与其他国家自由交换。这种能否自由兑换和自由兑换的程度,是与一国经济在国际上的地位密切相关的,是受一国商品、劳务在国际、国内市场上的竞争能力、资本余缺状况等许多因素制约的。

二、经常项目下货币可兑换

国际货币基金组织认为,经常项目下货币可兑换是取消对经常性国际交易支付与转移的各种限制。一国的货币如果实现了在经常项目下可兑换,其货币在很大程度上就成为可自由兑换的货币。经常项目下可兑换货币的具体要求:

①各成员国(或地区)未经基金组织同意,不可对国际经常往来的付款和资金转移施加限定。

②不准实行歧视性货币措施和多种汇率措施。

③任何一个成员国均有义务赎回其他成员国持有的经常项目。

三、人民币经常项目可兑换

1996年,我国正式接受国际货币基金组织协定第八条款,实现了人民币经常项目可兑换。为了区分经常项目和资本项目交易,防止无交易背景的逃骗汇及洗钱等违法犯罪行为,我国经常项目外汇管理仍然实行真实性审核(包括指导性限额管理)。根据国际惯例,这并不构成对经常项目可兑换的限制。

经常项目外汇收入实行限额结汇制度。除国家另有规定外,经常项目下的外汇收入都须及时调回境内。凡经国家外汇管理局及其分支局批准开立经常项目外汇账户的境内机构(包括外商投资企业),可在核定的最高金额内保留经常项目外汇收入,超过限额部分按市场汇率卖给外汇指定银行,超过核定金额部分最长可保留90天。

境内机构经常项目用汇,除个别项目须经外汇局进行真实性审核外,可以直接按照市场汇率凭相应的有效凭证用人民币向外汇指定银行购汇或从其外汇账户上对外支付。

实行进出口收付汇核销制度。货物出口后,由外汇局对相应的出口收汇进行核销;进口货款支付后,由外汇局对相应的到货进行核销。以出口收汇率为主要考核指标,对出口企业收汇情况分等级进行评定,根据等级采取相应的奖惩措施,扶优限劣,并督促企业足额、及时收汇;建立逐笔核销、批量核销和总量核销三种监管模式,尝试出口核销分类管理;目前正在设计、开发和推广使用"出口收汇核报系统"。

【资料库】

货币自由兑换后经济面临的新的问题

1. 资本逃避问题

资本逃避问题指由于恐惧、怀疑或为某种风险和管制所引起的资本向其他国家的异常流动。在资本流动受到管制的情况下,资本逃避往往采用非法的途径。一种较常见的方式是在国际交易中伪造发票价格,使其偏离贸易的实际合同价格。进口时高报进口价,出口时低报出口价。确定资本逃避的数量很困难,一般估算方法有两种:一是直接法,即用国际收支中的错误与遗漏账户余额加上私人非银行部门短期资金流动来估算;二是间接法,即用作为一国资金来源的外债增长与外国直接投资净流入之和减去作为一国资金运用的经常账户赤字与储备资产增加之和的余额来估算。

资本逃避对一国经济的发展是极为不利的。从短期看,大规模的资本逃避会带来经济的混乱与动荡。从长期看,资本逃避降低了本国可利用的资本数量,减少了政府从国内资产中可获取的税收收入,增加了本国的外债负担,从而引起一系列严重的经济后果。因此,一国政府必须创造一个持久稳定的宏观环境,并在实现之前采用较严格的资本与金融账户管制,才能减少、预防资本逃避行为。

2. 货币替代问题

货币替代问题指经济发展过程中国内对本国货币币值的稳定推动信心或本国货币资产收益率相对较低时,外币在货币的各个职能上全面或部分地替代本币发挥作用的一种现象。货币替代一般伴有资本外流的现象。但货币替代与资本流出尤其是资本逃避的含义是不同的。存在货币替代时,只要这一自身资产没有转移到境外而是存放在境内,就没有形成资金的流出。另外,货币替代也不能等同于本国居民对外币的需求,因为对任何一国的居民来说,为便利某些国际经济交易和支付而持有一定数量的外币是正常现象。只有当一国居民对外币的需求均无超过正常国际经济交往的需要时,货币替代才可能发生。货币替代的估算比较困难,一般由外币存款占金融资产的份额来表示货币替代的程度。货币替代增加了汇率的不稳定性,也使货币政策的效果降低,对财政政策的影响则是导致本国政府难以从本币发行中获得税与通胀税,政府的收入降低。

(资料来源:肖鹬飞.货币可兑换性与人民币自由兑换研究[M].)

第四节 我国外汇管理体制

依照习惯,外汇管制在我国被称为外汇管理。在计划经济体制下,我国的外汇管理适应当时的经济要求,实行的是严格的管理制度;改革开放后,我国的外汇管理经历了一系列改革过程,逐步放宽了管理,实现了人民币在经常项目下的可兑换。

一、我国外汇管理体制的改革

(一)建国初期私营工商业社会主义改造完成阶段

新中国刚成立,人民政府为了肃清外国在华的特权,限制私营进出口商的外汇经营,防止投机倒把分子扰乱金融,在当时华北、华南、华东和华中四大行政区分别颁布了外汇管理暂行办法。其大致内容是:肃清外币、禁止外币流进与买卖,防止逃套汇,管理人民币和外汇;限制金银贵金属进出国境,管理外商华商银行的业务,建立供给外汇制度等。但由于各大行政区的政治和经济条件不尽相同,因此,外汇管理尚未纳入中央统一管理,也未确定统一的汇率。仍处于分散经营与管理的状态。

总的来说,该阶段我国外汇管理工作具有分散性的特点。

(二)国家外汇管理总局成立阶段(1956年~1979年3月)

这一阶段,标志着我国外汇管理从分散到集中过渡。原来分别颁布的外汇管理暂行办法相继失效。这一阶段外汇管理的主要任务是:进一步巩固和完善各种外汇管理制度,加强对国有企业贸易外汇和非贸易外汇的管理,开源节流,努力增加外汇收入。在这一阶段中,我国外汇管理工作统一由对外贸易部、财政部和中国人民银行三个部门分别负责。根据国家政策和实际需要,各主管部门各自制定了一些内部掌握的实施办法,如对外贸易外汇管理办法、非贸易外汇管理办法以及对个人、外国单位申请非贸易外汇批汇办法等。同时,中国人民银行也开始着手制订全国统一的外汇管理办法。但没有确立外汇主管机关,也没有制定出全面、系统的管理法令,只有内部掌握的各项办法和规定,不但没有连贯性,而且也没有真正的立法效力。因此,在一定程度上,外汇管理工作很被动,同经济发展不相适应。

这一阶段,我国外汇管理工作具有加强管理,开始迈向集中化的特点,但总体上仍处于分兵把口、零散管理和不系统或不规范的状态。

(三)实行有计划的集中管理阶段(1979年3月~1993年12月)

这一阶段以颁布《中华人民共和国外汇管理暂行条例》为开端。自从十一届三中全会以来,我国一方面实行对外开放政策,国际经济交往日益频繁,对外贸易方式越来越灵活多样,并且出现利用外资、引进先进技术设备、发展旅游业等一系列新情况和新问题;另一方面又进行行政管理体制和经济体制的改革,地方、企业扩大自主权,实施外汇留成。因此,在客观上要求有一个更全面更具权威的外汇管理机构,要求颁布更合理、更有效、更具有法律效力的外汇管理大法,使外汇管理工作跨入了一个新的里程。

①1979年3月,经国务院批准,正式成立了我国管理外汇的机关——国家外汇管理总局,由其全面负责和统一行使我国的外汇管理职权。1983年,国家外汇管理总局又从中国银行划出,由人民银行代管,成为中央银行的一个局。1988年6月,国务院决定国家外汇管理总局为国务院直属总局级机构,次年升为副部级,仍由中央银行进行管理。

②1980年12月,国务院又正式颁布了《中华人民共和国外汇管理暂行条例》(以下简称《暂行条例》)。从此,我国的外汇管理工作进入了一个新的阶段。这阶段,我国外汇管理工作具有系统集中、依法治理的特点,进一步完善和健全了我国的外汇管理制度。

③建立了外汇调剂市场。1980年以前,我国外汇资金实行指令性计划纵向分配,没有外

汇市场。实行外汇留成后,有的企业本身有留成外汇但一时不用,有的企业急需外汇而本身却又没有外汇来源,无法进口原材料和现金的技术等,这就产生了调剂外汇余缺的需要。从1979年到1990年,全国各外汇调剂市场的总成交额以达389.64亿美元,对弥补出口企业亏损,解决外商投资企业的外汇平衡等发挥了重要作用。

④改革了外汇的分配制度,实行了外汇留成办法。为了进一步调动企业出口创汇的积极性,增加国家的外汇收入,国务院提出在外汇由国家集中管理、统一平衡、保证重点的同时,实行贸易和非贸易外汇留成,根据不同地区、不同部门和不同行业,确定了不同的留成比例。

⑤建立了多重金融机构并存的外汇经营体制,打破了中国银行独家经营外汇的局面。1984年9月,中国工商银行深圳分行首先获得外汇业务的经营权,此后又陆续批准各专业银行总行及分行、交通银行、农业银行、建设银行、中信实业银行、光大银行、华夏银行、上海浦东发展银行、广东发展银行、深圳招商银行、福建兴业银行、中国投资银行及民生银行等经营外汇业务。我国还批准设立了经营外汇业务的外资银行和中外合资银行。1984年7月,中国银行开办了个人外币储蓄存款,允许国内居民持有外汇。由于外汇管制放宽,居民外汇收入大幅度增加,外汇存款也迅速增长起来。

(四)我国的外汇体制改革(1994~2006年)

为了促进社会主义市场经济体制的建立和进一步对外开放,推动国民经济的持续健康发展,1994年,我国在外汇管理体制方面又迈出了非常重要和关键的一步。根据国务院的决定,中国人民银行发出公告,从1994年1月1日起,进一步改革外汇管理体制。这次改革明确提出:外汇管理体制的长远目标是实现人民币的自由兑换。这就意味着,对经常项目和资本项目的外汇管制将逐步取消,对国际间正常的汇兑活动和资金流动将不进行限制。这一改革目标的提出基于我国改革开放的前景,参照了国外的经验。这次改革意义重大,具体来说,有以下内容:

①从1994年1月1日起,实行人民币官方汇率和调剂价格并轨,实行以市场供求为基础的、单一的、有管理的浮动汇率制度。

从1994年1月1日起,实行人民币汇率并轨,即把调剂外汇市场价格与官方牌价合二为一,只保留一个汇价。1993年12月底,官方汇率为1美元=5.8000元人民币,当时全国18个外汇调剂中心加权平均价是1美元=8.7000元人民币左右,所以,1994年1月1日并轨后的牌价定为1美元=8.7000元人民币。

汇率并轨后,外汇市场的供求关系将是决定人民币汇率的主要因素。中国人民银行根据前一日银行间外汇交易市场形成的外汇价格,参照国际金融市场上主要西方国家货币汇率的变动情况,每日公布人民币对美元交易的中间价,以及人民币对其他主要货币的汇率。各外汇银行以此为依据,在中国人民银行规定的浮动范围内自行挂牌,对客户进行外汇买卖。在稳定通货的前提下,通过银行间外汇买卖和人民银行向外汇市场相机投入和收购外汇,保持各银行挂牌汇率的基本一致和相对稳定。

②实行银行结汇、售汇制,取消外汇上缴的额度、现汇留成制度。国内企事业单位的外汇收入,必须按照公布的汇率出售给外汇指定银行。国内企事业单位在经常项目下的外汇支出,凭有效的支付凭证向外汇指定银行购买。这就简化了企业用汇手续,实现了经常项目下有条件的可兑换,便于企业核算,有利于调动企业出口的积极性。

③建立全国统一、规范的银行间外汇市场,改进汇率形成机制。改革后,我国建立了统一、规范的银行间外汇市场,打破了地区封锁,让外汇资金在全国范围内流通。银行间外汇市场的主要作用是为各外汇指定银行相互买卖外汇余缺和清算提供服务,并生成人民币市场汇率。各外汇指定银行办理结汇所需的人民币资金,原则上应由各银行自有资金解决。国家对外汇指定银行的结算周转外汇实行比例管理。各外汇指定银行结算周转外汇的比例,由中国人民银行根据其资产和外汇工作量核定。

④外资企业的外汇管理政策不变。为维护外商投资企业的利益,保持政策的连续性和稳定性,吸引外商来华投资,避免产生大的震荡,对外商投资企业的优惠待遇不变。外商投资企业可以全额保留外汇,开立外汇账户,继续保留外汇调剂市场,为外商投资企业买卖外汇提供服务(从1996年3月1日起,在江苏、上海、深圳及大连进行外商投资企业实行银行结售汇试点,1997年7月1日,外商投资企业正式纳入我国银行结售汇体系)。

⑤取消外国货币在我国境内计价、结算和流通。自1994年1月1日起,取消任何形式的境内外币计价结算,境内禁止外币流通,禁止指定外汇银行以外的外汇买卖。停止发行外汇券,已发行流通的外汇券逐步兑回。

⑥取消外汇收支的指令性计划,国家主要运用经济、法律手段实现对外汇和国际收支的宏观调控。同时,建立国际收支统计申报制度,加强外汇收支和国际收支失衡状况及变化趋势的分析、预测,逐步完善国际收支宏观调控体系。

⑦健全了外汇管理法制。1996年1月29日颁布了《中华人民共和国外汇管理条例》,对于健全我国外汇管理法制,巩固外汇管理体制改革的成果,推进人民币在经常项目下的可兑换的实施进程具有重要意义。

(五)我国的外汇管理(2006年至今)

当前我国的外汇管理体制用一句话来概括,就是经常项目实现可兑换,资本项目仍实行一定的管理。具体包括:

①企业开立、变更和关闭经常项目外汇账户,由事前审批调整为由银行按外汇管理要求和商业惯例直接办理,并向外汇局备案。提高企业经常项目外汇账户限额。允许有真实交易背景、需对外支付的企业提前购汇。

②简化服务贸易售付汇凭证,并放宽审核权限。

③进一步简化境内居民个人购汇手续,提高购汇限额,实行年度总额管理。在额度之内,个人凭真实身份证明在银行办理购汇并申报用途;银行对超过额度部分的个人购汇在审核相关凭证后按实际需求供汇。

④拓展境内银行代客外汇境外理财业务,允许符合条件的银行集合境内机构和个人的人民币资金,在一定额度内购汇投资于境外固定收益类产品。

⑤允许符合条件的基金管理公司等证券经营机构在一定额度内集合境内机构和个人自有外汇,用于在境外进行的包含股票在内的组合证券投资。

⑥拓展保险机构境外证券投资业务,允许符合条件的保险机构购汇投资于境外固定收益类产品及货币市场工具,购汇额按保险机构总资产的一定比例控制。

二、我国外汇管理体制的主要内容

(一)对出口收汇管理

为进一步满足境内机构持有和使用外汇的需要,国家外汇管理局决定进一步改革经常项目外汇管理:

①境内机构可根据经营需要自行保留其经常项目外汇收入。

②银行在为境内机构开立外汇账户和办理外汇收支业务时,停止使用外汇账户管理信息系统的"限额管理"功能。银行按规定向所在地外汇局报送经常项目外汇账户及外汇收支等信息。

③国家外汇管理局各分支局、外汇管理部应加强对经常项目外汇账户收支情况的监测、分析,对违反交易真实性原则的虚假、违规外汇收支活动进行查处。

(二)对进口用汇的管理

人民币经常项目下可兑换是经常项目外汇管理的立足点。

1. 对境内机构、居民个人、驻华机构和来华人员的经常项目外汇收入管理

①对境内机构的经常项目下外汇收入必须调回境内,不得擅自存放境外,要向指定银行结汇。

②对境内居民个人所有的外汇,可自行持有,也可存入银行或卖给外汇指定银行。个人携带外汇入境,应向海关办理申报手续。这里的申报不是管制,而是统计的需要。个人结汇和境内个人购汇实行年度总额管理,每人每年等值5万美元。

③对驻华机构和来华人员由境外汇入或携入的外汇,可自行保留,也可存入银行或卖给外汇指定银行。

2. 对经常项目外汇支出的管理

①对境内机构经常项目用汇,按《结汇、售汇及付汇管理规定》,持有效凭证和商业银行单据向外汇指定银行购汇支付。

②居民个人经常项目下外汇支出在规定限额以内购汇,超过规定限额的个人因私用汇,应当向外汇管理机关提出申请,外汇管理机关认为其申请属实的,可以购汇。

外汇储蓄账户内外汇汇出境外当日累计等值5万美元以下(含)的,凭本人有效身份证件在银行办理;超过上述金额的,凭经常项目项下有交易额的真实性凭证办理。

手持外币现钞汇出当日累计等值1万美元以下(含)的,凭本人有效身份证件在银行办理;超过上述金额的,凭经常项目项下有交易额的真实性凭证、经海关签章的《中华人民共和国海关进境旅客行李物品申报单》或本人原存款银行外币现钞提取单据办理。

③个人移居境外后,其境内资产产生的收益,可以持规定的证明材料和有效凭证向外汇指定银行购汇汇出或携带出国。

④驻华机构和来华人员的合法人民币收入,需要汇出境外的,可以持有关证明材料和凭证到外汇指定银行兑付。

(三)资本项目的外汇管理

我国对资本项目实行严格管理原则。

①对境内机构资本项目的外汇收入,应当按照国家有关规定在外汇指定银行开立外汇账户,卖给外汇指定银行的,须经外汇管理机关批准。

②境内机构借用国外贷款,必须经规定的有关机构批准。金融机构在国外发行外汇债券,须经外汇管理部门批准。

③对境外投资资金的汇出。还本付息,外商投资企业资金撤出,由外汇管理机关审查其资金来源,经批准后,方可由指定外汇银行办理有关手续。

④对外提供担保只能由符合国家规定的金融机构和企业办理,并经外汇管理机关批准。

⑤对外债实行登记制度,以加强管理和监督。

(四)金融机构的外汇业务管理

①金融机构经营或者终止经营结汇、售汇业务,应当经外汇管理机关批准;经营或者终止经营其他外汇业务,应当按照职责分工经外汇管理机关或者金融业监督管理机构批准。

②外汇管理机关对金融机构外汇业务实行综合头寸管理,具体办法由国务院外汇管理部门制定。

③金融机构的资本金、利润以及因本外币资产不匹配需要进行人民币与外币间转换的,应当经外汇管理机关批准。

(五)人民币汇率和外汇市场管理

①人民币汇率实行以市场供求为基础的、有管理的浮动汇率制度。

②经营结汇、售汇业务的金融机构和符合国务院外汇管理部门规定条件的其他机构,可以按照国务院外汇管理部门的规定在银行间外汇市场进行外汇交易。

③国务院外汇管理部门可以根据外汇市场的变化和货币政策的要求,依法对外汇市场进行调节。

(六)监督管理

(1)外汇管理机关依法履行职责,有权采取下列措施:

①对经营外汇业务的金融机构进行现场检查;

②进入涉嫌外汇违法行为发生场所调查取证;

③询问有外汇收支或者外汇经营活动的机构和个人,要求其对与被调查外汇违法事件直接有关的事项作出说明;

④查阅、复制与被调查外汇违法事件直接有关的交易单证等资料;

⑤查阅、复制被调查外汇违法事件的当事人和直接有关的单位、个人的财务会计资料及相关文件,对可能被转移、隐匿或者毁损的文件和资料,可以予以封存;

⑥经国务院外汇管理部门或者省级外汇管理机关负责人批准,查询被调查外汇违法事件的当事人和直接有关的单位、个人的账户,但个人储蓄存款账户除外;

⑦对有证据证明已经或者可能转移、隐匿违法资金等涉案财产或者隐匿、伪造、毁损重要证据的,可以申请人民法院冻结或者查封。

有关单位和个人应当配合外汇管理机关的监督检查,如实说明有关情况并提供有关文件、资料,不得拒绝、阻碍和隐瞒。

(2)外汇管理机关依法进行监督检查或者调查,监督检查或者调查的人员不得少于2人,并应当出示证件。监督检查、调查的人员少于2人或者未出示证件的,被监督检查、调查的单位和个人有权拒绝。

(3)有外汇经营活动的境内机构,应当按照国务院外汇管理部门的规定报送财务会计报告、统计报表等资料。

(4)经营外汇业务的金融机构发现客户有外汇违法行为的,应当及时向外汇管理机关报告。

(5)国务院外汇管理部门为履行外汇管理职责,可以从国务院有关部门、机构获取所必需的信息,国务院有关部门、机构应当提供。国务院外汇管理部门应当向国务院有关部门、机构通报外汇管理工作情况。

(6)任何单位和个人都有权举报外汇违法行为。外汇管理机关应当为举报人保密,并按照规定对举报人或者协助查处外汇违法行为有功的单位和个人给予奖励。

(七)法律责任

(1)有违反规定将境内外汇转移境外,或者以欺骗手段将境内资本转移境外等逃汇行为的,由外汇管理机关责令限期调回外汇,处逃汇金额30%以下的罚款;情节严重的,处逃汇金额30%以上等值以下的罚款;构成犯罪的,依法追究刑事责任。

(2)有违反规定以外汇收付应当以人民币收付的款项,或者以虚假、无效的交易单证等向经营结汇、售汇业务的金融机构骗购外汇等非法套汇行为的,由外汇管理机关责令对非法套汇资金予以回兑,处非法套汇金额30%以下的罚款;情节严重的,处非法套汇金额30%以上等值以下的罚款;构成犯罪的,依法追究刑事责任。

(3)违反规定将外汇汇入境内的,由外汇管理机关责令改正,处违法金额30%以下的罚款;情节严重的,处违法金额30%以上等值以下的罚款。非法结汇的,由外汇管理机关责令对非法结汇资金予以回兑,处违法金额30%以下的罚款。

(4)违反规定携带外汇出入境的,由外汇管理机关给予警告,可以处违法金额20%以下的罚款。法律、行政法规规定由海关予以处罚的,从其规定。

(5)有擅自对外借款、在境外发行债券或者提供对外担保等违反外债管理行为的,由外汇管理机关给予警告,处违法金额30%以下的罚款。

(6)违反规定,擅自改变外汇或者结汇资金用途的,由外汇管理机关责令改正,没收违法所得,处违法金额30%以下的罚款;情节严重的,处违法金额30%以上等值以下的罚款;有违反规定以外币在境内计价结算或者划转外汇等非法使用外汇行为的,由外汇管理机关责令改正,给予警告,可以处违法金额30%以下的罚款。

(7)私自买卖外汇、变相买卖外汇、倒买倒卖外汇或者非法介绍买卖外汇数额较大的,由外汇管理机关给予警告,没收违法所得,处违法金额30%以下的罚款;情节严重的,处违法金额30%以上等值以下的罚款;构成犯罪的,依法追究刑事责任。

(8)未经批准擅自经营结汇、售汇业务的,由外汇管理机关责令改正,有违法所得的,没收违法所得,违法所得50万元以上的,并处违法所得1倍以上5倍以下的罚款;没有违法所得或者违法所得不足50万元的,处50万元以上200万元以下的罚款;情节严重的,由有关主管部门责令停业整顿或者吊销业务许可证;构成犯罪的,依法追究刑事责任。

未经批准经营结汇、售汇业务以外的其他外汇业务的,由外汇管理机关或者金融业监督管理机构依照前款规定予以处罚。

(9)金融机构有下列情形之一的,由外汇管理机关责令限期改正,没收违法所得,并处20万元以上100万元以下的罚款;情节严重或者逾期不改正的,由外汇管理机关责令停止经营相关业务:

①办理经常项目资金收付,未对交易单证的真实性及其与外汇收支的一致性进行合理审查的;

②违反规定办理资本项目资金收付的;

③违反规定办理结汇、售汇业务的;

④违反外汇业务综合头寸管理的;

⑤违反外汇市场交易管理的。

(10)有下列情形之一的,由外汇管理机关责令改正,给予警告,对机构可以处30万元以下的罚款,对个人可以处5万元以下的罚款:

①未按照规定进行国际收支统计申报的;

②未按照规定报送财务会计报告、统计报表等资料的;

③未按照规定提交有效单证或者提交的单证不真实的;

④违反外汇账户管理规定的;

⑤违反外汇登记管理规定的;

⑥拒绝、阻碍外汇管理机关依法进行监督检查或者调查的。

(11)境内机构违反外汇管理规定的,除依照本条例给予处罚外,对直接负责的主管人员和其他直接责任人员,应当给予处分;对金融机构负有直接责任的董事、监事、高级管理人员和其他直接责任人员给予警告,处5万元以上50万元以下的罚款;构成犯罪的,依法追究刑事责任。

(12)外汇管理机关工作人员徇私舞弊、滥用职权、玩忽职守,构成犯罪的,依法追究刑事责任;尚不构成犯罪的,依法给予处分。

(13)当事人对外汇管理机关作出的具体行政行为不服的,可以依法申请行政复议;对行政复议决定仍不服的,可以依法向人民法院提起行政诉讼。

【资料库】

人民币对日元直接交易带来双重利好

中国外汇交易中心2012年5月29日宣布,经中国人民银行授权,自2012年6月1日起银行间外汇市场将完善人民币对日元的交易方式,发展人民币对日元直接交易。人民币对日元直接交易的开启,将有利于降低经济主体汇兑成本,促进双边贸易投资,同时也有利于人民币国际化战略的向前推进。

根据相关规定,自2012年6月1日起,银行间外汇市场人民币对日元交易实行直接交易做市商制度,直接做市商承担相应义务,连续提供人民币对日元直接交易的买、卖双向报价,为市场提供流动性。规定同时指出,将改进人民币对日元汇率中间价形成方式。人民币对日元汇率中间价由此前根据当日人民币对美元汇率中间价以及美元对日元汇率套算形成,改为根据直接交易做市商报价形成,即中国外汇交易中心于每日银行间外汇市场开盘前向银行间外汇市场人民币对日元直接交易做市商询价,将直接交易做市商报价平均,得到当日人民币对日元汇率中间价。

对外经贸大学金融学院院长丁志杰指出:"开展人民币对日元的直接交易,可以形成人民币对日元的直接汇率,规避企业因美元汇率浮动而带来的风险,进而降低中日企业间的汇兑损失,有利于双边的经济合作。"

资料显示,在我国的诸多贸易伙伴中,目前日本是除欧盟、美国、东盟外我国的第四大贸易伙伴,双边经贸往来极为密切。在目前欧元区经济低迷和欧元前景不明的背景下,实现人民币与日元货币的直接交易,将更加有利于两国的双边经贸往来。

这是我国首次开展除美元外人民币与别国货币的直接交易。目前,在对多种别国货币交易中,我国仅形成了人民币对美元的直接交易。人民币对其他币种的交易方式均以是美元交易做市商和美元为中介进行,其汇率中间价形成方式也均采当日人民币对美元汇率中间价以及美元对该币种汇率套算形成。这一间接交易方式不易形成真实的汇率价格,同时也容易因美元汇率的波动而给双边企业带来不必要的汇兑损失。

第十章 外汇管制

> 开展人民币对日元的直接交易,还有利于人民币的跨境使用,可助力人民币国际化战略的继续推进。"这不仅是推动人民币对日元直接交易发展的重要举措,同时也是人民币国际化的重要一步。"这意味着在交易过程中,人民币正在离开美元中介进入到国际货币市场。
>
> 金融危机以来,我国加速了人民币的国际化进程。在积极开展跨境贸易投资的人民币结算业务的同时,先后与韩国、马来西亚、白俄罗斯、阿根廷、土耳其、澳大利亚等 10 余个国家和地区的中央银行和货币当局签署了超过 1.5 万亿元人民币的双边本币互换协议。2011 年底,中国人民银行在其每日公布的人民币汇率中间价中,还新增了澳大利亚元和加拿大元对人民币的汇率报价,人民币正在破冰前行,走向世界。
>
> (资料来源:新华社)

本章小结

外汇管制有狭义与广义之分。狭义的外汇管制指一国政府对居民在经常项目下的外汇买卖和国际结算进行限制。广义的外汇管制指一国政府对居民和非居民的涉及外汇流入和流出的活动进行限制性管理。

一个国家实行外汇管制与否,采取什么管制措施,与其当时所处的政治经济环境和条件有关。不论战争时期还是和平时期,也不论是经济危机时期还是经济状况较好时期,凡当一国利用一般经济手段,不能使其国际收支与汇率维持在符合本国利益水平上时,该国就动用外汇管制手段,以达到平衡国际收支的目的。但从世界经济发展的趋势看,国际间的经济交往与合作越来越密切,各国经济相互补充和相互依赖的程度会越来越大,因此,在不发生重大政治和经济危机及国际冲突的情况下,世界范围内的外汇管制将进一步放宽,这是外汇管制演变的发展趋势。

外汇管制主要是对贸易外汇、非贸易外汇、资本输出入、黄金和现钞的输出入以及汇率的管制。实行外汇管制的国家,本国货币不能对外自由兑换。

货币可兑换或者说货币自由兑换,一般是指一个国家或某一货币区的居民,不受官方限制地将其所持有的本国货币兑换成其他国家或地区的货币,用于国际支付或作为资产持有。

人民币成为自由兑换货币分三步走:第一步,实现经常项目下人民币有条件可兑换;第二步,实现经常项目下人民币可兑换;第三步,开放资本市场,实现资本项目下人民币可兑换。

思 考 题

一、选择题

1. 我国进行汇率并轨,实行单一汇率是在(　　)。
   A.1993 年　　　　　　B.1994 年　　　　　　C.1995 年　　　　　　D.1996 年
2. 外汇管理的核心是(　　)。

A. 外汇的收入和运用　B. 货币兑换管理　　　C. 汇率管理　　　　　D. 结汇售汇管理

3. 我国外汇管理的主要负责机构是(　　)。

A. 中国人民银行　　　B. 国家外汇管理局　　C. 财政部　　　　　　D. 中国银行

4. 我国汇率改革不包括(　　)。

A. 缩小人民币汇率的浮动空间　　　　　B. 改变人民币盯住美元的做法

C. 扩大人民币汇率的浮动区间　　　　　D. 完善中央银行的外汇干预机制

5. 外汇限制主要指(　　)进行限制。

A. 对外投资　　　　B. 对外借贷　　　　C. 对经常项下支付　　D. 对居民出卖外币现钞

二、简答题

1. 外汇管制的对象、类型分别有哪些？
2. 外汇管制机构有哪些？
3. 外汇管制的弊端有哪些？
4. 简述我国外汇管理的主要内容。

【阅读资料】

突尼斯的外汇管理体制

突尼斯对外汇实行严格的管制。近年来正逐步放松外汇管制，以进一步发展经济，促进出口，吸引外国投资。目前，突尼斯外汇管制的主要规定有：

(1) 凭许可证进口的商品的进口用汇，需经中央银行批准。

(2) 出口实行外汇留成。凡出口额占其全部销售额15%以上的外贸企业有权从其外汇收入中扣除20%的外汇作为企业留成。

(3) 居民从国外带回的资产和收入，允许自由兑换。

(4) 拥有来源于国外的资产和外汇收入的居民，允许其开立外汇或可兑换突尼斯第纳尔特别账户。突尼斯或外籍自然人和法人，只要将来源于国外的外汇资产和外汇收入向中央银行申报，可免除将其外汇转让义务，并可开立外汇或可兑换货币账户，账户里所存款项可在突尼斯和国外自由使用。

(5) 中央银行允许任何自然人或法人开立外汇或可兑换突尼斯第纳尔账户，只要其产业机构设在突尼斯。

1. 货币和汇率

突尼斯货币为突尼斯第纳尔。突尼斯第纳尔实行"盯住"一篮子货币的汇率制度，其汇率根据一篮子货币制定。突尼斯中央银行每天制订和公布第纳尔与其他外币之间的买价和卖价。

突尼斯中央银行每天还制订和公布远期外汇汇率。为进口商品作远期抵补的最长期限为12个月，出口为9个月。向国外提供劳务者，也可以到指定银行办理最长期限为12个月的远期抵补业务。公布远期汇率的货币主要有：比利时法郎、德国马克、法国法郎、意大利里拉、荷兰盾、英镑和美元。允许外币经营商之间作外币掉期业务。居民外汇借款人可按标准合同，作期限为3、6和12个月的法国法郎、德国马克和美元的期权交易。中央银行对某些由政府担保的贷款提供汇率担保。

2. 外汇管理机构

突尼斯中央银行负责外汇管理。某些进口及非贸易支付委托指定银行办理。经济部会同中央银行负责对外管理。管理的主要内容和对象是:禁止某些产品的进口和出口以及解除对这产品的限制规定;按照政府的总体进口计划或与国外签订的协议分配进口配额。进出口许可证经中央银行认可,由国家经济部签发。

3. 对外结算货币

突尼斯与其他国家之间的结算可使用突尼斯中央银行挂牌的可兑换货币办理,也可以通过可兑换第纳尔对外账户办理。与阿尔及利亚、利比亚、毛里塔尼亚和摩洛哥之间的结算可通过各国中央银行在对方中央银行开立的可兑换货币账户办理。

4. 账户管理

下述人员或机构可开立外币或可兑换第纳尔特种账户:①从国外返回突尼斯的突尼斯籍个人、按照1986年9月1日公布的第83号法令允许免缴外汇的突尼斯籍个人或法人或任何从国外获得合法资产的突尼斯籍个人或法人;②居住在突尼斯境内的外籍个人;③在突尼斯境内注册的外籍法人。

5. 非贸易外汇管理

(1)非贸易外汇收入管理

突尼斯居民必须将全部劳务收入和其他一切非贸易外汇收入调回国内并办理结汇。任何人不得携入突尼斯第纳尔现钞和辅币。

(2)非贸易外汇支付管理

原则上,所有非贸易外汇支付必须得到中央银行的批准,有关文件必须交其审阅。除前往阿尔及利亚和摩洛哥旅行外,对乘飞机或乘船出国旅行者均征收45突尼斯第纳尔的旅游税。下列人员可免交旅游税:非居民、外交官、由技术合作机构安排出国旅行的人员、移民工人、配偶居住在国外的个人、双方或一方父母居住在国外的儿童、学生、到麦加朝圣者以及出国就医者。禁止任何人将突尼斯第纳尔携带出境。

6. 黄金管理

突尼斯发行了五种面额的纪念金币。此类金币为法定货币,但并未进入流通,居民可以在突尼斯境内购买或持有任何形式的黄金。金币的进出口由中央银行专营,其他黄金进口必须由中央银行和国家经济部联合审批,允许牙医和指定的工业用户从中央银行购买黄金,禁止向国外出口黄金。

(资料来源:北京WTO事务信息网.)

第十一章
Chapter 11

国际金融组织

【学习目的与要求】

本章主要阐述国际金融组织、货币基金组织、世界银行集团、区域性金融机构的发展状况。通过本章的学习,要求学生了解国际货币基金组织、世界银行集团的宗旨;国际金融组织资金来源、主要业务活动及相关条件;我国金融市场与国际货币基金组织和世界银行集团之间的关系。

【案例导入】

国际金融机构的产生与世界经济形势密切相关。第一次世界大战结束以后,为了解决德国的战争赔款和协约国之间的债务清算事务,英国、法国、德国、意大利、比利时、日本六国的中央银行和美国以摩根银行为首的三家银行于1930年5月在瑞士巴塞尔成立了国际清算银行(BIS)。国际清算银行的成立成为国际金融组织设立的重要开端。国际清算银行的成员国主要是欧洲国家,因而它并不是具有全球性的金融机构。

第二次世界大战以后,各国的政治局势不稳。西方资本主义国家的货币信用制度与国际收支危机加深,有些国家为了复兴和发展战后经济,迫切需要国际贷款,希望出现一种国际性的金融组织,能够提供短期或长期贷款。同时,刚刚独立的亚洲、非洲、拉丁美洲的发展中国家也迫切要求发展民族经济并解决国际收支困难,因而对建立国际性金融组织并获得其贷款寄予很大的希望。此时,在二战中积累了巨额财富的美国,在工业生产、对外贸易、资本输出、黄金储备等方面,都处于世界优势地位,它一方面依靠自己的经济、政治和军事力量对外进行扩张,另一方面也打算利用国际金融机构冲破其他国家的贸易壁垒,以便进一步在金融贸易领域扩大市场。基于以上原因,在美国的积极策划下,于1944年7月1日至7月22日,44个国家在美国的新罕布尔什州的布雷顿森林举行了联盟国家国际货币金融会议,通过了以怀特方案为基础的《国际货币基金协议》。1945年12月17日,参加布雷顿森林会议的44个国家中的29个国家代表,在美国举行了《布雷顿森林协定》签字仪式,正式成立了国际货币基金组织和国际复兴开发银行。

20世纪五六十年代,为了适应区域内资金融通和经济发展的需要,又相继建立了区域性的金融组织,如亚洲开发银行、泛美开发银行等。

我国也参加了国际金融组织,并且通过参加国际金融组织活动,发展国际金融合作关系,扩大了我国与世界的政治经济合作。

第一节 国际金融组织概述

一、国际金融组织的概念

国际金融组织(International Finance Organization)是指从事国际金融管理和国际金融活动的超国家性质的组织机构。这些组织按照参加国的活动地域的大小,大致可以分为全球性国际金融组织和区域性国际金融组织。其中,全球性国际金融组织的参与国是世界性的,其经济活动也是世界性的。全球性国际金融组织主要包括国际货币基金组织、世界银行集团等。区域性国际金融组织又可以分为两种类型:一种是严格的区域性国际金融组织,它是某一地区国家组成并且成为本地区经济服务的机构,如欧洲投资银行、阿拉伯货币基金组织、伊斯兰发展银行;另一种是宽泛的或称半区域性国际金融组织,如亚洲开发银行、非洲开发银行、泛美开发银行等。这类机构虽然主要进行区域性货币信贷安排,从事区域性金融活动,但其参加国却有区域外的。

二、国际金融组织的发展

(一)二战前的国际金融组织

最早的国际金融组织是国际清算银行(BIS)。第一次世界大战结束后,为了处理德国的战争赔款和协约国之间债务的清算及清偿事务,1930年5月,英国、法国、德国、意大利、比利时、日本六国的中央银行和美国的三家大银行——摩根保证信托公司、纽约花旗银行和芝加哥花旗银行,所组成的银行集团在瑞士巴塞尔成立。其行址设在巴塞尔。国际清算银行的宗旨,最初是处理第一次世界大战后德国对协约国赔款的支付,以及处理与德国赔款的"杨格计划"有关的业务。其成员国主要是欧洲国家,因此有人认为它不具有广泛的国际性。

战后,国际清算银行先后成为欧洲经济合作组织(OECD的前身)、欧洲支付同盟、欧洲煤钢联营、黄金总库的收付代理人,办理欧洲货币体系的账户、清理工作,充当万国邮联、国际红十字会等国际机构的金融代理机构。现在,国际清算银行的宗旨是促进各国中央银行间的合作,为国际金融业提供便利,作为有关各方协议下国际清算的代理人或受托人。

我国于1984年12月正式同该组织建立了业务往来关系。中国人民银行在国际清算银行开立了外汇账户和黄金账户,并将部分外汇储备和黄金储备存入该行。

287

（二）二战后的国际金融组织

二战结束后，涌现为数众多的国际金融组织。其中，最重要的全球性国际金融组织是国际货币基金组织和国际复兴开发银行（又称世界银行）。这两个组织是在二战后为了建立稳定的国际货币体系和为各国的经济复兴提供资金，在英、美等国的积极策划下成立的。世界银行有四个附属机构：国际金融公司（1956年）、国际开发协会（1960年）、解决投资争端国际中心（1965年）和多边投资担保机构（1988年），它们又统称为世界银行集团。此外，在20世纪50年代后期至20世纪70年代，一些地区为了加强本地区的金融合作关系和开发本地区经济，陆续创建了多个区域性的国际金融组织，如亚洲开发银行、非洲开发银行、泛美开发银行、阿拉伯货币基金组织、加勒比开发银行等。

二战后的国际金融组织一般都直接参与国际信贷活动，它们是适应生产国际化和资本国际化发展的需要，以及由此引起的全球经济一体化和货币金融一体化的要求建立和发展起来的。它们在客观上加强了各国政府对世界经济活动的干预以及国际货币合作关系，因而对整个国际经济的恢复和发展起了一定的积极作用。

我国是这些国际金融组织的成员，并且从中获得很多好处。例如，我们可以利用国际金融组织的资金以及技术援助，加速我国市场经济的建设；还可以通过参加国际金融活动，扩大我国的政治影响。此外，由于世界银行在其协议中规定，受援国凡属世界银行贷款项目所需要的设备和物资，只能让世界银行的成员国购买，这样对于我国扩大出口贸易是十分有利的。

三、国际金融组织的作用

（一）维护正常的国际货币秩序

二战后，布雷顿森林体系正常运转期间，国际货币基金组织的此项作用表现得尤为突出。在布雷顿森林体系崩溃后，国际货币基金组织继续履行某些职责，如取消外汇管制、限制竞争性货币贬值等，这对国际货币体系的运行是十分必要的。同时，欧洲货币合作基金和阿拉伯基金组织等国际货币基金组织在维护正常国际货币秩序中的作用也比较明显。

（二）为发展中国家提供中长期建设资金

世界银行集团在这方面的作用特别突出，亚洲开发银行等一系列区域性国际金融组织在这方面也发挥了重大作用。国际金融组织在贷款政策上向发展中国家倾斜，这是出于人道主义的考虑，也是由于世界经济两极分化形成的，从长远来看对发达国家是不利的。国际金融组织的贷款不仅条件优惠，带有援助性质，而且把贷款发放和技术援助结合在一起，有助于提高贷款的使用效率。它的贷款方向也偏重于教育、农业、能源、交通等私人资本不愿意投资的部门，从而有助于发展中国家经济结构的调整和完善。

（三）稳定汇率

当一些国家发生债务危机、金融危机时，国际金融组织出面协调，多方筹资，对陷入危机的成员国予以援助,努力维持其货币汇率稳定,促进经济稳定发展。

在国际货币基金组织能够维持汇率稳定的时期,国际贸易增长较快,使各国对外贸易依存度明显提高。在布雷顿森林体系崩溃后,国际金融组织仍然能够对减少汇率波动幅度做出一定贡献。在20世纪80年代发生国际债务危机时,国际货币基金组织、世界银行等国际金融组织在避免危机的连锁反应上也起了重要作用。

(四)协商制定有关的国际规则和标准,加强国际金融监管

国际金融组织利用其独特的地位,主要从以下几方面开展工作:一是通过协商,制定有关监管的国际规则和标准。这些规则和标准已经陆续成为各国金融界规范管理和风险防范的重要依据。二是加强监测各国经济运行,发现不良迹象及时告诫,以避免形势恶化。三是定期和不定期汇总、公布国际金融统计数据,供各成员国分析和借鉴。

第二节 国际货币基金组织

一、国际货币基金组织概述

国际货币基金组织是一个致力于推动全球货币合作、维护金融稳定、便利国际贸易、促进高度就业与可持续经济增长和减少贫困的国际组织。1944年7月,在美国、英国等大国的推动下,联合国货币与金融会议在美国新罕布什尔州的布雷顿森林召开,来自美、英、中、法等44国代表参加会议,经过长达20多天的讨论,会议通过《国际货币基金组织协定》,决定成立国际货币基金组织。1946年3月,国际货币基金组织正式成立,总部设在美国华盛顿。1947年3月1日,国际货币基金组织开始运作,1947年11月15日成为联合国的专门机构,我国是国际货币基金组织的创始国之一,并于1980年4月17日正式恢复了在国际货币基金组的合法席位。

(一)国际货币基金组织的宗旨

国际货币基金组织的宗旨是通过一个常设机构来促进国际货币合作,为国际货币问题的磋商和协作提供方法;通过国际贸易的扩大和平衡发展,把促进和保持成员国的就业、生产资源的发展、实际收入的高水平作为经济政策的首要目标;稳定国际汇率,在成员国之间保持有秩序的汇价安排,避免竞争性的汇价贬值;协助成员国建立经常性交易的多边支付制度,消除妨碍世界贸易的外汇管制;在有适当保证的条件下,基金组织向成员国临时提供普通资金,使其有信心利用此机会纠正国际收支的失调,而不采取危害本国或国际繁荣的措施。按照以上目的,缩短成员国国际收支不平衡的时间、减轻不平衡的程度等。

(二)国际货币基金组织的组织机构

国际货币基金组织由理事会、执行董事会、总裁及业务机构组成。理事会和执行董事会可

根据需要任命若干常任委员会,也可组建临时委员会。

1. 理事会

理事会为国际货币基金组织的最高权力机构,由各成员派正、副理事各一名组成,一般由各国的财政部长或中央银行行长担任。每年9月举行一次会议,每次会议应有过半数理事出席,各理事会单独行使本国的投票权(各国投票权的大小由其所缴基金份额的多少决定)。理事会的职责主要有:批准接纳新成员国、决定份额规模、分配特别提款权、决定成员国退出组织以及讨论有关国际货币体系的重大问题等。

2. 执行董事会

执行董事会负责日常工作,是国际货币基金组织的常设机构,行使理事会委托的一切权力。由24名执行董事组成,其中八名由美、英、法、德、日、俄、中、沙特阿拉伯指派,其余16名执行董事由其他成员分别组成16个选区选举产生;中国为单独选区,也有一席。执行董事每两年选举一次。每个执行董事应指定一名副董事在其本人缺席时全权代其行使职权。当执行董事出席时,副董事可以参加会议,但不得投票。执行董事会在国际货币基金组织总部办公,并根据国际货币基金组织业务的需要经常举行会议。执行董事会每次会议的法定人数应为过半数执行董事,并代表不少于半数的总投票权。

3. 总裁和工作人员

总裁由执行董事会推选,负责基金组织的业务工作,任期五年,可连任。总裁为一名,另外还有三名副总裁。理事或执行董事不得兼任总裁。总裁应为执行董事会的主席,总裁参加理事会会议,但无投票权,只有在双方投票数相等时有一决定票。总裁职务的终止由执行董事会决定。总裁为国际货币基金组织工作人员的首脑,在执行董事会的指示下处理国际货币基金组织日常业务,并在执行董事会的监督下负责有关国际货币基金组织工作人员的组织、任命及辞退。

总裁和工作人员在执行其职务时,应完全对国际货币基金组织负责,而不对其他官方负责。总裁任命工作人员时,最重要的是应注意具有较高水平的效率和技术能力,并应适当注意尽可能在最广泛地区录用人员。

4. 临时委员会

国际货币基金组织临时委员会被看作是国际货币基金组织的决策和指导机构。该委员会将在政策合作与协调,特别是在制定中期战略方面充分发挥作用。委员会由24名执行董事组成,其主要职能是对一些重大问题作出报告或决议。

5. 地区部

国际货币基金组织下设五个地区部,分别是亚洲部、非洲部、欧洲部、中东部和西半球部。其主要职责是向本地区会员国提供经济和政策建议,协助基金组织制定对这些国家的政策,并负责执行这些政策。

6. 职能部

国际货币基金组织设立五个职能部,分别是汇兑与贸易关系部、财政事务部、法律部、调研部和资金出纳部。此外,基金组织还设有资料、统计、联络、行政、秘书和语言服务部。

(三) 国际货币基金组织的资金来源

国际货币基金组织的资金来源于成员国缴纳的基金份额、借款及出售黄金所得的信托基金。其中,成员国缴纳的基金份额是主要的资金来源。

1. 基金份额

每个成员国缴纳的基金份额的大小,取决于成员国的国民收入、黄金外汇储备、平均进口额、出口额占国民收入的比例等。在成员国缴纳的份额中,其中25%以国际货币基金组织指定的外汇或特别提款权缴纳,75%用本国货币或用其发行的见票即付、不可转让且无息的国家有价证券代替货币缴纳。

国际货币基金组织的一切活动几乎都与基金份额有关。份额是国际货币基金组织向成员国提供贷款的主要来源;份额决定成员国从国际货币基金组织借款或提款的额度、决定成员国投票权的大小、决定成员国从国际货币基金组织获得的特别提款权的多少。

国际货币基金组织的理事会每五年对基金份额作一次总检查,并对成员国的基金份额进行调整,以便使份额能真实反映成员国在世界经济中的相对地位。

2. 借款

借款是指向成员国借入资金,是国际货币基金组织的另一个资金来源。借款是在国际货币基金组织与成员国达成协议的前提下实现的。其主要形式有借款总安排、补充资金贷款借款安排、扩大资金贷款借款安排、与成员国签订的双边借款协议等。

3. 信托基金

1975年1月,国际货币基金组织决定将其所持黄金的1/6,即2 500万盎司,分四年按市价出售。国际货币基金组织于1976年决定将它持有的部分黄金按市价出售,所得的利润(共46亿美元)作为信托基金,向贫困的成员国提供优惠贷款。

(四) 国际货币基金组织的主要业务

1. 外汇资金的融通

国际货币基金组织最主要的业务就是融通资金,发放各种贷款,贷款对象仅限于成员国政府。会员国家在国际收支困难时,可以向基金申请贷给外汇资金,但其用途限于短期性经常收支的不均衡。各会员国可利用的资金,其最高限额为该国分摊额的两倍,而在此限额内一年仅能利用分摊额的25%。后来,已慢慢放宽会员国对于资金利用的限制,以配合实际的需要。

2. 汇率监管

在布雷顿森林体系条件下,当会员国改变汇率平价时,必须与国际货币基金组织进行磋商并得到其批准。在目前的浮动汇率制条件下,会员国调整汇率不需要征求国际货币基金组织的同意,但是国际货币基金组织汇率监督的职能并没有因此而丧失,它仍然要对会员的汇率政策进行全面估价。国际货币基金组织的汇率监督不仅运用于那些引起经济上软弱或国际收支失衡而要求得到国际货币基金组织贷款支持的国家,而且更重要的是运用于那些经济实力强大的国家。这些国家的国内经济政策和国际收支状况会对世界经济产生重大的影响,国际货币基金组织可以通过它的活动来使这些国家考虑它们政策的外部经济效应。

3. 磋商和协调

除了对汇率政策的监督以外,国际货币基金组织在原则上还应每年与各会员国进行一次磋商,以对会员国经济和金融形势以及经济政策作评价。这种磋商的目的是使基金组织能够履行监督会员国汇率政策的责任,并且有助于使基金组织了解会员国的经济发展状况和采取的政策措施,从而能够迅速处理会员国申请贷款的要求。

二、国际货币基金组织的贷款

(一)贷款的特点

1. 贷款的对象仅限于会员国政府

国际货币基金组织只和会员国的财政部、中央银行、外汇平准基金组织或其他类似的财政机构往来。

2. 贷款的用途仅限于解决国际收支暂时失衡

国际货币基金组织的贷款往往只用于会员国弥补经常项目收支发生的国际收支不平衡。近年来,也增设了支持会员国为解决国际收支困难而进行的经济结构调整与经济改革的贷款。

3. 贷款的规模与成员国缴纳份额挂钩

国际货币基金组织的贷款同会员国缴纳的份额成正比关系,会员国在平时缴纳的会费越多,则可以获得更多的基金组织贷款。

4. 贷款具有条件性

贷款的条件是指国际货币基金组织在向会员国提供贷款时都附加了相应的条件,目的是使贷款和可维持的国际收支前景相结合,保证贷款的使用不损害国际货币基金组织的流动性,并有助于调整贷款国的经济状况。贷款的条件性是目前国际货币基金组织在行使职能过程中具有争议的问题之一。

5. 贷款的方式较为特别

除了某些专项贷款外,借款国在获得贷款时要用本国货币购买等值的外币或特别提款权,通常称为提款;在偿还贷款时要用外汇或特别提款权换回本国货币,通常称为购回。贷款本息均以特别提款权为计算单位。提用各类贷款均需一次交付手续费 0.5%。

(二)贷款的种类

自 20 世纪 50 年代开始,基金组织贷款种类逐渐增加,发展至今已经有多种类型贷款。

1. 普通贷款

普通贷款是国际货币基金组织的基本贷款,也称为基本信用设施贷款。它是国际货币基金组织利用各会员国认缴的份额形成的基金,对会员国提供的短期信贷,期限不超过五年,利率随期限递增。会员国借取普通贷款采取分档政策,即将会员国的提款权划分为储备部分贷款和信用部分贷款,后者又分为四档,并且对每档规定宽严不同的贷款条件。

2. 补偿与应急贷款

补偿与应急贷款的前身是出口波动补偿贷款,设立于1963年。当一国出口收入下降或谷物进口支出增大而发生临时性国际收入减少或谷物进口支出增加的贷款额各为其份额的83%,两者同时借取则不得超过份额的105%。由于出口收入下降或谷物进口支出增加应是暂时性的,而且会员国本身无法控制的,所以可以贷款。同时,借款国必须同意与国际货币基金组织合作执行国际收支的调整计划。

3. 缓冲库存贷款

1969年5月设立缓冲库存贷款,目的是帮助初级产品出口国建立缓冲库存以便稳定价格。国际货币基金组织认定的用于缓冲库存贷款的初级产品有可可、糖、橡胶等。会员国可以使用这项贷款占其份额的45%,贷款期限为3~5年。

4. 中期贷款

中期贷款又称扩展贷款,于1979年9月设立,专门为了解决会员国较长的结构性国际收支赤字,而且其资金需要量比普通贷款所能借取的贷款额度要大。贷款条件是:国际货币基金组织确认申请贷款的会员国的国际收支困难,确实需要比普通贷款期限更长的贷款才能解决;申请国必须提供整个贷款期中有关货币和财政等经济政策的目标,以及在12个月内准备实施的有关政策措施的详细说明,并且在以后12个月以内都要向国际货币基金组织提出有关工作进展的详细说明,以及今后为实现计划目标将采取的措施;贷款根据会员国为实现计划目标执行有关政策的实际情况分期发放。如果借款国不能达到国际货币基金组织的要求,贷款可以停止发放。此项贷款的最高借款额可达借款国份额的140%,期限为4~10年,备用安排期限为三年。此项贷款与普通贷款两项总额不得超过借款国份额的165%。

5. 补充贷款

补充贷款设立于1977年8月,总计100亿美元,其中石油输出国提供48亿,有盈余的七个国家一共提供52亿。国际货币基金组织与这些国家签订了借款协议,以借款资金配合国际货币基金组织原有的融资计划,加强对国际收支严重赤字的国家提供贷款。当会员国遇到严重的国际收支不平衡,借款总额已达国际货币基金组织普通贷款的高档信用部分,而且仍需要大数额和更长期限的资金时,可以申请补充贷款。贷款期限为3~7年,每年偿还一次,利率前三年相当于国际货币基金组织付给资金提供国的利率加借款额,可达会员国份额的140%。

6. 信托基金

信托基金设立于1976年,国际货币基金组织废除黄金条款以后,在1976年6月至1980

年5月间将持有的黄金的1/6以市场价卖出后,用所在地获得利润(市价超过35美元官价的部分)建立一笔信托基金,按优惠条件向低收入的发展中国家提供贷款。取得信托资金贷款的条件是:1973年人均国民收入低于300美元的国家,共有61个国家具备条件,它们借用自1976年7月1日起两年期的第一期贷款。1975年人均收入低于520美元的国家,国际货币基金组织确定了59个,可享用自1978年7月1日起两年期的第二期贷款。需经国际货币基金组织审核申请贷款国的国际收支、外币储备以及其他发展情况,证实确有资金需要,并有调整国际收支的适当计划。

7. 临时性信用贷款

国际货币基金组织除设立固定的贷款项目以外,还可以根据需要设置临时性的贷款项目,其资金来源于国际货币基金组织的临时借入。

8. 结构调整贷款

1983年3月设立,资金来自信托基金贷款偿还的本息,贷款利率为1.5%,期限为5~10年。1987年底又设立了扩大结构调整贷款,贷款最高额度为份额的250%。

9. 制度转型贷款

制度转型贷款可帮助东欧国家克服从计划经济向市场经济转变过程中出现的国际收支困难。

三、国际货币基金组织的作用

国际货币基金组织的建立,对于弥补部分国家的国际收支逆差,稳定国际货币汇率制度,促进国际贸易和世界经济的发展都起到了举足轻重的作用。

(一)实现了以固定汇率为基础的国际货币体系

国际货币基金组织成立之初,实行的是以美元为中心的固定汇率制,这种制度不仅使各国间货币汇率保持了相对的稳定性,而且便利了国际结算,这对于国际贸易的增长和战后各国经济的复兴是十分有利的。布雷顿森林体系崩溃后,国际货币基金组织对成员国的浮动汇率制实行管理和监督,在一定程度上也有助于保持国际货币体系的稳定。

(二)暂时缓和了国际收支困难

国际货币基金组织提供的各种类型的贷款在一定程度上缓和了成员国的国际收支危机。二战后有一些国家,主要是发展中国家(石油生产国除外),由于初级产品价格偏低,出口收入缩减,外债增多,致使国际收支情况不断恶化。两次石油提价后,引发了进口石油的工业发达国家和不生产石油的发展中国家更严重的国际收支危机。在这种情况下,国际货币基金组织采取了多种贷款形式,及时地帮助逆差国解决了国际收支困难。1991年英国货币危机与1994年墨西哥金融危机,都在国际货币基金组织的帮助下得以平息。1997年东南亚金融危机后,国际货币基金组织又依靠自身实力对印度尼西亚、泰国、菲律宾、韩国提供了紧急援助。在一定程度上缓解了这些国家的金融危机。

(三) 维持了世界货币体系的正常运转

国际货币基金组织会员国虽然各自利益不同,存在不少分歧和矛盾。但是,基金协定则要求必须较长时期地维持战后世界货币体制的运转,从而使世界范围的商品劳务和资本流通得以正常进行。

四、我国与国际货币基金组织的关系

1945 年,国际货币基金组织成立时,旧中国是创始会员国之一。新中国成立后,我国政府曾多次致电国际货币基金组织,要求恢复我国的合法席位,但由于美国的阻挠,问题一直被搁置下来。1980 年 4 月,我国恢复了在国际货币基金组织中的合法席位。我国与国际货币基金组织的交往日益增多,合作的领域也不断扩大。根据国务院的授权,中国人民银行负责主管国际货币基金组织中国方面的事务,与国际货币基金组织建立了良好的合作关系。我国恢复国际货币基金组织席位的好处:第一,可以利用这些组织提供的资金和技术援助,为我国的经济建设增加筹资渠道;第二,通过参加这些组织在国际金融领域里的活动,扩大我国对外接触面,使世界更好地了解中国,有助于扩大我国的政治影响;第三,能获得更多的国际市场信息,从而有利于我国开展对外贸易。

恢复在国际货币基金组织的合法席位后不久,我国先后于 1981 年和 1986 年从国际货币基金组织借入 7.59 亿特别提款权和 5.98 亿特别提款权的贷款,用于弥补国际收支逆差,支持经济结构调整和经济体制改革。到了 20 世纪 90 年代初,上述两笔贷款已经全部提前偿还。此后,随着经济实力的不断增强和宏观经济管理水平的提高,我国没有再向国际货币基金组织提出新的借款要求,我国在国际货币基金组织中已逐渐成为净债权国。1994 年,我国向国际货币基金组织提供了 1 亿特别提款权的贷款,用于支持重债穷国的债务调整,同时还向该贷款的贴息账户捐款 1 200 万特别提款权。1999 年,我国又向国际货币基金组织捐助 1 313 万特别提款权,继续支持重债穷国减债计划。1997 年 7 月亚洲金融危机爆发后,我国政府积极参与了国际货币基金组织向泰国提供一篮子援助,向泰国政府贷款 10 亿美元。在印度尼西亚金融危机爆发后,我国向国际货币基金组织承诺向印度尼西亚政府提供 3 亿美元的二线资金支持。20 世纪 80 年代中期以后,由于国际收支状况的改善和外汇储备的增加,我国一直积极履行对国际货币基金组织的义务,将我国在国际货币基金组织份额的一部分为其资金使用计划提供短期资金融通。在亚洲金融危机期间,我国用于该计划的份额余额超过 20 亿美元。可以说,我国为国际货币基金组织的健康发展和维护发展中国家的利益起到了积极作用。

我国政府与国际货币基金组织一直保持着良好的、卓有成效的合作关系,国际货币基金组织每年与我国政府进行年度磋商,了解我国经济发展状况、对我国的宏观经济政策提出建议和意见。我国政府每年派代表团参加国际货币基金组织的国际货币与金融委员会的会议和年会,阐述我国对世界经济及国际事务的立场和政策,为维护全球经济的稳定和发展做出了积极贡献。近年来,国际货币基金组织与我国的合作重点转向技术援助和人员培训等领域,涉及统计、财政、税务、金融、外汇管理等方面。

> 【资料库】
> **国际货币基金组织与世行春季会议 IMF:亚太经济继续引领全球增长**
> 　　2017年4月21日,国际货币基金组织在美国华盛顿发布了亚太地区的最新经济数据,预测2017年亚太经济增长将达5.5%,亚太经济依然表现强劲。
> 　　国际货币基金组织预测,亚太地区经济增速将从去年的5.3%上升至今年的5.5%。亚太地区仍然是世界经济增长的引擎。
> 　　国际货币基金组织副总裁张涛在春会议期间表示,此次《世界经济展望报告》是IMF近几年来首次上调全球经济增长率,预示世界经济迎来复苏曙光。发达经济体呈现普遍复苏,新兴经济体更显发展韧性,占全球经济增长贡献率的77%。他指出,未来一段时间里,新兴经济体将继续成为全球经济增长的重要力量。此外,他还强调,IMF上调2017年和2018年中国GDP指标,显示IMF对中国经济发展的信心。
>
> (资料来源:新浪国际)

第三节　世界银行集团

1944年7月,布雷顿森林会议通过了《国际复兴与开发银行协定》,1945年2月建立了国际复兴与开发银行(IBRD),简称世界银行。目前,世界银行集团由五个机构组成:国际复兴开发银行(IBRD)、国际开发协会(IDA)、国际金融公司(IFC)、多边投资担保机构(MIGA)和解决投资争端国际中心(ICSID)。

一、世界银行集团概述

(一)世界银行

世界银行是国际复兴开发银行的简称。在世界银行集团中,该行是成立最早、提供贷款最多的金融机构。世界银行不是一般意义上的"银行",它是联合国的专门机构之一,负责长期贷款,拥有184个成员国,这些国家对世界银行资金的筹措和使用共同负责。

1. 世界银行的宗旨

世界银行的宗旨是通过对生产事业的投资,资助成员国的复兴和开发;通过对贷款的保证或参与贷款及其他私人投资的方式促进外国私人投资,当成员国不能在合理的条件下获得私人资本时,则在适当条件下以世界银行本身资金或筹集的资金及其他资金给予成员国直接贷款,来补充私人投资的不足;通过鼓励国际投资,开发成员国的生产资源,提供技术咨询和提高生产能力,以促进成员国国际贸易的均衡增长及国际收支状况的改善。

此外,为了保证上述宗旨的实现,世界银行还规定:银行及其官员不得不干预会员国的政治,其一切决定也不应受有关会员国政治形势的影响,一切决定只应与经济方面的考虑有关。

2. 世界银行的组织机构

世界银行的组织结构和国际货币基金组织相似,也是由理事会下设执行董事会作为决策机构。

理事会是世界银行的最高决策机构,理事会由各成员国选派一名理事和一名副理事组成,任期五年,可以连任。副理事只有在理事缺席时,才有投票权。各会员国一般都委派财政部长、中央银行行长或其他地位相当的高级官员担任。理事会的主要职责包括:接受成员国或终止成员国地位;增加或减少经批准的银行资本存量;决定银行净收入的分配;审查财务报表和预算;行使未授予执行董事的其他权力等重大问题。理事会每年9月间举行一次会议,一般与国际货币基金组织的理事会联合举行。传统上,年会在华盛顿举行两次之后,每三年在其他成员国举行,以反映世界银行集团的国际性。此外,必要时可以召开特别会议。

执行董事会负责世界银行的日常事务,行使由理事会授予的职权。按照世界银行章程规定,执行董事会由24名执行董事组成,其中五人由份额最大的美国、日本、英国、德国和法国委派。另外16人由其他会员国的理事按地区分组选举。中国、俄罗斯和沙特阿拉伯由于拥有一定的投票权,均可自行单独选举一位执行董事,其他会员国分别联合组成多国选区。执行董事会的主要职责包括:根据世界银行的业务需要随时召集会议;审议银行的贷款和担保建议;审议行长提出的赠款和担保建议;决定指导世界银行总体业务的各项政策;在年会期间向理事会提交经审计的账户、行政预算和世界银行业务和政策的年度报告以及有关其他事务。

行长是世界银行的最高行政长官,由执行董事会选举产生,负责世界银行的日常事务以及任免世界银行的高级职员和工作人员,但无投票权,只在执行董事会表决中双方票数相当时,才可以投决定性的一票。执行董事会选举一人为行长和执行董事会主席。行长任期五年,可以连任。世界银行自成立以来,行长一直由美国人担任,世界银行除在华盛顿设有总部外,在许多成员国设有办事处、派出机构和常驻代表。

世界银行的成员国都需认缴股份,其股份按申请国的经济和财政力量分配。每个成员国有250票的基本投票权,另外每认缴一股(原来为10万美元,后来改为10万特别提款权)增加一票。其权力分配和股份公司相似。

3. 世界银行的资金来源

(1)成员国缴纳的股金

世界银行成立之初,法定股本为100亿美元,分为10万股,每股10万美元。根据世界银行协定原来的规定,成员国认缴的股金分两部分缴纳:成员国参加时应缴纳认缴股金的20%,其中的2%必须用黄金或美元支付,这一部分股金,世界银行有权自由使用,其余的18%用成员国的本国货币支付,世界银行须征得该成员国的同意才能将这部分股金用于贷款;其余80%是待缴股本,它可在世界银行因偿还借款或清偿债务而催缴时,以黄金、美元或世界银行需用的货币支付。

(2) 发行债券取得的借款

在实有资本极其有限而又不能吸收短期存款的条件下,世界银行主要通过在各国和国际金融市场发行债券来筹措资金。在世界银行的贷款总额中,约有80%是依靠发行债券借入的。世界银行在借款方面的基本政策是:借款市场分散化,以防止对某一市场的过分依赖。世界银行发行债券的方式主要有两种:一是直接向成员国政府、政府机构或中央银行出售中短期债券;二是通过投资银行、商业银行等中间包销商向私人投资市场出售债券。用后一种方式出售的债券的比重正在不断提高。作为世界上最审慎和管理最保守的金融机构之一,在世界各地发售 AAA 级债券和其他债券,发售对象为养老基金、保险机构、公司、其他银行及个人。世界银行对借款国的贷款利率反映出其筹资成本,贷款的还款期为 15～20 年,在开始偿还本金前有 3～5 年的宽限期。

(3) 留存的业务净收益和其他资金来源

世界银行从 1947 年成立以来,除第一年有小额亏损外,每年都有盈余。世界银行将历年业务净收益大部分留做银行的储备金,小部分以赠款形式拨给国际开发协会做贷款资金。

世界银行还有两种辅助的资金来源:一是借款国偿还的到期借款额;另一是银行将部分贷款债权转让给私人投资者(主要是商业银行)而收回的资金。

(二) 国际开发协会

国际开发协会,是一个专门从事对欠发达的发展中国家提供期限长和无息贷款的国际金融组织。世界银行的成员国均可成为开发协会的成员国。在 1959 年 10 月,国际货币基金组织和世界银行年会上,通过了建立专门资助最不发达国家的国际开发协会的决议,1960 年 9 月 24 日正式成立了国际开发协会,并于 1961 年开始营业。

1. 国际开发协会的宗旨

国际开发协会专门对低收入发展中国家提供比世界银行的贷款条件更为宽厚的长期信贷,以减轻其国际收支负担,促进它们的经济发展,提高居民的生活水平,从而补充世界银行的作用,推动世界银行目标的实现。

2. 国际开发协会的组织机构

国际开发协会的组织机构与世界银行相同,理事会是其最高权力机关,执行董事会是理事会下设的常设机构,负责组织领导日常工作。

国际开发协会一切权力都归理事会。凡世界银行会员国又是协会会员国者,其指派的银行理事和副理事,依其职权,同时也是协会的理事和副理事。副理事除在理事缺席外,无投票权。世界银行理事会主席同时也是国际开发协会理事会主席。理事会每年召开年会一次,出席会议的法定人数应为过半数理事,并持有不少于 2/3 的总投票权。

执行董事负责处理协会的日常业务。世界银行当选的执行董事,其所在地属国是协会会员国同时,在国际开发协会中享有投票权。每个董事拥有的投票权应作为一个单位投票。当董事缺席时,由其指派的副董事全权代行其全部职权。当董事出席时,副董事可参加会议,但无投票权。执行董事会议的法定人数应是过半数并行使至少1/2总投票权。

3. 国际开发协会的资金来源

(1)成员国认缴的股金

协会成立时的法定资本为10亿美元。国际开发协会的会员国按经济发展水平大体分为两组:第一组为工业发达国家或收入较高的国家;第二组为广大发展中国家。第一组的发达国家认缴的股金必须全部以黄金或可兑换货币缴纳,第二组为发展中国家,其认缴资本的10%必须以可兑换货币缴纳,其余90%可用本国货币缴纳。协会要动用这些国家的货币发放贷款时,必须先征得各国的同意。

(2)成员国提供的补充资金

因成员国认缴的股金极其有限,远远不能满足贷款需求,国际开发协会根据创始会员国首次认股缴款的完成情况,可对其资金是否充足进行检查,如认为有必要时,可批准普遍增加认股额。1965年以来,国际开发协会已经多次补充资金。国际开发协会每三年补充一次资金,有近40个国家捐款。美国、英国、德国、日本、法国所占比重较大,阿根廷、巴西、匈牙利、韩国、俄罗斯、土耳其等国家也多次捐款,其中有些国家曾一度是国际开发协会的借款国。此外,瑞士虽不是协会会员国,但也向协会提供捐赠和长期无息贷款。追加认股一经批准,各会员国在国际开发协会确定的条件下,可认购一定数额的股份,使其能保持相应的投票权。

(3)世界银行的拨款

从1964年开始,世界银行通过一项声明,表示每年将净收益的一部分以无偿赠款形式转拨给协会,作为协会的资金来源。

(4)协会本身经营业务的盈余

协会从发放开发信贷收取小比例的手续费及投资收益中可以得到业务收益。由于协会贷款条件极其优惠,因此这部分资金来源很有限。

(三)国际金融公司

国际金融公司是世界银行的另一个附属机构,但从法律地位和资金来源来说,又是一个独立的国际金融机构,也是联合国的专门机构之一。国际金融公司的建立,是由于国际货币基金组织和世界银行的贷款对象主要是成员国政府,而私人企业的贷款必须由政府机构担保,从而在一定程度上限制了世界银行业务活动的扩展。因此,1951年3月美国国际开发咨询局建议在世界银行下设国际金融公司,1956年7月24日国际金融公司正式成立,世界银行的成员国均可成为该公司的成员国。

1. 国际金融公司的宗旨

《国际金融公司协定》规定,国际金融公司的宗旨是向发展中国家尤其欠发达的成员国的生产性企业,提供无需政府担保的贷款与投资,鼓励国际私人资本流向这些国家,促进私人企业部门的发展,进而推动成员国经济的发展。

2. 国际金融公司的组织机构

国际金融公司设有理事会、执行董事会和以总经理为首的办事机构,其管理方法与世界银行相同。与国际开发协会一样,公司总经理和执行董事会主席由世界银行行长兼任,但与协会不同的是,公司除了少数机构和工作人员由世界银行相关人员兼任外,设有自己独立的办事机构和工作人员,包括若干地区局、专业业务局和职能局。按公司规定,只有世界银行成员国才能成为公司的成员国。

3. 国际金融公司的资金来源

(1) 成员国缴纳的股金

根据协定,公司成立时的法定资本为1亿美元,分为10万股,必须以黄金或可兑换货币缴付。40多年来公司进行了多次增资。各成员国应缴纳股金数额的大小,与其在世界银行认缴股金成正比。

(2) 发行债券

为了补充自有资本的不足,国际金融公司还从外部筹借资金,在国际资本市场上发行国际债券是借款的主要方式,约占借款总额的80%。

(3) 借款

根据国际金融公司和世界银行签订的《贷款总协定》,国际金融公司还从世界银行及成员国政府那里以优惠条件获得一定数量的贷款,这也是其主要资金来源之一。公司已逐渐将筹资的重点放在国际金融市场,同时适当限制从银行的借款。

(4) 业务经营净收入

国际金融公司对贷款和投资业务管理得力,基本上每年都会有盈利,积累的净收益成为公司的一部分资金来源。

(四) 多边投资担保机构

多边投资担保机构成立于1988年,是世界银行集团里成立时间最短的机构,1990年签署第一笔担保合同。

1. 多边投资担保机构的宗旨

多边投资担保机构的宗旨是向外国私人投资者提供政治风险担保,包括征收风险、货币转移限制、违约、战争和内乱风险担保,并向成员国政府提供投资促进服务,加强成员国吸引外资的能力,从而推动外商直接投资流入发展中国家。作为担保业务的一部分,多边投资担保机构也帮助投资者和政府解决可能对其担保的投资项目造成不利影响的争端,防止潜在索赔要求升级,使项目得以继续。多边投资担保机构还帮助各国制定和实施吸引、保持外国直接投资的战略,并以在线服务的形式免费提供有关投资商机、商业运营环境和政治风险担保的信息。

2. 多边投资担保机构的组织机构

该机构内设理事会、董事会、总裁和工作人员。理事会为权力机构,由每个会员国指派理事和副理事一人。董事会至少由12人组成,负责本机构的一般业务。董事会主席由世界银行总裁兼任,除在双方票数相等时可投一决定票外,无投票权。多边投资担保机构总裁由董事会主席提名任命,负责处理本机构的日常事务及职员的任免和管理。

3. 多边投资担保机构提供担保的条件

符合担保条件的投资形式主要包括股本、股东贷款及由股本持有人提供的贷款。在符合条件的股东向多边投资担保机构注册其投资的前提下,贷给不相关借款人的贷款可被担保。其他符合条件的投资包括技术援助、管理合同、特许和许可协议,但条件是合同中至少有三年期限的规定,且投资人的报酬要与该项目的运作结果挂钩。多边投资担保机构在董事会的批准下也可以对其他形式的投资提供担保。

(五)解决投资争端国际中心

解决投资争端国际中心的宗旨是以调解和仲裁的方式,为解决国家同外国私人投资者之间投资争议提供便利。解决投资争端国际中心根据争端双方当事人之间的书面协议受理案件。当事人要求调解的,应向秘书长提出书面申请,经同意登记后,由双方当事人从调解小组中或从调解小组外任命独立调解人,或由非偶数调解人组成调解委员会,对争端进行调解。当事人要求仲裁的,也应向秘书长提出书面申请,经同意登记后,由双方当事人从仲裁小组中或从仲裁小组外任命独立仲裁员一名,或由非偶数仲裁人组成仲裁庭进行仲裁。生效后的裁决双方都具有约束力,并且在各缔约国领土上得到承认和执行。

二、世界银行集团的主要业务活动

(一)世界银行的主要业务活动

世界银行通过提供贷款、政策咨询和技术援助,支持各种以减贫和提高发展中国家人民生活水平为目标的项目和计划。向成员国尤其发展中国家提供贷款是其最主要的业务。世界银行贷款从项目的确定到贷款的归还,都有一套严格的条件和程序。

1. 贷款条件

①世界银行只向成员国政府,或经成员国政府、中央银行担保的机构提供贷款。

②贷款一般用于世界银行审定、批准的特定项目,重点是交通、公用工程、农业建设和教育建设等基础设施项目。只有在特殊情况下,世界银行才考虑发放非项目贷款。

③成员国确实不能以合理的条件从其他方面取得资金来源时,世界银行才考虑提供贷款。

④贷款只发放给有偿还能力,且能有效运用资金的成员国。

⑤贷款必须专款专用,并接受世界银行的监督。世界银行不仅在使用款项方面,而且在工程的进度、物资的保管、工程管理等方面都可进行监督。

2. 贷款的特点

①贷款期限较长。按借款国人均国民生产总值,将借款国分为四组,每组期限不一样。第一组为15年,第二组为17年,第三、第四组为最贫穷的成员国,期限为20年。贷款宽限期3~

5年。

②贷款利率参照资本市场利率而定，一般低于市场利率，现采用浮动利率计息，每半年调整一次。

③借款国要承担汇率变动的风险。

④贷款必须如期归还，不得拖欠或改变还款日期。

⑤贷款手续严密，从提出项目、选定、评定，到取得贷款，一般要一年半到两年时间。

⑥贷款主要向成员国政府发放，且与特定的工程和项目相联系。

3. 贷款的程序

①借款成员国提出项目融资设想，世界银行与借款国商洽，并进行实际考察；

②双方选定具体贷款项目；

③双方对贷款项目进行审查与评估；

④双方就贷款项目进行谈判、签约；

⑤贷款项目的执行与监督；

⑥世界银行对贷款项目进行总结评价。

4. 贷款的种类

世界银行执行董事会按用途将其贷款分为以下六类：

(1) 项目贷款

这是世界银行传统的贷款业务，也是最重要的业务。世界银行贷款中约有90%属此类贷款。该贷款属于世界银行的一般性贷款，主要用于成员国的基础设施建设。

(2) 非项目贷款

这是一种不与具体工程和项目相联系的，而是与成员国进口物资、设备及应付突发事件、调整经济结构等相关的专门贷款。

(3) 技术援助贷款

技术援助贷款包括两类：一是与项目结合的技术援助贷款，如对项目的可行性研究、规划、实施，项目机构的组织管理及人员培训等方面提供的贷款；二是不与特定项目相联系的技术援助贷款，也称"独立"技术援助贷款，主要用于资助为经济结构调整和人力资源开发而提供的专家服务。

(4) 联合贷款

联合贷款是一种由世界银行牵头，联合其他贷款机构一起向借款国提供的项目融资。该贷款设立于20世纪70年代中期，主要有两种形式：一是世界银行与有关国家政府确定贷款项目后，即与其他贷款者签订联合贷款协议，而后它们各自按通常的贷款条件分别与借款国签订协议，各自提供融资；二是世界银行与其他借款者按商定的比例出资，由前者按贷款程序和商品、劳务的采购原则与借款国签订协议，提供融资。

(5)"第三窗口"贷款

"第三窗口"贷款也称中间性贷款,是指在世界银行和国际开发协会提供的两项贷款(世界银行的一般性贷款和开发协会的优惠贷款)之外的另一种贷款。该贷款条件介于上述两种贷款之间,即比世界银行贷款条件宽,但不如开发协会贷款条件优惠,期限可长达 25 年,主要贷放给低收入的发展中国家。

(6)调整贷款

调整贷款包括结构调整贷款和部门调整贷款。结构调整贷款的目的在于通过 1~3 年的时间,促进借款国宏观经济范围内政策的变化和机构的改革,有效地利用资源,5~10 年内实现持久的国际收支平衡,维持经济的增长。结构调整问题主要包括宏观经济问题和影响若干部门的重要问题,包括贸易政策(如关税改革、出口刺激、进口自由化等)、资金流通(如国家预算、利率、债务管理等)、资源有效利用(如公共投资计划、定价、刺激措施等)以及整个经济和特定部门的机构改革等。部门调整贷款的目的在于支持特定部门全面的政策改变与机构改革。

(二)国际开发协会的主要业务活动

国际开发协会的主要业务活动,是向欠发达的发展中国家的公共工程和发展项目提供技术援助和进行经济调研。与世界银行的贷款不同的是,协会的贷款是优惠的无息贷款,只收取少量手续费和承诺费,而且期限也比银行贷款长,并有宽限期。协会的信贷主要用于经济收益率低,时间长但具有较好的社会效益的项目,主要包括教育、卫生、农业、环保、人口等领域。

1. 贷款的条件

①借款国人均国民生产总值需低于 635 美元;②借款国无法按借款信誉从传统渠道获得资金;③所选定的贷款项目必须既能提高借款国的劳动生产率,又具有较高的投资收益率;④贷款对象为成员国政府或私人企业(实际上都是贷给成员国政府)。

2. 贷款的特点

①贷款期限长。最初可长达 50 年,宽限期为 10 年。1987 年协会执行董事会通过协议,将贷款划分为两类:一是联合国确定为最不发达的国家,信贷期限为 40 年,包含 10 年宽限期;二是经济状况稍好一些的国家,信贷期限为 35 年,也含 10 年宽限期。②免收利息。即对已拨付的贷款余额免收利息,只收取 0.75% 的手续费。③信贷偿还压力小。第一类国家在宽限期过后的两个 10 年每年还本 2%,以后 20 年每年还本 4%;第二类国家在第二个 10 年每年还本 2.5%,其后 15 年每年还本 5%。由于国际开发协会的贷款基本上都是免息的,故称为软贷款;而条件较为严格的世界银行贷款,则称为硬贷款。

(三)国际金融公司的主要业务活动

国际金融公司的主要业务活动,是对成员国的私人企业或私人同政府合资经营的企业提供贷款或协助其筹措国内外资金。另外,还从事其他旨在促进私人企业效率和发展的活动,如提供项目技术援助和政策咨询以及一般的技术援助。国际金融公司目前是向发展中国家的私人企业提供资金的最大投资者。

1. 贷款的政策

国际金融公司对成员国私人企业提供的贷款无需成员国政府担保。国际金融公司对成员国私人企业投资项目必须对成员国的经济有利。

2. 贷款对象

国际金融公司的贷款对象主要是亚洲、非洲、拉丁美洲地区的欠发达国家,资助部门主要是集中制造业、加工业、开采业以及公用事业与旅游业等。其贷款不需要政府机构的担保,可以直接向成员国的私人企业发放。贷款的期限较长,一般为7~15年,有时还可以延长期限。但是,国际金融公司的贷款利率一般比世界银行提供的贷款利率高。

(四) 多边投资担保机构的主要业务活动

多边投资担保机构的两项主要业务活动是承保非商业性风险、提供促进性和咨询性服务。

1. 承保非商业性风险

这是机构的主要业务,也是机构实现其宗旨的重要手段。机构的投资保险业务并不与各国的官方投资保险机构产生竞争,而是起到"拾遗补缺"的作用。由于官方投资保险机构容易受本国政治的影响,而且对投保项目的股权比例有限制,同时还规定承保金额的上限,这些都限制了官方投资保险机构的业务范围,使投资保险市场存在很大的空白。而机构的业务恰好填补了这一空白。

在承保非商业性风险时,为了防止发生不必要的赔偿而使机构蒙受损失,《华盛顿公约》规定机构所承保的必须是合格的投资。所谓合格的投资,必须满足以下几个条件:①合格的投资应包括股权投资,其中包括股权持有者为有关企业发放或担保的中长期贷款、董事会确定的其他形式的直接投资以及董事会的特别多数票通过的其他任何中长期形式的投资;②合格的投资必须是在要求机构给以担保的申请注册收到之后才开始执行的投资;③合格的投资必须是对东道国的发展有所贡献、符合东道国的法律条令、与东道国宣布的发展目标和重点相一致、该投资在东道国将受到公正、平等的待遇和法律保护。此外,东道国也必须符合三个条件,即必须是一个发展中国家,必须是一个同意机构承保特定投资的特定风险的国家,必须是一个对担保的投资给予公正和平等待遇和法律保护的国家。

2. 提供促进性和咨询性服务

机构通过向发展中成员国提供外国投资促进及咨询服务,以帮助成员国创造良好的环境,吸引外国私人直接投资。机构主要提供以下几类服务:①投资促进会议;②执行发展计划;③外国投资政策圆桌会议;④外国直接投资法律框架咨询服务。

(五) 解决投资争端国际中心的主要业务活动

调解和仲裁是解决投资争端国际中心的主要业务活动。根据《华盛顿公约》,设立此中心的目的在于为外国投资者与东道国政府之间的投资争端提供国际解决途径,即在东道国国内司法程序之外,另设国际调解和国际仲裁程序,但中心本身并不直接承担调解仲裁工作,而只是为解决争端提供便利,为针对各项具体争端而分别组成的调解委员会或国际仲裁庭提供必要的条件,便于它们开展调解或仲裁工作,中心可以受理的争端仅限于一缔约国政府(东道国)与另一缔约国国民(外国投资者)直接因国际投资而引起的法律争端。对一些虽具有东道国国籍,但事实上却归外国投资者控制的法人,经争端双方同意,也可视同另一缔约国国民,享受"外国投资者"的同等待遇。调解和仲裁是中心的两种业务程序。按《华盛顿公约》规定,在调解程序中,调解员仅向当事人提出解决争端的建议,供当事人参考。而在仲裁程序中,仲裁员作出的裁决具有约束力,当事人应遵守和履行裁决的各项条件。

三、我国与世界银行集团的关系

我国于1981年5月11日正式恢复在世界银行的合法地位,从此以后,我国与世界银行集团的合作从无到有,规模从小到大,在各个领域都取得了令人注目的成果,成为世界银行集团与成员国开展成功合作的典范。

截止2007年6月30日,世界银行对中国的贷款总承诺额累计近422亿美元,共支持了284个项目,其中70个项目仍在实施中。世界银行贷款项目涉及国民经济的各个部门,遍及我国的大多数省、市、自治区,贷款项目主要集中在交通、城市发展、农村发展、能源、人类发展等领域,但各领域的项目重点都根据中国发展需求的变化而作出了调整。早期的世界银行贷款项目侧重于引进先进的项目评估、管理和建设经验,而近年来项目则更加注重解决中国高速发展带来的社会和环境影响。目前,60%以上的世界银行贷款项目都突出一个环保重点。城市项目的重点放在改善城市环境,包括可持续水资源利用、环境卫生、城市交通等;能源项目的重点放在引进节能增效和利用可再生能源的新模式;交通项目过去以建设贫困内陆省份与沿海发达省份之间的交通通道为重点,而现在更加侧重于建设农村道路和改善城市交通。近年来,世界银行通过国际复兴开发银行硬贷款与英国政府赠款相结合的创新机制保持社会部门和贫困农村地区的贷款。我国是执行世行贷款项目最好的成员国之一。

在我国与世界银行集团的合作关系中,知识共享与知识转让是一项十分重要的内容。世界银行帮助我国引进国际先进知识技术,协助分析我国的经济增长与减贫经验向其他国家传播。世界银行支持着内容广泛的分析和政策咨询工作,根据国际经验评估我国遇到的具体问题,促进国家和全球层面的政策辩论,为未来的发展投资和其他活动奠定基础。世界银行提供分析调研支持,协助我国保持有效的宏观经济管理,减少金融部门系统性风险,改善私营部门发展环境。世界银行协助对制约我国西部和东北部地区经济增长和服务提供的根本因素进行评估,包括投资环境、财政转移制度、社会服务提供、社会保障制度、城市化以及其他领域的制约因素。世界银行也在为进一步提高自然资源的利用效率和可持续性提供分析和政策咨询。

世界银行和我国政府每年就双方的三年滚动合作计划进行磋商。财政部是世界银行集团在我国开展业务活动的主要对口部门,国家发展改革委员会在合作计划的制订中也起着重要作用。双方都可以对合作计划提出建议,所有项目都须经过充分的技术、经济、财务、环境和社会评估之后才提交双方有关部门作最后审批。在经济分析和政策咨询方面,双方也商定一个主要调研项目的年度计划,并以政府各有关部门针对新出现的问题提出的特别调研要求作为补充。世界银行的中国业务由世界银行中国局负责管理。

与其他援助机构建立合作伙伴关系在世界银行的中国业务规划中日益重要。如英国国际发展部提供了至关重要的资金以及项目设计、相关知识和专长,在项目筹备、联合融资和开展分析咨询工作中与世界银行的援助紧密结合发挥了作用。

在2006年7月1日至2007年6月30日期间,世界银行向我国提供贷款约16.4亿美元,支持了10个项目,即四川城市环境治理项目、福建公路部门投资项目、广西综合林业发展与保护项目、第三国家铁路项目、山东环境二期项目、陕西安康公路发展项目、广东珠江三角洲城市环境项目二期、西部省份农村供水、环境卫生和健康促进项目。在《国别伙伴战略》期间(2006~2010年),世界银行对中国的贷款额预计每年在10~15亿美元之间。

【资料库】

世界银行集团推出免费的贸易与竞争力数据平台

2017年1月,世界银行集团宣布启动一个集收集、分析和视觉化呈现贸易和竞争力数据为一体的公开、免费、易使用的在线数据平台———TCdata360,其设计目的是帮助政策制定者、发展从业者、学界和普通公民更好地理解关键问题,为贸易、投资、创新以及一般经济领域的政策制定提供信息依据。

TCdata360整合并以视觉化方式呈现了包括世界银行集团、国际货币基金组织(IMF)、世界贸易组织(WTO)、世界经济论坛(WEF)和经济合作与发展组织(OECD)在内的20多个公开来源的可获得数据。

世界银行贸易与竞争力全球实践局局长克劳斯·梯尔姆斯说:"现有的数千个贸易和竞争力数据集分散在几十个公用数据来源,而TCdata360则把这些数据整合到一个容易使用的平台之上,定期更新,操作简单,便于用户进行视觉化分析和任意组合。"

事实上,数据对贸易和竞争力而言十分重要,有效的贸易和竞争力数据将有助于政府进行改进,帮助本国与其他国家进行对比。而TC-data360通过整合审查后的,包括世界银行集团的《营商环境报告》、《物流绩效指数》以及经合组织的《创新指数》、世界经济论坛的《全球竞争力指数》等在内的可操作数据,可以向政策制定者说明其经济体在各项变量上的表现以及他们能采取哪些措施开展竞争。

(资料来源:金融时报)

第四节 区域性国际金融组织

国际金融组织作为国际金融管理和国际金融活动的超国家性质的组织,除了前面介绍的全球性的以外,还有许多是区域性的,它们在二战后国际货币金融关系的特殊领域和特定方面同样发挥着极为重要的作用。区域性国际金融组织的建立,一方面是为了抵制超级大国对国际金融事务的控制和操纵,另一方面则是适应本区域各国经济合作的实际需要。二战后,先后成立的区域性国际金融组织主要有:国际清算银行、亚洲开发银行、欧洲投资银行、泛美开发银行、非洲开发银行、阿拉伯货币基金组织等。本节重点介绍国际清算银行、亚洲开发银行和欧洲投资银行。

一、国际清算银行

国际清算银行(BIS)是英、法、德、意、比、日等国的中央银行与代表美国银行界利益的摩根银行、纽约和芝加哥的花旗银行组成的银团,根据海牙国际协定于1930年5月共同组建的。国际清算银行最初创办的目的是为了处理第一次世界大战后德国的赔偿支付及其有关的清算等业务问题。二次大战后,它成为经济合作与发展组织成员国之间的结算机构,该行的宗旨也逐渐转变为促进各国中央银行之间的合作,为国际金融业务提供便利,并接受委托或作为代理人办理国际清算业务等。国际清算银行不是政府间的金融决策机构,也非发展援助机构,实际上是西方中央银行的银行。

(一)国际清算银行的宗旨

该行的宗旨是促进各国中央银行之间的合作,为国际金融活动提供更多的便利,并在国际金融清算中充当受托人或代理人。它是各国"中央银行的银行",向各国中央银行并通过中央银行向整个国际金融体系提供一系列高度专业化的服务,办理多种国际清算业务。国际清算银行的主要任务是"促进各国中央银行之间的合作并为国际金融业务提供新的便利"。因为扩大各国中央银行之间的合作始终是促进国际金融稳定的重要因素之一,所以随着国际金融市场一体化的迅速推进,这类合作的重要性显得更为突出。因此,国际清算银行便成了各国央行进行合作的理想场所,中央银行家的会晤场所。

(二)国际清算银行的组织机构

国际清算银行是以股份制形式的金融组织,其组织机构由股东大会、董事会和经理部组成。股东大会是最高权力机构,由认缴该行股份的各国中央银行代表组成,股东投票权的多少由其持有的股份决定。董事会由13人组成,董事长(兼行长)由其选举产生。董事会每月开一次会,审查银行日常业务。董事会也是主要的政策制定者。经理部有总经理和副总经理,下设四个业务机构,即银行部、货币经济部、秘书处和法律处。

(三)国际清算银行的资金来源

①成员国缴纳的股金。该行建立时,法定资本为5亿金法郎,后来增至15亿金法郎,共分为面值相等的60万股,每股面值2 500金法郎。其中,14%由私人持股,但无权参加股东大会,也没有投票权,章程规定,股票权和代表权始终属于中央银行。

②借款。向各成员国中央银行借款,补充该行自有资金的不足。

③吸收存款。接受各国中央银行的黄金存款和商业银行的存款。

（四）国际清算银行的主要业务活动

1. 处理国际清算事务

二战后，国际清算银行先后成为欧洲经济合作组织、欧洲支付同盟、欧洲煤钢联营、黄金总库、欧洲货币合作基金等国际机构的金融业务代理人，承担着大量的国际结算业务。

2. 办理或代理有关银行业务

二战后，国际清算银行业务不断拓展，目前可从事的业务主要有：接受成员国中央银行的黄金或货币存款，买卖黄金和货币，买卖可供上市的证券，向成员国中央银行贷款或存款，也可与商业银行和国际机构进行类似业务，但不得向政府提供贷款或以其名义开设往来账户。目前，世界上很多中央银行在国际清算银行存有黄金和硬通货，并获取相应的利息。

3. 定期举办中央银行行长会议

国际清算银行于每月的第一个周末在巴塞尔举行西方主要国家中央银行的行长会议，商讨有关国际金融问题，协调有关国家的金融政策，促进各国中央银行的合作。

我国于1984年与国际清算银行建立了业务联系，此后，每年都派代表团以客户身份参加该行年会。1996年9月9日，国际清算银行通过一项协议，接纳中国、巴西、印度、韩国、墨西哥、俄罗斯、沙特阿拉伯、新加坡和香港地区的中央银行或货币当局为该行的新成员。我国中央银行加入国际清算银行，标志着我国的经济实力和金融成就得到了国际社会的认可，同时也有助于我国中央银行与国际清算银行及其他国家和地区的中央银行进一步增进了解，扩大合作，提高管理与监督水平。

二、亚洲开发银行

亚洲开发银行（ADB，以下简称亚行）是根据联合国亚洲及太平洋经济社会委员会会议的协议，于1966年11月正式成立的，同年12月开始营业，总部设在菲律宾首都马尼拉。亚行初建立时有34个成员国，目前其成员不断增加，凡是亚洲及远东经济委员会的会员或准会员，亚太地区其他国家以及该地区以外的联合国及所属机构的成员，均可参加亚行。

（一）亚洲开发银行的宗旨

亚洲开发银行的宗旨是通过向亚太地区发展中国家或地区提供项目贷款和技术援助；帮助协调会员国或地区成员在经济、贸易和发展方面的政策；与联合国及其专门机构进行合作，以促进亚太地区的经济发展和合作。

（二）亚洲开发银行的组织机构

亚洲开发银行也是股份制企业性质的金融机构，凡成员国均须认缴该行的股本。理事会是其最高权力与决策机构，由每个成员国指派一名理事、一名副理事组成。亚行理事会每年举行一次年会。理事会的执行机构为董事会，由理事会选举12名执行董事组成，主要负责日常事务。董事会主席同时任亚行行长,是亚行合法代表及最高行政负责人。亚行总部是亚行的执行机构,负责亚行的业务经营,总部下设的主要职能部门有:农业和乡村发展部,基本建设部,工业和开发银行部,预算部,人事管理部等。

(三)亚洲开发银行的资金来源

1. 普通资金

它是亚行业务活动的最主要资金来源,由股本、借款、普通储备金、特别储备金、净收益、预交股本等组成。这部分资金通常用于亚行的硬贷款。

(1)股本

亚洲开发银行建立时法定股本为 10 亿美元,分为 10 万股,每股面值 1 万美元,每个会员国或地区成员都须认购股本。新加入的会员国或地区成员的认缴股本由亚洲开发银行理事会确定。首批股本分为实缴股本和待交股本,两者各占一半。实缴部分股本分五次交纳,每次交 20%。待缴部分只有当亚洲开发银行对外借款以增加其普通资本或为此类资本作担保而产生债务时才催交。会员国或者地区成员支付催交股本可选择黄金,可兑换货币或亚洲开发银行偿债时需要的货币支付。日本和美国是亚洲开发银行最大的出资者,认缴股本分别占亚洲开发银行总股本的 15% 和 14.8%。我国位于第三位,占总股本的 7.1%。

(2)借款

在亚洲开发银行成立之初,其自有资本是它向会员国或者地区成员提供贷款和援助的主要资金。从 1969 年开始,亚洲开发银行开始从国际金融市场借款。一般情况下,亚洲开发银行多在主要国际资本市场上以发行债券的方式借款,有时也同有关国家的政府、中央银行及其他金融机构直接安排债券销售,有时还直接从商业银行贷款。

(3)普通储备金

按照亚洲开发银行的有关规定,亚洲开发银行理事会把其净收益的一部分作为普通储备金。

(4)特别储备金

对 1984 年以前发放的贷款,亚洲开发银行除收取利息和承诺费以外,还收取一定数量的佣金以留做特别储备金。

(5)净收益

由提供贷款收取的利息和承诺费组成。

(6)预交股本

亚洲开发银行认缴的股本采取分期交纳的办法,在法定认缴日期之前认缴的股本即是预交股本。

2. 开发基金

亚洲开发银行基金创建于 1974 年 6 月,基金主要是来自亚洲开发银行发达会员国或地区成员的捐赠,用于向亚太地区贫困国家或地区发放优惠贷款。同时,亚洲开发银行理事会还按有关规定从各会员国或地区成员缴纳的未核销实缴股本中拨出 10% 作为基金的一部分。此外,亚洲开发银行还从其他渠道取得部分赠款。

3. 技术援助特别基金

亚洲开发银行认为,除了向会员国或地区成员提供贷款或投资以外,还需要提高发展中国家会员或地区成员的人力资源素质和加强执行机构的建设。为此,亚洲开发银行于 1967 年成立了技术援助基金。该项基金的来源为:①赠款;②根据亚洲开发银行理事会 1986 年 10 月 1 日会议决定,在亚洲开发基金增资到 36 亿美元时,将其中的 2% 拨给技术援助特别基金。

4. 日本特别基金

在 1987 年举行的亚洲开发银行第 20 届年会上,日本政府表示,愿出资建立一个特别基金。亚洲开发银行理事会于 1988 年 3 月 10 日决定成立日本特别基金,主要用于以赠款的形式,资助在会员国或地区成员的公营、私营部门中进行的技术援助活动;通过单独或联合的股本投资,支持私营部门的开发项目;以单独或联合赠款的形式,对亚洲开发银行向公营部门开发项目进行贷款的技术援助部分予以资助。

(四)亚洲开发银行的主要业务活动

1. 提供贷款

亚行的贷款按方式可分为项目贷款、规划贷款、部门贷款、开发金融贷款、综合项目贷款、特别项目贷款、私营部门的贷款、股本投资等。

(1)项目贷款

项目贷款是亚行传统和主要贷款方式,从亚行一开业就开展了项目贷款,直至今天。亚行章程规定,亚行经营的原则主要是为具体的项目提供资金。这些项目可以是一个国家发展规划的一部分,也可以是一个地区发展规划的一部分。

(2)规划贷款

规划贷款是对某一个需要优先发展的部门或其附属部门提供资金。其目的是使这些部门通过进口原料、设备和零部件,扩大现有生产能力,使其结构更趋合理化、现代化。目前,规划贷款的限额为亚行年度贷款总额 15% 左右。

(3)部门贷款

部门贷款是对与项目有关的投资进行援助的一种形式。部门贷款的目的是满足所选择的部门资本投资的需要,提高该部门执行机构的技术管理水平和保证支持该部门发展的金融及其他政策的进一步完善。到目前为止,亚行已批准为几个部门或其分部门提供部门贷款,如为灌溉、乡村发展、供水、排污、高速公路、教育等提供了部门贷款。

(4)开发金融机构贷款

开发金融机构贷款是通过成员的开发性金融机构进行间接贷款的一种形式,也叫做中间转贷。其目的是促进亚太地区私营工业的发展。通过中间转贷,亚行成功地推动了新企业的发展,扩大了现有企业的经营范围,并且帮助企业实现设备的现代化,从而更充分地利用其生产能力。

(5) 综合项目贷款

综合项目贷款是对较小的借款成员如南太平洋的一些岛国采用的一种灵活的贷款办法。这些国家的项目规模较小,借款数额不大,为了便于贷款,就把一些小项目捆在一起作为一个综合项目履行贷款手续。所以,这类贷款是将一批相互补充的小项目放在一起综合规划,作为一个项目提供资金。实际上,它是项目贷款的一种。

(6) 特别项目贷款

特别项目贷款是由亚行提供贷款的项目在执行过程中遇到未曾预料的困难,如缺乏配套资金等,使项目继续执行受到阻碍。为解决这一困难,由亚行提供一笔特别项目执行援助贷款,以使该项目得以继续执行。

(7) 私营部门的贷款和股本投资

私营部门的贷款和股本投资是为了有效地利用资源,加速发展中成员国经济的发展,亚行积极扩大对私营部门的援助。它的作用就是促进私营部门经济发展,并向获利较多的项目提供资金,同时促使国内外资金流向这些项目。

2. 联合融资

联合融资是指亚行与一个或一个以上的区外金融机构或国际机构,共同为成员国某一开发项目提供融资。该项业务始办于 1970 年,其做法上与世界银行的联合贷款相似,目前主要有平行融资、共同融资、伞形或后备融资、窗口融资、参与性融资等类型。

3. 股权投资

股权投资是通过购买私人企业股票或私人开发金融机构股票等形式,对发展中国家私人企业融资。亚行于 1983 年起开办此项投资新业务,目的是为私营企业利用国内外投资起促进和媒介作用。

4. 技术援助

技术援助是指亚行在项目有关的不同阶段,如筹备、执行等阶段,向成员国提供的资助,目的是提高成员国开发和完成项目的能力。目前,亚行的技术援助分为项目准备技术援助、项目执行技术援助、咨询性技术援助、区域活动技术援助。技术援助大部分以贷款方式提供,有的则以赠款或联合融资方式提供。

三、欧洲投资银行

欧洲投资银行(EIB)是欧洲经济共同体各国政府间的一个金融机构,成立于 1958 年 1 月,总行设在卢森堡。该行的宗旨是利用国际资本市场和共同体内部资金,促进共同体的平衡和稳定发展。为此,该行的主要贷款对象是成员国不发达地区的经济开发项目。从 1964 年起,贷款对象扩大到与欧共体有较密切联系或有合作协定的共同体外的国家。

(一)欧洲投资银行的组织机构

欧洲投资银行是股份制的企业性质的金融机构。董事会是其最高权力机构,由成员国财政部长组成的董事会,负责制订银行总的方针政策,董事长由各成员国轮流担任;理事会负责主要业务的决策工作,如批准贷款、确定利率等,管理委员会负责日常业务的管理;此外,还有审计委员会。

(二)欧洲投资银行的资金来源

①成员国认缴的股本金。初创时法定资本金为10亿欧洲记账单位。
②借款。通过发行债券在国际金融市场上筹资,是该行主要的资金来源。

(三)欧洲投资银行的主要业务活动

欧洲投资银行的主要业务活动包括:对工业、能源、基础设施等方面促进地区平衡发展的投资项目,提供贷款或贷款担保;促进成员国或共同体感兴趣的事业的发展;促进企业现代化。其中,提供贷款是该行的主要业务,包括两种形式:一是普通贷款,即运用法定资本和借入资金办理的贷款,主要向共同体成员国政府、私人企业发放,贷款期限可达20年;二是特别贷款,即向共同体以外的国家和地区提供的优惠贷款,主要根据共同体的援助计划,向同欧洲保持较密切联系的非洲国家及其他发展中国家提供,贷款收取较低利息或不计利息。

四、其他区域性国际金融组织

(一)泛美开发银行

泛美开发银行(IDB)主要由美洲国家组成,向拉丁美洲国家提供信贷资金的区域性金融组织。1959年4月8日20,拉丁美洲国家和美国签订了建立泛美开发银行的协定,12月30日生效。1960年10月1日银行正式开业,行址设在华盛顿。其宗旨是集中美洲内外的资金向成员国政府及公、私团体的经济、社会发展项目提供贷款或对成员国提供技术援助,以促进拉丁美洲国家的经济发展和经济合作。

董事会是泛美开发银行的最高机构,由所有成员国各派一名董事和一名副董事组成,任期五年。董事会讨论银行的重大方针政策问题,每年开会一次。执行理事会是执行机构,负责领导银行的日常业务工作。执行理事正副职除美国和加拿大两国单独选派外,其他国家均由数国组成一组选派理事和副理事。董事会还选出行长一人。银行行长也是执行理事会主席,任期五年。执行理事会根据行长推荐,选派银行副行长,协助行长工作。

泛美开发银行的贷款分为普通业务贷款和特种业务基金贷款。前者贷放的对象是政府和公、私机构的经济项目,期限一般为10~25年,还款时须用所贷货币偿还。后者主要用于条件较宽、利率较低、期限较长的贷款,期限多为10~30年,可全部或部分用本国货币偿还。社会进步信托基金的贷款用于资助拉美国家的社会发展和低收入地区的住房建筑、卫生设施、土地和乡村开发、高等教育、训练等方面。其他基金的贷款也各有侧重。参加泛美开发银行的工业发达和比较发达的国家,在银行业务活动中主要是提供资金,它们得到的好处是通过资本输出,加强对拉丁美洲各国的商品和劳务的出口。

(二)非洲开发银行

1963年7月,非洲高级官员及专家会议和非洲国家部长级会议在喀土穆召开,通过了建立非洲开发银行(AFDB)的协议。1964年,非洲开发银行正式成立,并于1966年7月1日开业,总部设在科特迪瓦的经济中心阿比让。2002年,因特迪瓦科政局不稳,临时搬迁至突尼斯,直到至今。非洲开发银行是非洲最大的地区性政府间开发金融机构,其宗旨是促进非洲地区成员的经济发展与社会进步。

理事会为最高决策机构,由各成员国委派一名理事组成,一般为成员国的财政和经济部长,通常每年举行一次会议,必要时可举行特别理事会,讨论制订银行的业务方针和政策,决定银行重大事项,并负责处理银行的组织和日常业务。理事会年会负责选举行长和秘书长。董事会由理事会选举产生,是银行的执行机构,负责制定非行各项业务政策。共有18名执行董事,其中非洲以外国家占六名,任期三年,一般每月举行两次会议。

资金来源主要来自成员国的认缴,截止2006年底,非行核定资本相当于329亿美元,实收资本相当于325.6亿美元。其中非洲国家的资本额占2/3。这是使领导权掌握在非洲国家中所作的必要限制。

【资料库】
非洲开发银行向肯尼亚乌干达提供贷款修建跨国公路等项目

2017年4月,非洲开发银行向肯尼亚、乌干达两国提供2.53亿美元贷款,用于升级两国间跨国公路和修建肯埃尔多雷特环城路。该跨国公路连接乌干达的Kapchorwa和肯尼亚的Kitale,总长118公里,计划于2021年完工。完工后,乌干达段Kapchorwa至Suam的通行时间将由目前的4小时降至1.5小时,肯尼亚段Suam至Kitale的通行时间由1.5小时缩短至45分钟。埃尔多雷特环城路长32公里,完工后车辆通行时速将由目前的26公里每小时提高至42公里每小时,将有效缓解城市拥堵状况。

资料来源:商务部 驻肯尼亚使馆经商处

本章小结

主要的国际金融组织与国际货币制度有着密切的关系,它们在协调国际货币合作、增加国际资金融通、制定国际金融规则、加强国际金融监管等方面的作用是十分重要的。本章主要介绍了以下内容:国际金融组织产生的背景;国际货币基金组织、世界银行集团、区域性金融机构的定义;国际货币基金组织、世界银行集团的宗旨;国际金融组织资金来源、主要业务活动及相关条件,以及我国与国际货币基金组织和世界银行集团的关系。

思 考 题

一、选择题
1. 国际货币基金组织的总部设在(　　)。
   A. 纽约　　　　B. 日内瓦　　　　C. 海牙　　　　D. 华盛顿
2. 世界上成立最早的国际金融组织是(　　)。
   A. 国际货币基金组织　B. 国际清算银行　C. 世界银行集团　D. 泛美开发银行
3. 具有"中央银行"职能的银行是(　　)。
   A. 世界银行　　　　　　　　　　　B. 国际货币基金组织
   C. 国际清算银行　　　　　　　　　D. 亚洲开发银行

二、简答题
1. 国际货币基金组织的基本宗旨是什么？有哪些主要的业务活动？
2. 世界银行集团由哪几部分组成？各机构的宗旨和主要资金来源是什么？
3. 世界银行的主要业务活动有哪些？
4. 国际清算银行是什么性质的国际金融机构？其宗旨是什么？
5. 亚洲开发银行的宗旨和主要业务是什么？

【阅读资料】

世界银行贷款 1 亿美元助力广西贫困片区农村扶贫

世界银行贷款广西贫困片区农村扶贫试点示范项目 2017 年 4 月 7 日在广西平果县启动。项目将以帮助贫困群众增收为目标，选定广西石漠化片区、革命老区 10 个县，支持 100 个以上贫困村合作社发展产业，通过产业化扶贫，实现稳定脱贫、可持续发展。

本次世界银行贷款项目覆盖广西平果县、田东县、田林县、乐业县、东兰县、巴马瑶族自治县、凤山县、都安瑶族自治县、大化瑶族自治县、宜州市等 10 个县(市)。项目建设期为 2017~2022 年，总投资约人民币 11.5 亿元，其中世界银行贷款 1 亿美元，国内财政扶贫资金配套约 5 亿元。

项目围绕当地特色产业发展，完善配套基础设施，支持建立 100 个以上合作社，重点培育安全、绿色、高质量有机产品，提高农产品附加值，增加合作社农户，特别是贫困农户的收益。项目从覆盖全产业链入手，首创企业配套赠款项目，积极引导有扶贫意愿和能力的企业投资项目区，打通合作社直接与市场对接的大通道，撬动更多社会资本融入扶贫大业。

同时，项目辅助建立商业孵化中心，为合作社的健康发展提供财务、法律、市场、生产等多方面技术和服务支持。项目独有的农业生产风险评估和缓解机制，将进一步帮助农户降低生产风险，争取更多信贷资金支持。

从 1995 年至今，广西共利用世界银行贷款开展了三期扶贫项目，项目区受益贫困人口达 165 万人，受益群众的生活水平有了很大改善。

资料来源：新华社

Chapter 12

个人外汇买卖

【学习目的与要求】

本章主要介绍了个人外汇买卖的交易方式、流程以及我国主要商业银行个人外汇买卖规定。通过本章学习,要求学生理解个人外汇买卖业务的概念和特点,以及从事个人外汇交易的益处;掌握个人外汇买卖业务的几种交易方式;了解目前我国开设外汇宝业务的几家大银行的交易规则。

【案例导入】

2006年6月26日,招商银行凭借其先进的技术平台和外汇市场的专业投资经验,在全国率先推出24小时网上交易的个人外汇期权产品,为外汇投资者再添新的投资理财渠道。

该产品最大的特点在于,无论外汇市场美元看跌还是看涨,都有投资机会。有炒股和炒汇经验的投资者都清楚,由于缺乏卖空机制,在国内投资股市,只有股市上涨才有获利机会;投资汇市,只有非美元货币上涨,才有赢利机会。2004年末至2006年初的外汇市场,美元一路走强,外汇市场的投资者不仅没有了投资获利的机会,有些投资者还因此遭受了不小的损失。因此,在外汇市场上,何时才能与国际接轨、既能买涨也能买跌成为不少外汇投资者的一大心愿。为此,招商银行勇于创新、不断探索,全面完成了外汇期权合约产品的设计和系统的开发工作。从即日起,投资者就可以通过招商银行的"财富账户"买卖外汇期权合约。外汇期权合约的24小时网上交易服务在国内尚属首次。投资者通过招商银行期权合约买卖业务,无论美元是涨还是跌,只要看准方向,都能获利。

第一节 个人外汇买卖业务

一、个人外汇买卖业务概述

(一) 个人实盘外汇买卖业务的定义

个人外汇买卖一般有实盘和虚盘之分。个人实盘外汇买卖,俗称"外汇宝",是指个人客户在银行通过柜台服务人员或其他电子金融服务方式进行的可自由兑换外汇(或外币)间的交易,该种交易不可进行透支,必须交足交易货币的金额。个人外汇买卖业务不需要另交手续费。银行的费用体现在买卖价格的不同上。

个人虚盘外汇买卖,是指个人在银行缴纳一定的保证金后,进行的交易金额可放大若干倍的外汇(或外币)间的交易。

目前按我国有关政策规定,只能进行实盘外汇买卖,还不能进行虚盘外汇买卖。

(二) 个人实盘外汇买卖业务的操作

1. 个人实盘外汇买卖可交易货币种类

目前,已开办个人实盘外汇买卖的各银行及分支行可交易的外汇(或外币)的种类略有不同,但基本上包括美元、欧元、日元、英镑、瑞士法郎、港元、澳大利亚元等主要货币,部分银行还包括加拿大元、新加坡元等货币。

居民可以通过个人实盘外汇买卖进行以下两类交易:一是美元兑欧元、美元兑日元、英镑兑美元、美元兑瑞士法郎、美元兑港元、澳大利亚元兑美元(有的银行还可以进行美元兑加拿大元、美元兑新加坡元);二是以上非美元货币之间的交易,如英镑兑日元、澳大利亚元兑日元等。在国际市场上,此类交易被称为交叉盘交易。

因为个人实盘外汇买卖是外币和外币之间的买卖,而人民币并不是可自由兑换货币,因此人民币不可以进行个人实盘外汇买卖。如果客户手上只有人民币没有外币,是不可以进行个人实盘外汇买卖的。

现钞、现汇之间不可以通过个人外汇买卖业务互换。根据国家外汇管理有关规定,现钞不能随意换成现汇。个人外汇买卖业务应本着"钞变钞、汇变汇"的原则。

2. 个人实盘外汇买卖的报价

银行根据国际外汇市场行情,按照国际惯例进行报价。个人外汇买卖的价格是由基准价格和买卖差价两部分构成。买价为基准价格减去买卖差价,卖价为基准价格加买卖价差。因受国际上各种政治、经济因素以及各种突发事件的影响,汇价经常处于剧烈的波动之中,因此客户在进行个人实盘外汇买卖时,应充分认识到风险与机遇是并存的。

在个人实盘外汇买卖中,英镑、澳元和欧元对美元报价,英镑、澳元和欧元是标准货币,其余的货币兑美元报价,美元是标准货币。

外币现钞只有运送到外国才能起到支付作用,而运送现钞银行需要承担运费、保费和利息等费用,所以银行一般要在外汇买卖价格上予以一定的区别。

3. 个人实盘外汇买卖交易金额的规定

叙做个人实盘外汇买卖客户通过柜台进行交易,最低金额一般为 100 美元,电话交易、自助交易的最低金额略有提高。无论通过以上哪种方式交易,都没有最高限额。为了最大可能地为客户提供优惠,目前部分银行的最低金额 50 美元即可交易。

根据国际市场惯例,银行对大额交易实行一定点数优惠,即在中间价不变的基础上,缩小银行买入和卖出的价差。个人实盘外汇买卖对大额交易有优惠。实行大额优惠的具体条件,由各银行及分行视自身情况而定。

4. 个人实盘外汇买卖成交方式

目前,个人实盘外汇买卖成交方式有市价交易和委托交易两种。市价交易又称时价交易,即根据银行当前的报价即时成交;委托交易又称挂盘交易,即投资者可以先将交易指令留给银行,当银行报价达到投资者希望成交的汇价水平时,银行计算机系统自动根据投资者的委托指令成交。委托交易指令一经留出,就由银行的交易系统自动监控,市场水平一到,立即成交。因此,它可帮助客户在瞬息万变的汇市中捕捉到有利的价格水平。

个人实盘外汇买卖一旦成交,汇价水平、交易金额、交易币种等细节已经确定,对交易双方都有约束力,不可以反悔,也不可以撤销。

客户在进行个人实盘外汇买卖时,如果市场汇率向不利于客户的方向变化,会使投资者面临较大的汇率波动风险。为了防止损失进一步扩大,投资者应及时将头寸平仓,这种行为称为"止损"。

5. 个人实盘外汇买卖的清算方式

个人实盘外汇买卖的清算方式是 T+D。客户进行柜台交易,及时完成货币互换。客户进行电话交易或自助交易在完成一笔交易之后,银行计算机系统立即自动完成资金交割。也就是说,如果行情动荡,投资者可以在一天之内抓住多次获利机会。

6. 交易服务时间

各银行根据不同的情况,经营时间有所不同,如果客户进行柜台交易或自助交易,交易时间仅限银行正常工作日的工作时间一般为 9:00~18:00(有的银行可延长至 21:00),公休日、法定节假日及国际市场休市不办理此项业务。如果客户进行电话交易、网上交易、手机交易,时间为周一凌晨 6:00~周六凌晨 6:00,同样的公休日、法定节假日及国际市场休市不办理此项业务。

二、参与外汇买卖的益处

个人实盘外汇买卖业务与传统的储蓄业务不同。传统的储蓄业务是一种存取性业务,以赚取利息为目的;个人实盘外汇买卖是一种买卖性业务,以赚取汇率差额为主要目的。同时,客户还可以通过该业务把自己持有的外币转为更有升值潜力或利息较高的外币,以赚取汇率波动的差价或更高的利息收入。

参与外汇实盘交易,可以获得以下好处:

(一)保值

投资者可以通过不同的外汇组合,规避汇率风险,以达到保值的目的。历史经验表明,外汇市场的波动小于股票、债券等市场。在个人投资组合中加入外汇,有助降低风险。通过分散投资,将资金分配于不同类型的投资工具,可降低因某单一市场受到冲击时,对个人整体投资的影响。

(二)套利

投资者可以将所持利率较低的外汇通过买卖转换成另一种利率较高的外汇,从而增加存款的利息收入。就是将存款利率较低的外币兑换成利率较高的外币,获取更高的利息收益。

(三)增值

投资者可以利用外汇市场汇率的频繁波动,通过买卖获取汇差收益。套汇的基本原则是低买高卖。例如,原有10 000美元,在美元兑瑞士法郎升至1.90时买入19 000瑞士法郎,在美元兑瑞士法郎跌至1.82时卖出瑞士法郎,换回10 440美元,这相当于在瑞士法郎汇率低时买进、汇率高时卖出。这样买卖一个回合可以赚取440美元的汇差收益。

三、个人外汇买卖业务的交易方式

(一)柜台交易

柜台交易即客户具有一定金额的外币存款,到指定的银行分支行填妥相关单据交柜面服务人员即可。这种交易方式有固定交易场所,可感受到投资氛围,特别适合初涉外汇宝交易的投资者。

(二)电话交易

电话交易是指私人客户在规定的交易时间内,使用音频电话机,按照规定的操作方法自行按键操作,通过银行的个人外汇买卖电话交易系统,进行的个人外汇买卖交易方式。电话交易,成交迅速,并可异地操作,特别适合工作繁忙的白领投资者。

以中国银行为例,办理电话交易,要先办理中国银行活期一本通及长城借记卡,存入一定金额的外币。持有效身份证件,至中国银行任何一个网点提出申请,填妥相关申请表并签署协议,与活期一本通及长城借记卡一起交给柜面服务人员,自行输入六位数字生成账户密码后,电话交易账户即已开通。使用电话交易系统的客户可使用音频电话机,拨通交易电话,输入正确的账号和密码后,即可进行交易。

(三) 自助交易

自助交易是指居民在银行营业时间内,通过营业厅内的个人理财终端,按规定的方法自行操作,完成个人外汇买卖交易的方式。自助交易信息丰富,并提供多种技术图表,特别适合具有一定外汇交易经验的投资者。

以中国银行为例,办理自助交易,要先办理中国银行活期一本通及长城借记卡,存入一定金额的外币。持有效身份证件,至中国银行任何一个网点提出申请,填妥相关申请表并签署协议,与活期一本通及长城借记卡一起交给柜面服务人员,自行输入六位数字生成账户密码后,自助交易账户即已开通。使用自助交易设备,输入正确的密码后,即可进行交易。

(四) 网上交易

网上交易是指登陆各大银行网站进行签约,在获得认证后,客户可以通过网上银行进行有关个人外汇买卖业务的操作。

以中国银行为例,中国银行客户登录该行网站进行签约,在获得认证后,可以通过网上银行进行有关个人外汇买卖的操作。个人外汇买卖网上交易包括:实时交易、委托交易、委托撤单、委托查询(单笔、明细)、成交查询(单笔、明细)、账户余额查询、账户明细查询、牌价查询、汇率走势图。

在办理网上交易开户过程中,客户须填写有效个人信息包括姓名、年龄、证件号码、证件类型、账号、账号所在银行、账号密码等。由网银中心返回的客户成功信息应包含证书 CN 号、网上银行系统的用户号、登录密码、交易密码和下载证书站点的 URL 等。在完成签约后,客户即可进入个人外汇买卖系统进行交易。

(五) 手机交易

为了方便客户随时随地进行交易,银行与中国移动、中国联通合作开发了手机交易,客户在购买了移动或联通公司的 STK 卡后,在银行完成签约手续,即可通过目前市场上常见型号的手机进行个人外汇买卖交易及查询(按短信息收费)。

四、个人外汇买卖业务的交易过程

(一) 客户交易流程

为了能够具体准确地说明问题,我们就以中国银行为例。

1. 开户

原已在中国银行开立外汇存款账户的个人客户凭有效单据可申办个人外币买卖业务,未开立账户的须持有关开户要求文件到中国银行开立账户后方可申办。

2. 委托

客户通过柜台、电话、手机、自助终端、网上等交易方式向中国银行提出个人外汇买卖交易委托申请,中国银行现行交易主机自动判断客户账户中是否有足额委托卖出币种,同时根据市场牌价判断客户委托交易价格是否满足成交条件。

3. 成交

如果在有效交易时间内不能够满足成交条件,则客户的委托在委托有效期结束时自动撤单。如果客户委托交易在申请有效期内实现最终成交,则中国银行将与客户进行实时资金清算。

4. 交割

在起息日客户与中国银行办理资金交割。

（二）个人实盘外汇买卖的注意事项

由于外汇汇率变幻莫测,从事"外汇宝"业务有可能获得利润,也有可能遭受损失,这取决于交易者对市场行情的判断是否准确,所以,外汇买卖由交易者自行决策,自担风险。由于汇率随时变动,当银行经办人员为客户办理买卖成交手续时,会出现银行报价与客户申请书所填写的汇率不一致的现象,若客户接受新的价格并要求交易,应重新填写申请书,以新的汇率进行交易。

外汇汇率一经成交,客户不得要求撤销。交易成交的认定以银行经办人员按客户申请书内容输入计算机,并打印出个人外汇买卖证实书为准。客户有义务在接到外汇买卖证实书时,核实交易内容是否与个人申请内容一致,以便发现问题当场解决。银行经办人员在办理买卖交易手续所需的必要工作时间之内,因市场发生突变,或出现其他无法防范的因素而导致交易中断,造成客户未能完成交易,银行不与负责。

第二节 我国银行个人外汇买卖业务介绍

一、中国银行个人实盘外汇买卖交易规则

中国银行上海市分行个人实盘外汇买卖、黄金买卖交易章程

第一章 总则

为维护中国银行上海市分行个人实盘外汇买卖、个人实盘黄金买卖交易双方的合法权益,明确双方权利义务,特制定《中国银行上海市分行个人实盘外汇买卖、个人实盘黄金买卖交易章程》。本章程中所称的"银行"指中国银行上海市分行,"客户"指本着"自主选择、自担风险"的原则与中国银行上海市分行叙做个人实盘外汇买卖、个人实盘黄金买卖交易的客户。

第一条 产品定义

个人实盘外汇买卖业务(以下简称"外汇宝"),是指个人客户通过柜面服务人员或其他电子金融服务方式,进行的不可透支的可自由兑换外汇(或外币)间的即期交易。

个人实盘黄金买卖业务(以下简称"黄金宝"),是指个人客户通过柜面服务人员或其他电子银行渠道,进行的不可透支的美元对外币金(目前外币金交易暂不开放)或人民币对本币金

的即期交易。客户不可提取实物金,银行也不计付利息。

第二章　业务开办

第二条　客户在申请及使用中国银行上海市分行提供的外汇宝及黄金宝交易服务时需具有完全民事行为能力,并承诺遵守国家关于个人外汇买卖和个人黄金买卖交易的法律法规、行政规章及中国银行上海市分行有关外币储蓄的相关规定。

第三条　客户可持本人实名制有效身份证件及在银行各联网网点开立的个人存款账户(包括:活期一本通存折、定期一本通存折、借记卡、定期存单)或本外币现钞以柜台交易方式办理外汇宝或黄金宝交易。需要通过电子银行渠道进行个人实盘外汇买卖和个人实盘黄金买卖的客户,必须另外申请相应的开通手续,方可取得交易资格。

第四条　客户办理外汇宝及黄金宝业务时必须遵守本章程的规定,若通过电子银行渠道进行交易,还需遵守《中国银行股份有限公司上海市分行电子银行章程》的规定。当客户实际办理外汇宝或黄金宝业务,视为客户本人接受并同意遵守本交易章程。

第三章　交易及报价

第五条　交易方式。目前外汇宝及黄金宝交易方式包括:柜台交易及电子银行渠道交易。其中,电子银行渠道交易包括:电话银行、自助终端、网上银行和手机银行。

①柜台交易是指客户在银行营业时间,通过银行柜面服务人员进行的交易。

②电话银行交易是指在开通电话银行服务功能后,客户在规定的交易时间内,通过银行电话自助交易系统,根据语音提示自行按键操作进行的交易。

③自助终端交易是指客户使用设置在自助银行中的自助终端,实现与银行的个人实盘外汇买卖及个人实盘黄金买卖交易系统连接所进行的交易。

④网上银行交易是指客户利用个人计算机,通过INTERNET网络的方式,与银行的个人实盘外汇买卖及个人实盘黄金买卖交易系统连接所进行的交易。

⑤手机银行交易是指客户利用移动电话,通过移动运营商网络与银行的个人实盘外汇买卖及个人实盘黄金买卖交易系统连接在移动终端界面所进行的交易。

第六条　时价交易和委托交易。

时价交易是指按照银行的报价即时成交,委托交易是指客户委托银行在委托有效期内按照客户指定的价格成交。委托交易的成交价只是成交时交易系统自动取到的优于客户委托价的时价,而并非当时市场的最优价。

柜台交易方式目前只办理时价交易。电子银行渠道交易可办理时价交易和委托交易。

第七条　外汇宝可以持活期一本通、定期一本通或借记卡进行交易;黄金宝目前仅可持活期一本通或借记卡进行交易。

第八条　交易货币。

外汇宝可交易的币种包括:美元、港元、欧元、日元、英镑、瑞士法郎、加拿大元、新加坡元、澳大利亚元、挪威克郎。具体货币对以中国银行报价为准。其中挪威克郎仅适用于柜台交易。

黄金宝可叙做美元对外币金和人民币对本币金的买卖。

第九条　报价方式。

外汇宝业务实行炒汇同价，其报价有四种，即现钞买入价、现钞卖出价、现汇买入价和现汇卖出价。客户卖出货币是现钞的，买入货币仍为现钞；客户卖出货币是现汇的，买入货币仍为现汇。

黄金宝报价包括本币金和外币金的买入价和卖出价。客户以美元现汇买入的外币金，卖出后仍得到美元现汇；客户以美元现钞买入的外币金，卖出后仍得到美元现钞。

对于大额的外汇宝和黄金宝交易，银行可以在现有报价的基础上进行适当优惠，时价交易和委托交易均可享受大额点差优惠。其中，时价交易采取的是"时价优惠"的方式，即在系统实时报价的基础上对于大额交易给予一定的点差优惠；委托交易采用"先优惠再到价"方式，即在实时报价的基础上优惠适当点差后如果达到客户的委托价格，则系统自动成交。优惠金额档次和优惠幅度请咨询中国银行客户服务中心。

第十条　交易单位。

通过柜台进行的外汇宝交易暂无起点金额限制，通过电子银行渠道进行的单笔交易的起点金额为100美元或等值外币。

本币金单笔交易起点金额为10克，递增幅度为1克；外币金单笔交易起点金额为1盎司，递增幅度为0.1盎司。

第十一条　交易时间。

外汇宝和黄金宝业务非柜台交易时间为北京时间周一上午8点至周六凌晨3点，其中每个工作日凌晨3点至4点为系统批处理时间，暂停交易。遇到国内外相关国际金融市场休市，暂停交易。遇特殊情况（如系统切换，自然灾害及其他不可抗力）必须暂停交易，银行将通过电话银行语音提示和网上银行公告等渠道及时通知客户。

客户委托交易的有效期最长可达23个小时（批处理时间除外），其有效期截止时间为最近一个交易日的凌晨3点。

第十二条　外汇宝交易及黄金宝交易均采用实时交割的方式。

第十三条　外汇宝交易及黄金宝交易不另外收取手续费。

第四章　风险提示

第十四条　汇率风险。

银行根据国际外汇市场即时行情进行报价。因受国际上各种政治、经济因素，以及各种突发事件的影响，汇价经常处于波动之中，客户应充分认识外汇投资的风险，并愿意承担由此带来的一切责任。

第十五条　系统风险。

通信线路故障或相关系统发生异常时银行有权暂停交易；由于非人为因素或其他不可抗力因素导致系统故障、市场异常报价造成成交汇价大幅偏离市场汇价，银行方面有权取消交易或按照与客户商定的正常价格补做交易。银行不对客户的预期收益承担任何经济或法律责任。

第十六条 所有客户的交易记录以银行计算机记载的记录为准。为确保数据清算,银行每日在某个相对固定的时间进行系统切换,称为"日切"。日切将不会影响正常交易。每日日切后,系统日期将自动更新为下一日,客户交易记录也以系统日期为准。

第十七条 客户在通过柜面进行交易时,需填写"中国银行个人实盘外汇买卖凭条",银行报价后,客户在规定的时间内签字确认后方能成交,超过等待时间交易自动取消。

第十八条 定期一本通满60笔后,客户必须到银行网点办理换折手续后方可继续进行外汇宝交易,否则客户委托的外汇宝交易即使在委托期内达到了委托价格也无法成交。

第五章 特别说明

第十九条 本章程自2006年7月1日起执行。

第二十条 本章程如有变更,银行将及时通过网站或其他适当方式进行公告,而不再以电话或信函的方式单独通知客户。

二、交通银行个人实盘外汇买卖交易规则

(一)交通银行个人外汇买卖(实盘)交易守则

第一条 个人外汇买卖(实盘)交易,是指个人客户在银行规定的交易时间内,通过银行指定柜台的服务人员或其他自助交易方式进行不同币种之间的外币兑换,并同时完成资金的交割。

第二条 银行在规定的交易时间内根据国际外汇市场即时行情公布个人外汇买卖报价,按公布的买卖报价和客户指定的买卖币种受理客户的买卖申请。国际外汇市场行情受政治、经济等各种因素及突发事件的影响,经常处于剧烈的波动之中,机遇与风险共存,客户应充分认识到"外汇宝"投资的风险,对自己的投资行为承担一切后果和责任。

第三条 客户同意严格按照银行制定的《交通银行个人外汇买卖(实盘)电话、柜面、网上银行、自助终端、手机银行操作手册》正确操作。在进行自助终端和手机银行操作时,客户是掌握操作方法并看清屏幕提示后完成的;若因客户操作错误造成损失,该损失由客户自行承担。在进行电话交易操作时,客户是在听清语音报价和提示后完成的,因客户操作失误造成的损失由客户自行承担。在登录网上银行交易系统前,客户已仔细阅读并接受《交通银行网上银行服务协议》,在进行网上交易操作时,客户是掌握操作方法并看清屏幕提示后完成的;因客户操作错误造成的损失,由客户自行承担。

第四条 客户同意其通过银行的个人外汇买卖(实盘)交易系统进行的柜面交易、电话交易、网上交易、手机银行和自助终端交易是否成交(包括即时交易和挂盘交易),及成交的币种、金额、汇率等,以银行计算机记录和交易证实书为准。客户若对交易产生质疑,应于交易当日始三个工作日内凭传真或打印交易证实书向银行查询,否则视为客户无异议。

第五条 客户同意非银行过错的原因，包括因通信线路、银行计算机系统发生故障或其他非人力所能控制的意外情况，导致交易中断、暂停、异常或出现交易价格背离国际外汇市场即时汇价的错误交易，银行有权申明交易作废并撤销交易，银行不承担任何经济责任和法律责任，客户给予充分谅解，并同意不因此进行任何索偿。

第六条 客户同意对自己开立的借记卡、一本通账户及设定的密码负责；凡通过密码实现的交易，无论通过电话、网上银行或自助终端均视为客户真实意思表示；凡因客户将密码泄露或被他人窃得所造成的一切后果由客户自行承担。

第七条 客户同意个人外汇买卖（实盘）交易价格以银行计算机系统报价为准，客户从其他渠道所得报价（如寻呼台、互联网络、资讯公司等）均为参考报价。

第八条 客户已经知悉银行外汇宝交易的签约按照渠道交易方式签约，客户按照在申请书选择的交易渠道进行签约，未选择签约的交易方式（即交易渠道，除柜面外）默认为关闭。

第九条 个人外汇买卖的交易方式包括即时交易和挂盘交易。外汇买卖即时交易是指按银行公布的买卖报价，当即完成客户提出的买卖申请的交易方式。外汇买卖挂盘交易是指由客户指定买卖币种、交易金额及成交价格，银行按价格优先、时间优先的原则受理客户指令，一旦银行报价达到或优于客户指定的价格即执行客户指令，实际的成交价为客户指定价格。

第十条 客户进行个人外汇买卖交易前，必须先到交通银行开立外币储蓄存款账户，并按银行要求签署并提交相应申请书，经审核批准并开通交易后，客户即可进行个人外汇买卖交易。

第十一条 个人外汇买卖交易的币种为银行的外币储蓄币种，目前为美元、日元、港元、英镑、欧元、瑞士法郎、加拿大元和澳大利亚元。

第十二条 银行个人外汇买卖报价为八个币种间的即时买入价和卖出价，其中包括七对直盘报价和21对交叉盘报价，客户应看清报价后再进行交易。

第十三条 银行根据客户交易金额的大小给予优惠，即单笔交易金额达到一定金额的美元后，缩小买卖差价，非美元货币按当时的银行牌价折算。

第十四条 买卖币种用交易代码方式表示，交易代码由四位数组成，前二位为客户卖出币种，后二位为客户买入币种。

第十五条 由客户自己操作的电话交易或者自助交易是否成交，成交的币种、金额、汇率等均以银行计算机自动记载的成交记录为准。

第十六条 本总则及《交通银行个人外汇买卖（实盘）网上银行交易守则》、《交通银行个人外汇买卖（实盘）电话交易守则》、《交通银行个人外汇买卖（实盘）自助交易守则》由交通银行负责解释和修订。

第十七条 客户在提出买卖申请之前，应仔细阅读本总则及其附件（《交通银行个人外汇买卖（实盘）网上银行交易守则》、《交通银行个人外汇买卖（实盘）电话交易守则》、《交通银行个人外汇买卖（实盘）自助交易守则》），并充分理解其中的含义，本总则未规定事宜，以附件守则规定为准。

第十八条 银行有权修订本总则及《交通银行个人外汇买卖(实盘)网上银行交易守则》、《交通银行个人外汇买卖(实盘)电话交易守则》、《交通银行个人外汇买卖(实盘)自助交易守则》,并于执行前三天在银行营业网点和网站上公告,自正式执行之日起对所有与银行办理个人外汇买卖(实盘)交易的客户生效。

(二)交通银行个人外汇买卖(实盘)网上交易守则

第一条 个人外汇买卖网上交易是指客户登录交通银行个人外汇买卖网站进行相关的外汇买卖交易。

第二条 交通银行个人外汇买卖网站地址为:www.95559.com.cn

第三条 客户进行个人外汇买卖网上交易前,必须凭有效身份证件到银行外汇业务网点办理开户手续,选择网上银行渠道进行签约后,方可进行网上银行的操作。

第四条 客户在进入交通银行个人外汇买卖网上交易系统前,需仔细阅读并接受《交通银行个人外汇买卖(实盘)网上交易守则》。

第五条 客户持有的太平洋借记卡的查询密码是其使用银行网上外汇宝服务的密码。凡掌握密码而实现的交易,均视做客户本人所为。

第六条 客户进行个人外汇买卖网上交易,必须熟知《交通银行个人外汇买卖(实盘)网上交易操作手册》,并严格按此操作手册使用网上交易系统。若因个人操作失误而造成的损失,由客户自行承担。

第七条 客户指定的交易指令只在银行规定的交易时间段内有效,已成交的交易指令不得撤销,逾时未成交的挂盘交易指令自动撤销(客户交易时间以银行交易系统时间为准)。在我国法定节假日和国际主要金融市场休市期间,银行交易时间将会调整,届时以银行的公告为准。

第八条 由客户自己操作的网上交易是否成交,及成交的币种、金额、汇率等均以银行交易系统自动记载的记录为准,客户若对交易产生质疑,应于交易当日始三个工作日内凭传真或柜面打印的成交明细向银行查询,否则视为本人无异议。

第九条 客户在使用交通银行网上个人外汇买卖交易系统时打印的交易纪录,仅供客户参考,不能作为法律依据。

(三)交通银行个人外汇买卖(实盘)电话交易守则

第一条 个人外汇买卖电话交易是指个人客户在银行规定的交易时间内,通过银行的个人外汇买卖电话交易系统,进行不同币种间的外币兑换。

第二条 个人外汇买卖电话交易方式为即时交易和挂盘交易。

第三条 客户指定的交易指令只在银行规定的交易时间段内有效,已成交的交易指令不得撤销,逾时未成交的挂盘交易指令自动撤销(客户交易时间以银行交易系统时间为准)。在我国法定节假日和国际主要金融市场休市期间,银行交易时间将会调整,届时以银行的公告为准。

第四条 客户进行个人外汇买卖电话交易前,必须凭有效身份证件到银行外汇业务网点办理开户手续,并按银行要求签署并提交相应申请书。银行接受客户申请,为客户开通电话交易后,客户方可进行电话银行的操作。

第五条 电话交易密码由客户自行设定六位不全为零的阿拉伯数字组成。客户可随时通过银行的个人外汇买卖电话交易系统修改密码。凡掌握密码而实现的交易,均视做客户本人所为。

第六条 客户进行个人外汇买卖电话交易,必须熟知《交通银行个人外汇买卖(实盘)电话交易操作指南》,并严格按此操作指南使用电话交易系统。若因个人操作失误而造成的损失,由客户自行承担。

第七条 个人外汇买卖电话交易必须符合银行规定的起点金额要求。

第八条 客户用交易代码指定卖出币种和买入币种,交易代码由四位数组成,前两位为客户卖出币种,后两位客户买入币种。

第九条 某一笔存款挂盘成功后,除非客户撤销挂盘或挂盘交易已成交,不得再次进行挂盘。

第十条 电话交易完成后,客户可以通过银行的电话交易系统进行账户查询。客户若对成交记录有疑问,可向银行查询。

第十一条 由客户自己操作的电话交易是否成交,及成交的币种、金额、汇率等均以银行交易系统自动记载的记录为准。

(四)交通银行个人外汇买卖(实盘)自助交易守则

第一条 个人外汇买卖自助交易是指个人客户在银行规定的交易时间内,通过银行提供的多媒体终端,进行的个人外汇买卖交易。

第二条 个人外汇买卖自助交易方式为即时交易和挂盘交易。

第三条 客户指定的交易指令只在银行规定的交易时间段内有效,已成交的交易指令不得撤销,逾时未成交的挂盘交易指令自动撤销(客户交易时间以银行交易系统时间为准)。在我国法定节假日和国际主要金融市场休市期间,银行交易时间将会调整,届时以银行的公告为准。

第四条 自助交易密码由客户自行设定六位不全为零的阿拉伯数字组成。客户可随时通过银行的个人外汇买卖自助交易系统修改密码。凡掌握密码而实现的交易,均视做客户本人所为。

第五条 客户进行个人外汇买卖自助交易,必须熟知《交通银行个人外汇买卖(实盘)自助交易操作指南》,并严格按此操作指南使用自助交易系统。若因个人操作失误而造成的损失,由客户自行承担。

第六条　个人外汇买卖自助交易必须符合银行规定的起点金额要求。

第七条　某一笔存款挂盘成功后，除非客户撤销挂盘或挂盘交易已成交，不得再次进行挂盘。

第八条　无论自助线路因何原因中断，断线前未完成的自助服务自动失效，断线前已完成的自助服务依旧有效。

第九条　由客户自己操作的自助交易是否成交，及成交的币种、金额、汇率等均以银行交易系统自动记载的记录为准。

第十条　自助交易完成后，客户可以通过银行的自助交易系统进行账户查询。客户若对成交记录有疑问，可向银行查询。

第十一条　为了保证客户资金的安全，请每次使用完自助终端后务必将其退至主菜单下。

三、招商银行个人实盘外汇买卖交易规则

第一条　招商银行个人实盘外汇买卖业务，是指招商银行接受客户通过招商银行电话银行、柜台、自助终端、网上银行等方式提交的委托交易指令，按照招商银行根据国际市场汇率制定的交易汇率进行即期外汇买卖并通过"一卡通"完成资金交割的业务。

第二条　招商银行根据国际外汇市场即时行情进行报价。因受国际上各种政治、经济因素，以及各种突发事件的影响，汇价经常处于上下波动之中，客户应充分认识外汇投资的风险，并愿意承担由此带来的一切责任。

第三条　办理招商银行个人实盘外汇买卖业务的客户，须到招商银行指定网点申请开立个人外汇买卖功能，填写《招商银行个人实盘外汇买卖功能申请表》，并出示本人"一卡通"和有效身份证明，以上资料经银行确认无误后再与银行签署《招商银行个人实盘外汇买卖协议书》。客户也可通过招商银行网上个人银行专业版进行功能申请。

第四条　个人实盘外汇买卖资金的管理

（1）招商银行个人实盘外汇买卖业务通过"一卡通"内的外汇买卖专户（简称专户）进行交易资金的管理和清算。

（2）客户开通外汇买卖功能后，须将资金由一卡通活期账户转入外汇买卖专用账户后即可进行交易委托。

（3）专户分为现钞专户和现汇专户，专户的现钞存款按照招商银行公布的现汇价格进行交易，但仍按现钞存款进行管理。

（4）专户活期存款可以直接转为专户定期存款，到期本息自动转存。

（5）专户定期存款可以全部或部分提前支取，提前支取在当次存期内只限一次。

第五条　密码管理

（1）个人外汇买卖业务使用与"一卡通"相同的查询密码；

（2）办理个人外汇买卖专户资金转账业务，使用与"一卡通"相同的取款密码；

（3）交易委托使用交易密码，交易密码的初始值与取款密码相同，客户可自行修改交易密

码,交易密码遗忘可凭取款密码进行重置。

客户在进行查询、委托及资金转账时,必须输入正确的密码。凡因客户自己泄露密码而造成损失,由客户自行负责。

第六条 招商银行个人外汇买卖的交易币种为美元、港元、欧元、日元、英镑、瑞士法郎、加拿大元、新加坡元和澳大利亚元。

第七条 招商银行个人外汇买卖交易委托的起点金额为100美元或等值外币(如有变动,以当地招商银行公布为准)。

第八条 招商银行个人外汇买卖的交易时间从北京时间星期一早晨8:00至星期六凌晨5点(美国夏令时则为4点),客户预留的委托指令,其有效时间从当日凌晨8点至次日凌晨8点,即每日凌晨8点(周六为5点,美国实行夏令时时为4点),所有未成交的交易委托将被撤销。如有变动,以当地招商银行公布为准。

第九条 招商银行的交易系统提供网上银行、自助终端、电话银行、掌上银行、手机银行(限挂盘委托)和柜台委托(限即时委托和挂盘委托)六种交易方式。

第十条 招商银行的外汇报价均为现汇交易价,共包括36种汇率,其中基准汇率8种,交叉汇率28种。所有报价组合标识在前的货币为报价式中的基础货币、标识在后的货币为报价式中的非基础货币。银行报价中的买入价即为银行买入基础货币卖出非基础货币的汇价,银行的卖出价即为银行卖出基础货币买入非基础货币的汇价。报价中除日元/港元报价的基础货币以100为单位外,其余报价的基础货币以1为单位。

第十一条 招商银行对大额交易可提供优惠报价,具体报价以招商银行交易系统公布为准。

第十二条 因国际市场汇价波动频繁,当招商银行公布的买卖差价小于国际市场汇率的买卖差价,招商银行保留调整报价的权利;当国际市场汇率出现异常波动,招商银行保留暂停交易的权利。

第十三条 委托指令

招商银行个人实盘外汇买卖交易系统提供六种委托指令:

(1)即时委托:以立即有效的价格完成交易的买卖指令,成交汇率为市场正在进行交易的当前汇率。

实例:如果在您做买入欧元卖出美元的即时委托时,市场汇价是0.983 5/55,那么即时委托就以0.985 5的价格买入欧元卖出美元。

(2)挂盘委托:当市场汇率达到指定价位时按客户指定价完成交易的买卖指令。挂盘委托的价格通常高于买卖货币当前的市价。

实例:如果您持有一笔欧元头寸(以0.985 5的价格买入),希望在汇价0.991 5时卖出欧元,您可以通过招商银行的系统投放挂盘委托,当市场汇价达到0.991 5时(等于或大于0.991 5),您的委托成交并为您带来至少60点的利润。

(3)止损委托:当市场汇率达到并跌破指定价位时按客户指定价完成交易的买卖指令。止损委托的价格通常低于买卖货币当前的市价。

实例:如果您持有一笔欧元头寸(以 0.985 5 的价格买入),当前汇价 0.983 5/0.985 5,为防止欧元贬值可能带来的损失,此时您可通过招商银行的交易系统投放一个止损委托的交易指令,比如,您可将止损委托设定成以 0.982 5 的价格卖出欧元,这样在欧元下跌时,您最多损失 30 点。

(4)二选一委托:二选一委托由挂盘委托和止损委托两部分组成,即该委托可以同时预设挂盘价和止损价,俗称天地价。一旦市场汇率达到指定价位(挂盘价或止损价),委托的一半将被执行(挂盘或止损),同时,剩余部分的委托将被取消(止损或挂盘)。

实例:如果您持有一笔欧元头寸(以 0.985 5 的价格买入),此时您希望同时投放一份挂盘委托和一份止损委托,以保护您的利润并控制欧元下跌的损失,那么 您可通过招商银行的交易系统投放一份二选一委托的交易指令。如果您的二选一 委托挂盘汇率为 0.991 5,而二选一委托的止损汇率为 0.982 5,一旦市场汇率达 到 0.991 5,那么系统将为您在 0.991 5 卖出欧元,同时止损汇率被撤销;反之,如果欧元跌至 0.982 5,则系统将按止损价卖出欧元,同时挂盘汇率被撤销。

(5)追加委托:追加委托是一种假设完成委托,在与其相关联的原委托成交后随即生效并投放市场。其交易方向与原委托的交易方向相反,卖出金额为原委托的买入金额。原委托可以是挂盘委托、止损委托或二选一委托,追加的委托也可以 是挂盘委托、止损委托或二选一委托。

实例:当前汇价 EUR/USD＝0.983 5/55,根据预测,针对欧元的操作策略为在 0.984 0～0.986 0买入欧元,目标位 0.991 5,止损位 0.981 0,您可以通过招商银 行的交易系统投放一个二选一委托买入欧元,挂盘价 0.984 0,止损价 0.986 0;同时追加一个二选一委托卖出欧元,挂盘价 0.991 5,止损价 0.981 0,以实现利润或及时止损。

(6)撤单委托:是撤销委托的指令。对未成交的委托以及未生效的追加委托,您可以投放撤单委托指令。

第十四条 客户的委托在成交折算时,除日元保留整数位、港元保留一位小数外,其余币种均保留两位小数。

第十五条 所有客户的委托是否成交,成交的时间、币种、汇率、金额等均以招商银行计算中记载的记录为准。

第十六条 凡遇上我国法定节假日和国际上主要金融市场假日,招商银行个人外汇 买卖系统休市;因遭受通信线路故障或其他不可抗力因素,招商银行有权暂停交易,且无需承担任何责任。

第十七条 招商银行柜台目前暂时只提供美元、港元等部分交易货币(具体以当地招商银行公布为准)的现钞服务,客户提取其他币种的现钞时则必须先 兑换成招商银行提供现钞服务的币种后方可提现。

第十八条 客户在取消"一卡通"的外汇买卖功能时,必须先撤销所有未成交委托,再依次关闭所有外汇买卖专户,关户时银行自动结清专户利息并按原币种代扣利息所得税,并将扣税后的本息之和转回一卡通活期账户。如果在关户时发生货币兑换,兑换汇率以银行当时报价为准。

第十九条 客户在进行个人外汇买卖委托时,须熟知本交易规程,并严格按其操作,若因输入或操作失误而造成损失应由客户自行承担。

第二十条 招商银行对本规程拥有最终解释权。当招商银行对本规程之条款进行必要修改或补充时,一经公布立即生效。

本章小结

1. 个人实盘外汇买卖,俗称"外汇宝",是指个人客户在银行通过柜台服务人员或其他电子金融服务方式进行的可自由兑换外汇(或外币)间的交易,该种交易不可进行透支,必须交足交易货币的金额。

2. 参与个人实盘外汇买卖业务具有保值、套汇、套利等三种好处。

3. 个人实盘外汇买卖业务的交易方式主要有柜面交易、自助交易、电话交易、网上交易和手机交易。每种交易都有自己的特点,适用于不同的人群。

4. 我国各主要商业银行均推出了"外汇宝"业务,其交易规则大致相同。

思 考 题

一、简答题

1. 简述个人实盘外汇买卖业务的含义及作用。
2. 个人实盘外汇买卖业务的交易方式有哪几种?其特点是什么?
3. 简述个人实盘外汇买卖业务的流程?

二、思考题

时下,个人投资方式多样化,债券、股票、期货、外汇宝等多种方式被人所熟知,在我们得益于这些多元化投资方式的同时应该注意哪些方面以规避风险呢?

【阅读资料】

中国人民银行令
[2006] 第 3 号

《个人外汇管理办法》已于 2006 年 11 月 30 日经第 27 次行长办公会审议通过,现予公布,自 2007 年 2 月 1 日起施行。

行 长 周小川
二〇〇六年十二月二十五日

个人外汇管理办法

第一章 总则

第一条 为便利个人外汇收支,简化业务手续,规范外汇管理,根据《中华人民共和国外汇管理条例》和《结汇、售汇及付汇管理规定》等相关法规,制定本办法。

第二条 个人外汇业务按照交易主体区分境内与境外个人外汇业务,按照交易性质区分经常项目和资本项目个人外汇业务。按上述分类对个人外汇业务进行管理。

第三条 经常项目项下的个人外汇业务按照可兑换原则管理,资本项目项下的个人外汇业务按照可兑换进程管理。

第四条 国家外汇管理局及其分支机构(以下简称外汇局)按照本办法规定,对个人在境内及跨境外汇业务进行监督和管理。

第五条 个人应当按照本办法规定办理有关外汇业务。银行应当按照本办法规定为个人办理外汇收付、结售汇及开立外汇账户等业务,对个人提交的有效身份证件及相关证明材料的真实性进行审核。汇款机构及外币兑换机构(含代兑点)按照本办法规定为个人办理个人外汇业务。

第六条 银行应通过外汇局指定的管理信息系统办理个人购汇和结汇业务,真实、准确录入相关信息,并将办理个人业务的相关材料至少保存五年备查。

第七条 银行和个人在办理个人外汇业务时,应当遵守本办法的相关规定,不得以分拆等方式逃避限额监管,也不得使用虚假商业单据或者凭证逃避真实性管理。

第八条 个人跨境收支,应当按照国际收支统计申报的有关规定办理国际收支统计申报手续。

第九条 对个人结汇和境内个人购汇实行年度总额管理。年度总额内的,凭本人有效身份证件在银行办理;超过年度总额的,经常项目项下凭本人有效身份证件和有交易额的相关证明等材料在银行办理,资本项目项下按照第三章有关规定办理。

第二章 经常项目个人外汇管理

第十条 从事货物进出口的个人对外贸易经营者,在商务部门办理对外贸易经营权登记备案后,其贸易外汇资金的收支按照机构的外汇收支进行管理。

第十一条 个人进行工商登记或者办理其他执业手续后,可以凭有关单证办理委托具有对外贸易经营权的企业代理进出口项下及旅游购物、边境小额贸易等项下外汇资金收付、划转及结汇。

第十二条 境内个人外汇汇出境外用于经常项目支出,单笔或当日累计汇出在规定金额以下的,凭本人有效身份证件在银行办理;单笔或当日累计汇出在规定金额以上的,凭本人有效身份证件和有交易额的相关证明等材料在银行办理。

第十三条 境外个人在境内取得的经常项目项下合法人民币收入,可以凭本人有效身份证件及相关证明材料在银行办理购汇及汇出。

第十四条 境外个人未使用的境内汇入外汇,可以凭本人有效身份证件在银行办理原路汇回。

第十五条 境外个人将原兑换未使用完的人民币兑回外币现钞时,小额兑换凭本人有效身份证件在银行或外币兑换机构办理;超过规定金额的,可以凭原兑换水单在银行办理。

第三章 资本项目个人外汇管理

第十六条 境内个人对外直接投资符合有关规定的,经外汇局核准可以购汇或以自有外汇汇出,并应当办理境外投资外汇登记。

第十七条　境内个人购买B股,进行境外权益类、固定收益类以及国家批准的其他金融投资,应当按相关规定通过具有相应业务资格的境内金融机构办理。

第十八条　境内个人向境内保险经营机构支付外汇人寿保险项下保险费,可以购汇或以自有外汇支付。

第十九条　境内个人在境外获得的合法资本项目收入经外汇局核准后可以结汇。

第二十条　境内个人对外捐赠和财产转移需购付汇的,应当符合有关规定并经外汇局核准。

第二十一条　境内个人向境外提供贷款、借用外债、提供对外担保和直接参与境外商品期货和金融衍生产品交易,应当符合有关规定并到外汇局办理相应登记手续。

第二十二条　境外个人购买境内商品房,应当符合自用原则,其外汇资金的收支和汇兑应当符合相关外汇管理规定。境外个人出售境内商品房所得人民币,经外汇局核准可以购汇汇出。

第二十三条　除国家另有规定外,境外个人不得购买境内权益类和固定收益类等金融产品。境外个人购买B股,应当按照国家有关规定办理。

第二十四条　境外个人在境内的外汇存款应纳入存款金融机构短期外债余额管理。

第二十五条　境外个人对境内机构提供贷款或担保,应当符合外债管理的有关规定。

第二十六条　境外个人在境内的合法财产对外转移,应当按照个人财产对外转移的有关外汇管理规定办理。

第四章　个人外汇账户及外币现钞管理

第二十七条　个人外汇账户按主体类别区分为境内个人外汇账户和境外个人外汇账户;按账户性质区分为外汇结算账户、资本项目账户及外汇储蓄账户。

第二十八条　银行按照个人开户时提供的身份证件等证明材料确定账户主体类别,所开立的外汇账户应使用与本人有效身份证件记载一致的姓名。境内个人和境外个人外汇账户境内划转按跨境交易进行管理。

第二十九条　个人进行工商登记或者办理其他执业手续后可以开立外汇结算账户。

第三十条　境内个人从事外汇买卖等交易,应当通过依法取得相应业务资格的境内金融机构办理。

第三十一条　境外个人在境内直接投资,经外汇局核准,可以开立外国投资者专用外汇账户。账户内资金经外汇局核准可以结汇。直接投资项目获得国家主管部门批准后,境外个人可以将外国投资者专用外汇账户内的外汇资金划入外商投资企业资本金账户。

第三十二条　个人可以凭本人有效身份证件在银行开立外汇储蓄账户。外汇储蓄账户的收支范围为非经营性外汇收付、本人或与其直系亲属之间同一主体类别的外汇储蓄账户间的资金划转。境内个人和境外个人开立的外汇储蓄联名账户按境内个人外汇储蓄账户进行管理。

第三十三条　个人携带外币现钞出入境,应当遵守国家有关管理规定。

第三十四条　个人购汇提钞或从外汇储蓄账户中提钞,单笔或当日累计在有关规定允许携带外币现钞出境金额之下的,可以在银行直接办理;单笔或当日累计提钞超过上述金额的,凭本人有效身份证件、提钞用途证明等材料向当地外汇局事前报备。

第三十五条　个人外币现钞存入外汇储蓄账户,单笔或当日累计在有关规定允许携带外币现钞入境免申报金额之下的,可以在银行直接办理;单笔或当日累计存钞超过上述金额的,凭本人有效身份证件、携带外币现钞入境申报单或本人原存款金融机构外币现钞提取单据在银行办理。

第三十六条　银行应根据有关反洗钱规定对大额、可疑外汇交易进行记录、分析和报告。

第五章　附则

第三十七条　本办法下列用语的含义：

（一）境内个人是指持有中华人民共和国居民身份证、军人身份证件、武装警察身份证件的中国公民。

（二）境外个人是指持护照、港澳居民来往内地通行证、台湾居民来往大陆通行证的外国公民（包括无国籍人）以及港澳台同胞。

（三）经常项目项下非经营性外汇是指除贸易外汇之外的其他经常项目外汇。

第三十八条　个人旅行支票按照外币现钞有关规定办理；个人外币卡业务，按照外币卡管理的有关规定办理。

第三十九条　对违反本办法规定的，由外汇局依据《中华人民共和国外汇管理条例》及其他相关规定予以处罚；构成犯罪的，依法移送司法机关追究刑事责任。

第四十条　国家外汇管理局负责制定本办法相应的实施细则，确定年度总额、规定金额等。

第四十一条　本办法由国家外汇管理局负责解释。

第四十二条　本办法自2007年2月1日起施行。以前规定与本办法不一致的，按本办法执行。附件所列外汇管理规定自本办法施行之日起废止。

附：废止规定目录

废止规定目录

1.《关于居民、非居民个人大额外币现钞存取款有关问题的通知》（[97]汇管函字第123号）

2.《境内居民个人外汇管理暂行办法》（汇发[1998]11号）

3.《关于修改〈境内居民个人外汇管理暂行办法〉的通知》（汇发[1999]133号）

4.《关于修改〈关于境内居民个人因私用汇有关问题的通知〉和《关于印发〈境内居民个人外汇管理暂行办法〉的通知》（汇发[1999]305号）

5.《关于自费出境留学人员预交人民币保证金购付汇的通知》（汇发[2000]82号）

6.《关于境内居民个人外汇存款汇出和外汇存款账户更名有关问题的批复》（汇发[2000]291号）

7.《国家外汇管理局关于调整对境内居民个人自费出国（境）留学购付汇政策有关问题的通知》（汇发[2001]185号）

8.《国家外汇管理局关于下发〈境内居民个人购汇管理实施细则〉的通知》（汇发[2002]68号）

9.《国家外汇管理局关于对境内居民个人前往邻国边境地区旅游进行售汇业务试点的通知》（汇发[2002]121号）

10.《国家外汇管理局关于调整境内居民个人经常项目下购汇政策的通知》（汇发[2003]104号）

11.《国家外汇管理局关于在华留学人员办理退学换汇有关问题的通知》（汇发[2003]62号）

12.《国家外汇管理局综合司关于停止报送〈居民、非居民个人大额（等值1万美元以上）现钞存取款和境内居民个人外币划转情况登记表〉的通知》（汇综函[2003]14号）

13.《国家外汇管理局关于调整境内居民个人自费出国（境）留学购汇指导性限额的通知》（汇发[2004]111号）

14.《国家外汇管理局关于规范居民个人外汇结汇管理有关问题的通知》（汇发[2004]18号）

15.《国家外汇管理局关于规范非居民个人外汇管理有关问题的通知》（汇发[2004]6号）

16.《国家外汇管理局关于调整境内居民个人经常项目下因私购汇限额及简化相关手续的通知》

（资料来源：中国人民银行网站）

参考文献

[1] 杨胜刚. 国际金融学[M]. 长沙:中南大学出版社,2003.
[2] 韩玉珍. 国际金融[M]. 2版. 北京:首都经贸出版社,2007.
[3] 鲁细根. 外汇交易实验教程[M]. 北京:中国金融出版社,2006.
[4] 陈汇生. 国际金融[M]. 北京:北京中国财政经济出版社,2004.
[5] 陈雨露. 国际金融[M]. 北京:中国人民大学出版社,2008.
[6] 刘舒年. 国际金融[M]. 北京:中国人民大学出版社,2009.
[7] 史燕平. 国际金融[M]. 北京:中国人民大学出版社,2008.
[8] 黄燕君. 国际金融[M]. 北京:中国对外经济贸易出版社,2005.
[9] 刘舒年. 国际金融[M]. 北京:对外经济贸易大学出版社,2003.
[10] 保罗·克鲁格曼,茅瑞斯·奥伯斯法尔德. 国际经济学[M]. 北京:中国人民大学出版社,2006.
[11] 姜波克. 国际金融新编[M]. 上海:复旦大学出版社,2005.
[12] 易纲,张磊. 国际金融[M]. 上海人民出版社,2004.
[13] 丁剑平. 人民币汇率与制度问题的实证研究[M]. 上海:上海财经大学出版社,2003.
[14] 丁剑平,曾芳琴. 外汇市场微观结构理论与实证[M]. 北京:中国金融出版社,2006.
[15] 裴平等. 国际金融学[M]. 南京:南京大学出版社,2006.
[16] 涂永红. 外汇风险管理[M]. 北京:中国人民大学出版社,2004.
[17] 常勋. 高级财务会计[M]. 沈阳:辽宁人民出版社,2004.
[18] 肖鹞飞. 货币可兑换性与人民币自由兑换研究[M]. 北京:中国金融出版社,2005.
[19] 米希尔 A 德赛. 国际金融案例[M]. 陆阳,译. 北京:机械工业出版社,2008.
[20] 戴维 D. 国际货币与金融经济学[M]. 2版. 范户斯,李月平,译. 北京:机械工业出版社,2004.
[21] 唐宋元. 国际金融[M]. 北京:机械工业出版社,2011.
[22] 安辉,梁艳. 国际金融理论及应用[M]. 大连:大连理工大学出版社,2010.